能源管理基础与实务

杭州市能源管理服务中心　编著

中国商业出版社

图书在版编目（CIP）数据

能源管理基础与实务 / 杭州市能源管理服务中心编著. -- 北京 : 中国商业出版社, 2025. 3. -- ISBN 978-7-5208-3346-2

Ⅰ. F206

中国国家版本馆 CIP 数据核字第 20252JT195 号

责任编辑：黄世嘉

中国商业出版社出版发行

（www.zgsycb.com　100053　北京广安门内报国寺 1 号）

总编室：010-63180647　编辑室：010-63033100

发行部：010-83120835/8286

新华书店经销

浙江民振印务有限公司印刷

*

787 毫米×1092 毫米　16 开　22 印张　456 千字

2025 年 3 月第 1 版　2025 年 3 月第 1 次印刷

定价：50.00 元

* * * *

（如有印装质量问题可更换）

编委会

指导单位：浙江省能源监测中心

主编单位：杭州市能源管理服务中心

副主编单位：杭州市节能协会　杭州锐创能源科技有限公司

参编单位：杭州巨奥能源科技有限公司　浙江大冲能源科技股份有限公司
山东正向国际低碳科技有限公司　国网（杭州）综合能源服务有限公司
杭州杭联热电有限公司　浙江经茂节能技术有限公司
杭州哲达科技股份有限公司　嘉兴吴越节能科技有限公司
浙江光大通信设备有限公司　中曜达新能源（浙江）有限公司
浙江联核动力科技有限公司　南方泵业股份有限公司
杭州静默科技有限公司

参编人员：柏江峰　包优祥　曹　云　陈　伟　郭伟伟
韩新连　胡通福　黄其俊　姜干清　赖晓锋
李含春　刘　咏　陆　阳　缪　剑　麻剑锋
闵　伟　彭浩帆　谭　孝　王毅恒　王　珂
王世岩　王震超　韦　祎　吴佳玮　吴志凌
徐至宏　许国盛　严伟林　张高山　郑霄剑

前　言

根据《中华人民共和国节约能源法》第五十五条的规定，重点用能单位应当设立能源管理岗位，聘任具有节能专业知识、实际经验及中级以上技术职称的人员担任能源管理负责人，并接受节能培训。然而，现有的大多数能源管理人员培训资料往往偏重理论，缺乏实际操作指导，这使得行业内急需一本可以直接应用于能源管理人员日常工作的指南性书籍。

《能源管理基础与实务》是一部兼具系统性、前瞻性与实践性的专业工具书，旨在满足能源管理领域多层级读者的需求。本书以能源管理理论基础为起点，深度融合节能降碳技术路径、新能源应用场景及数字化管理工具，辅以案例解析，形成“知识-技术-实践”闭环。以“理论工具化、技术场景化、案例本土化”为编写原则，既可作为能源管理从业人员的岗位培训教材，也可作为能源政策制定者的技术决策参考。

《能源管理基础与实务》编纂工作由浙江省能源监测中心指导，杭州市能源管理服务中心牵头组织，杭州市节能协会、杭州锐创能源科技有限公司联合十三家专业机构共同完成。编写团队依托成员多元化的专业背景及实践经验，通过文献梳理、专题研讨、框架构建、内容撰稿、专家论证及版式优化等六阶段闭环流程，确保著作科学性与实用性兼备。

全书共设十章，涵盖能源管理基础理论（能源概述、政策标准体系）、能效提升实践（组织架构、项目管控、用能系统优化）、绿色技术应用（新能源开发、低碳转型路径）及法规遵循（法律法规、行业标准）四大模块，形成“理论-实践-技术-合规”四维知识矩阵。内容编写严格遵循能源管理岗位能力模型，旨在通过系统化知识赋能，助推用能单位构建标准化管理流程，提升基层团队技术诊断与决策优化能力，为区域能源效率提升提供智力支撑。

谨此向杭州中策橡胶有限公司、杭州民生药业股份有限公司、杭州奔马化纤纺丝有限公司及相关节能服务机构、公司致以诚挚谢忱！各单位在本书编撰过程中给予的鼎力支持与专业指导，为内容的准确性与实用性奠定了坚实基础。

尽管编委会全体成员已竭尽所能进行资料核验与逻辑梳理，但限于专业广度与经验深度，书中仍存在不少疏漏之处。恳请广大读者不吝赐教，将实践中的真知灼见通过书面或电子形式反馈至编委会。

前言

目　录

引 言

全球对节能减排和低碳转型的重视程度不断提升，中国从“十五五”开始，也将能源双控政策调整为碳排放双控，企业能源管理已经成为一个优先级议题，能源不仅是保持企业日常运营不可或缺的资源，也是一个重要的成本中心。随着能源价格的波动以及对环境可持续性的日益关注，企业能源管理的重要性不断攀升，成为企业战略规划的核心组成。

能源管理是通过科学合理的手段和方法，对能源的获取、转化、利用和消耗进行全面管理和控制的工作。它包括对能源生产、分配、转换和消耗全过程的计划、组织、检查、控制和监督。企业开展能源管理相关工作的重要性主要有以下几个方面。

（1）用能单位开展能源管理工作是遵守法律法规的要求。

根据《中华人民共和国节约能源法》的规定，节约能源（以下简称节能）是指加强用能管理，采取技术上可行、经济上合理以及环境和社会可以承受的措施，从能源生产到消费的各个环节，降低消耗、减少损失和污染物排放、制止浪费，有效、合理地利用能源。并规定用能单位应当按照合理用能的原则，加强节能管理，制订并实施节能计划和节能技术措施，降低能源消耗。同时，政府出台了一系列能源相关法律法规，对用能单位能源使用情况进行监督审查，对违反相关法律法规的行为将会实施相应惩罚措施。因此，用能单位必须开展能源管理工作以满足相关法律法规的要求。

（2）用能单位开展能源管理工作对社会具有正向效益。

能源管理有助于减少能源的消耗，从而减少污染物的排放，减轻工业生产制造对环境的压力。同时，能源管理是实现可持续发展的重要手段，通过提高能源利用效率，可以减少对自然资源的依赖和消耗，从而促进经济、社会和环境协调发展。

（3）用能单位开展能源管理工作有助于企业节能增效。

用能单位通过能源管理工作，精确了解用能现状，为发现用能过程中的节能空间并制定实施相应的节能措施奠定基础，有助于降低能源使用成本，提高经济效益，进一步提高市场竞争力。同时，政府为了鼓励用能单位加强能源管理出台了财政补贴、税收减免等一系列优惠政策，降低用能单位的节能成本，提高用能单位进行能源管理工作的经济收益。

企业日常运行管理中的部分行动举措已经属于能源管理的范畴，例如监控企业每月的电费账单并分析优化企业用电情况。实际上，有效的能源管理并不仅仅止步于减少电费，还需要通过多方面的策略和实践来实现企业能源使用的优化，例如采用更加先进的机电设备、对企业能源消耗环节进行监控分析和优化、引入光伏发电、风力发电等可再生能源等。同时，企业建立能源管理体系，设置专门的能源管理岗位和部门，聘用专业的能源管理专职人员也是企业能源管理工作不可忽视的一环。通过对能源管理人员进行培训和辅导，提升其能源管理专业素养和工作能力，能够有效提高能源管理工作效率，助力企业节能降碳，在能源使用方面实现降本增效。

第 1 章

能源概述

1.1 能源基础知识

1. 什么是能源

能源是指直接或者通过加工、转换而取得有用能的各种资源，包括煤炭、石油、天然气、核能、水能、风能、太阳能、生物质能、地热能、海洋能以及电力、热力、氢能等。

2. 能源类型有哪些划分方式

能源的类型主要有以下四种划分方式：

（1）按能量的原始来源划分。可以分为来自地球以外天体的能量，如太阳辐射能；来自地球自身的能量，如地下热水；来自地球及其他天体的相互作用所产生的能量，如潮汐能。

（2）按能源的成因划分。可以分为一次能源（天然能源），如原煤、原油、天然气等；二次能源（人工能源），如洗煤、焦炭、煤气等。

（3）按能源的形成和再生性划分。可以分为可再生能源，如风能、太阳辐射能等；不可再生能源，如煤炭、原油、天然气等。

（4）按能源的技术开发程度划分。可以分为常规能源，如煤炭、天然气、电等；新能源，如太阳能、风能、地热能等。

3. 什么是耗能工质

耗能工质是指在生产过程中所消耗的那种不作原料使用，也不进入产品，制取时又要消耗能源的工作物质。这些工质由能源经过一次或多次转换而成，例如工业水、压缩空气、氧气、氮气、氩气、保护气等。它们在生产经营活动中被消耗，而生产这些工质本身也需要消耗一定数量的能源，因此使用这些工质就间接地消耗了能源。

此外，耗能工质还包括一些在使用过程中能量得到消耗或减弱的物质，如热水、热空气、制冷剂和液压油等。这些工质在供暖、制造工业热处理设备、干燥设备、制冷空调设备以及液压设备等领域有广泛应用。

4. 什么是化石能源

化石能源是指由远古动植物化石经地质作用演变成的能源，包括煤炭、石油和天然气等。

5. 什么是可再生能源

可再生能源是指能够在较短时间内通过自然过程不断补充和再生的能源，包括水能、风能、太阳能、生物质能、地热能、海洋能等。

6. 什么是非化石能源

非化石能源是指不依赖化石燃料而获得的能源，包括可再生能源和核能。

7. 什么是生物质能

生物质能是指利用自然界的植物和城乡有机废物通过生物、化学或者物理过程转化成的能源。

8. 什么是氢能

氢能是指氢作为能量载体进行化学反应释放出的能源。

1.2　能源质量

9. 电能质量有哪些衡量指标

电能质量是指电力系统指定点处的电特性，关系到供用电设备正常工作（或运行）的电压、电流、频率的各种指标偏离基准技术参数的程度。电能质量可以通过一系列指标来反映，这些指标从不同角度描述了电能的特性和稳定性。以下是一些主要衡量电能质量的指标：

（1）供电电压偏差。电压偏差过大可能导致用电设备性能下降或损坏。相关标准有《电能质量　供电电压偏差》（GB/T 12325—2008）。

（2）电力系统频率偏差。频率偏差过大可能导致设备故障或运行不稳定。相关标准有《电能质量　电力系统频率偏差》（GB/T 15945—2008）。

（3）谐波（间谐波）。谐波含量过高会对用电设备造成干扰，降低设备效率，甚至导致设备损坏。相关标准有《电能质量　公用电网谐波》（GB/T 14549—1993）、《电能质量　公用电网间谐波》（GB/T 24337—2009）。

（4）三相电压不平衡。三相电压不平衡度过高可能导致设备过热、效率下降等问题。

相关标准有《电能质量　三相电压不平衡》（GB/T 15543—2008）。

（5）电压波动和闪变。电压波动和闪变会对用电设备正常运行和用户舒适度造成影响。相关标准有《电能质量　电压波动和闪变》（GB/T 12326—2008）。

（6）电压暂降与短时中断。电压暂降与短时中断可能导致电压不稳定、设备重启、数据丢失等问题。相关标准有《电能质量　电压暂降与短时中断》（GB/T 30137—2013）。

（7）供电可靠性。供电可靠性反映电力系统向用户提供持续、稳定电能的能力。相关标准有《用户供电可靠性评价指标导则》（GB/T 43794—2024）。

10. 蒸汽品质有哪些衡量指标

蒸汽作为一种重要的能源形式，在工业生产和日常生活中发挥着至关重要的作用。为了确保蒸汽的有效利用和系统的稳定运行，需要对其品质指标进行严格的监控和控制。以下是主要的衡量蒸汽品质的指标：

（1）温度与压力。蒸汽的温度影响其传热效率和能量密度，而压力则决定了蒸汽的状态和能量输出。一般来说，高温高压的蒸汽具有更高的热效率和能量密度。

（2）湿度与含湿量。过高的湿度或含湿量会导致蒸汽的热效率降低，甚至可能引起设备的腐蚀和损坏。

（3）纯净度与杂质含量。杂质可能包括固体颗粒、盐类、油脂等，不仅会影响蒸汽的热效率和传热效果，还可能对设备和管道造成腐蚀和堵塞。

（4）渗透性与传热效果。良好的渗透性能够确保蒸汽充分渗透到需要加热或做功的介质中，而优秀的传热效果则能够确保蒸汽的能量高效地传递给目标物体。

（5）酸碱度与总硬度。酸碱度过高或过低都可能对设备和管道造成腐蚀，而总硬度过高则可能导致蒸汽在传输过程中结垢，影响传热效果和系统的稳定运行。

（6）干燥度与热效。高干燥度的蒸汽能够提高热效率，降低能源消耗。

11. 天然气质量有哪些衡量指标

天然气是一种优质、高效、清洁的低碳能源，在中国一次能源消费中的比重逐步提高，作为流通中的商品，根据《天然气》（GB 17820—2018）的规定，天然气质量主要有以下衡量指标：

（1）高位发热量。指单位重量物质完全燃烧时所发出的全部热量。

（2）总硫。天然气中有机硫化物会对管道产生腐蚀。

（3）硫化氢。天然气中硫化氢会对环境和人身健康产生危害，会腐蚀管道和设备。

（4）二氧化碳摩尔分数。天然气中的二氧化碳对大气温室效应、管道腐蚀以及管道的输气效率都有影响。

根据《天然气》（GB 17820—2018）的规定，天然气质量要求如表 1. 2. 1 所示。

表 1.2.1　天然气质量要求

项目		一类	二类
高位发热量/（MJ/m^3）	≥	34.0	31.4
总硫（以硫计）/（mg/m^3）	≤	20	100
硫化氢/（mg/m^3）	≤	6	20
二氧化碳摩尔分数/%	≤	3.0	4.0
本标准中使用的标准参比条件是 101.325kPa，20℃；高位发热量以干基计。			

12. 煤炭质量有哪些衡量指标

煤炭对于现代化工业来说发挥着重要的作用，是 18 世纪以来主要使用的能源之一。以下为衡量煤炭质量的主要指标：

（1）水分。一般煤炭水分每增加 2%，发热量降低 100kcal/kg。根据《煤的全水分分级》（MT/T 850—2000），煤炭全水分分级如表 1.2.2 所示。

表 1.2.2　煤炭全水分分级

级别名称	代号	煤的全水分（M_t）范围/%
特低全水分煤	SLM	≤6.0
低全水分煤	LM	>6.0~8.0
中等全水分煤	MLM	>8.0~12.0
中高全水分煤	MHM	>12.0~20.0
高全水分煤	HM	>20.0~40.0
特高全水分煤	SHM	>40.0

（2）挥发分。随着煤炭变质程度的增加，煤炭挥发分降低。根据《煤的挥发分产率分级》（MT/T 849—2000），煤炭挥发分分级如表 1.2.3 所示。

表 1.2.3　煤炭挥发分分级

级别名称	代号	干燥无灰基挥发分（V_{daf}）范围/%
特低挥发分煤	SLV	≤10.00
低挥发分煤	LV	>10.00~20.00
中等挥发分煤	MV	>20.00~28.00
中高挥发分煤	MHV	>28.00~37.00
高挥发分煤	HV	>37.00~50.00
特高挥发分煤	SHV	>50.00

（3）灰分。一般灰分每增加 2%，发热量降低 100kcal/kg 左右。根据《煤炭质量分级

第 1 部分：灰分》（GB/T 15224. 1—2018），煤层煤灰分分级如表 1. 2. 4 所示。

表 1. 2. 4　煤层煤灰分分级

级别名称	代号	灰分（A_d）范围/%
特低灰煤	ULA	≤10. 00
低灰煤	LA	>10. 00～20. 00
中灰煤	MA	>20. 00～30. 00
高灰煤	HA	>30. 00～40. 00
特高灰煤	UHA	>40. 00～50. 00
注：灰分大于 40%的不进行煤炭资源储量计算。		

（4）硫分。1%以下才可用于燃料。部分地区要求在 0. 6 和 0. 8 以下，常说的环保煤、绿色能源均指硫分较低的煤。根据《煤炭质量分级　第 2 部分：硫分》（GB/T 15224. 2—2010），煤层煤硫分分级如表 1. 2. 5 所示。

表 1. 2. 5　煤层煤硫分分级

级别名称	代号	硫分（$S_{t,d}$）范围/%
特低硫煤	SLS	≤0. 50
低硫煤	LS	>0. 50～1. 00
中硫煤	MS	>1. 00～2. 00
中高硫煤	MIIS	>2. 00～3. 00
高硫煤	HS	>3. 00

（5）发热量。国际贸易通用发热量标准为空气干燥基高位发热量（$Q_{gr,ad}$），它能较为准确地反映煤的真实品质，不受水分等外界因素影响。根据《煤炭质量分级　第 3 部分：发热量》（GB/T 15224. 3—2022），煤炭发热量分级如表 1. 2. 6 所示。

表 1. 2. 6　煤炭发热量分级

级别名称	代号	发热量（$Q_{gr,d}$）范围/（MJ/kg）
特高发热量煤	SHQ	>30. 90
高发热量煤	HQ	>27. 20～30. 90
中高发热量煤	MHQ	>24. 30～27. 20
中发热量煤	MQ	>21. 30～24. 30
中低发热量煤	MLQ	>16. 70～21. 30
低发热量煤	LQ	≤16. 70

（6）氯含量、磷含量、砷含量、汞含量、硌含量。《煤中氯含量分级》（MT/T 597—1996）、《煤中磷含量分级》（MT/T 562—1996）、《煤中砷含量分级》（MT/T 803—1999）、

《煤中汞含量分级》（MT/T 963—2005）、《煤中铬含量分级》（MT/T 965—2005）分别规定了煤中氯、磷、砷、汞和铬含量分级标准。

根据《商品煤质量管理暂行办法》，我国对于商品煤质量基本要求包括灰分：褐煤≤30%，其他煤种≤40%；硫分：褐煤≤1.5%，其他煤种≤3%；其他指标：汞≤0.6μg/g，砷≤80μg/g，磷≤0.15%，氯≤0.3%，氟≤200μg/g。

在中国境内远距离运输（运距超过600公里）的商品煤还应当满足褐煤：发热量≥16.5MJ/kg，灰分≤20%，硫分≤1%；其他煤种：发热量≥18MJ/kg，灰分≤30%，硫分≤2%。

京津冀及周边地区、长三角、珠三角限制销售和使用灰分≥16%、硫分≥1%的散煤。

1.3 能源相关术语和定义

13. 什么是能源的当量值、等价值

能源的当量值是指不同形式的能量相互转换时的相当量。按照能量的法定计量单位焦耳，热能、电能、机械能等不同形式的能量，其相互之间的换算系数均为1。

能源的等价值是指生产单位量的二次能源或能耗工质所消耗的各种能源折算成一次能源的数量，以标准煤表示。

14. 什么是综合能耗，常见的综合能耗相关指标有哪些

综合能耗是指在统计报告期内生产某种产品或提供某种服务实际消耗的各种能源实物量，按规定的计算方法和单位分别折算后的总和。其中，对生产企业，综合能耗是指统计报告期内，主要生产系统、辅助生产系统和附属生产系统的能耗总和。综合能耗的单位通常为：克标准煤（gce）、千克标准煤（kgce）和吨标准煤（tce）等。

在能源管理工作中，除了用综合能耗衡量用能单位能源消耗总量，还需要衡量用能单位的能源消耗强度。常见衡量能源消耗强度的指标有：单位产值综合能耗、单位工业增加值能耗、单位产品综合能耗和单位产品可比综合能耗。

单位产值综合能耗、单位工业增加值综合能耗：统计报告期内，综合能耗与用能单位总产值或增加值的比值，可分为单位产值/工业增加值（可比价）综合能耗和单位产值/工业增加值（不变价）综合能耗两种。单位产值/工业增加值综合能耗主要用于反映用能单位经营状况与能源投入的关系，是考核用能单位能源经济效益的重要指标。单位产值/工

业增加值综合能耗高，表示用能单位经营过程中能源消耗强度大，能源投入转化为经济效益的效率低，整体节能降耗水平差。单位产值/工业增加值综合能耗高，反映用能单位在经营过程中可能存在生产环节能效低、能源管理水平低等问题。单位产值/工业增加值综合能耗单位通常为：千克标准煤每万元（kgce/万元）、吨标准煤每万元（tce/万元）等。

单位产品综合能耗：统计报告期内，综合能耗与合格产品产量（作业量、工作量、服务量）的比值。其中，产品是指合格的最终产品或中间产品。对以原料加工等作业量为能耗考核对象的用能单位，其单位作业量综合能耗的概念也包括在本定义之内。单位产品综合能耗主要用于反映用能单位产品生产与能源投入的关系，是考核用能单位能源经济效益的重要指标。单位产品综合能耗高，表示用能单位在生产过程中能源消耗强度大，能源投入转化为产品产出的效率低，生产环节节能降耗水平差。单位产品综合能耗高，反映用能单位生产过程中可能存在生产工艺落后、生产设备落后等问题。单位产品综合能耗单位根据产品产量（作业量、工作量、服务量）量纲不同可包括：千克标准煤每千克（kgce/kg），千克标准煤每立方米（$kgce/m^3$）等。

单位产品可比综合能耗：为在同行业中实现相同产品的单位产品综合能耗可比，对影响产品能耗的主要因素加以修正所计算出来的单位产品综合能耗。其中，单位产品综合能耗单位根据产品产量（作业量、工作量、服务量）量纲不同可包括：千克标准煤每千克（kgce/kg）、千克标准煤每立方米（$kgce/m^3$）等。

15. 什么是折标准煤系数（折标系数）

折标准煤系数（折标系数）是指能源单位实物量或者生产单位能耗工质所消耗能源的实物量，折算为标准煤的数量，包括按能源当量值计和按能源等价值计两种折标准煤系数。按照能源实物量不同，折标准煤系数的单位可包括：千克标准煤每千克（kgce/kg）、千克标准煤每立方米（$kgce/m^3$）、千克标准煤每千瓦时［kgce/（kW·h）］、千克标准煤每兆焦（kgce/MJ）等。

根据《综合能耗计算通则》（GB/T 2589—2020），各种能源折标准煤系数如表 1.3.1 至表 1.3.3 所示。其中表 1.3.1 为当量折标准煤系数，表 1.3.2、表 1.3.3 为等价折标准煤系数。

表 1.3.1　常用能源折标准煤系数（当量值）

能源名称	平均低位发热量	折标准煤系数
原煤	20934 kJ/kg（5000 kcal/kg）	0.7143 kgce/kg
洗精煤	26377 kJ/kg（6300 kcal/kg）	0.9000 kgce/kg
洗中煤	8374 kJ/kg（2000 kcal/kg）	0.2857 kgce/kg
煤泥	8374 kJ/kg~12560 kJ/kg （2000 kcal/kg~3000 kcal/kg）	0.2857 kgce/kg~0.4286 kgce/kg

续表

能源名称	平均低位发热量	折标准煤系数
煤矸石（用作能源）	8374 kJ/kg（2000 kcal/kg）	0. 2857 kgce/kg
焦炭（干全焦）	28470 kJ/kg（6800 kcal/kg）	0. 9714 kgce/kg
煤焦油	33494 kJ/kg（8000 kcal/kg）	1. 1429 kgce/kg
原油	41868 kJ/kg（10000 kcal/kg）	1. 4286 kgce/kg
燃料油	41868 kJ/kg（10000 kcal/kg）	1. 4286 kgce/kg
汽油	43124 kJ/kg（10300 kcal/kg）	1. 4714 kgce/kg
煤油	43124 kJ/kg（10300 kcal/kg）	1. 4714 kgce/kg
柴油	42705 kJ/kg（10200 kcal/kg）	1. 4571 kgce/kg
天然气	32238 kJ/m^3 ~ 38979 kJ/m^3 （7700 kcal/m^3 ~ 9310 kcal/m^3）	1. 1000 kgce/m^3 ~ 1. 3300 kgce/m^3
液化天然气	51498 kJ/kg（12300 kcal/kg）	1. 7572 kgce/kg
液化石油气	50242 kJ/kg（12000 kcal/kg）	1. 7143 kgce/kg
炼厂干气	46055 kJ/kg（11000 kcal/kg）	1. 5714 kgce/kg
焦炉煤气	16747 kJ/m^3 ~ 18003 kJ/m^3 （4000 kcal/m^3 ~ 4300 kcal/m^3）	0. 5714 kgce/m^3 ~ 0. 6143 kgce/m^3
高炉煤气	3768 kJ/m^3（900 kcal/m^3）	0. 1286 kgce/ m^3
发生炉煤气	5234 kJ/m^3（1250 kcal/ m^3）	0. 1786 kgce/m^3
重油催化裂解煤气	19259 kJ/m^3（4600 kcal/m^3）	0. 6571 kgce/m^3
重油热裂解煤气	35588 kJ/m^3（8500 kcal/m^3）	1. 2143 kgce/m^3
焦炭制气	16329 kJ/m^3（3900 kcal/m^3）	0. 5571 kgce/m^3
压力气化煤气	15072 kJ/m^3（3600 kcal/m^3）	0. 5143 kgce/m^3
水煤气	10467 kJ/m^3（2500 kcal/m^3）	0. 3571 kgce/m^3
粗苯	41868 kJ/kg（10000 kcal/kg）	1. 4286 kgce/kg
甲醇（用作燃料）	19913 kJ/kg（4756 kcal/kg）	0. 6794 kgce/kg
乙醇（用作燃料）	26800 kJ/kg（6401 kacl/kg）	0. 9144 kgce/kg
氢气（用作燃料， 密度为 0. 082kg/m^3）	9756 kJ/m^3（2330 kcal/m^3）	0. 3329kgce/m^3
沼气	20934 kJ/m^3 ~ 24283 kJ/m^3 （5000 kcal/m^3 ~ 5800 kcal/m^3）	0. 7143 kgce/m^3 ~ 0. 8286 kgce/m^3

表 1.3.2　电力和热力折标准煤系数

能源名称	折标准煤系数
电力（当量值）	0.1229 kgce/（kW·h）
电力（等价值）	按上年发电厂发电标准煤耗计算
热力（当量值）	0.03412 kgce/MJ
热力（等价值）	按供热煤耗计算

表 1.3.3　主要耗能工质折标准煤系数（等价值）

耗能工质名称	单位耗能工质耗能量	折标准煤系数
新水	7.54 MJ/t（1800 kcal/t）	0.2571 kgce/t
软化水	14.24 MJ/t（3400 kcal/t）	0.4857 kgce/t
除氧水	28.47 MJ/t（6800 kcal/t）	0.9714 kgce/t
压缩空气	1.17 MJ/m^3（280 kcal/m^3）	0.0400 kgce/m^3
氧气	11.72 MJ/m^3（2800 kcal/m^3）	0.4000 kgce/m^3
氮气（做副产品时）	11.72 MJ/m^3（2800 kcal/m^3）	0.4000 kgce/m^3
氮气（做主产品时）	19.68 MJ/m^3（4700 kcal/m^3）	0.6714 kgce/m^3
二氧化碳气	6.28 MJ/m^3（1500 kcal/m^3）	0.2143 kgce/m^3
乙炔	243.76 MJ/m^3（58220 kcal/m^3）	8.3143 kgce/m^3
电石	60.92 MJ/kg（14550 kcal/kg）	2.0786 kgce/kg
注：单位耗能工质耗能量和折标准煤系数是按照电厂发电标准煤耗为 0.404kgce/（kW·h）计算的折标准煤系数。实际计算时，推荐考虑上年电厂发电标准煤耗和制备耗能工质设备效率等影响因素，对折标准煤系数进行修正。		

1.4　能源交易

16. 企业如何进行电力交易

我国电力市场交易类型包括电能量交易、电力辅助服务交易、容量交易等。其中，电能量交易按照交易周期分为电力中长期交易和电力现货交易。浙江省电力交易市场主要为电力中长期交易，还未开展现货交易。

浙江省电力交易市场主要包括电力用户、发电企业和售电公司等市场主体。市场主体需按照相关要求在浙江电力交易平台（https：//zjpx. com. cn）完成注册。

110kV 及以上的电力用户可以选择参与电力批发交易，并视情况扩大批发市场用户参与电压等级范围。批发市场用户签订入市承诺书，并按照要求在交易平台办理入市注册或信息变更相关手续。其余工商业用户由售电公司代理参与电力零售交易，零售用户与售电公司通过在交易平台签订零售合同进行绑定，由售电公司代理参与电力零售交易，并且在一个合同有效期内只能向一家售电公司购电、签订零售合同且全部电量均通过该售电公司购买。

零售用户电费账单如图 1.4.1、图 1.4.2 和图 1.4.3 所示，电费由基本电费、电度电费和力调电费三个部分构成。

电费明细

1 上网电费

	计费电量kW h	电价标准元/kW h	电费元
峰-零售交易电费	28225	0.928898	26218.15
平-零售交易电费	22415	0.466832	10464.05
谷-零售交易电费	34232	0.075854	2596.62
深谷-零售交易电费	1739	-0.101863	-177.14
峰-绿电电能量电费	13451	1.032795	13892.12
平-绿电电能量电费	10681	0.5298	5658.79
谷-绿电电能量电费	16312	0.104189	1699.53
深谷-绿电电能量电费	829	-0.089276	-74.01
发用两侧电能电费偏差	127884	0.0173	2212.39
批发侧交易均价(单一价格):0.46314			

2 上网环节线损费用

	计费电量kW h	电价标准元/kW h	电费元
上网环节线损费用	127884	0.0174	2225.18

基本电费

3 输配电费

基本电费计收方式	月每千伏安用电量	计费数量kVA(kW)	计费标准元/kVA(kW).月	电费元
需量基本费	255	470	48.0	22560.00
零售输配电费		127884	0.126	16113.39

备注：
①月每千伏安用电量为用户所示全部计量点当月总用电量除以用户合同变压器容量；
②对于选择执行需量电价计费方式的两部制用户，月每千伏安用电量达到260千瓦时及以上的，该月需量电价按核定标准的90%执行

4 系统运行费用

	计费电量kW h	电价标准元/kW h	电费元
系统运行费用	127884	0.0541	6918.53

5 政府性基金及附加

	计费电量kW h	电价标准元/kW h	电费元
政府性基金及附加	127884	0.029238	3739.07

6 其他

	力调实际值	力调标准	参与力调金额元	调整系数	电费元
功率因数调整电费	0.99	0.9	103389.07	-0.0075	-775.42

	计费电量kW h	电价标准元/kW h	电费元
分次结算电费	-98124	0.700571	-68742.86
绿色电力环境价值费用	41273	0.01	412.73
上月绿色电力环境价值差额费用	-6170	0.02	-123.40

上网电费	62490.50
+ 上网环节线损费用	2225.18
+ 输配电费	38673.39
+ 系统运行费用	6918.53
+ 政府性基金及附加	3739.07
+ 其他	-69228.95
= 总电费(元)	44817.72

图 1.4.1　基本电费

电费明细

电度电费（框线内费用之和）

1 上网电费

	计费电量kW h	电价标准元/kW h	电费元
峰-零售交易电费	28225	0.928898	26218.15
平-零售交易电费	22415	0.466832	10464.05
谷-零售交易电费	34232	0.075854	2596.62
深谷-零售交易电费	1739	-0.101863	-177.14
峰-绿电电能量电费	13451	1.032795	13892.12
平-绿电电能量电费	10681	0.5298	5658.79
谷-绿电电能量电费	16312	0.104189	1699.53
深谷-绿电电能量电费	829	-0.089276	-74.01
发用两侧电能电费偏差	127884	0.0173	2212.39

批发侧交易均价(单一价格):0.46314

2 上网环节线损费用

	计费电量kW h	电价标准元/kW h	电费元
上网环节线损费用	127884	0.0174	2225.18

3 输配电费

基本电费计收方式	月每千伏安用电量	计费数量kVA(kW)	计费标准元/kVA(kW).月	电费元
需量基本费	255	470	48.0	22560.00
零售输配电费		127884	0.126	16113.39

备注:

①月每千伏安用电量为用户所示全部计量点当月总用电量除以用户合同变压器容量;

②对于选择执行需量电价计费方式的两部制用户，月每千伏安用电量达到260千瓦时及以上的，该月需量电价按核定标准的90%执行

4 系统运行费用

	计费电量kW h	电价标准元/kW h	电费元
系统运行费用	127884	0.0541	6918.53

5 政府性基金及附加

	计费电量kW h	电价标准元/kW h	电费元
政府性基金及附加	127884	0.029238	3739.07

6 其他

	力调实际值	力调标准	参与力调金额元	调整系数	电费元
功率因数调整电费	0.99	0.9	103389.07	-0.0075	-775.42

	计费电量kW h	电价标准元/kW h	电费元
分次结算电费	-98124	0.700571	-68742.86
绿色电力环境价值费用	41273	0.01	412.73
上月绿色电力环境价值差额费用	-6170	0.02	-123.40

上网电费
62490.50
+
上网环节线损费用
2225.18
+
输配电费
38673.39
+
系统运行费用
6918.53
+
政府性基金及附加
3739.07
+
其他
-69228.95
= 总电费(元)
44817.72

图 1.4.2 电度电费

1 上网电费

	计费电量kW h	电价标准元/kW h	电费元
峰-零售交易电费	28225	0.928898	26218.15
平-零售交易电费	22415	0.466832	10464.05
谷-零售交易电费	34232	0.075854	2596.62
深谷-零售交易电费	1739	-0.101863	-177.14
峰-绿电电能量电费	13451	1.032795	13892.12
平-绿电电能量电费	10681	0.5298	5658.79
谷-绿电电能量电费	16312	0.104189	1699.53
深谷-绿电电能量电费	829	-0.089276	-74.01
发用两侧电能电费偏差	127884	0.0173	2212.39
批发侧交易均价(单一价格):0.46314			

2 上网环节线损费用

	计费电量kW h	电价标准元/kW h	电费元
上网环节线损费用	127884	0.0174	2225.18

3 输配电费

基本电费计收方式	月每千伏安用电量	计费数量kVA(kW)	计费标准元/kVA(kW).月	电费元
需量基本费	255	470	48.0	22560.00
零售输配电费		127884	0.126	16113.39

备注：

①月每千伏安用电量为用户所示全部计量点当月总用电量除以用户合同变压器容量；

②对于选择执行需量电价计费方式的两部制用户，月每千伏安用电量达到260千瓦时及以上的，该月需量电价按核定标准的90%执行

4 系统运行费用

	计费电量kW h	电价标准元/kW h	电费元
系统运行费用	127884	0.0541	6918.53

5 政府性基金及附加

	计费电量kW h	电价标准元/kW h	电费元
政府性基金及附加	127884	0.029238	3739.07

力调电费

6 其他

	力调实际值	力调标准	参与力调金额元	调整系数	电费元
功率因数调整电费	0.99	0.9	103389.07	-0.0075	-775.42

图 1.4.3 力调电费

如图 1.4.4 和图 1.4.5 所示，浙江省电力有限公司代理购电工商业用户电价每月在国家电网网站（https：//95598.cn/osgweb/index）进行信息公开。

图 1.4.4 电价标准公示

国网浙江省电力有限公司代理购电工商业用户电价表

（执行时间：2024 年 10 月 1 日—10 月 31 日）

用电分类		电压等级	非分时电度电价（元/千瓦时）	分时电度用电价格（元/千瓦时）										容（需）量用电价格	
				代理购电价格	上网环节线损电价	电度输配电价	系统运行费用折价	政府性基金及附加	尖峰	高峰	平时段	低谷	深谷	最大需量（元/千瓦·月）	变压器容量（元/千伏安·月）
公式		-	1=2+3+4+5+6	2	3	4	5	6	7	8	9=1	10	11	12	13
两部制	大工业用电	1~10（20）千伏	0.6875	0.4880	0.0141	0.1260	0.0302	0.0292	/	1.1344	0.6875	0.3094	0.1375	48.0	30.0
		35 千伏	0.6570	0.4880	0.0141	0.0955	0.0302	0.0292	/	1.0841	0.6570	0.2957	0.1314	44.8	28.0
		110 千伏	0.6406	0.4880	0.0141	0.0791	0.0302	0.0292	/	1.0571	0.6406	0.2883	0.1281	41.6	26.0
		220 千伏及以上	0.6303	0.4880	0.0141	0.0688	0.0302	0.0292	/	1.0401	0.6303	0.2837	0.1261	38.3	24.0
	一般工商业用电	1~10（20）千伏	0.6875	0.4880	0.0141	0.1260	0.0302	0.0292	/	1.0313	0.6875	0.3094	0.1375	48.0	30.0
		35 千伏	0.6570	0.4880	0.0141	0.0955	0.0302	0.0292	/	0.9856	0.6570	0.2957	0.1314	44.8	28.0
		110 千伏	0.6406	0.4880	0.0141	0.0791	0.0302	0.0292	/	0.9610	0.6406	0.2883	0.1281	41.6	26.0
		220 千伏及以上	0.6303	0.4880	0.0141	0.0688	0.0302	0.0292	/	0.9455	0.6303	0.2837	0.1261	38.3	24.0
单一制	一般工商业用电	不满 1 千伏	0.7961	0.4880	0.0141	0.2452	0.0196	0.0292	/	1.1942	0.7961	0.3583	0.1592		
		1~10（20）千伏	0.7759	0.4880	0.0141	0.2144	0.0302	0.0292	/	1.1639	0.7759	0.3492	0.1552		
		35 千伏及以上	0.7385	0.4880	0.0141	0.1770	0.0302	0.0292	/	1.1078	0.7385	0.3323	0.1477		

注 1. 电网企业代理购电用户电价由代理购电交易价格、上网环节线损费用、输配电价、系统运行费用、政府性基金及附加组成。其中输配电价由上表所列的电度输配电价、容（需）量用电价格构成，按照国家核定标准执行；基金及附加标准（分/千瓦时）：国家重大水利工程建设基金 0.403875 分、大中型水库移民后期扶持基金 0.62 分、可再生能源电价附加 1.9 分。

2. 根据《省发展改革委关于调整工商业峰谷分时电价政策有关事项的通知》（浙发改价格〔2024〕21 号），大工业用户于 2024 年 3 月 1 日起执行，1—10（20）千伏及以上的一般工商业用户于 2024 年 6 月 1 日起执行，不满 1 千伏的一般工商业用户于 2024 年 9 月 1 日起执行：春秋季（2—6 月、9—11 月）峰谷分时电价时段划分：高峰时段：8:00—11:00、13:00—17:00；平段时段：17:00— 24:00；低谷时段：0:00—8:00、11:00—13:00；夏冬季（1 月、7 月、8 月、12 月）大工业用电分时电价时段划分：尖峰时段：9:00—11:00、15:00—17:00；高峰时段：8:00—9:00、17:00—23:00；平段时段：13:00—15:00、23:00—24:00；低谷时段：0:00—8:00、11:00—13:00；深谷时段：春节、劳动节、国庆节的 10:00—14:00，三个节假日具体时间以国家公布为准。

图 1.4.5 2024 年 10 月国网浙江省电力有限公司代理购电工商业用户电价表

在公司厂区建设光伏电站的情况下，若由企业资金投资，则不存在缴纳光伏电费的问题，还有可能获得光伏上网的电费收入。若是由第三方投资建设光伏，由企业直接向光伏投资公司支付电费，该电费比国网电价便宜，一般是在国网电价的基础上打一定的折扣。

17. 企业如何进行天然气交易

企业需要使用天然气，目前主要有两种方式可以采购，第一种方式是购买管道天然气（PNG），天然气销售主体基本是每个地区唯一的一个公司（通过政府招标等方式确定），管道天然气交易采购价格相对稳定，而且天然气的供应量大且稳定，但需要依靠天然气管网进行输送，城市的天然气管网初期管道投资比较大。浙江省管道天然气的价格主要由政府价格管理部门制定，并会根据市场供求状况和成本情况进行调整。

第二种方式为购买液态天然气（LNG），适用于厂区没有接入天然气管网的情况。LNG 的供应商有很多个可以选择，但是其需要建设气化站，安全风险比管道天然气更高。

同时，LNG 的价格波动较大，可以采用长期合同定价，买方和卖方签订长期合同，通常为期 1 年以上，合同中明确规定了 LNG 的交付量和价格。这种价格通常与某种基准价格挂钩，如日本原油清关价（JCC）或美国亨利港天然气价格（HH）。这种定价方式为市场参与者提供了价格稳定性，但也可能导致市场价格与实际供需情况脱节。大多数中小企业，采用的是现货市场价，现货市场的价格通常由供需关系决定，价格波动较大。现货市场的定价机制更加灵活，能够快速反映市场变化，但也增加了价格的不确定性。现货市场的价格通常通过交易所或场外交易平台进行公开竞价，形成市场参考价格。

18. 企业如何获得蒸汽

一般工业企业所在的园区，政府都会建立相应的配套热电厂，为园区所属的企业供应蒸汽，绝大多数园区都仅有一个热电厂供应，个别园区有多个热电厂，但其供应的企业也事先约定，因此严格意义上来说，企业如果需要购买蒸汽，只能向唯一的热电厂采购。

蒸汽的价格差异较大，影响因素较多，如热电厂所使用的燃料不同、蒸汽的品质（温度、压力）不同、输送的距离不同、企业用蒸汽量的不同等，企业在关注价格的时候，应更多地关注蒸汽品质指标。

另外，有用热需求的热用户，除了向热电厂购买蒸汽，还可以采用自备热电厂实现蒸汽自发自用，或者利用蒸汽发生器、生物质锅炉、天然气锅炉等设备将其他能源转化为热能的方式产生蒸汽。此时，企业就要考虑项目合规性、投资收益、设备能效等多方面因素，综合评判自己生产蒸汽的合理性与经济性。

19. 什么是绿电交易

绿色电力（以下简称绿电）是指将风电、太阳能发电等可再生能源发电项目产生的电量。绿色电力交易是指以绿色电力和对应绿色电力环境价值为标的物的电力交易品种，同时提供国家核发的可再生能源绿色电力证书（以下简称绿证）。浙江省绿电交易依托中国绿色电力证书交易平台、北京电力交易中心开展。

企业进行绿电交易获得绿证，首先，企业可用于履行可再生能源配额义务，超出用能配额部分可以通过绿证进行抵消。其次，绿证作为一种企业使用可再生能源的证明，可以满足部分上下游企业对供应商可再生能源利用的要求，同时有助于企业申报 ESG 可持续认证、绿色体系认证等荣誉。最后，绿证也可以作为碳减排证明参与碳市场。对于碳排放控排企业，在计算碳排放量时可以降低企业碳排放总量和碳排放强度。

第 2 章

企业能源管理

2.1 能源管理体系

20. 什么是能源管理体系

能源管理体系是指建立能源方针、目标、能源指标、措施计划和过程以实现目标和能源指标的管理体系。以能源管理体系及相关标准为理论依据，以组织自身管理现状及特点、能源利用状况和水平，人员素质能力等因素为实践依据，以实现组织能源方针、目标、能源指标为目的，建立的一整套能源管理的体制机制、方式方法、标准规范的合集。

企业能源管理体系的建立与有效实施需要组建能源管理团队。组建能源管理团队时，要综合考虑企业的生产规模、工艺设备用能的复杂程度以及有关法律法规的要求。根据企业管理需要，能源管理团队可以是一个人，也可以是由不同职能的人员组成的小组，可以是专职，也可以是兼职。需要注意的是，根据《中华人民共和国节约能源法》的规定，重点用能单位应当设立能源管理岗位，聘任具有节能专业知识、实际经验和中级以上技术职称的人员担任能源管理负责人，并报管理节能工作的部门和有关部门备案。

企业能源管理团队的总体职责可包括：制定能源管理方针；组建与动态管理团队，明确隶属关系、职责权限，确定能源管理负责人；确立能源管理范围；建立能源管理目标指标；建立确保能源利用过程有效运行和控制的准则和方法；贯彻落实节能法律法规、政策标准和其他要求；持续改进企业的能源绩效和节能管理绩效等。

21. 企业建立能源管理体系有什么意义

企业建立能源管理体系的意义主要有以下几个方面：(1) 提升管理水平，提高能效。通过系统化的管理，健全机构、完善制度、提升素质、精细化管控，从而提高能源使用效率，降低能源浪费，节约成本。(2) 合规性和风险管理。满足相关法律法规和标准要求，避免因能源管理不善而面临的法律风险。(3) 加大节能技改力度。系统性思维及方法充分挖掘节能潜力，及时获取先进技术。(4) 持续改进。通过持续的能源管理改进，提高企业的整体绩效。(5) 增强竞争力。提高能源效率和可持续性，可以在市场竞争中获得优势。(6) 社会责任和企业形象。降低能源消耗所带来的碳排放和其他环境污染，履行企业社会责任，提升企业的社会形象和声誉。

22. 企业如何建立行之有效的能源管理体系

建立行之有效的企业能源管理体系主要包括以下几个方面的工作：（1）高层支持。争取最高管理层的支持，明确其在能源管理中的职责。（2）组建团队。成立能源管理工作组，明确职责分工。（3）制定政策和目标。制定能源方针和目标，确保与企业战略一致。（4）能源评审。进行详细的能源评审，确定能源基准和重点改进领域。（5）制订计划。制订详细的能源管理实施计划，明确时间表和资源需求。（6）员工培训。开展全员培训，增强员工的能源管理意识和技能。（7）实施措施。落实节能措施，监控和评估其效果。（8）内部审核和管理评审。定期进行内部审核和管理评审，持续改进能源管理体系。（9）沟通和宣传。通过内部沟通和宣传，提高全员参与的积极性。

23. 什么是能源目标、能源指标，二者之间什么关系

（1）能源目标是企业在能源管理方面一定时期内期望达到的特定结果或成果。目标为企业能源管理提供了具体的努力方向，有助于企业集中资源和精力来实现能源绩效的持续改进。目标可以分为定量和定性的目标，定量的目标如未来三年内能源消耗总量减少5%、到当年年底全厂电耗减少3%、第四季度全厂能源使用效率提高2%等；定性的目标如推行绿色办公模式、建立企业节能文化等。

（2）能源指标是能源绩效改进的可量化的目标，是用来衡量和监控组织能源绩效的具体数值标准，是可量化的目标。比如，每月单位产品能源消耗、每月单位产品电耗等。通过定义明确的能源指标，企业可以监控和跟踪其目标的实现进度。

（3）能源指标的确定是为了实现能源目标，而能源指标也为制定能源目标提供了基础的、准确可靠的数据支撑。例如，要实现“未来三年内将能源消耗总量减少5%”这一目标，企业首先应确定能源消耗的基准，并通过设定具体的能源指标（如每月的能耗量、每单位产品的能耗等）来落实开展工作。

24. 企业常用的能源指标有哪些

企业的能源指标主要有组织、系统、设备/设施/过程和产品四个层面，各个层面分别包括以下常用的能源指标。

（1）组织层面：能耗总量、单位产值/增加值能耗、能源成本占比等。

（2）系统层面：制冷系统能效、压缩空气系统能效、供热系统能效等。

（3）设备/设施/过程层面：设备能耗、工序能耗、待机能耗、启动能耗等。

（4）产品层面：单位产品能耗、单位产品耗电量等。

在制定组织层面的能源指标时，应考虑政府、客户等相关方对于公司的能源相关目标要求，确保能达到他们的要求；在制定系统层面、设备/设施/过程层面的能源指标时，应参考相应系统、设备的国家能耗限额标准、能效标准等，制定的指标原则上应高于这些标

准要求；制定产品层面的能源指标时，应首先看是否有产品的限额指标，原则上制定的指标应高于产品的限额指标要求。

25. 什么是能源绩效、能源绩效参数、能源绩效参数值，三者什么关系

（1）能源绩效是与能源效率、能源使用和能源消耗有关的、可测量的结果。例如，能源消耗量、单位能源消耗量、能源效率等。它是衡量企业在生产、运营等活动中如何有效使用能源，并在多大程度上实现了能源目标。

（2）能源绩效参数是由企业确定的能源绩效的度量或单位，可以用一个简单的度量单位、比率或一个模型表示，用于量化企业整体或部分设备的能源绩效。例如，单位产品综合能耗、压缩空气系统效率、锅炉效率等具体指标。

（3）能源绩效参数值是指在某一时间节点或特定时间段内，能源绩效参数的量化数值，即能源绩效参数的具体数值。比如，水泥单位产品综合能耗为73kgce/t。

（4）能源绩效参数是衡量能源绩效的工具，而能源绩效参数值则是这个工具在特定时段的具体表现。通过监测和比较能源绩效参数值，可以评估能源使用的效率和优化潜力，进而制定有效的节能措施和管理策略，提高能源利用效率。这三者紧密相连，共同构成了能源管理体系中不可或缺的部分。

26. 企业常用的能源绩效参数有哪些

企业的能源绩效参数主要有直接测量的数值、测量数值的比率和模型三类。各个类型分别包括以下能源绩效参数。

（1）直接测量的数值：耗电量峰值、最高负荷、锅炉耗煤量等。

（2）测量数值的比率：单位产品能耗、单位产值能耗、锅炉效率等。

（3）模型：泵/风扇的能耗量与工质流量的关系模型、冷水机组的耗电量与冷凝温度，蒸发温度的关系模型等。

其中，直接测量的数值和测量数值的比率为企业比较常用的能源绩效参数。

27. 什么是能源基准，与能源绩效什么关系

能源基准是用作比较能源绩效的定量参考依据，通常是在某个时间段内的能源使用历史数据。它为之后的能源管理改进提供了基础，是设定目标和评估能源绩效变化情况的初始值或基准线，它的作用就是比较一段时间内的能源绩效并量化能源绩效的变化。比如，某制造企业2023年的综合能源消耗量为10000tce，以此作为能源基准，设定未来三年的目标是将能耗降低10%，通过与基准值的比较，我们可以看出不同时段能源绩效的表现。

能源基准提供了一个参考点，企业可以通过与其对比来评估能源绩效的改进情况，可以看到所采取的措施是否产生了预期的效果。

2.2　能源计量与统计

28. 什么是能源计量

能源计量是指在能源流程中，对各个环节（包括能源生产、运输、使用、监督等各个领域）的数量、质量、性能参数、相关的特征参数等进行检测、度量和计算。

能源计量的范围包括输入（出）用能单位、次级用能单位和用能设备使用和自产的能源及载能工质、可回收利用的余能资源。能源计量的能源种类包括煤炭、原油、天然气、焦炭、煤气、热力、成品油、液化石油气、生物质能和其他直接或者通过加工、转换而取得有用能的各种资源。水的计量也属于能源计量范畴。

29. 什么是输入（出）用能单位、次级用能单位和用能设备

输入用能单位是指从外部获取能源（如电力、燃气、燃油等），并将其用于生产、加工、服务等活动中的用能单位。输出用能单位与输入用能单位相对应，是指向外部提供能源（如电力、燃气、燃油等），同时本身利用能源进行生产、加工、服务等活动的用能单位。

次级用能单位是指用能单位下属的能源核算单位，在用能单位内所辖的各个用能单位部门需要进行能源消耗核算的单位，均为次级用能单位。其中，用能量（产能量或输运能量）大于或等于表2.2.1中一种或多种能源消耗量限定值的次级用能单位为主要次级用能单位，通常为企业下属的具有相对独立用能活动的部门或生产线。

表2.2.1　主要次级用能单位能源消耗量（或功率）限定值

能源种类	电力	煤炭、焦炭	原油、成品油、石油液化气	重油、渣油	煤气、天然气	蒸汽、热水	水	其他
单位	kW	t/a	t/a	t/a	m^3/a	GJ/a	t/a	GJ/a
限定值	10	100	40	80	10000	5000	5000	2926

注1：表中a是法定计量单位中“年”的符号。

注2：表中m^3是指在标准状态下，表2.2.2同。

注3：2926GJ相当于100t标准煤。其他能源应按等价热值折算。

用能设备是指所有转化、传输和利用能源，从而实现其自身功能的设备总称。其中，单台设备能源消耗量大于或等于表 2. 2. 2 中一种或多种能源消耗量限定值的为主要用能设备，通常为企业大型的用能设备。

表 2. 2. 2　主要用能设备能源消耗量（或功率）限定值

能源种类	电力	煤炭、焦炭	原油、成品油、石油液化气	重油、渣油	煤气、天然气	蒸汽、热水	水	其他
单位	kW	t/h	t/h	t/h	m^3/h	MW	t/h	GJ/h
限定值	100	1	0. 5	1	100	7	1	29. 26

注 1：对于可单独进行能源计量考核的用能单元（装置、系统、工序、工段等），如果用能单元已配备能源计量器具，用能单元中的主要用能设备可以不再单独配备能源计量器具。

注 2：对于集中管理同类用能设备的用能单元（锅炉房、泵房等），如果用能单元已配备能源计量器具，用能单元中的主要用能设备可以不再单独配备能源计量器具。

30. 能源计量器具选配应考虑哪些因素

（1）企业要按被测能源对象的实际需求选配测量器具，包括能源的种类、结构、技术性能参数；能源进出用能单位、进出主要次级用能单位和主要用能设备或用能单元的耗能计量参数；购入储存、加工转换、输运分配、生产（主要、辅助生产）过程、运输、采暖（空调）、照明、生活、排放、自用与外销等计量参数。

（2）能源计量器具选配时还应从计量、技术、经济等方面综合进行考虑。①计量。能源计量器具的准确度、稳定性、测量范围、分辨力和灵敏度应满足要求，保证计量结果可靠。②技术。能源计量器具应安装使用方便，操作简单可靠并且方便进行数据采集。③经济。在满足使用需求的前提下，能源计量器具应购置费用少、操作维护费用少、使用寿命长且易于溯源。④用于贸易结算的能源计量器具（如成品油贸易结算、天然气贸易结算等相关计量器具）必须定期进行更换和检定。⑤其他综合因素。部分能源计量器具应有 CMA 标志，同时要求供应商提供质量证明文件。

（3）根据《用能单位能源计量器具配备和管理通则》(GB 17167—2006）的规定，企业能源计量器具的配备率和准确度应满足表 2. 2. 3 和表 2. 2. 4 的要求。

表 2. 2. 3　能源计量器具配备率要求（单位:%）

能源种类		进出用能单位	进出主要次级用能单位	主要用能设备
电力		100	100	95
固态能源	煤炭	100	100	90
	焦炭	100	100	90

续表

能源种类		进出用能单位	进出主要次级用能单位	主要用能设备
液态能源	原油	100	100	90
	成品油	100	100	95
	重油	100	100	90
	渣油	100	100	90
气态能源	天然气	100	100	90
	液化气	100	100	90
	煤气	100	90	80
载能工质	蒸汽	100	80	70
	水	100	95	80
可回收利用的余能		90	80	—

注 1：进出用能单位的季节性供暖用蒸汽（热水）可采用非直接计量载能工质流量的其他计量结算方式。

注 2：进出主要次级用能单位的季节性供暖用蒸汽（热水）可以不配备能源计量器具。

注 3：在主要用能设备上作为辅助能源使用的电力和蒸汽、水等载能工质，其耗能量很小（低于表 2.2.2 的要求）可以不配备能源计量器具。

表 2.2.4　用能单位能源计量器具准确度等级要求

计量器具类别	计量目的		准确度等级要求
衡器	进出用能单位燃料的静态计量		0.1
	进出用能单位燃料的动态计量		0.5
电能表	进出用能单位有功交流电能计量	Ⅰ类用户	0.5S
		Ⅱ类用户	0.5
		Ⅲ类用户	1.0
		Ⅳ类用户	2.0
		Ⅴ类用户	2.0
	进出用能单位的直流电能计量		2.0
油流量表（装置）	进出用能单位的液体能源计量		成品油 0.5
			重油、渣油 1.0
气体流量表（装置）	进出用能单位的气体能源计量		煤气 2.0
			天然气 2.0
			蒸汽 2.5

续表

计量器具类别	计量目的		准确度等级要求
水流量表（装置）	进出用能单位水量计量	管径不大于 250mm	2.5
		管径大于 250mm	1.5
温度仪表	用于液态、气态能源的温度计量		2.0
	与气体、蒸汽质量计算相关的温度计量		1.0
压力仪表	用于气态、液态能源的压力计量		2.0
	与气体、蒸汽质量计量相关的压力计量		1.0

注 1：当计量器具是由传感器（变送器）、二次仪表组成的测量装置或系统时，表中给出的准确度等级应是装置或系统的准确度等级。装置或系统未明确给出其准确度等级时，可用传感器与二次仪表的准确度等级按差合成方法合成。

注 2：运行中的电能计量装置按其所计量电能量的多少，将用户分为五类。Ⅰ类用户为月平均用电量 500 万 kW·h 及以上或变压器容量为 10000kVA 及以上的高压计费用户；Ⅱ类用户为小于Ⅰ类用户用电量（或变压器容量）但月平均用电量 100 万 kW·h 及以上或变压器容量为 2000kVA 及以上的高压计费用户；Ⅲ类用户为小于Ⅱ类用户用电量（或变压器容量）但月平均用电量 10 万 kW·h 及以上或变压器容量为 315kVA 及以上的计费用户；Ⅳ类用户为负荷容量为 315kVA 以下的计费用户；Ⅴ类用户为单相供电的计费用户。

注 3：用于成品油贸易结算的计量器具的准确度等级应不低于 0.2。

注 4：用于天然气贸易结算的计量器具的准确度等级应符合 GB/T 18603—2001 附录 A 和附录 B 的要求。

对于水泥、造纸、纺织等重点行业，有相应的行业能源计量器具配备和管理要求，具体国家标准清单如表 2.2.5 所示。

表 2.2.5　能源计量器具配备管理相关国家标准

序号	名称	标准号
1	《用能单位能源计量器具配备和管理通则》	GB 17167—2006
2	《船舶制造企业能源计量器具配备和管理要求》	GB/T 38067—2019
3	《水泥生产企业能源计量器具配备和管理要求》	GB/T 35461—2017
4	《烧结墙体屋面材料企业能源计量器具配备和管理导则》	GB/T 31350—2014
5	《制浆造纸企业能源计量器具配备和管理要求》	GB/T 29454—2012
6	《煤炭企业能源计量器具配备和管理要求》	GB/T 29453—2012
7	《纺织企业能源计量器具配备和管理要求》	GB/T 29452—2012
8	《公共机构能源资源计量器具配备和管理要求》	GB/T 29149—2012
9	《建筑材料行业能源计量器具配备和管理要求》	GB/T 24851—2010

续表

序号	名称	标准号
10	《火力发电企业能源计量器具配备和管理要求》	GB/T 21369—2008
11	《钢铁企业能源计量器具配备和管理要求》	GB/T 21368—2008
12	《化工企业能源计量器具配备和管理要求》	GB/T 21367—2008
13	《有色金属冶炼企业能源计量器具配备和管理要求》	GB/T 20902—2007
14	《石油石化行业能源计量器具配备和管理要求》	GB/T 20901—2007

31. 什么是能源计量网络图

能源计量网络图即进出用能单位、进出主要次级用能单位和主要用能设备能源计量器具配备网络图，它组合了能源流向和能源计量点的信息，包含图形和表格两个部分。图形部分标识出了各个用能单位及它们所在的层级、能源流动转化方向、各个用能单位测量点的计量器具信息；表格部分则列出了计量器具的详细信息，如代号、名称、型号、管理编号、安装使用地点及所在计量层级等。能源计量网络图示例如图 2.2.1 至图 2.2.4 所示，常见能源的类别、代号如表 2.2.6 所示。

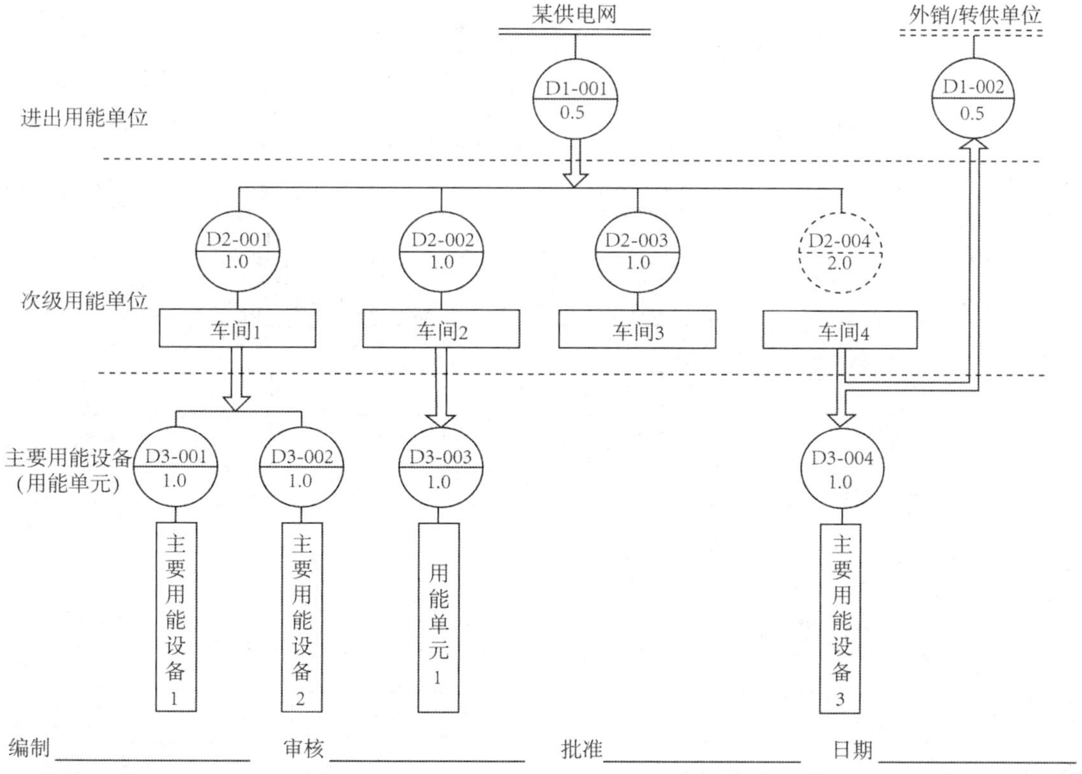

图 2.2.1　企业电力计量网络图示例

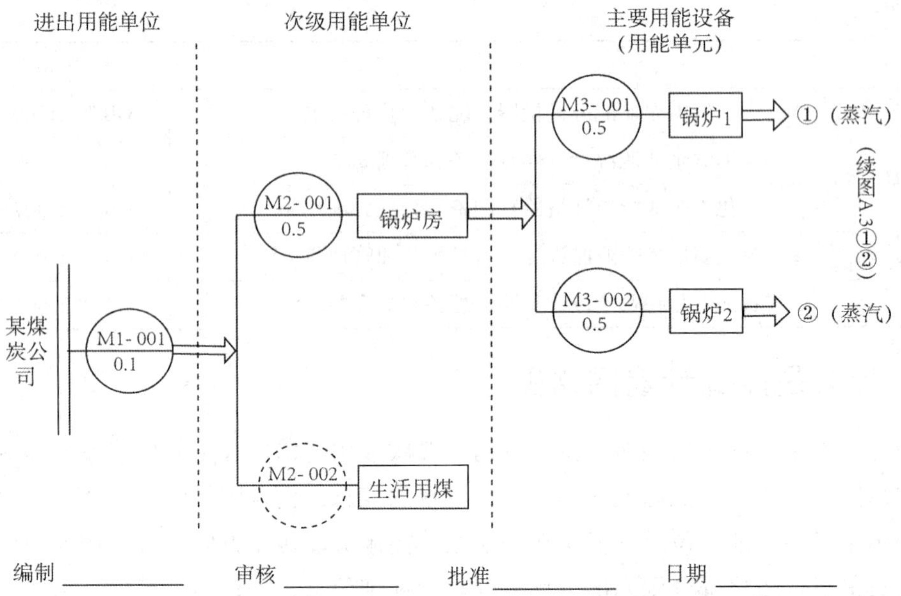

图 2.2.2　企业煤炭计量网络图示例

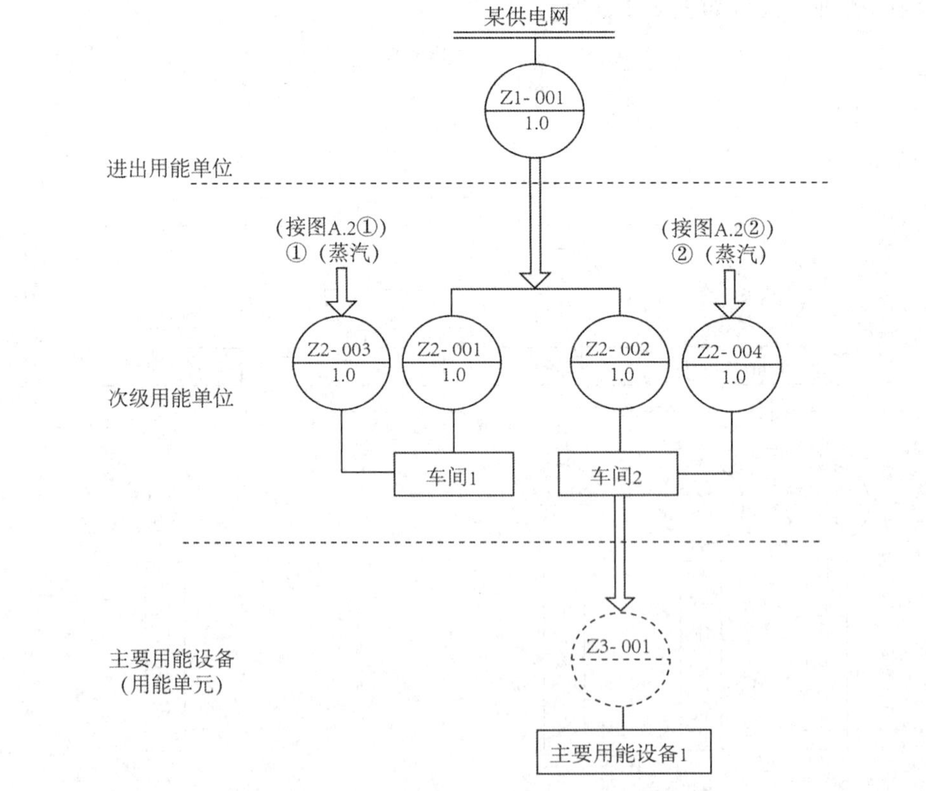

图 2.2.3　企业蒸汽计量网络图示例

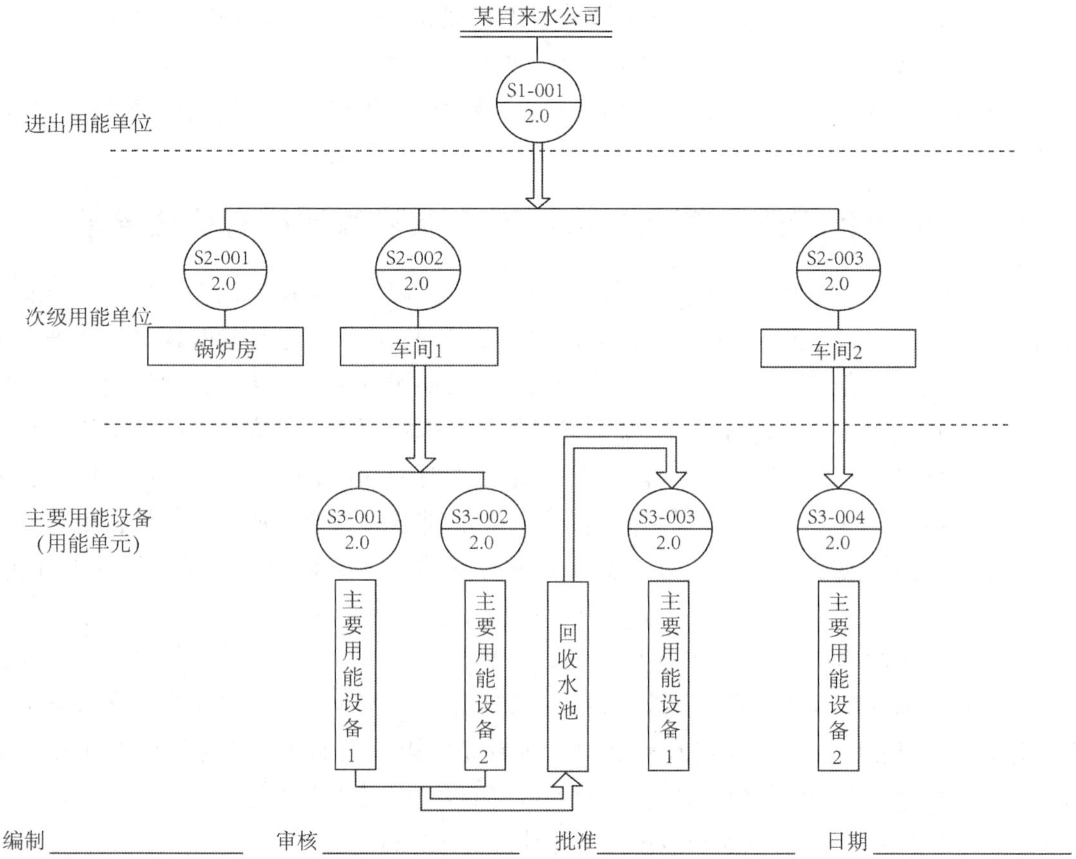

图 2.2.4　企业水计量网络图示例

表 2.2.6　常见能源的类别、代号

能源类别	代号
电力	D
煤炭	M
天然气	T
蒸汽	Z
水	S
油	Y

32. 能源三级计量是如何划分的

（1）一级能源计量：指以公司、总厂（或分厂）为核算单位而进行的能源管理计量。这一级计量通常覆盖整个企业或大的生产单位，用于总体能源消耗的监测和管理。

（2）二级能源计量：深入次级用能单位，如车间或主要工序，以这些单位为核算单位进行管理的计量。这一级计量的目的是更有效地管理能源使用，支持一级能源计量。

（3）三级能源计量：精确到具体的设备，如班组、重点用能设备等，以这些为核算单位进行管理的计量。这一级计量的主要目的是更精确地监测和管理能源使用，支持二级能源计量。

33.《能源计量监督管理办法》对企业能源计量有什么要求

《能源计量监督管理办法》（以下简称《办法》）规定了用能单位应当建立健全能源计量管理制度，明确计量管理职责，加强能源计量管理，确保能源计量数据真实准确；用能单位应当配备符合规定要求的能源计量器具，满足能源分类、分级、分项计量要求；用能单位应当建立能源计量器具台账，加强计量器具管理；用能单位应当按照规定使用符合要求的能源计量器具，确保在用能源计量器具的量值时准确可靠；用能单位应当保证能源计量数据与能源计量器具实际测量结果相符，不得伪造或者篡改能源计量数据；用能单位应当将能源计量数据作为统计调查、统计分析的基础，对各类能源消耗实行分类计量、统计。

对于重点用能单位，《办法》还另外规定了重点用能单位应当以能源计量数据为基础，有针对性地采取计量管理或者计量改造措施；重点用能单位应当配备专业人员从事能源计量工作，能源计量工作人员应当具有能源计量专业知识，定期接受能源计量专业知识培训。同时，对于重点用能单位，政府计量行政部门将根据《重点用能单位能源计量审查规范》（JJF 1356—2012）对重点用能单位能源计量工作进行审查。

34. 重点用能单位能源计量审查要求是什么

政府计量部门根据《重点用能单位能源计量审查规范》（JJF 1356—2012）对重点用能单位能源计量工作进行审查，主要包括能源计量管理、能源计量人员、能源计量器具、能源计量数据管理、自查与整改五个方面。

重点用能单位在接到关于能量计量审查的通知后，应按要求报送以下自查资料：

（1）本单位基本情况和组织机构设置框图；

（2）能源计量工作自查报告；

（3）能源计量管理制度；

（4）审查期内的能源统计报表，以及根据实际情况提供能源审计报告、能源平衡测试报告、能源效率限额对标报告和节能降耗改造技术报告等；

（5）能源计量人员一览表及任职证明文件；

（6）主要用能设备一览表；

（7）能源计量器具一览表；

（8）进出用能单位能源计量器具一览表分表；

（9）进出主要次级用能单位能源计量器具一览表分表；

（10）主要用能设备能源计量器具一览表分表；
（11）其他能源计量器具一览表分表；
（12）能源计量器具配备情况统计汇总表；
（13）能源计量器具准确度登记统计汇总表；
（14）年度能源购进、消费与库存情况表（相应统计报表）；
（15）能源流向图；
（16）能源计量器具配备及计量采集点网络图；
（17）能源计量器具自行检定/校准的有关检定装置值传递/溯源框图；
（18）能源计量器具量值传递/溯源框图等。

35. 什么是能源统计

能源统计有两层含义：一是能源统计科学；二是能源统计工作，即能源统计理论与能源统计实践两个方面。对于统计部门而言，能源统计是以能源统计科学发展研究为基础，以能源统计工作为核心内容的一门综合性专业统计。这一含义与进而涉及的能源统计对象、任务、报表和报表制度等，构成完整的能源统计概念。

能源统计对象包括能源统计涉及的调查对象及其与能源有关的社会经济活动。具体包括：（1）地质勘探企业在其生产活动中直接获得的各种能源地质储量；（2）能源生产企业（包括一次能源生产企业和二次能源生产企业）及其生产经营活动中的能源产量、销售量、产成品库存量以及与此有关的其他生产经营活动量；（3）能源批发、零售贸易企业（包括国内贸易和国际贸易企业）及其商品经营活动中的能源购进量（包括购进流向）、销售量（包括销售流向）、库存量以及与此有关的其他经营活动量；（4）能源消费企业（单位）及其生产经营活动中的能源购进量、消费量、消费方式（包括终端消费、中间消费、具体用向等）、库存量以及与此有关的其他生产经营活动量；（5）城乡居民家庭及其日常生活活动中的能源消费量；（6）能源生产和消费企业（单位）能源生产、消费的效率和效益。

36. 什么是能源统计报表

能源统计报表是根据能源统计调查对象的社会经济活动性质和能源统计任务所涉及的社会经济活动内容，按照统计基本规律和方法论，将所涉及的统计指标进行分组、归类，以及各种方式提供给统计调查对象填报的统计表格，包括基层报表和综合报表两类。目前的能源统计报表主要有以下两类。

（1）基层报表：能源生产企业能源产品生产、销售与库存报表；批发零售贸易企业能源商品购进、销售与库存报表；使用能源的工业企业能源购进、消费与库存报表，以及能源加工转换报表；除工业企业外的用能企业（单位）能源消费（与库存）报表；用能企业单位产品（业务量）能耗报表等。

（2）综合报表：与上述基层表式相同的、以一定行政区域、行业（部门）领域为综合统计对象的统计报表；行政区域间能源流向统计报表；能源平衡表和其他能源统计核算报表等。

重点用能单位应每月向当地主管部门递交能源统计报表。

37. 能源统计原始记录有哪些

企业能源统计原始记录主要包括以下内容。（1）能源生产和销售方面的原始记录：产品验收入库单、检验（化验）单、产品销售发票等。（2）能源构建、领用消费方面的原始记录：供货单位的销售发票、本单位的验收入库单、领料单等。例如电、气的消费记录：有条件的企业应于每月定期抄表，并与供货单位的销售发票相互衔接；其他企业可根据当月供货单位的销售发票计算。（3）能源库存方面的原始记录：盘存表等。企业在库存盘点时应综合考虑库存损耗、车间领出未用部分能源。盘点后，可能出现账面数字与实际库存数量不一致的现象，应以盘点数量为准来调整账面数字，差额作盘盈或盘亏处理。企业没有电、气的库存记录。（4）折标系数：有实测折标系数的企业，应建立每个品种的实测热值原始记录；其他企业可采用各种能源参考折标系数。

2.3 能源数字化

38. 什么是能源数字化

能源数字化是利用数字技术优化能源产业的过程。它涉及将新兴信息技术（如人工智能、云计算、区块链等）应用于能源的生产、传输、交易和消费环节，以提升资源配置能力、安全保障能力和智能互动能力。这一过程旨在实现能源企业的智能化、数据化、信息化运营管理与能源行业的智慧化发展。能源数字化不仅关乎能源体系“产—运—储—销—用”全环节的智能灵活调节和供需实时互动，还涉及通过数字记录和分析数据来更好地预测需求、优化使用并减少浪费。最终，能源数字化旨在构筑更高效、更清洁、更经济、更安全的现代能源体系，推动能源产业的高质量发展。本教材面向用能单位的能源管理人员，主要介绍的是能源使用数字化的相关知识。

一般来说，能源数字化的应用功能模块如图 2.3.1 所示。其中，能效管理功能针对各种重点用能设备，如空压系统、制冷系统、水循环系统、电动机、变压器等的管控；能耗预测功能针对用能预算化管理；报表系统期望搭建一个像做 Excel 一样方便的用户自定义报表。

用能单位可以根据以下步骤建立能源数字化体系。

（1）明确自身需求：深入了解企业能源使用情况和管理目标，如主要消耗的能源类型、消耗环节及希望通过系统实现的目标（如降低能源成本、提高利用效率、能源成本核算的层级、产品碳足迹等）。

（2）提升自身的能源管理基础工作：建立包括能源管网图、能源计量网络图、配电系统图、变压器、电动机、线路等设备台账详细信息，公司的组织架构，产品的规格型号、生产工艺等，最好是能建立能源管理体系，系统化地提升能源管理水平。

（3）能源数字化系统设计：根据前期工作，明确系统采集的参数，明确采集的计量点位清单，明确采集的时间间隔，明确数字化要实现的功能以及具体的呈现内容，明确能源分摊和核算的规则，明确要实现的报表清单以及报表的样式，明确是否需要数据大屏以及大屏的样式……总的来说，就是画出设计蓝图。特别是应注意计量器具名称、部门名称、产品名称等一定要与公司现场一致，要唯一，不能出现别名等，否则系统将无法正常运行。

（4）服务器安装、部署：服务器可以使用服务商提供的，也可以用能单位自行采购，部署方式也有两种，SAAS 化部署和私有化部署，一般私有化部署需要用能单位提供一个公网 IP 地址，以便于接收数据。同时，应将能源数字化应用程序在服务器上完成部署。

（5）安装施工、调试：主要负责传感器现场的安装、调试，将需要的数据接入服务器，保证数据的来源完整、准确、及时。

（6）系统配置：主要在数字化平台上完成组织架构、配电系统图、产品信息、各种设备台账信息、计量器具信息、计费信息、折标折碳信息、能源核算公式等的配置，该项工作可以和安装施工、调试同步开展。

（7）项目验收：逐一核对现场传感器数据与平台采集数据的一致性，逐一核对报表的计算逻辑，确保各级计算配置正确。逐一验证其他功能，确保满足设计的要求。

（8）交付使用：由能源数字化承建单位为使用单位进行培训，掌握数字化平台的各项功能及操作方法。在能源数字化平台运行过程中，计量点位可能增加或是调整、组织架构可能会发生变化、报表样式、计算逻辑可能会发生变化、管网可能会调整等各种情况发生时，均需要用户配备专门的平台管理人员进行维护，否则平台很快会报废。同时，公司能源消耗情况如何，也需要专门的人去分析、跟踪，以便于及时发现能源浪费、生产不合理等问题，从而采取措施，实现节能增效。

图 2.3.1　能源数字化的应用功能模块

39. 能源数字化对用能单位有什么作用

用能单位建立能源数字化体系主要有以下好处。

（1）满足企业（部分国际客户或者是国内大型国央企）在招投标或者供应商考核中对于能源数字化建设的要求。

（2）满足绿色工厂评价的要求，能源数字化在绿色工厂评比中综合占有 5.6 分的分值，可以更容易获得绿色工厂的荣誉。

（3）满足产品碳足迹核算的要求，随着双碳的推进，对于产品的碳足迹核算提出越来越高的要求，最终将要求实现单一规格型号产品的碳足迹核算，能源数字化将是一个实现此目的的不可或缺的工具。

（4）满足用能预算化管理的需求，有助于用能企业将政府的双碳指标、能源消耗指标通过系统预测、层层分解、层层把控，以确保满足政府相关要求。

（5）满足政府能源计量器具配备的管理要求，通过搭建能源数字化平台完善企业能源计量，使能源计量器具符合强制性国家标准《用能单位能源计量器具配备和管理通则》

（GB 17167—2006）的要求，顺利通过能源计量审查。

（6）满足自身节能降碳的要求。具体包括：全方位掌握能源消耗，了解能源消耗总量和具体消耗情况；直观看到消耗并关注消耗的合理性，并采用各个部门的目标指标考核等管理手段；能源管理具体落实到设备和工艺，能源管理更加精细；准确核算不同产品的能源消耗成本，摒弃原来能源成本大锅饭的分摊方式；节约抄表、统计、核算的大量人工成本，而且做到数据的完整、透明；有助于用能企业参与电力现货交易、电力需求侧响应、光储充用一体化综合协调，进一步降低能耗成本；采用对标分析、预警告警等方法，通过系统智能化找到问题并及时告知管理人员，避免损失的扩大化。如某设备能耗突然变高，某设备运行时间偏短，某产品能源成本上升等。

以某钢业有限公司为例，该公司拥有 200 万吨产成品生产线，建成有高效节能环保型的冷轧薄钢板、镀锌、镀铝锌及镀锡薄钢板、深冲碳钢、无取向硅钢、彩涂薄钢板生产线项目，生产设备中有液压站，主要提供开卷/收卷机，配备的电动机为 30kW，液压系统设备见图 2. 3. 2，液压系统设备改造前的运行情况分析见图 2. 3. 3。

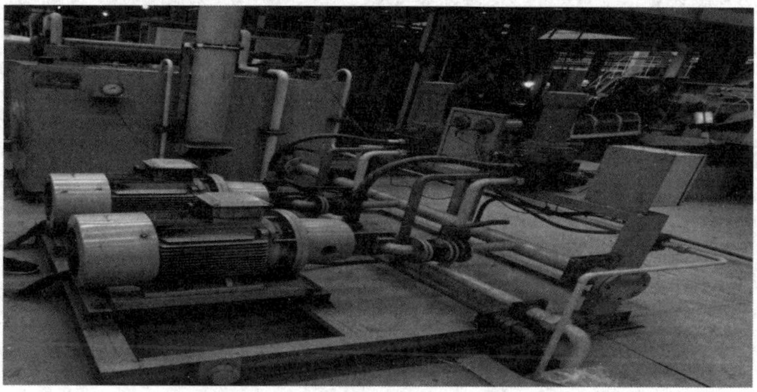

图 2. 3. 2　液压系统设备现场照片

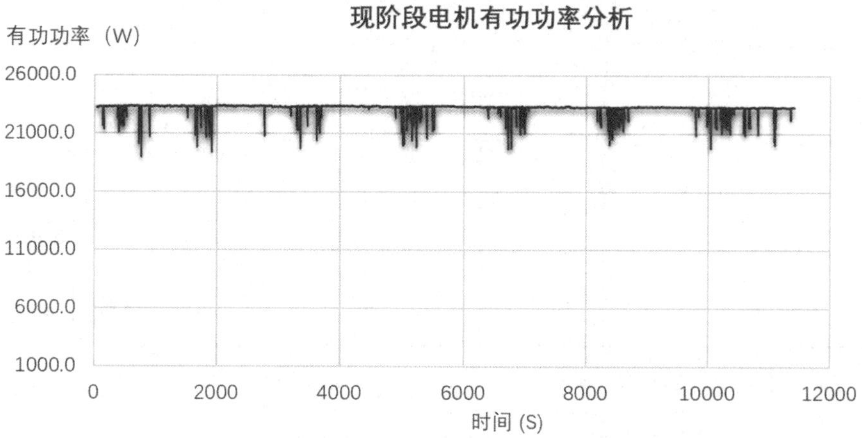

图 2. 3. 3　液压系统设备改造前的运行情况分析

电动机有功功率在 18.5~23.2kW 之间波动，大量时间电机带动液压油泵全速旋转，转速为 1479r/min，持续在 23.2kW 左右，工作油压在 8MPa 左右。只有在油缸动作时才有能量的短暂波动。年平均用电量约 185600kW·h。

分析得出，现有的液压站中的定量泵液压设备通常在需要改变负载流量和压力时，定量油泵速度不可调，用阀门调节，多余的油经溢流阀排入油箱，大量能量以压力差的形式损耗在溢流阀上，造成了大量能耗浪费。

因此建议采用永磁电机+变频器+压力传感器组成的闭环控制，是用永磁电机取代原异步电机，保留原油泵，对生产所需的压力和流量采用闭环控制。对液压设备的压力信号形成一个闭环控制，通过实时调节电机转速，来调节油泵的流量，在保证系统压力的同时，使溢流阀不动作，把原来的溢流损耗节省下来。技改后的现场照片见图 2.3.4，技改前后的运行趋势对比见图 2.3.5。

图 2.3.4　技改后的现场照片

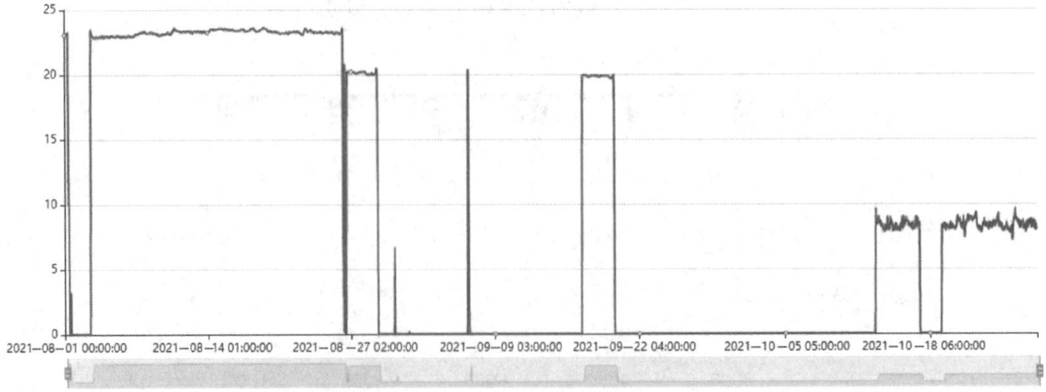

图 2.3.5　技改前后的运行趋势对比

改造前实时功率：运行一直处在 23kW，改造后实时功率基本控制在 8.5kW 上下波动；改造前每天耗电量平均为558.63kW·h，改造后每天耗电量平均为203kW·h；节能率为63.66%，预计年节约费用为74683元。

40. 对用能单位能源管理数字化转型有什么激励措施

政府对于鼓励企业建设能源数字化平台主要制定了以下政策。

（1）《中华人民共和国节约能源法》规定鼓励工业企业采用高效、节能的电动机、锅炉、窑炉、风机、泵类等设备，采用热电联产、余热余压利用、洁净煤以及先进的用能监测和控制等技术。

（2）《重点用能单位节能管理办法》规定重点用能单位应当结合现有能源管理信息化平台，加强能源计量基础能力建设，按照政府管理节能工作的部门、质量技术监督部门要求建设能耗在线监测系统，提升能源管理信息化水平。

（3）《制造业企业供应链管理水平提升指南（试行）》明确要求高耗能企业建立能源管理中心，实现能源管理精细化。

（4）《杭州市推进软件和信息技术服务业高质量发展的若干政策》以及各个区县的《高质量发展若干政策》的文件，一般补贴能源数字化平台（包括软件和数字化相关的硬件，如服务器、采集网关等）投资金额的10%~30%。

（5）国家、省、市绿色工厂申报，可以获得20万~200万元的补贴，在申报过程中，能源数字化平台的分值可达5.6分。

41. 如何通过能源数字化平台实现企业的用能预算化管理

为进一步加强重点用能单位节能管理，重点控制化石能源消费，2024年3月5日，浙江省发展和改革委员会公示了浙江省用能预算管理企业名单（2024年），共4757家企业纳入其中。用能预算化管理作为一种科学、系统的能源管理方法，旨在通过合理规划、有效控制和持续优化能源使用，实现节能减排、降低成本、提升竞争力的目标。

能源数字化平台：（1）明确企业的能源使用范围，有助于明确预算管理范围，包括企业使用能源的种类、环节、区域和时间范围；（2）对企业用能进行精细化管理，有助于企业制定预算指标，预算指标是结合政府下达的指标、企业自身的历史数据、生产计划、技术进步等因素制定的，并分解为各个具体环节的分项指标；（3）对能源消耗进行实时监测，掌握能耗动态，并设定预警阈值，对异常能耗进行自动预警，以便快速响应和处理，有助于确保用能预算的各分项考核指标能得到有效监督和落地；（4）实时监测并分析企业能耗情况，有助于定期评估企业用能预算执行情况，判断预算的合理性和可操作性，有助于实时反馈，进行用能预算动态调整。

2.4 能源管网

42. 什么是能源管网

能源管网是能源介质（如石油、天然气、水、电、热能等）从生产地到消费地之间传输的基础设施。这些管网通过物理管道或线路，将能源安全、高效地输送到各个用户端。作为能源传输的关键环节，能源管网不仅承担着能源供应的任务，还负责能源的分配、调度和调节，以确保能源的稳定供应和高效利用。

能源管网通常由以下三部分组成。

（1）传输管道或线路：这是能源管网的核心部分，用于实际输送能源介质。这些管道或线路需要具备良好的密封性、耐腐蚀性和耐压性能。

（2）泵站或变电站：对于液体或气体能源，如石油、天然气和水等，泵站用于提供必要的动力以推动能源在管道中流动。对于电能，变电站则负责电能的转换和分配。

（3）监控与调度系统：现代能源管网通常配备有先进的监控与调度系统，用于实时监测管网的运行状态、流量、压力等参数，并根据需要进行调整和优化。

43. 什么是能源管网图

能源管网图是指用于描述和展示能源管网系统结构和运行状态的图形。这种图形化表示方法通过线条、符号、节点等元素，清晰地展现出能源介质（如天然气、蒸汽、压缩空气、水等）在管网中的传输线路、流向、压力、温度等关键信息。

能源管网图通常由以下四部分组成。

（1）传输线路：表示能源介质在管网中的传输路径，通常用线条表示，线条的粗细可以表示管道的直径或容量大小。

（2）节点：表示管网中的关键位置，如泵站、储罐、分输站、用户接口等。节点在图中用特定的符号或图标表示，以便于识别和区分。

（3）流向和流量：通过箭头和数值标注，表示能源介质在管网中的流向和流量大小。这有助于了解管网系统的运行状况和负荷分布。

（4）其他信息：根据实际需要，能源管网图还可能包含其他信息，如管道材质、埋设深度、保温措施、安全阀位置等。

44. 能源管网设计时应考虑哪些方面

能源管网的设计是一个复杂而综合性的过程，需要综合考虑多个因素以确保其高效、安全、经济地运行。以下是能源管网设计的主要步骤和考虑因素。

（1）需求分析

能源需求预测分析：根据用能单元的能源需求量和未来发展趋势，预测能源管网的输送能力需求。

负荷分析：分析不同时间段、不同区域的能源负荷变化，以确定管网的容量和调节能力，分析时应尽量采用原有的实际历史数据，无参照数据的，依据理论计算结果，也不应大量地放大能源需求余量。

（2）管网布局设计

优化布局：综合考虑能源输送量、距离、负荷变化、地形地貌、城市规划等因素，合理规划管网的布局。可以利用先进的建模和仿真软件进行优化设计，以实现能源传输的高效率和低成本。

选择敷设方式：根据地形、地质条件、城市规划等因素，选择合适的管道敷设方式，如架空、直埋或综合管沟等。为了后期的运行维护及检修等，应尽量选择架空方式。

路由规划：尽量缩短管网长度，避免不必要的迂回和交叉；主干管应尽量穿越负荷较集中的区域，以减少输送成本。

分压输送：当同一种能源，有不同压力等级的应用时，如蒸汽，既有 2.0MPa 的需求，又有 0.8MPa 的需求时，应考虑 2.0MPa 和 0.8MPa 分别供应的管道布局和 2.0MPa 高压管道降压后供应 0.8MPa 低压蒸汽两种方案在运行过程中的能源损耗问题，择优选择。

（3）管网材料选择

材料性能：根据输送介质的性质和工作条件选择合适的管道材料，如金属、塑料或复合材料。合理的材料选择能够提高管网的强度、耐腐蚀性和耐高温性，减少能源损耗和管道的维护成本。

经济性：在保证性能的前提下，考虑材料的成本和采购便利性，选择经济合理的管道材料。

（4）管网压降优化

减小压降：管网中存在着管道摩阻、管件阻力和附件损失等压降，会导致能源传输的损耗和能源管网的效率降低。在管网设计中，应采用最小化管网压降的原则，通过优化管径、增加支线、避免管道直角转弯、改变管径分布和使用高效流体传输技术等方式，减少管网系统的压降损失，提高输送效率。

节能设备：在管网中安装节能设备，如变频器、高效泵站等，以降低能源消耗和运行成本。

（5）智能化与信息化

智能控制：利用智能控制系统和远程监测技术，实时监测管网的运行状态，并对系统进行调整和优化，以提高运行效率和降低运行成本。

数据管理：建立完善的数据管理系统，对管网运行数据进行收集、分析和处理，为管网设计、运行和管理提供有力支持。

45. 不同周期的巡检分别包含什么项目

（1）日常巡检：及时发现并处理能源管道（蒸汽、天然气、压缩空气等）日常运行中的小故障和异常情况，防止问题扩大。建议在管道运行高峰时段前后进行。主要巡检项目包括：检查管道及其支架、阀门、法兰等连接部位是否有泄漏、锈蚀、松动等现象；观测管道保温层是否完好，有无破损、脱落；检查管道上的标志、警示牌是否清晰、完整；监听管道运行声音，判断是否有异常振动或噪声。

（2）月度巡检：对能源管道系统（蒸汽、天然气、压缩空气等）进行较为全面的检查，评估其运行状况，为季度和年度检查提供参考。主要巡检项目包括：除日常巡检内容外，增加对管道支撑结构的稳固性检查频率；使用便携式检测仪器对管道的压力、温度等关键参数进行校验；检查管道附近是否有新的施工活动或堆放物，评估其对管道安全的影响；记录管道运行数据，分析变化趋势，预测可能出现的问题。

（3）季度检查：对能源管道系统（蒸汽、天然气、压缩空气等）进行更为深入的检查，以发现并处理潜在的安全隐患。主要巡检项目包括：对管道进行全面外观检查，包括防腐层、保温层等；使用专业设备对管道进行壁厚测量，评估腐蚀情况；对管道支吊架进行全面检查，确保其稳固可靠；对管道上的阀门、仪表等进行功能测试，确保其正常工作。

（4）年度检验：对某些有特殊要求的能源管道系统（蒸汽、天然气、压缩空气等）进行全面的年度审查，确保其符合安全标准和规范要求。主要巡检项目包括：邀请专业机构或专家对管道进行全面检验，包括无损检测、压力试验等；根据检验结果，对管道系统进行评估，制订必要的维修和改造计划；审查管道系统的设计文件、施工记录、运行记录等资料，确保其完整性和准确性。

（5）定期全面检验：对能源管道系统（蒸汽、天然气、压缩空气等）进行长期的、全面的检查和评估，确保其在整个生命周期内的安全运行。根据相关法律法规和标准要求确定，一般为每年至少校验一次。主要巡检项目包括：在年度检验的基础上，增加更为详细的检验项目，如管道内部清洗、腐蚀深度测量等；对管道系统的整体结构和布局进行评估，提出优化建议；对管道的剩余寿命进行预测，制订长期维护计划。

除了能源管网自身，企业还应对确保能源管道系统（蒸汽、天然气、压缩空气等）的安全附件（如安全阀、压力表、温度计等）进行检查，防止因附件失效而引发安全事故，一般为每年至少校验一次。具体校验内容包括：对安全阀进行启闭试验，确保其能在规定压力下正常开启和关闭；对压力表、温度计等仪表进行校准，确保其读数准确可靠；检查安全附件的安装位置是否合理，固定是否牢固。

46. 如何评估能源管网的合理性

评估能源管网的合理性，需从多维度、全方位进行考量，以确保其设计科学、运行高效、安全环保且可持续，主要从设计合理性、技术可行性、经济效益、安全性、环境影响、能源效率、维护管理七个方面评估能源管网的合理性。

（1）设计合理性。首先应预测企业的能源需求（能源类型、需求量及增长趋势等），基于需求预测确定管网容量，避免过度投资并保证未来拓展空间。同时评估管网布局是否符合单位整体规划、土地利用情况及地形地貌特征，确保运行维护最方便、路径最优、成本最低。

（2）技术可行性。包括评估材料、施工工艺等所采用技术的成熟度和稳定性；确保新管网与现有系统无缝对接，避免技术壁垒；考察管网是否具备远程监控、故障诊断及自动调节等智能化功能。

（3）经济效益。包括评估搭建能源管网的成本，具体包括初始投资（建设成本、土地征用费用、设备购置等）和运营成本（日常维护、能耗、人员工资等）。并基于成本分析计算投资回收期和长期经济效益。

（4）安全性。包括评估管网结构安全性（管网的抗压、抗震能力）、运行安全性（监测系统、应急响应机制的有效性）和环境适应性（对极端天气、自然灾害的抵御能力）。

（5）环境影响。包括评估施工期噪声、粉尘、水土流失等的影响；运营期泄漏、温室气体排放等的影响；对生态环境的影响及恢复措施。

（6）能源效率。包括评估能源在管网传输的损耗率，管网系统整体在转换、分配环节的能源利用效率等。

（7）维护管理。包括评估维护团队水平、维护制度完善性和智能化管理。

2.5 能源审计

47. 什么是能源审计，能源审计对企业节能有什么意义

能源审计是指根据国家有关节能法律法规、标准，对用能单位能源利用的物理过程和财务过程进行调查、测试和分析评价的活动。按照能源审计的工作范围不同，可以分为专项能源审计（对重点能耗环节，有针对性地进行的能源审计）和全面能源审计（对用能

系统进行深入全面的分析与评价，进行详细的能源审计）。

节能主管部门对重点用能企业报送的能源利用状况报告进行审查，发现制度不健全、措施不落实、能源利用效率低的情况时（如超能耗标准用能等），会对企业开展现场调查，开展设备能效检测、责令实施能源审计。

企业可以自主实施能源审计，也可以邀请第三方机构实施能源审计。对于外部相关方要求的情形，可能需要第三方开展能源审计，例如节能有关部门可能会抽查部分企业并组织专家组对该部分企业开展能源审计以及能源审计报告审核工作。

企业开展能源审计的意义主要有以下几个方面：（1）帮助企业识别和评估能源使用效率，发现能源浪费环节，查找节能潜力点，提出节能措施，降低运营成本；（2）提高企业能源管理水平，促进技术进步和结构调整；（3）增强企业的社会责任感和市场竞争力；（4）符合国家法律法规要求，享受政府优惠政策支持。

48. 开展能源审计涉及的标准有哪些

（1）《能源审计技术通则》（GB/T 17166—2019）。

（2）《能源管理体系　分阶段实施指南》（GB/T 15587—2023）、《能源管理体系　要求及使用指南》（GB/T 23331—2020）和《能源管理体系　实施指南》（GB/T 29456—2012）对用能单位进行能源管理评估。

（3）《企业能量平衡网络图绘制方法》（GB/T 28749—2012）对能源实际流程和能量平衡关系进行评估。

（4）《用能设备能量测试导则》（GB/T 6422—2009）和《用能单位能源计量器具配备和管理通则》（GB 17167—2006）对能源计量及统计状况进行评估。

（5）《企业能量平衡通则》（GB/T 3484—2009）、《企业能量平衡表编制方法》（GB/T 28751—2012）对能源消费情况进行计算分析。

（6）《综合能耗计算通则》（GB/T 2589—2020）对能源消耗指标进行计算分析。

（7）《用能单位节能量计算方法》（GB/T 13234—2018）、《节能量测量和验证技术通则》（GB/T 28750—2012）、《节能量测量和验证实施指南》（GB/T 32045—2015）对节能量进行计算。

（8）适用的单位产品能耗限额标准、用能产品能效标准等。

49. 能源审计报告通常包含哪些内容

能源审计报告通常包括以下内容：（1）用能单位概况、审计者以及审计方法的基本信息；（2）适用的法律法规标准和其他要求；（3）保密和无利益冲突声明；（4）审计目的、范围、边界、时间进度等；（5）数据收集相关信息；（6）能源管理制度及实施情况；（7）用能状况分析；（8）能源绩效分析；（9）节能机会；（10）节能措施及其技术经济性评估；（11）结论建议等。

50. 能源审计的工作流程包括哪些环节

能源审计工作流程图如图 2.5.1 所示，具体包括以下环节：前期沟通、制订工作计划、启动、收集数据和资料、制订测试方案、现场调查和测试、分析评估、编制报告、总结。

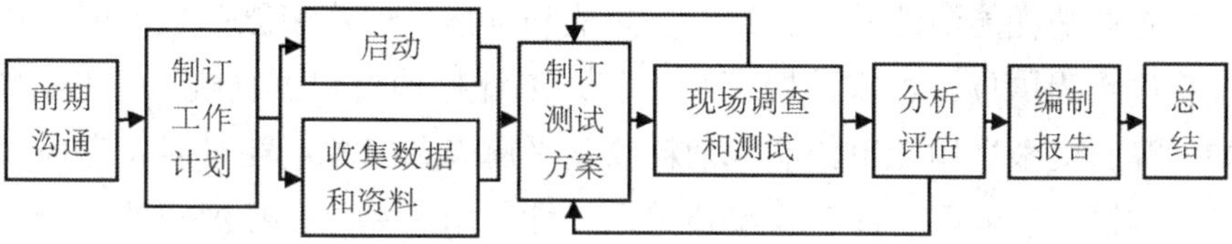

图 2.5.1 能源审计的工作流程

51. 在能源审计工作中，一般把用能系统划分为哪几个环节

能源审计工作一般把用能系统划分为能源购入贮存、加工转换、输送分配、最终使用和余热余压利用等环节，各环节之间的关系如图 2.5.2 所示。

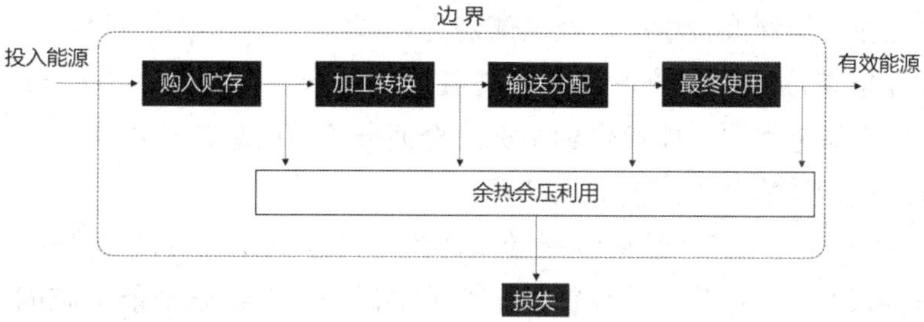

图 2.5.2 用能系统划分

52. 在进行能源审计前，需要收集哪些资料信息

能源审计需要收集的资料信息主要包括：(1) 企业基本信息（经营范围、生产流程、组织架构等）。(2) 用能系统、过程、设施和设备清单。(3) 生产工艺流程图。(4) 当前和历史能源消耗数据。(5) 计量器具台账。(6) 能源管理制度文件（包括岗位人员、能源采购、输送、分配、利用、消耗等管理制度）。(7) 能源购销合同；能源成本、价格、税率及其他相关经济性指标数据。(8) 历史能源审计报告；生产运行记录（产量、运行时间等）。(9) 节能规划措施等。

能源审计中需要收集能源消耗、设备能效等数据，这些数据可以通过以下渠道进行收集：(1) 查阅资料，能源统计报表、设备台账、运行记录等。(2) 现场测试，对用能设备进行能效测试；调查问卷，向相关人员了解能源使用情况。(3) 能源计量器具的抄表记录或在线监测系统数据导出。

另外，能源审计还可以进行现场调查以收集信息，通过现场调查了解的信息主要包括：用能设备的状况；能源计量器具的安装位置和运行情况；操作规程、维护情况、能源使用记录等、能源流向及损失、环境条件等。

53. 开展能源审计时，如何进行企业能源成本分析

需要根据企业消耗能源的种类、数量、热值和价格，计算用能单位的能源成本，通常能源成本核算以年为单位，若审计期不足 1 年，审计机构可根据情况自行确定计算单位。能源费用的计算，应根据用能单位能源消耗收支平衡表和能源消耗量表，考虑审计期内各购入能源品种的输入、输出、库存及消费关系，计算用能单位自身消费的部分。能源审计所使用的能源价格与用能单位财务往来账目的能源价格相一致，在一种能源多种价格的情况下产品能源成本用加权平均价格计算。

54. 开展能源审计时，如何进行节能潜力分析并制定节能措施

（1）通过与行业标杆或历史数据进行对比；能量平衡法，分析输入和输出的能量流；效率测量，评估设备和系统的能效；使用热成像仪检测热能损失等方面进行对比分析，识别出企业目前存在的能源浪费情况以及节能潜力。

（2）根据用能单位产品单位产量综合能耗计算结果，对比国内外同行业先进能耗水平、用能单位历史先进水平、能耗限额指标，全面分析用能单位节能潜力。节能潜力可用简单比较的方法进行计算分析，按下式计算：

节能潜力 =（产品单位产量综合能耗-先进水平）×产品产量

企业根据能源审计工作分析计算得出企业节能潜力，并结合节能措施的投资成本、运行成本、节能效益、投资回收期、内部收益率等因素综合制订节能方案。

55. 企业如何基于能源审计实现节能增效

能源审计提出的节能改进建议，应包括改进管理和技术改造项目两类。技术改造项目应按照相关的经济和财务评价方法进行评价分析，保证节能技术改造项目经济和财务的可行性，通过对以上各项内容的审计，对发现的问题应根据情况提出改进建议，改进建议应在充分与用能单位（政府委托的要征求政府意见）交换意见的基础上提出。改进建议应从管理水平和员工素质的提高、废弃能源的回收利用、能源和原辅材料的改进、技术工艺水平的提高、设备的先进性，改进过程控制、产品的性质等方面入手，通过与同行业进行对比以及咨询行业专家等各种渠道全面地提出。

企业可以基于审计结果，制定节能目标和指标，选取优先实施的节能项目，制订实施方案，安排预算和时间表，建立跟踪和评估机制。同时，企业可以将能源审计与企业财务决策有效结合，通过经济性分析，提供详细的成本效益评估，支持财务决策；识别高效节能项目，提高投资收益；通过节能措施减少能源支出，降低运营成本，提高财务健康水平。

2.6　能效对标

56. 什么是能源效率，什么是能源效率等级

能源效率即能源利用效率（以下简称能效），是指一个体系（国家、地区、企业或单项耗能设备等）有效利用的能量与实际消耗能量的比率。它是反映能源消耗水平和利用效果，即能源有效利用程度的综合指标。例如，空压机的能效指标为机组输入比功率、变压器的能效指标为空载损耗和负载损耗。

能源效率等级（以下简称能效等级），是表示产品能效高低差别的一种分级方法，依据能效比或性能系数的大小确定。我国常用用能产品设备能效限定值及能效等级的国家标准如表 2.6.1 所示。

表 2.6.1　常用用能产品设备能效限定值及能效等级的国家标准

序号	标准名	标准号
1	《冷库（箱）和压缩冷凝机组能效限定值及能效等级》	GB 44015—2024
2	《热泵和冷水机组能效限定值及能效等级》	GB 19577—2024
3	《电力变压器能效限定值及能效等级》	GB 20052—2024
4	《塔式和机架式服务器能效限定值及能效等级》	GB 43630—2023
5	《电动机能效限定值及能效等级》	GB 18613—2020
6	《容积式空气压缩机能效限定值及能效等级》	GB 19153—2019
7	《工业锅炉能效限定值及能效等级》	GB 24500—2020
8	《高压三相笼型异步电动机能效限定值及能效等级》	GB 30254—2013
9	《显示器能效限定值及能效等级》	GB 21520—2023
10	《通风机能效限定值及能效等级》	GB 19761—2020
11	《电焊机能效限定值及能效等级》	GB 28736—2019
12	《冷水机组能效限定值及能效等级》	GB 19577—2015
13	《低环境温度空气源热泵（冷水）机组能效限定值及能效等级》	GB 37480—2019
14	《溴化锂吸收式冷水机组能效限定值及能效等级》	GB 29540—2013
15	《蓄热式轧钢加热炉能效限定值及能效等级》	GB 38449—2019

续表

序号	标准名	标准号
16	《交流接触器能效限定值及能效等级》	GB 21518—2022
17	《单路输出式交流-直流和交流-交流外部电源能效限定值及节能评价值》	GB 20943—2013
18	《污水处理用旋转曝气机能效限定值及能效等级》	GB 37483—2019
19	《石油化工离心泵能效限定值及能效等级》	GB 32284—2015
20	《清水离心泵能效限定值及节能评价值》	GB 19762—2007
21	《水电解制氢系统能效限定值及能效等级》	GB 32311—2015
22	《普通照明用荧光灯能效限定值及能效等级》	GB 19044—2022
23	《普通照明用气体放电灯用镇流器能效限定值及能效等级》	GB 17896—2022
24	《普通照明用 LED 平板灯能效限定值及能效等级》	GB 38450—2019
25	《室内照明用 LED 产品能效限定值及能效等级》	GB 30255—2019
26	《道路和隧道照明用 LED 灯具能效限定值及能效等级》	GB 37478—2019
27	《金属卤化物灯能效限定值及能效等级》	GB 20054—2015
28	《高压钠灯能效限定值及能效等级》	GB 19573—2004
29	《潜水电泵能效限定值及能效等级》	GB 32030—2022
30	《石油工业用加热炉能效限定值及能效等级》	GB 24848—2010
31	《热泵热水机（器）能效限定值及能效等级》	GB 29541—2013
32	《多联式空调（热泵）机组能效限定值及能效等级》	GB 21454—2021
33	《风管送风式空调机组能效限定值及能效等级》	GB 37479—2019
34	《压铸机能效限定值及能效等级》	GB/T 39962—2021
35	《房间空气调节器能效限定值及能效等级》	GB 21455—2019
36	《单元式空气调节机能效限定值及能效等级》	GB 19576—2019
37	《空气调节器用全封闭型电动机-压缩机能效限定值及能效等级》	GB 35971—2018
38	《微型计算机能效限定值及能效等级》	GB 28380—2012
39	《离心鼓风机能效限定值及节能评价值》	GB 28381—2012
40	《商用制冷器具能效限定值及能效等级 第 1 部分：远置冷凝机组冷藏陈列柜》	GB 26920. 1—2011
41	《商用制冷器具能效限定值和能效等级 第 2 部分：自携冷凝机组商用冷柜》	GB 26920. 2—2015
42	《商用制冷器具能效限定值和能效等级 第 3 部分：制冷自动售货机》	GB 26920. 3—2019
43	《数据中心能效限定值及能效等级》	GB 40879—2021

续表

序号	标准名	标准号
44	《商用电磁灶能效限定值及能效等级》	GB 40876—2021
45	《电风扇能效限定值及能效等级》	GB 12021. 9—2021
46	《平板电视与机顶盒能效限定值及能效等级》	GB 24850—2020
47	《电压力锅能效限定值及能效等级》	GB 39177—2020
48	《除尘器能效限定值及能效等级》	GB 37484—2019
49	《空气净化器能效限定值及能效等级》	GB 36893—2018
50	《家用和类似用途微波炉能效限定值及能效等级》	GB 24849—2017
51	《电饭锅能效限定值及能效等级》	GB 12021. 6—2017
52	《投影机能效限定值及能效等级》	GB 32028—2015
53	《吸油烟机能效限定值及能效等级》	GB 29539—2013
54	《家用和类似用途交流换气扇能效限定值及能效等级》	GB 32049—2015
55	《家用太阳能热水系统能效限定值及能效等级》	GB 26969—2011
56	《储水式电热水器能效限定值及能效等级》	GB 21519—2008

57. 什么是能效标识

能效标识是附在耗能产品或其最小包装物上，表示产品能源效率等级等性能指标的一种信息标签，目的是为用户和消费者的购买决策提供必要的信息，以引导和帮助消费者选择高能效节能产品。能效标识将不同能效等级分别用不同的颜色和长度来表示。最短的是深绿色，代表“未来四年的节能方向”，也就是国际先进水平，其次是绿色、黄色、橙色和红色。我国的能效标识如图 2. 6. 1 所示。

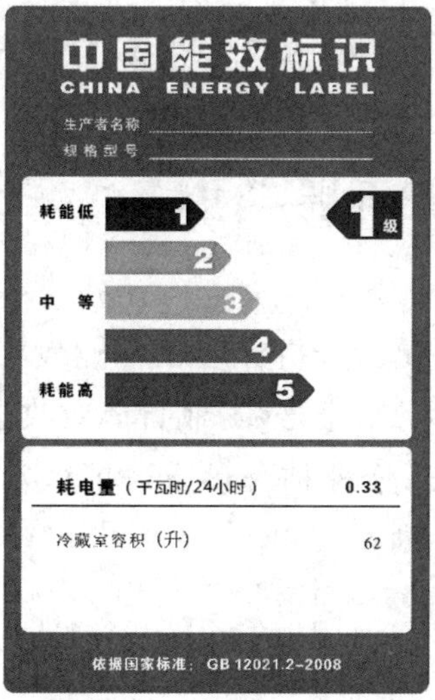

图 2. 6. 1　中国能效标识

58. 什么是设备能效先进水平、节能水平和准入水平

我国将重点用能产品设备能效水平划分为先进水平、节能水平、准入水平三档。其中准入水平为相关产品设备进入市场的最低能效水平门槛，数值与现行强制性能效标准限定值一致。节能水平不低于现行能效 2 级，与能效准入水平相比，更符合节能减排降碳工作要求。先进水平不低于现行能效 1 级，是当前相关产品设备所能达到的先进能效水平。

目前，我国发布了《重点用能单位产品设备能效先进水平、节能水平和准入水平（2024 年版）》，明确了工业设备、信息通信设备、交通运输设备、商用设备、家用电器、照明器具等 6 大类 43 种用能产品设备能效要求。

59. 什么是能效对标，企业为什么要开展能效对标工作

能效对标是指用能单位对其能源利用效率及能源利用的相关指标进行收集整理，并与先进能效水平进行对比分析、确定能效标杆（指用能单位在某一时期选定的要达到或超越的能效水平，可来自用能单位内部或外部）、寻找差距、制订改进方案、实施改造、评估、持续改进的实践活动。

对列入国家监管的重点耗能企业、省“双千节能行动”企业均应积极开展能效水平对标活动，选取国际国内同行业能效先进水平的企业作为标杆，制订方案并认真组织实施，及时进行评估和改进提高，将能效水平对标活动深入持续地开展下去，推动企业能效水平最终达到国内领先或国际先进水平。

通过定期或专项开展能效对标活动，企业可以持续不断地将自己的产品、服务及管理实践活动与最强的竞争对手或那些被公认为是行业领袖的企业的产品、服务及管理实践活动进行对比分析。这一过程可以帮助企业发现能源利用效率中存在的问题，为制订企业的节能技术措施、方案和节能规划提供依据，通过“比、学、赶、帮、超”等一系列活动，尽快提高企业的能源利用效率、经济效益和竞争力，缓解经济社会发展面临的能源约束和环境约束。

60. 能效对标工作如何开展

（1）能效对标的工作流程

如图 2. 6. 2 所示，包括能效现状分析，形成《能效对标工作计划》；选定能效标杆，开展对标分析，形成《能效对标分析报告》；制订能效改进实施方案，形成《能效改进实施方案》；落实改进措施；对标工作评估，形成《能效对标评估报告》；持续改进提高，形成下一阶段《能效对标工作计划》。

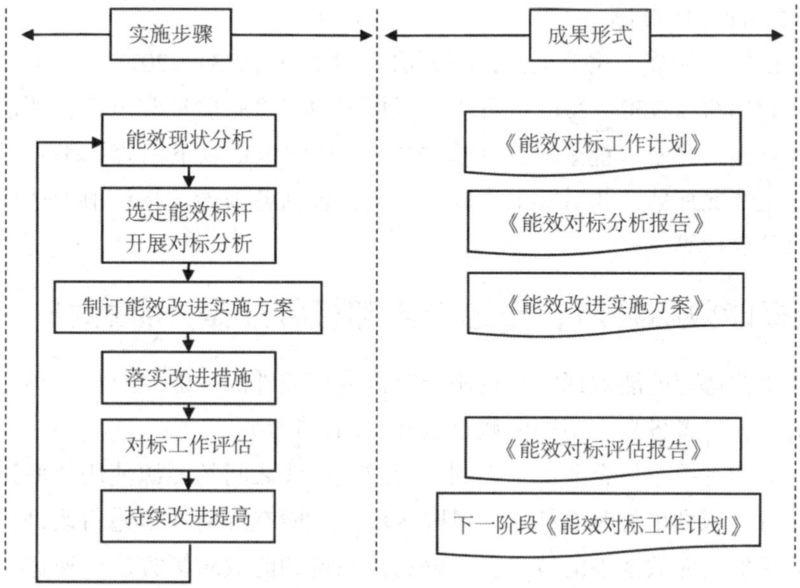

图 2.6.2　能效对标的工作流程

（2）能效对标工作计划

用能单位根据自身能源利用状况进行深入分析，充分掌握本单位产品、服务、建筑物或用能工艺、工序、设施、设备、系统等的历史用能情况、能源利用效率、节能改造情况，编制《能效对标工作计划》。具体包括以下内容：①能效对标的目标；②能效对标的边界；③能效对标的类型；④能效对标的周期及起止时间；⑤实施步骤完成后的成果形式；⑥能效对标指标体系；⑦数据来源和收集模板，包括数据收集条件、数据处理方法、数据质量要求等；⑧对标工作报告要求，包括报告的格式和细化程度。

（3）能效对标分析报告

主要包括以下内容：①工作过程；②对标分析的条件及所用到的数据；③数据处理方法，包括修正系数、归一化处理等；④选定的能效标杆；⑤对标分析的结果，包括和能效标杆之间存在的差距和原因等。

（4）能效改进实施方案

用能单位总结能效标杆先进的管理方法、措施手段及最佳实践，同时结合自身实际，针对能效差距制定节能改造或能效改进措施。编制技术可行、经济合理的《能效改进实施方案》。主要包括以下内容：①能效改进目标；②责任部门和责任人；③时间进度和实施计划；④能效改进措施，包括技术措施（如实施节能技术改造、能源计量器具配备、用能设备节能监测等）和管理措施（如完善规章制度、加强用能设备管理、实施能源管理体系等）；⑤与能效改进措施相关的设计、施工、安装、调试及运行方案等；⑥保障措施，包括经费、协调机制等。

（5）能效对标评估报告

用能单位依据《用能单位节能量计算方法》（GB/T 13234—2018）、《节能量测量和验证技术通则》（GB/T 28750—2012）对能效对标的效果进行验证和审核，评估各项能效指标值是否达到目标。编制《能效对标评估报告》。具体包括以下内容：①对标管理机制评估；②对标实施情况评估；③对标工作成效评估，包括各项能效指标值的达标情况；④对标工作的经验及启示等。

61. 选择能效标杆时，应选择内部标杆还是外部标杆

根据用能单位选定的能效标杆来自用能单位内部或外部，能效对标的类型可分为内部对标或外部对标，二者各自有不同的侧重点和应用场景。

内部能效对标主要是指企业内部不同部门或生产线之间的能源使用效率比较。通过这种对比，企业可以识别出能源消耗的高风险区域，从而有针对性地进行改进。例如，长庆油田通过内部评价及能效水平的调研，了解石油系统的能效对标方法，通过主要生产能耗指标在内部的纵向横向对比，定位华庆油田能效水平，分析存在的差距和问题，充分挖掘节能潜力。这种方法有助于企业内部资源的优化配置和提高整体能源利用效率。

外部能效对标则是将企业的能源使用效率与国际国内同行业先进企业能效指标进行比较。通过这种方式，企业可以学习和借鉴国内外能效先进企业的能源管理理念和经验，规范自身的能源管理方法、指标体系、作业流程及相关制度等，逐渐摸索并最终建立促进企业持续有效节能的良性动态机制。其不仅有助于降低企业能耗水平，提高能源利用效率，还能提升自身管理绩效水平，提高核心竞争力，实现经济节能、持续节能、和谐节能。对提升自身管理绩效水平、提高核心竞争力、确保实现节能目标具有十分重要的意义。

外部能效标准来源可以参考：工业领域能效水平对标《工业重点领域能效标杆水平和基准水平（2023 年版）》《煤炭清洁高效利用重点领域标杆水平和基准水平（2022 年版）》《制造业领域主要产品能效标杆水平和基准水平（2024 年版）》等标准及政策要求。主要用能设备对标《重点用能单位产品设备能效先进水平、节能水平和准入水平（2024 年版）》。

无对应能效标杆水平和基准水平的对标能耗限额强制性国家标准或地方标准。我国常用用能产品设备能效限定值及能效等级的国家标准如表 2. 6. 1 所示。

62. 企业申请“能效领跑者”需满足什么条件

企业申请“能效领跑者”需要满足以下条件。

（1）能源消费：年能源消费量超过 1 万吨标准煤的独立法人单位。

（2）产品能耗：单位产品能耗水平达到或高于本行业国家强制性能耗限额标准的先进值和《工业重点领域能效标杆水平和基准水平（2023 年版）》的标杆水平。

（3）绿色电力：绿色电力使用明显高于全国平均水平。

（4）管理体系：按照国家标准《能源管理体系　要求及使用指南》（GB/T 23331—2020）和《测量管理体系　测量过程和测量设备的要求》（GB/T 19022—2003），建设能源管理体系和测量管理体系。建立完备的能源统计和计量管理体系制度，能源计量器具配备符合国家标准《用能单位能源计量器具配备和管理通则》（GB 17167—2006）要求并已通过能源计量审查。

（5）制订方案：已制订实施节能降碳计划方案，建立节能目标责任制和节能奖惩制度，并根据国家标准建设能源管控中心或能耗监测系统。

（6）政策要求：符合国家产业政策相关要求，未使用国家明令禁止或列入限制、淘汰目录的落后工艺、设备和产品。

（7）企业信用：近三年无安全（含网络安全、数据安全）、质量、环境污染等事故以及偷漏税等违法违规行为（以“信用中国”和“国家企业信用信息公示系统”为准），在国务院及有关部门相关督查工作中未发现存在严重问题，未被列入工业节能监察整改名单、失信被执行人等。

63. 如何提高企业的能效水平

提高企业的能效水平可以通过多种方法和策略来实现，以下是一些相应措施。

（1）引入综合能效管理系统：企业可以采用综合能效管理系统，这种系统能够采集和分析多种类型能源的数据（如电、水、天然气等），并提供能耗管理、电能质量和用能安全监测的解决方案。通过这些系统，企业可以消除能源消耗盲区，优化能源使用。

（2）优化流程和技术：通过分析现有流程，引入先进技术设备，并采用能源管理系统，可以有效提升企业的能效标准。例如，利用大数据、云计算、物联网等前沿技术进行用能趋势监测和重点能耗设备的诊断与优化。

（3）实施能效管理计划：建立专门的能效管理团队，制订明确的能效目标和计划，并确保全员参与。同时，进行能效评估，找出能源浪费和不必要的能耗环节，并提供改进建议。

（4）设备升级和工艺优化：更换高效节能的设备和机械，改进生产工艺以减少不必要的能耗。例如，更换 LED 照明、高效锅炉和空压机等设备。

（5）员工培训与意识提升：加强员工对节能重要性的认识，通过培训增强员工的节能意识和技能，从而在日常工作中更好地执行节能措施。

（6）应用可再生能源：积极应用太阳能、风能等可再生能源，减少对传统化石能源的依赖，从而降低整体碳排放。

（7）供应链管理：要求供应商和承包商遵守企业的能源管理标准，将能源效率的理念扩展到整个供应链中，有助于实现全社会的节能减排目标。

（8）政策支持和市场激励：利用政府发布的相关政策和行动计划，如《工业能效提升行动计划》，推动企业开展节能改造和技术革新。

2.7 能效诊断

64. 什么是能效诊断，能效诊断对企业节能有什么意义

能效诊断是指通过分析被诊断用户的能源使用情况，并现场调研被诊断对象主要用能设备、主要生产工艺、新能源使用等关键用能环节，结合能源价格、市场化交易、设备参数等数据情况，挖掘节能潜力，帮助被诊断用户优化用能结构的服务行为。

企业进行能效诊断工作的意义主要有以下两个方面：（1）能效诊断可以帮助企业了解自身设备的能效水平，发现设备更新的需求。通过专业的能效评估，企业能够明确需要更换或升级的设备清单，为后续的设备更新提供科学依据。（2）能效诊断能帮助用能单位全面了解其生产经营和能源消费基本情况，以及在能效诊断期的装置或生产线能效水平指标和主要设备能效水平指标，从而综合分析能效提升潜力，制定出合理的节能措施，提高能效水平，促进用能单位绿色低碳发展。

例如，某公司经过能效分析后进行大规模的节能技改，企业节约了50%以上的电费，年节约用电量达到66.79万千瓦时。因此，企业定期开展能效诊断工作是很有必要的。

65. 能效诊断包含哪些内容

在能效诊断工作中，重点对用能单位的能源流程、能效指标、能源管理、生产工艺和设备能效进行诊断，具体如下。

（1）能源流程诊断。诊断能源采购、转换、输送、终端利用四个环节，企业主要生产系统、用能单元能源输入输出量，分析企业能量平衡关系及能源利用的合理性。

（2）能效指标诊断。诊断核算企业生产工序能耗、单位产品能耗、万元工业增加值能耗等指标，并与国家和地方产品能耗限额标准等进行对标分析，深入挖掘能效提升潜力，带动行业整体能效提升。

（3）能源管理诊断。诊断企业能源管理组织架构、责任体系和能源管理制度、能源计量器具配备与管理、能源管理中心建设和信息化运行、节能宣传教育活动开展等情况，提出优化节能管理措施，做好日常节能降耗管理建议。

（4）生产工艺诊断。根据企业生产工艺特点，结合能效测试和运行检查，诊断企业生产工艺的能效、用能合理性及实际运行效果。

（5）设备能效诊断。对企业重点用能设备开展能效测试，分析重点用能设备的能效水平，提出变压器、电机、炉窑等主要设备及系统能效提升建议。

66. 能效诊断的工作流程是什么

能效诊断的工作流程包括能效诊断准备、能效提升潜力评估、能效提升目标确定以及能效提升方案。

（1）能效诊断准备。能效诊断准备是开展能效诊断前的基础性工作。

首先需完成能效数据采集，能效数据类型包括生产过程中各类制造设备、辅助设备等能源消耗数据以及与能效相关的生产过程中的数据，能效数据获取方式主要有：通过设备通信接口，增加传感器和仪器仪表、车间制造运行管理系统或相似信息化系统等。

其次需对能效影响因素进行分析。分为 3 个层次梳理能效影响因素，设备层面从设备工作模式、设备利用率、关键工艺参数等要素分析对能效的影响，生产过程层面从工艺过程、车间生产运行管理等要素分析对能效的影响，能源供给层面从能源损耗、能源供给和需求平衡等要素分析对能效的影响。

（2）能效提升潜力评估。能效提升潜力评估是从整体上对能效提升潜力进行计算和评估，是后续确定能效提升目标和给出能效提升方案的依据。

首先需要确定能效基准，确定能效基准过程中需考虑企业现状和行业现状。其次根据能效基准定义能效提升潜力指标，并计算和评价。

（3）能效提升目标确定。能效提升目标确定是能效诊断整个流程的关键环节，在这个环节根据整体能效提升潜力确定不同尺度多个层面能效提升的目标，是给出能效提升总体方案的基础。

首先需要实现能效多指标设计与计算，针对行业和企业生产特点，从设备、生产过程、系统 3 个层次设计不同尺度的多能效指标体系，基于能效相关数据计算 3 个层次的多能效指标值。能效问题精准定位，基于多能效指标值，确定影响能效的关键指标，将能效提升潜力指标分解到设备、生产过程的具体环节。确定能效提升目标，根据企业预期投入和现有技术手段分析，确定多能效指标值的提升目标值。

（4）能效提升方案。能效提升方案是能效诊断的输出成果环节，基于能效问题定位和能效提升指标，以及针对具体环节可行技术改造方案，在完成投入产出精准测算后，确定能效提升的总体方案，最终形成《企业能效诊断报告》。

67. 能效诊断的依据有哪些

开展能效诊断工作相关政策文件如表 2.7.1 所示，能效诊断参考的相关国家标准如表 2.7.2 所示，我国重点行业领域工业节能诊断服务指南如表 2.7.3 所示。

表 2.7.1 能效诊断相关政策文件

序号	政策文件
1	《国务院关于印发“十四五”节能减排综合工作方案的通知》（国发〔2021〕33 号）
2	《国务院关于印发〈推动大规模设备更新和消费品以旧换新行动方案〉的通知》（国发〔2024〕7 号）
3	《国家发展改革委办公厅关于深入开展重点用能单位能效诊断的通知》（发改办环资〔2024〕395 号）
4	《浙江省人民政府关于印发浙江省“十四五”节能减排综合工作方案的通知》（浙政发〔2022〕21 号）
5	《省发展改革委　省经信厅　省财政厅能源局关于开展浙江省重点行业企业能效诊断工作的通知》（浙发改能源〔2023〕110 号）

表 2.7.2 能效诊断相关国家标准

序号	标准名	标准号
1	《工业自动化能效诊断方法》	GB/T 41571—2022
2	《工业余能资源评价方法》	GB/T 1028—2018
3	《用能设备能量平衡通则》	GB/T 2587—2009
4	《综合能耗计算通则》	GB/T 2589—2020
5	《企业能量平衡通则》	GB/T 3484—2009
6	《评价企业合理用电技术导则》	GB/T 3485—1998
7	《评价企业合理用热技术导则》	GB/T 3486—1993
8	《用能单位节能量计算方法》	GB/T 13234—2018
9	《电力变压器经济运行》	GB/T 13462—2008
10	《节能监测技术通则》	GB/T 15316—2009
11	《工业企业能源管理导则》	GB/T 15587—2023
12	《企业能源审计技术通则》	GB/T 17166—2019
13	《用能单位能源计量器具配备和管理通则》	GB 17167—2006
14	《工业锅炉经济运行》	GB/T 17954—2007
15	《能源管理体系　要求及使用指南》	GB/T 23331—2020
16	《企业能量平衡网络图绘制方法》	GB/T 28749—2012
17	《企业能量平衡表编制方法》	GB/T 28751—2012

表 2.7.3　重点行业领域工业节能诊断服务指南

序号	指南名称
1	《工业企业节能诊断服务指南》
2	《钢铁行业节能诊断服务指南》
3	《水泥行业节能诊断服务指南》
4	《电子信息制造业节能诊断服务指南》
5	《纺织行业节能诊断服务指南》
6	《食品重点行业节能诊断服务指南》
7	《造纸行业节能诊断服务指南》
8	《有色金属行业节能诊断服务指南》
9	《石化化工行业节能诊断服务指南》
10	《平板玻璃行业节能诊断服务指南》
11	《建筑和卫生陶瓷行业节能诊断服务指南》
12	《医药行业节能诊断服务指南》
13	《机械行业节能诊断服务指南》
14	《数据中心节能诊断服务指南》

68. 《企业能效诊断报告》包含哪些内容

能效诊断工作完成后，基于诊断结果分析企业节能潜力、提出改造建议，编制《企业能效诊断报告》。《企业能效诊断报告》主要包括以下内容：

（1）汇总诊断结果。以图表的形式汇总能量利用、能源效率及能源管理三部分诊断的信息及数据结果，主要包括《企业能源消费指标汇总表（企业总指标）》（表 2.7.4）、《企业能源消费指标汇总表（工序指标）》（表 2.7.5）、《企业工艺设备统计表》（表 2.7.6）、《企业节能技术应用统计表》（表 2.7.7）、《企业能源管理制度建设和执行情况统计表》（表 2.7.8）、《企业能源计量器具配置和使用情况统计表》（表 2.7.9）等。

表 2.7.4　企业能源消费指标汇总表（企业总指标）

序号	指标类别及名称	计量单位	数值	说明
0	企业总指标			
0.1	能源利用指标			
0.1.1	各种能源品种消费量			
	——品种 1	$t/Nm^3/\cdots$		
	……	$t/Nm^3/\cdots$		

续表

序号	指标类别及名称	计量单位	数值	说明
0.1.2	各种耗能工质消费量			
	——品种 1	t/Nm^3/…		
	……	t/Nm^3/…		
0.1.3	余热余能回收量	GJ		
	——项目 1	GJ		
	……	GJ		
0.1.4	余热余能回收率	%		
0.1.5	企业综合能耗	tce		
0.1.6	企业综合能源消费量	tce		
0.2	生产经营指标			
0.2.1	主要产品产量			
	——产品 1	t/Nm^3/…		
	……	t/Nm^3/…		
0.2.2	企业总产值	万元		
0.3	能源效率指标			
0.3.1	产品单位产量综合能耗			
	——产品 1	kgce/…		
	……	kgce/…		
0.3.2	产品单位产量可比综合能耗			
	——产品 1	kgce/…		
	……	kgce/…		
0.3.3	产品单位产量电耗			
	——产品 1	kW·h/…		
	……	kW·h/…		
0.3.4	单位产值综合能耗	tce/万元		
0.3.5	单位产值综合电耗	kW·h/万元		

表 2.7.5 企业能源消费指标汇总表（工序指标）

序号	指标类别及名称	计量单位	数值	说明
1	________工序指标			
1.1	能源利用指标			

续表

序号	指标类别及名称	计量单位	数值	说明
1.1.1	各种能源品种消费量			
	——品种 1	t/Nm³/…		
	……	t/Nm³/…		
1.1.2	各种耗能工质消费量			
	——品种 1	t/Nm³/…		
	……	t/Nm³/…		
1.1.3	余热余能回收量	GJ		
	——项目 1	GJ		
	……	GJ		
1.1.4	余热余能回收率	%		
1.1.5	企业综合能耗	tce		
1.1.6	企业综合能源消费量	tce		
1.2	生产指标			
	中间产品产量	t/Nm³/…		
1.3	能源效率指标			
	工序单位能耗（又称工序能耗或中间产品单位产量能耗）	kgce/…		
2	________工序指标			
……	……			
3	________工序指标			
……	……			

表 2.7.6　企业工艺设备统计表

序号	设备类别及名称	规格型号	数量	主要能源消费品种	设备性能				备注
					产能类	能效类			
1	生产设备				生产能力（t 等）	节能措施			
1.1	________工序								
	……								
1.2	________工序								
	……								

续表

序号	设备类别及名称	规格型号	数量	主要能源消费品种	设备性能				备注
					产能类	能效类			
2	电机及拖动设备				功率（kW）	能效等级	配套电机		
							型号	能效等级	
2.1	电机拖动设备（通用）								
2.1.1	风机								
	……								
2.1.2	空压机								
	……								
2.1.3	水泵								
	……								
2.1.4	……								
2.2	电机拖动设备（专用）								
	……								
3	锅炉及加热炉设备				容量（t/h 或 MW）	能效等级	额定热效率（%）		
	……								

注：备注栏可填写必要的设备参数、节能技术（如变频、联动控制）等。

表 2.7.7　企业节能技术应用统计表

序号	技术名称	引用的工序/工艺	引用项目类型（新建/改造）	建设时间	投运时间	节能量（tce/年）	备注
1							
2							
……							

注：备注栏可填写节能技术的推荐情况，如被选入《国家重点节能技术推广目录》《国家工业节能技术装备推荐目录》等。

表 2.7.8　企业能源管理制度建设和执行情况统计表

序号	制度类别及名称	是否制定		实施时间	执行情况
		是	否	年月	良好、一般、较差
1	组织构建与责任划分				
1.1	设立能源管理部门，明确部门责任				

续表

序号	制度类别及名称	是否制定		实施时间	执行情况
		是	否	年月	良好、一般、较差
1.2	设置能源管理岗位，明确工作职责				
1.3	聘用的能源管理人员拥有能源相关专业背景和节能实践经验				
2	管理文件与企业标准				
2.1	编制能源管理程序文件，如《企业能源管理手册》《主要用能设备管理程序》等				
2.2	编制能源管理制度文件，如计量管理制度、统计管理制度、定额管理制度、考核管理制度、对标管理制度等				
2.3	建立企业节能相关标准，如部门、工序、设备的能耗定额标准等				
3	计量统计与信息化建设				
3.1	备有能源计量器具清单和计量网络图				
3.2	建立能源计量器具使用和维护档案				
3.3	建立能源消费原始记录和统计台账				
3.4	开展能耗数据分析，按时上报统计结果				
3.5	建有或正在建设企业能源管理中心				
3.6	实现能耗数据的在线采集和实时监测				
4	宣传教育与岗位培训				
4.1	开展节能宣传教育活动				
4.2	开展能源计量、统计、管理和设备操作人员岗位培训				
4.3	开展主要用能设备操作人员岗前培训				

表 2.7.9　企业能源计量器具配置和使用情况统计表

序号	能源品种	进出用能单位					进出主要次级用能单位					主要用能设备				
		应装	安装	配备率	完好率	使用率	应装	安装	配备率	完好率	使用率	应装	安装	配备率	完好率	使用率
		台数	台数	%	%	%	台数	台数	%	%	%	台数	台数	%	%	%
1	煤炭															

续表

序号	能源品种	进出用能单位					进出主要次级用能单位					主要用能设备				
		应装	安装	配备率	完好率	使用率	应装	安装	配备率	完好率	使用率	应装	安装	配备率	完好率	使用率
		台数	台数	%	%	%	台数	台数	%	%	%	台数	台数	%	%	%
2	石油															
3	天然气															
4	电力															
5	水															
6	蒸汽															
……	……															

（2）分析节能潜力。基于节能诊断结果，采用标准比对法、先进对照法、问题切入法、能源因素法、专家经验法等方法，客观评价企业能源利用总体水平，全面分析能效提升和节能降耗潜力。具体包括：分析能源损失控制、余热余能利用的节能潜力；分析用能设备升级或运行优化控制的节能潜力；分析能源管理体系完善或措施改进的节能潜力；分析工艺流程优化、生产组织改进的节能潜力；分析能源结构调整、能源系统优化的节能潜力。

（3）提出节能改造建议。结合企业实际情况，从技术改造、装备升级、工艺优化、管理提升等方面提出节能改造建议，并对各项改造措施的预期节能效果和经济效益进行综合评估。

具体《企业能效诊断报告》模板可以参考《工业企业节能诊断服务指南》。

2.8 能效检测

69. 什么是能效检测，企业进行能效检测有什么意义

能效检测是指对设备、系统或产品在使用过程中的能源利用效率进行测试、评估和分析的过程。这个过程旨在量化设备在特定条件下（如正常工作状态、待机状态等）的能源消耗，并与相关的能效标准或最佳实践进行比较，以确定其能源使用效率的高低。

对于企业而言，能效检测的意义主要体现在以下几个方面：

（1）提高能源利用效率，能效检测通过对企业大型耗能设备（如照明、电机、风机、水泵、空气压缩机等）进行专业检测，提供真实可信的检测报告，帮助企业了解设备的能效水平，从而采取措施提高能源利用效率。

（2）节能降耗：能效检测帮助企业发现能源利用的薄弱环节和突出问题，通过针对性的改造和设备更新，实现节能降耗，降低企业的运营成本。

（3）推动绿色发展：能效检测和提升是推动绿色发展的重要手段之一，通过减少能源消耗和碳排放，促进企业的可持续发展。

（4）政策支持和监管依据：虽然能效检测并非法律强制要求，但我国在节能方面有着明确的政策导向和法律法规框架，能效检测为政府制定节能政策和实施节能监管提供了重要依据。

70. 什么是实验室能效检测，什么是现场能效检测

实验室能效检测主要是指在受控的实验环境中，利用专业的检测设备和方法，对各种电子产品、机械设备、交通工具以及建筑物等进行能源消耗和能源效率的测试。实验室能效检测数据精确但成本较高且操作复杂，通常应用于新产品研发与认证、技术优化与改进以及标准制定与验证等需要高精度数据的场景。

现场能效检测则是指在产品或设备的实际使用环境中，直接对其能源消耗和能源效率进行测试和评估的过程。现场能效检测灵活便捷且能够真实反映用能设备能效情况，通常应用于设备能效评估、设备能效监测与诊断以及政策执行与监管等需要真实反映设备能效状况的场景。

一般来说，设备标称的能效都是在实验室内，在规定的测试条件下测得的结果。

71. 用能设备能效检测报告包括哪些内容，什么内容应该重点关注

用能设备能效检测报告主要包括以下内容。（1）基本信息：包括报告编号、检测单位、委托单位、产品名称及规格型号、审核人信息等内容。（2）检测依据：包括标准和规范、检测方法等内容。（3）检测项目：详细列出所有进行的检测项目，这些项目通常与被检测设备的能效直接相关。例如，对于冷水机组包括制冷量、消耗总电功率、性能系数等参数。（4）检测结果：包含实测数据与判定内容等内容。（5）结论与建议：总结设备的能效状况，针对检测中发现的问题提出改进建议。（6）附件：包括样品照片、检测仪器校准证书、原始数据记录表等内容。

企业开展能效检测工作时，首先应重点关注以下内容：

（1）关注能效检测报告编制的第三方公司的资质、报告编制的工作组人员的专业背景和资质证书情况，确保最终能效检测报告的专业性和权威性。

（2）关注能效检测报告中用能设备相关参数的检测结果，了解目前企业用能设备的运

行情况相关数据，为接下来查看能效检测结果与建议打好基础。

(3) 关注能效检测报告中的能效检测结果与建议部分，了解设备能效水平是否达到相关标准要求，设备是否有必要进行淘汰更换。

(4) 关注且参考能效检测报告提出的改进建议，初步制订企业用能设备能效提升计划。

2.9 清洁生产审核

72. 什么是清洁生产，企业进行清洁生产有什么意义

清洁生产是指不断采取改进设计、使用清洁的能源和原料、采用先进的工艺技术与设备、改善管理、综合利用等措施，从源头削减污染，提高资源利用效率，减少或者避免生产、服务和产品使用过程中污染物的产生和排放，以减轻或者消除对人类健康和环境的危害。

清洁生产要求从产品设计开始，关系到原料选择、工艺路线和设备以及废物利用、运行管理的各个环节，企业若想实现清洁生产，必须大力调整产品结构，革新生产工艺，优化生产过程，提高技术装备水平，加强科学管理，提高人员素质，实现节能、降耗、减污、增效，合理、高效配置资源，最大限度地提高资源利用率。清洁生产体现了环境效益与经济效益的统一。传统的末端治理，投入多、运行成本高、治理难度大，只有环境效益，没有经济效益；清洁生产的最终结果是企业管理水平、生产工艺技术水平得到提高，资源得到充分利用，环境从根本上得到改善，实现环境效益与经济效益相统一。

73. 什么是清洁生产审核，企业进行清洁生产审核有什么意义

清洁生产审核是指按照一定程序，对生产和服务过程进行调查和诊断，找出能耗高、物耗高、污染重的原因，提出减少有毒有害物料的使用、产生，降低能耗、物耗以及废弃物产生的方案，进而选定技术经济及环境可行的清洁生产方案的过程。清洁生产审核程序包括清洁生产审核评估和清洁生产审核验收。

清洁生产审核评估是指企业基本完成清洁生产无/低费方案，在清洁生产中/高费方案可行性分析后和中/高费方案实施前的时间节点，对企业清洁生产审核报告的规范性、清洁生产审核过程的真实性、清洁生产中/高费方案及实施计划的合理性和可行性进行技术审查的过程。

清洁生产审核验收是指按照一定程序，在企业实施完成清洁生产中/高费方案后，对已实施清洁生产方案的绩效、清洁生产目标的实现情况及企业清洁生产水平进行综合性评定，并做出结论性意见的过程。

清洁生产审核作为推动清洁生产的主要方式之一，通过对企业生产、服务全流程的调查诊断分析，找出能耗高、物耗高、污染重的原因，并提出降低能耗物耗、减少污染物、提高生产效率和资源化利用废弃物的方案。帮助企业降本增效，在生产过程中减少原辅料消耗和能源消耗，提高材料和能源的使用效率，降低碳排放；减少或取消有毒有害物质的使用，进而减少污染物排放。清洁生产相关政策如表 2.9.1 所示，清洁生产相关标准如表 2.9.2 所示。

表 2.9.1　清洁生产相关政策

序号	名称	时间
1	《中华人民共和国清洁生产促进法》	2012 年 7 月 1 日
2	《清洁生产审核办法》	2016 年 7 月 1 日
3	《清洁生产审核评估与验收指南》	2018 年 4 月 12 日
4	《“十四五”全国清洁生产推行方案》	2021 年 10 月 29 日
5	《浙江省清洁生产推行方案（2022—2025 年）》	2022 年 8 月 8 日
6	《工业清洁生产审核规范》	2015 年 5 月 7 日
7	《工业清洁生产实施效果评估规范》	2015 年 5 月 7 日

表 2.9.2　清洁生产相关标准

序号	标准名称	标准号
1	《清洁生产评价指标体系编制通则》	GB/T 43329—2023
2	《清洁生产评价指标体系　木家具制造业》	GB/T 37648—2019
3	《规模猪场清洁生产技术规范》	GB/T 32149—2015
4	《人造板工业清洁生产评价指标体系》	GB/T 29904—2013
5	《人造板工业清洁生产技术要求》	GB/T 29903—2013
6	《服务业清洁生产审核指南编制通则》	GB/T 26720—2011
7	《工业企业清洁生产审核　技术导则》	GB/T 25973—2010
8	《工业清洁生产审核指南编制通则》	GB/T 21453—2008
9	《清洁生产标准　电石行业》	HJ/T 430—2008
10	《清洁生产标准　淀粉工业》	HJ 445—2008
11	《清洁生产标准　纯碱行业》	HJ 474—2009
12	《清洁生产标准　味精工业》	HJ 444—2008

续表

序号	标准名称	标准号
13	《清洁生产标准　氧化铝业》	HJ 473—2009
14	《清洁生产标准　酒精制造业》	HJ 581—2010
15	《清洁生产标准　炼焦行业》	HJ/T 126—2003
16	《清洁生产标准　白酒制造业》	HJ/T 402—2007
17	《清洁生产标准　葡萄酒制造业》	HJ 452—2008
18	《清洁生产标准　啤酒制造业》	HJ/T 183—2006
19	《清洁生产标准　烟草加工业》	HJ/T 401—2007
20	《清洁生产标准　氮肥制造业》	HJ/T 188—2006
21	《清洁生产标准　化纤行业（涤纶）》	HJ/T 429—2008
22	《清洁生产标准　铅电解业》	HJ 513—2009
23	《清洁生产标准　宾馆饭店业》	HJ 514—2009
24	《清洁生产标准　铜冶炼业》	HJ 558—2010
25	《清洁生产标准　铜电解业》	HJ 559—2010
26	《清洁生产标准　钢铁行业（烧结）》	HJ/T 426—2008
27	《清洁生产标准　钢铁行业（炼钢）》	HJ/T 428—2008
28	《清洁生产标准　电解铝业》	HJ/T 187—2006
29	《清洁生产标准　石油炼制业》	HJ/T 125—2003
30	《清洁生产标准　纺织业（棉印染）》	HJ/T 185—2006
31	《清洁生产标准　甘蔗制糖业》	HJ/T 186—2006
32	《清洁生产标准　镍选矿行业》	HJ/T 358—2007
33	《清洁生产标准　印制电路板制造业》	HJ 450—2008
34	《清洁生产标准　钢铁行业（铁合金）》	HJ 470—2009
35	《清洁生产标准　煤炭采选业》	HJ 446—2008
36	《清洁生产标准　制革工业（羊革）》	HJ 560—2010
37	《清洁生产标准　氯碱工业（烧碱）》	HJ 475—2009
38	《清洁生产标准　粗铅冶炼业》	HJ 512—2009
39	《清洁生产标准　化纤行业（氨纶）》	HJ/T 359—2007
40	《清洁生产标准　石油炼制业（沥青）》	HJ 443—2008
41	《清洁生产标准　铁矿采选业》	HJ/T 294—2006
42	《清洁生产标准　制定技术导则》	HJ/T 425—2008
43	《清洁生产标准　钢铁行业（高炉炼铁）》	HJ/T 427—2008

续表

序号	标准名称	标准号
44	《清洁生产标准　制革工业（牛轻革）》	HJ 448—2008
45	《清洁生产标准　制革行业（猪轻革）》	HJ/T 127—2003
46	《清洁生产标准　人造板行业（中密度纤维板）》	HJ/T 315—2006
47	《清洁生产标准　造纸工业（废纸制浆）》	HJ 468—2009
48	《清洁生产标准　钢铁行业（中厚板轧钢）》	HJ/T 318—2006
49	《清洁生产标准　食用植物油工业（豆油和豆粕）》	HJ/T 184—2006
50	《清洁生产标准　彩色显像（示）管生产》	HJ/T 360—2007
51	《清洁生产标准　氯碱工业（聚氯乙烯）》	HJ 476—2009
52	《清洁生产标准　乳制品制造业（纯牛乳及全脂乳粉）》	HJ/T 316—2006
53	《清洁生产标准　废铅酸蓄电池铅回收业》	HJ 510—2009
54	《清洁生产标准　基本化学原料制造业（环氧乙烷/乙二醇）》	HJ/T 190—2006
55	《清洁生产标准　造纸工业（硫酸盐化学木浆生产工艺）》	HJ/T 340—2007
56	《清洁生产标准　造纸工业（漂白碱法蔗渣浆生产工艺）》	HJ/T 317—2006
57	《清洁生产标准　造纸工业（漂白化学烧碱法麦草浆生产工艺）》	HJ/T 339—2007

74. 什么是强制性和自愿性清洁生产审核

《清洁生产审核办法》规定，清洁生产审核分为自愿性审核和强制性审核。有下列情形之一的企业，应当实施强制性清洁生产审核：（1）污染物排放超过国家或者地方规定的排放标准，或者虽未超过国家或者地方规定的排放标准，但超过重点污染物排放总量控制指标的；（2）超过单位产品能源消耗限额标准构成高耗能的；（3）使用有毒有害原料进行生产或者在生产中排放有毒有害物质的。其中有毒有害原料或物质包括以下几类：第一类，危险废物。包括列入《国家危险废物名录》的危险废物，以及根据国家规定的危险废物鉴别标准和鉴别方法认定的具有危险特性的废物。第二类，剧毒化学品、列入《重点环境管理危险化学品目录》的化学品，以及含有上述化学品的物质。第三类，含有铅、汞、镉、铬等重金属和类金属砷的物质。第四类，《关于持久性有机污染物的斯德哥尔摩公约》附件所列物质。第五类，其他具有毒性、可能污染环境的物质。

企业可以通过查看是否属于“双超双有高耗能”行业，其中“双超”指污染物排放超过国家或者地方规定的排放标准，或者虽未超过国家或者地方规定的排放标准，但超过重点污染物排放总量控制指标；“双有”指使用有毒有害原料进行生产或者在生产中排放有毒有害物质；“高耗能”指超过单位产品能源消耗限额标准构成高耗能。浙江省生态环境厅会定期公布浙江省强制性清洁生产审核企业计划名单，例如《浙江省生态环境厅关于公布2024年浙江省强制性清洁生产审核企业计划名单的通知》。

75. 企业开展清洁生产审核的流程

清洁生产审核分为七个阶段：筹划和组织、预审核、审核、方案的产生和筛选、可行性分析、方案实施和持续清洁生产。

（1）筹划和组织。这一阶段的重点是组建审核小组，取得领导的支持，制订工作计划，宣传清洁生产思想。成立审核领导小组，制订审核工作计划。

（2）预审核。通过现状调查发现清洁生产潜力。确定审核重点、提出无低费方案，完善审核小组。这一阶段的方案是一个广泛征集意见建议的过程。

（3）审核。建立物料平衡，从量化角度进一步寻找审核重点，分析原因，针对审核重点提出无/低费方案。围绕八个方面考虑：原材料、过程管理、工艺技术、设备、产品、废弃物、员工和管理。方案的提出也从这八个方面展开。比如，工艺改进、加强设备的维护、完善岗位操作制度、加强员工培训等。开始实施无低费方案。

（4）方案的产生和筛选。具体方案列表，按照无低费/高费方案分类汇总，筛选方案，继续实施无低费方案并核定实施效果。这一阶段需要完成中期审核报告，建议在前四个阶段一直完善中期审核报告。

（5）可行性分析。从技术、经济和环境三个方面评估方案的可行性，形成中/高费方案汇总。

（6）方案实施。组织实施方案，汇总无/低费方案的实施成果，验证中/高费方案的成果，分析所有已实施方案的成果。

（7）持续清洁生产。形成清洁生产管理制度。清洁生产成为企业的长期战略融入企业的各项活动中。

这七个阶段共涉及35个步骤。在这些环节里，企业领导负责批准、清洁生产专家全程技术指导及决策咨询。工业专家在方案的产生和实施过程中负责指导分析。企业技术人员全程参与。最终达到清洁生产目标，即节能降耗减污增效。

76. 企业应在什么时间开展强制性清洁生产审核

列入实施强制性清洁生产审核名单的企业应当在名单公布后两个月内开展清洁生产审核。其中列入“双有”强制性清洁生产审核的企业，两次清洁生产审核的间隔时间不得超过五年。

列入“双超”“双有”强制性清洁生产审核的企业，应当在名单公布之日起一年内，完成本轮清洁生产审核，并将清洁生产审核报告报当地县级以上环境保护主管部门和清洁生产综合协调部门。

列入“高耗能”强制性清洁生产审核的企业，应当在名单公布之日起一年内，完成本轮清洁生产审核，并将清洁生产审核报告报当地县级以上节能主管部门和清洁生产综合协调部门。

77. 开展清洁生产审核时企业需提供哪些材料

（1）企业概况：企业发展简史、规模、产值、利税、组织结构人员状况和发展规划等。

（2）企业生产状况：主要原辅材料、主要产品、能源及用水情况、主要车间或分厂情况、工艺流程、设备水平及维护状况、产业政策合规性文件资料等。

（3）企业环境保护状况：主要污染源及其污染物产生和排放情况、主要污染源治理现状、主要产排污节点图、“三废”的循环/综合利用情况、企业涉及的有关环保法规与标准要求的合规情况文件资料

（4）企业管理状况：质量管理制度、环境管理制度、能源管理制度、现场操作管理制度等。

78. 清洁生产审核报告怎么看

清洁生产审核报告主要对企业概况、筹划与组织、预评估、评估、方案的产生和筛选、可行性分析、方案实施、持续性清洁生产等方面进行编写，主要包括十个章节，具体如下：

（1）前言，介绍企业本轮清洁生产审核的相关背景信息。

（2）第一章，基本情况，包括单位简介、组织机构、地理位置和厂区平面布置、职工人数及生产班次、清洁生产基础与回顾等内容。

（3）第二章，筹划与组织，包括取得领导的支持与参与、建立清洁生产审核小组、制订审核工作计划、开展宣传教育等内容。

（4）第三章，预评估，包括资料收集与分析、现场考察与分析、能源利用及管理状况、水资源利用及管理状况、污染物产排及环境保护现状、清洁生产水平评价、确定审核重点、设置清洁生产目标、提出和实施无/低费方案等内容。

（5）第四章，评估，包括准备审核重点资料、实测输入输出物流、建立物料平衡关系、进行物质流分析、分析问题产生原因、提出和实施无/低费方案等内容。

（6）第五章，方案的产生和筛选，包括产生方案、分类汇总方案、筛选方案、研制方案、继续实施无/低费方案、核定并汇总无/低费方案实施效果、编写清洁生产中期审核报告等内容。

（7）第六章，可行性分析，包括调研确定方案基本内容、技术评估、环境评估、财务评估、确定推荐实施的最佳可行方案等内容。

（8）第七章，方案实施，包括组织方案实施、汇总已实施的无/低费方案的成果、验证已实施的中/高费方案的成果、分析总结已实施方案对企业的影响等内容。

（9）第八章，持续清洁生产，包括建立和完善清洁生产组织、建立和完善清洁生产管理制度、制订持续清洁生产计划、编制清洁生产审核报告等内容。

（10）结论。

79. 企业未按规定开展强制性清洁生产审核会受到处罚吗

根据《中华人民共和国清洁生产促进法》的规定，企业未按规定开展强制性清洁生产审核会受到处罚。具体规定为：第三十六条，未按照规定公布能源消耗或者重点污染物产生、排放情况的，由县级以上地方人民政府负责清洁生产综合协调的部门、环境保护部门按照职责分工责令公布，可以处十万元以下的罚款。第三十九条，不实施强制性清洁生产审核或者在清洁生产审核中弄虚作假的，或者实施强制性清洁生产审核的企业不报告或者不如实报告审核结果的，由县级以上地方人民政府负责清洁生产综合协调的部门、环境保护部门按照职责分工责令限期改正；拒不改正的，处以五万元以上五十万元以下的罚款。

80. 对开展清洁生产审核的企业有哪些激励措施

政府激励措施主要有：

（1）对自愿实施清洁生产审核，以及清洁生产方案实施后成效显著的企业，由省级清洁生产综合协调部门和环境保护主管部门、节能主管部门对其进行表彰，并在当地主要媒体上公布。

（2）各级清洁生产综合协调部门及其他有关部门在制订实施国家重点投资计划和地方投资计划时，应当将企业清洁生产实施方案中的提高能源资源利用效率、预防污染、综合利用等清洁生产项目列为重点领域，加大投资支持力度。

（3）排污费资金可以用于支持企业实施清洁生产。对符合《排污费征收使用管理条例》规定的清洁生产项目，各级财政部门、环境保护部门在排污费使用上优先给予安排。

（4）企业开展清洁生产审核和培训的费用，允许列入企业经营成本或者相关费用科目。

第3章

项目能源管理

3.1 节能评估和审查

81. 什么是固定资产投资项目节能评估

固定资产投资项目节能评估（以下简称能评）是指根据节能法规、标准，对固定资产投资项目的能源利用是否科学合理进行分析评估，并编制节能评估报告书、节能评估报告表或填写节能登记表的行为。

企业新项目的节能评估，首先是遵循《固定资产投资项目节能审查办法》等相关法律法规的要求。同时，企业通过新项目的节能评估，可以掌握该项目生产中能源消耗的种类和数量，分析项目的能耗水平及其生产用能效率，将项目能耗与国内国际水平及行业准入条件进行比较；按国家和地方有关法律法规、规划和政策，评价该项目能源利用的合理性、节能措施的可行性、工艺技术的先进性；是否符合国家和行业的节能设计标准与规范。通过项目生产对浪费能源可能造成的影响进行客观分析，评估项目建设合理利用能源和节能方案的可靠性，并根据促进技术进步的原则提出改进意见，以达到合理利用能源和节约能源的目的。

根据项目规模，分为节能评估报告书（大型项目）、节能评估报告表（中型项目）和节能登记表（小型项目）。

82. 企业哪些项目必须作节能评估

我国境内建设项目的所有固定资产投资项目，包括新建项目、改扩建项目、技改项目，都需要作节能报告，未按规定进行节能审查，或审查未获通过的政府投资项目，不能通过审批。企业投资项目不得开工建设，已经建成的项目不得投入生产使用。

项目年综合能源消费量 1000 吨标准煤以上或年电力消费量超过 500 万千瓦时的固定资产投资项目需作节能报告，并上报审查；年综合能源消费量不满 1000 吨标准煤且年电力消费量不满 500 万千瓦时的固定资产投资项目，以及用能工艺简单、节能潜力小的行业，应该按照相关的节能标准规划建设，节能报告提交节能审查机关备存，不再单独进行节能审查。

在不单独进行节能审查的行业目录中的项目，建设单位可不编制单独的节能报告，节能审查机关也不再单独进行节能审查，不再出具节能审查意见。

83. 节能评估报告书、节能评估报告表和节能登记表分别在什么情形下编制填写

编制节能评估报告书的情形：项目年综合能源消费量3000吨标准煤以上（含3000吨标准煤，电力折算系数按当量值，下同），或年电力消费量500万千瓦时以上，或年石油消费量1000吨以上，或年天然气消费量100万立方米以上的固定资产投资项目，应单独编制节能评估报告书。

编制节能评估报告表的情形：项目年综合能源消费量1000~3000吨标准煤（不含3000吨标准煤，电力折算系数按当量值，下同），或年电力消费量200万~500万千瓦时，或年石油消费量500万~1000万吨，或年天然气消费量50万~100万立方米的固定资产投资项目以及余热余压利用项目，应单独编制节能评估报告表。

填写节能登记表的情形：上述条例以外的项目，应填写节能登记表。

企业可以自行编制节能评估报告书、节能评估报告表，也可以委托第三方机构编制。

84. 节能评估报告包括哪些内容

节能评估报告内容主要包括：(1) 评估依据（相关国家法律法规及国家行业标准等，包括项目立项及规划审批等相关文件）；(2) 项目概况（项目的详细介绍由业主提供）；(3) 能源供应情况评估，包括项目所在地能源资源条件以及项目对所在地能源消费的影响评估；(4) 项目建设方案节能评估，包括项目选址、总平面布置、生产工艺、用能工艺和用能设备等方面的节能评估；(5) 项目能源消耗和能效水平评估，包括能源消费量、能源消费结构、能源利用效率等方面的分析评估；(6) 节能措施评估，包括技术措施和管理措施评估；(7) 存在问题及建议。

85. 企业新项目能评的流程是什么

企业新项目能评的流程如图3.1.1所示：(1) 项目申报单位向能评机构提出合理的用能评估申请，并向节能评估机构提供可行性研究报告、项目节能方案及其他相关材料；(2) 能评机构根据相关政策组织专家对项目用能情况进行评估，编写能评报告书或能评报告表，并出具评估意见；(3) 项目单位持节能评估报告到节能主管部门报审，填写《固定资产投资项目节能审查申请表》；(4) 节能主管部门组织专家组召开评审会对评估报告进行研讨论证，形成专家意见作为能评审查的重要依据；(5) 节能主管部门出具审核意见。

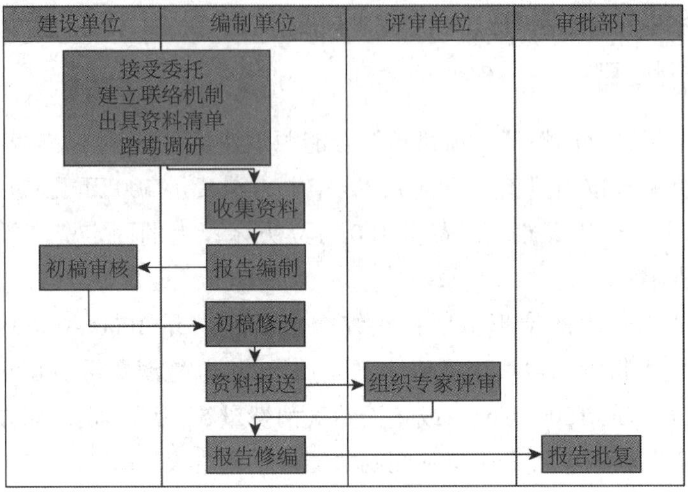

图 3.1.1　企业新项目能评的流程

86. 企业新项目节能评估的主要内容是什么，有哪些相关材料

企业新项目节能评估主要包括以下内容：(1) 评估依据：分析项目是否符合国家和地方的法律法规、规划、产业政策、行业准入条件以及相关标准、规范等的要求。(2) 项目概况：包括项目名称、建设地点、项目性质、建设规模及内容、项目工艺方案、总平面布置、主要经济技术指标、项目进度计划等。(3) 能源供应情况评估：分析项目所在地能源资源条件以及项目对所在地能源消费的影响。(4) 项目建设方案节能评估：评估项目选址、总平面布置、生产工艺、用能工艺和用能设备等方面的节能情况。(5) 项目能源消耗和能效水平评估：能源消费量、能源消费结构、能源利用效率等方面的分析评估。(6) 节能措施评估：包括技术措施和管理措施评估，如生产工艺、动力、建筑、给排水、暖通与空调、照明、控制、电气等方面的具体措施。(7) 存在问题及建议：根据评估结果，提出改进意见，以达到合理利用能源和节约能源的目的。

根据新项目节能评估的内容，企业在委托第三方机构编制节能评估报告时，具体需要提供以下材料：(1) 项目建设方案、工艺路线等；(2) 主要能耗设备类型、规格型号、运行参数等；(3) 项目年运行时间，生产线、单元装置、能耗设备运行方式、规律等；(4) 基本数据，包括数据、图表、报表、设备型号参数、国内同行业资料、国外类似资料等。

87. 什么是固定资产投资项目节能审查，流程是什么

节能审查是指政府节能审查机关根据节能法规、政策标准等，对项目节能报告进行审查并形成审查意见的行为。节能审查意见是项目开工建设、竣工验收和运营管理的重要依据。节能审查机关委托第三方机构对节能报告进行评审。评审机构出具的评审意见是节能审查的重要依据，评审时可以要求项目单位就有关问题进行说明或补充。

节能审查的流程如图 3. 1. 2 所示。节能审查机关从项目是否符合节能有关法律法规、标准规范、政策要求；项目用能分析是否客观准确，方法是否科学，结论是否准确；项目节能措施是否合理可行；项目的能效水平、能源消费等相关数据核算是否准确，是否满足本地区节能工作管理要求这四个方面对节能报告进行审查。

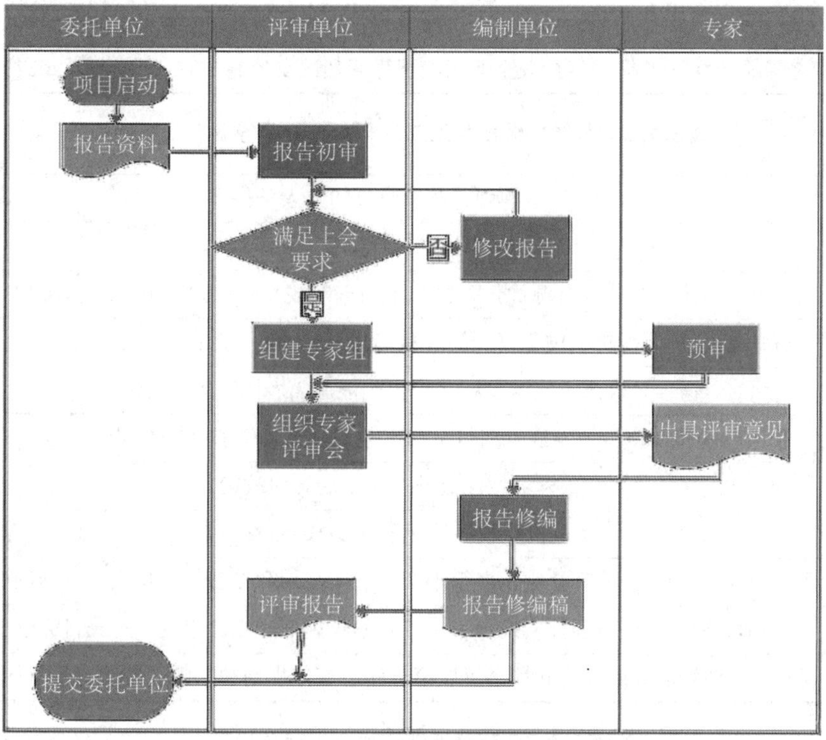

图 3. 1. 2　节能审查的流程

企业新项目节能审查依据的相关政策文件、相关规划、产业政策、行业准入条件以及相关标准如表 3. 1. 1、表 3. 1. 2 和表 3. 1. 3 所示。

表 3. 1. 1　节能评估相关政策文件

序号	政策文件
1	《中华人民共和国节约能源法》（2018 年 10 月 26 日修订）
2	《中华人民共和国循环经济促进法》（2018 年 10 月 26 日修订）
3	《固定资产投资项目节能审查办法》（国家发改委 2023 年第 2 号令）
4	《重点用能单位节能管理办法》（2018 年 2 月 22 日修订）
5	《浙江省实施〈中华人民共和国节约能源法〉办法》（2021 年 3 月修订）
6	《浙江省重点用能单位节能管理办法》（浙经贸资源〔2001〕268 号）
7	《浙江省节能审查办法》（浙发改能源〔2019〕532 号）
8	《杭州市固定资产投资项目节能审查办法》（杭发改能源〔2021〕191 号）

续表

序号	政策文件
9	《关于进一步加强固定资产投资项目和区域节能审查管理的意见》（浙发改能源〔2021〕42号）
10	《关于严格落实〈浙江省节能审查办法〉的通知》（杭发改能源〔2021〕6号）
11	《浙江省用能权有偿使用和交易第三方审核机构管理暂行办法》（浙发改能源〔2019〕358号）
12	《省能源局关于开展重点行业企业用能预算管理试点的通知》（浙能源〔2022〕9号）

表 3.1.2　节能评估相关规划、产业政策和行业准入条件

序号	规划、产业政策和准入条件
1	《产业结构调整指导目录（2024年本）》
2	《浙江省节能降耗和能源资源优化配置“十四五”规划》（浙发改规划〔2021〕209号）
3	《工业和信息化部节能机电设备（产品）推荐目录》（第一批、第二批、第三批、第四批）
4	《杭州市能源发展（可再生能源）“十四五”规划》
5	《杭州市产业发展导向目录与产业平台布局指引（2022年本）》
6	《钱塘江流域产业发展导向政策》
7	《电机能效提升计划（2021—2023年）》
8	《浙江省国民经济和社会发展第十四个五年规划和二〇三五年远景目标纲要》
9	《杭州市国民经济和社会发展第十四个五年规划和二〇三五年远景目标纲要》
10	《杭州市钱塘区国民经济和社会发展第十四个五年规划和二〇三五年远景目标纲要》

表 3.1.3　节能评估技术要求相关标准

序号	标准	标准号
1	《能源管理体系　分阶段实施指南》	GB/T 15587—2023
2	《节能评估技术导则》	GB/T 31341—2014
3	《评价企业合理用电技术导则》	GB/T 3485—1998
4	《评价企业合理用热技术导则》	GB/T 3486—1993
5	《设备及管道绝热技术通则》	GB/T 4272—2008
6	《设备及管道绝热设计导则》	GB/T 8175—2008
7	《用能单位节能量计算方法》	GB/T 13234—2018
8	《节电技术经济效益计算与评价方法》	GB/T 13471—2008
9	《工业余能资源评价方法》	GB/T 1028—2018
10	《企业能量平衡通则》	GB/T 3484—2009
11	《企业能量平衡网络图绘制方法》	GB/T 28749—2012
12	《企业能量平衡表编制方法》	GB/T 28751—2012

续表

序号	标准	标准号
13	《用能设备能量平衡通则》	GB/T 2587—2009
14	《电力变压器能效限定值及能效等级》	GB 20052—2024
15	《电动机能效限定值及能效等级》	GB 18613—2020
16	《容积式空气压缩机能效限定值及能效等级》	GB 19153—2019
17	《室内照明用 LED 产品能效限定值及能效等级》	GB 30255—2019
18	《电能质量　公用电网谐波》	GB/T 14549—1993
19	《用能单位能源计量器具配备与管理通则》	GB 17167—2006
20	《能源计量数据公共平台数据传输协议》	GB/T 29873—2013
21	《能源计量仪表通用数据接口技术协议》	GB/T 29871—2013
22	《用能设备能量测试导则》	GB/T 6422—2009
23	《综合能耗计算通则》	GB/T 2589—2020
24	《国民经济行业分类》	GB/T 4754—2017
25	《企业综合能耗确权核算通则》	DB33/T 2250—2020

88. 什么是固定资产投资项目节能验收，流程是什么

节能验收（也称能评验收）是工程竣工验收的一个重要组成部分，是指节能审查部门按照固定资产投资项目节能审查有关规定和“谁审查、谁验收”的原则，对其审查通过的固定资产投资项目，在项目投入生产和使用前，检查、核实节能审查意见落实情况的相关工作。节能验收可由项目建设单位自行组织验收，也可由节能审查机关（管理节能工作的部门）组织或委托专业机构的方式组织验收。

节能验收的流程如图 3.1.3 所示，具体主要包括以下内容。(1) 建设方案验收：对照项目施工和竣工资料，进行实地查验，验收项目建设方案是否发生重大变更，是否满足节能审查要求。(2) 用能设备验收：对照用能设备供货合同、设备铭牌、设备一览表等资料，现场查验设备运行情况，验收项目的用能设备是否落实节能审查要求。(3) 节能技术和管理措施验收：以节能审查阶段提出的节能技术和管理措施为依据对照项目施工和竣工资料，能源管理机构设置、制度建设、人员配备等情况，进行实地查验，验收项目的节能技术和管理措施是否落实节能审查要求。(4) 能源计量器具验收：对照项目能源计量器具一览表，进行实地查验，验收项目的能源计量器具配备是否满足相关标准要求。(5) 能效水平验收：对照项目的性能试验数据或运行数据等，验收项目的主要能效指标是否落实节能审查要求。(6) 能源消费量验收：依据项目实际建成情况，测算项目年综合能源消费量，验收项目能源消费量情况是否满足节能审查要求。(7) 其他相关内容验收：节能审查要求的其他内容。

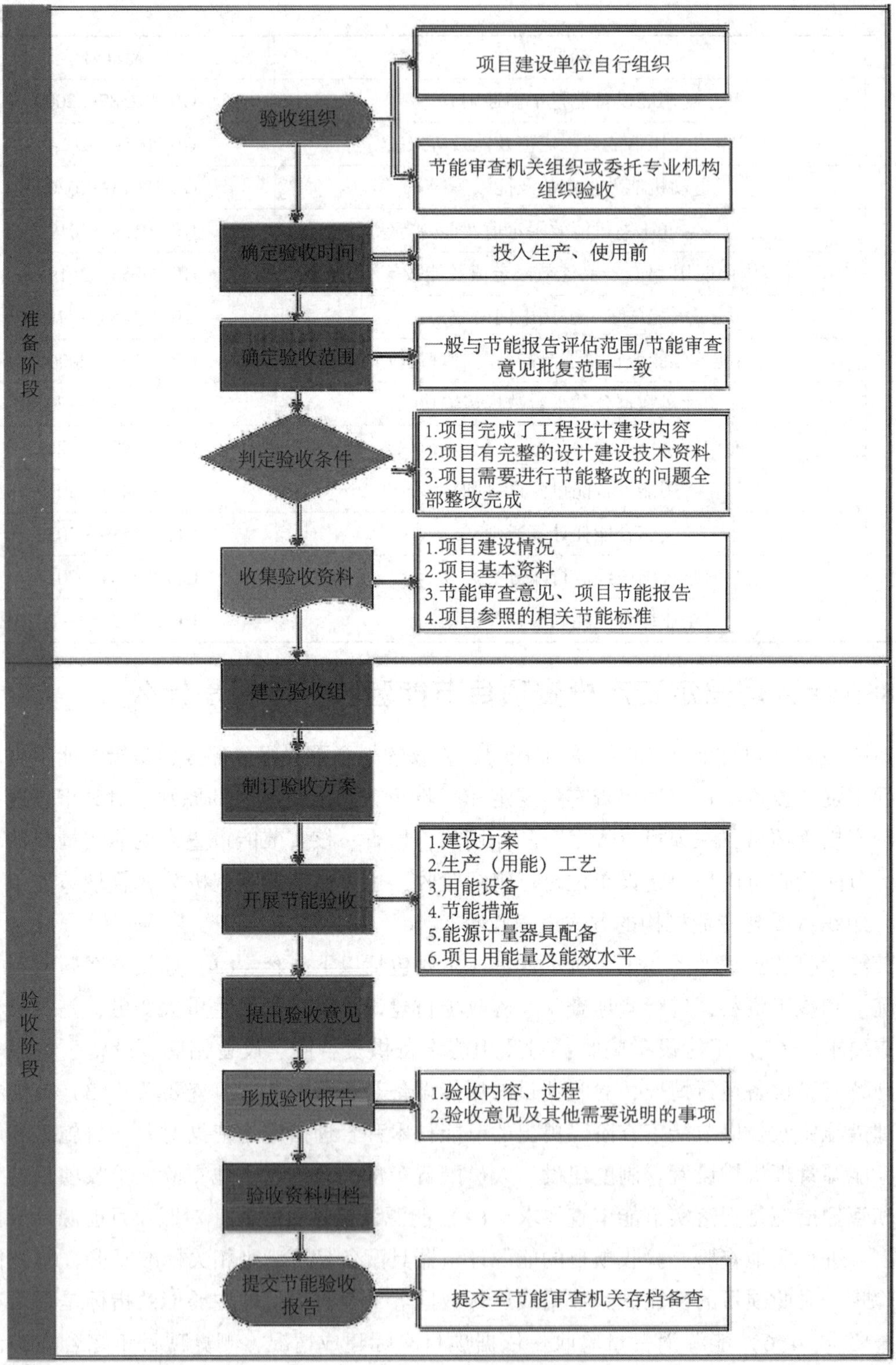

图 3.1.3　节能验收的流程

89. 企业新项目没有做能评或者能评不通过就投入使用有什么后果

根据《固定资产投资项目节能审查办法》（以下简称《办法》）的规定，企业需在开工建设前取得节能审查机关出具的节能审查意见。未按《办法》规定进行节能审查，或节能审查未通过的项目，建设单位不得开工建设，已经建成的不得投入生产、使用。对于擅自开工建设或投入生产使用的新项目，由节能审查机关责令停止建设或停止生产、使用，限期整改，并对建设单位进行通报批评，视情节处10万元以下罚款。

同时未批先建属于违法行为，企业会受到行政处罚，一般申报其他荣誉项目，都有一条要求，即为企业近三年未有任何违法行为。故此，若有企业未批先建，一般情况申报其他项目荣誉均会不成功。

3.2　能量平衡

90. 什么是企业能量平衡

能量平衡，是考察一个体系的输入能量与有效能量、损失能量之间的平衡关系。它的理论依据是热力学第一定律（本质是能量守恒定律）。在能量的利用过程中，其利用率不可能达到100%，输入的能量一部分被有效地利用了，其余部分则损失掉了。根据能量守恒的原理，输入的能量必然等于被有效利用的能量与损失能量之和。能量平衡是一种科学的管理方法，是加强能源管理，提高能源利用水平，降低能耗的行之有效的基础工作。能量平衡表的编制可参考国家标准《企业能量平衡表编制方法》（GB/T 28751—2012）。

企业能量平衡是一种管理方法，旨在通过测试和统计计算相结合的方法，对企业在生产或运营过程中所使用的各种能源和耗能工质的收入与支出进行平衡。这包括企业所用能源的消耗与有效利用及损失之间的数量平衡。其核心目的是全面系统地掌握企业的能耗状况，通过统计、测试、计算等手段，摸清企业能源构成、数量及其来龙去脉，从而改进企业的能源管理，提高能源利用率，降低能耗。此外，企业能量平衡还有助于推动企业的技术改造和加强企业管理。

91. 什么是电平衡测试

电平衡测试是一种评估企业或特定设备电能消耗和利用的方法，目的是通过科学的管理和技术手段提高电能的使用效率。企业完成电能平衡测算工作，是为了达到提高企业用电管理水平和促进企业电能的合理利用，针对测试评价分析的问题，明确节电途径，落实整改方案与技术措施，确实起到了加强用电管理的作用，采取技术可行、经济上合理的节电措施，减少电能的直接和间接损耗，提高能源利用效率和保护环境，达到企业节能降耗获得经济效益的目的。电能平衡是在确定用电体系（单元）的边界内，对界外供给的电能量在本用电体系内的输送、转换、分布、流向进行考察、测定、分析和研究，并建立供给和损耗电量之间平衡关系的全过程。

电平衡测试的对象主要包括变压器、配电系统、电动机、电热系统、整流系统、风机系统、水泵系统、压缩机系统、制冷空调系统、照明系统等系统、设备和装置。

92. 企业电平衡测试的流程包括哪些步骤

企业电平衡测试主要流程包括以下步骤：

（1）企业在进行电平衡测试之前要对企业各供配电系统及设备进行详细的调查。其内容是供配电系统的流向、每条线路的线径、线长、线型、线材等技术参数，同时要调查清楚供配电系统的计量情况，绘制完整的系统网络图。设备调查的内容是企业全部设备的数量、规格型号、性能、容量、运行台时、运行负荷率等，要建立完整的设备台账，制订电平衡测试方案。

（2）电平衡测试机构根据企业提供的资料，同时结合企业的变压器容量、用电设备名称功率、电机型号功率、供电路数、电缆线径和长度等，经综合分析得出具体的测试方案，如潮流测试点确定与典型测试项目选定，各类设备的测试量及确定现场测试设备与进度安排和安全技术措施等。同企业协商确定测试日期，一般情况下测试完成时间为 5 个工作日。如果企业用电量大、有多个配电房或有几个分公司（分厂）设备多、电机数量多、分布范围广则测试时间相应增加。

（3）第一阶段测试工作选择在配电房，配电房内测试工作一般 24 小时不间断进行，如果有 2 级变压则需 48 小时。

（4）第二阶段测试工作选择用电设备供电线路，大部分线路在配电房内测试完成，小部分线路在车间内测试完成。此项需要采用专用的仪器来完成测试。

（5）第三阶段测试工作选择大功率电机，一般情况下在电机控制柜内测试完成。此项需要采用专用的仪器来完成测试。

（6）第四阶段测试工作选择特殊的用电设备。此项按不同厂家区分对待。

（7）第五阶段是运用上面的测试数据进行总结分析、计算得出各用电指标的电能利用率及系统的线、变损实测值，绘制平衡表，向企业相关人员通报测试结果。

（8）第六阶段是完成测试报告，即企业电能平衡评价与整改措施，一般在测试完成之日起 1 个月内交付测试报告，因有大量的图表文字需输入汇编成册。

93. 电平衡测试前期需要收集哪些资料

企业开展电平衡测试前期需要收集的资料主要包括：（1）企业形象介绍（或企业简介）。（2）企业现有用能（电）管理办法（制度、规定）复印件。（3）企业近两年电费发票（峰、谷分项的通知发票）复印件。（4）《企业用电概况》。（5）《企业电气一次接线图》：电脑版式或原图一套。（6）《典型月用电负荷表》：选择负荷较高的一月。计算公式：$日负荷率=\frac{日平均负荷}{日最高负荷}\times 100\%$；$日平均负荷=\frac{日用电量(kW\cdot h)}{24(h)}$。（7）《企业产品用电单耗情况表》：提供近三年的数据。（8）《节能新技术、新工艺应用情况表》：近期节能（电）技术、产品应用效果。（9）《企业电平衡测试设备调查表（一）》：拥有变压器、自备电源设备登记。（10）《企业电平衡测试设备调查表（二）》：厂区高/低配电线路登记。（11）《企业电平衡测试设备调查表（三）》：企业拥有电动机设备登记，按车间（部门）分别填写；每个车间（部门）一张，填清电机型号、功率、拖动机械、是否变频调速等。（12）《照明灯具使用调查表（七）》：企业照明灯具使用调查，按厂区各部门填写，填清灯具品种、名称、单只瓦数（W），共计数量（只/支）。

94. 企业电平衡测试的用电设备有哪些，具体测试位置是什么

根据电平衡测试导则的规定，按照两个75%的原则（测试设备的年耗电量占全企业年耗电量的75%以上，测试设备的台账占企业设备总台数的75%以上）以及同型号设备测试几台代表设备的原则确定被测设备的实际数量。企业电平衡测试的用电设备及其具体测试位置主要有以下内容：

（1）配电房高压电能计量表24小时记录（间隔1小时记录一次）。

（2）配电房变压器二次端的低压母线能流统计和记录打印（24小时记录一次）。此项需要配有专用的仪器来完成测试（间隔1小时记录打印一次）。

（3）配电房高低压出线电量和电压电流24小时记录（间隔1小时记录一次）。

（4）配电房出线各路负载的能耗测试，并记录打印电流电压值和电流电压不平衡度、视在功率、有功功率、无功功率、线路功率因数。此项需要配有专用的仪器来完成测试。

（5）电机及其他用电设备能耗测试和电性能指标测试，一般在设备控制柜内连接专用测试仪表，此项需有企业设备的操作人员配合完成。设备的操作人员主要进行电机运行的关和开动作。进行有功功率、无功功率、电机功率因数、电机负载率、电机效率、无功补偿量测试，并记录打印。

（6）企业电平衡的范围包括整个企业为生产目的电能消耗的设备和各个部门，即含生产和辅助配套生产系统。

95. 电平衡测试具体测试哪些参数

电平衡测试的具体参数主要包括：变压器效率、供电线路效率、测定或计算出电能利

用率、日高压输入有功/无功电能、日低压输入有功/无功电能、日低压输出有功电能、日变压器有功损耗电能、日高压线路有功损耗电能、日低压线路有功损耗电能、变压器负荷率、高压侧功率因数、低压侧功率因数、高压侧自然功率因数、低压侧自然功率因数、电动机效率、其他用电设备效率（如感应电炉、各类大型机械加工设备、整流装置等）、企业电能总效率（电能利用率）。

96. 企业电平衡测试的测算率有什么规定

企业用电设备进行电平衡测试的测算率需要满足以下要求。

（1）企业受电与配电变压器测算率为100%。

（2）高压线路测算率为100%，低压配电线路测算率大于95%（总输送电量的95%）。

（3）电动机的抽测率，台比与容比大于75%（含可代表数量）；对于丝绸、棉纺的织机及其他多机台、同工况小容量的电动机可抽样测试，其抽测率应大于5%；20千瓦及以上电动机应逐台测试，对于同工况、同容量电动机可抽测10%；其他一般电动机的效率测定，可采用查表法进行测定，以达到规定的台比抽测率。

（4）风机、水泵抽测率：5千瓦及以上的设备应逐台测试（含同工况、同容量可代表数量）。

（5）整流设备的抽测率：容量在300千瓦以下的不同功率装置抽测率为50%；化工、冶金企业大容量设备逐台按损耗测算法进行测算。

（6）电加热设备抽测率：按常用的设备及不同功率和炉种各测一台以上，实用容量在100千瓦以上的应逐台测试。

（7）各类金属切削机床抽测率应大于同类实际使用台数的20%，机械专业厂抽测率可为5%；空气锤抽测率应大于20%。

（8）电焊机抽测率：实际使用台数的50%，造船、机械专业厂抽测率大于20%。

（9）宾馆、商场等公共建筑采暖及空气调节采用集中空调的设备以达到规定的设计标准。

97. 什么是水平衡测试

水平衡测试是指某一用水单元［一台用水设备、一个用水车间、一个或多个用水企业（单位）］中输入的水量与输出的水量相互持平。水平衡测试工作是对用水单元和用水体系的水量进行体系的测试、检验、统计、剖析，得出水量平衡联系的进程。水平衡测试是现阶段城市中广泛使用的节水评价规范，其实是将对应水体系进行全面考虑与剖析的进程，详细涉及一切用水设备、用水工序和用水环节等，旨在准确判断该水体系内是否存在水量不平衡的现象。

企业通过开展水平衡测试可以及时发现企业用水管网和设施堵塞跑冒滴漏问题并采取修复措施，及时止损。同时，水平衡测试为制定用水定额和计划用水量指标提供了准确的基础数据，有助于准确把用水指标层层分解下达到各用水单元，把计划用水纳入各级承包责任制或目标管理计划，定期考核，调动各方面的节水积极性。另外，水平衡测试也是企业申报节水型企业必不可少的条件之一。总之，水平衡测试有助于掌握企业用水现状并进行合理化分析，依据测试结果找出薄弱环节和节水潜力，制定出切实可行的节水技术、管理措施和规划。

98. 什么情况下企业需要做水平衡测试

需要做水平衡测试的企业主要有以下两种情况。

（1）计划用水单位：包括那些纳入取水许可管理的用水单位和在公共供水范围内达到国家规定的取水量的用水单位。

（2）特定用水量的用水单位：例如，根据浙江省、市关于节水型企业创建工作要求，高耗水行业及年取水量超过 3 万立方米的企业需要定期进行水平衡测试工作。此外，医院、学校等非企业单位的年用水量也超过 1 万立方米，同样需要参与水平衡测试。

这些对象的选择通常基于以下标准：单位或单位的用水量达到一定阈值。单位需要进行用水效率的评估和提高。单位可能涉及公共供水系统，需要遵守特定的法规要求。

99. 水平衡测试需要收集哪些资料

在水平衡测试准备阶段，要充分了解企业的情况，收集企业的基本情况、用水情况等资料确定测试计划和测试重点，划分用水区域。具体需要收集以下资料。

（1）用水单位基本情况简介：用水单位的地理位置，所属行业类别、生产类型或服务类型，规模或设计产能，主要产品及近 3 年实际产量、产值，职工人数，用水管理情况及以往水平衡测试情况（包括开展时间、次数及主要用水指标情况）。

（2）供水水源及取、排水情况：水源情况，包括取水量、水质情况及取水主要用途；排水情况，包括排水方向、水量、水质等内容；供排水管网情况，包括供水、排水及蒸汽管网分布及走向、管道材质、管径，主要用水设备与用水计量表的具体位置，注明供水对象、取水用途。

（3）主要生产用水设备和用水工艺情况：主要生产用水设备的名称、型号、台数、用水工艺、用水情况（水源、水量、水温）及设备运行情况（分常规运行、间歇性运行、季节性运行）。其中，有化学水处理装置的，对化学水制用情况介绍也要了解。

（4）用水计量情况：主要了解一级表、二级表、三级表安装及使用运行情况，包括安装数量、仪表编号、安装位置、计量范围、水表型号和精度、校验情况及各级水表的安装率、完好率等。

（5）节水管理机构、用水节水相关规章制度建设情况：包括组织机构建设情况、规章制度建设情况、政策执行情况。

（6）用水、节水水平现状：包括企业用水情况，以及建设的节水措施（项目）情况、产生的节水效益、节水规划制定等。

100. 什么是节水型企业，与水平衡测试什么关系

节水型企业是浙江省以科学发展观为指导，深入学习习近平总书记重要讲话精神，按照“节水优先、空间均衡、系统治理、两手发力”的治水方针，以企业为主体，以提高用水效率为核心，在重点用水行业（高耗水行业规上企业或年取水量超过5万立方米的企业，重点包括黑色金属冶炼、纺织、造纸和纸制品、石油加工、食品制造、化工、有色金属冶炼、热力电力、皮革、非金属矿物制品等行业）推进节水型企业建设工作。树立一批节水标杆企业，引导企业加强节水管理和技术进步，加快转变工业用水方式，促进“五水共治”工作。

在重点用水行业推进节水型企业建设，必须加强节水基础管理、推进水平衡测试，加强企业单位产品取水定额、工业用水重复利用率、水表计量率、锅炉冷凝水回收率、企业用水综合漏失率、非常规水资源利用等考核，推动企业对标达标，降低单位产品用水量，提高水资源的利用效率。在节水型企业的基本要求中，要求申报企业必须定期开展水平衡测试并提供水平衡报告。

节水型企业申报流程如图3.2.1所示。根据节水型企业申报流程，企业若申报节水型企业，水平衡测试是申报过程中必不可少的工作。

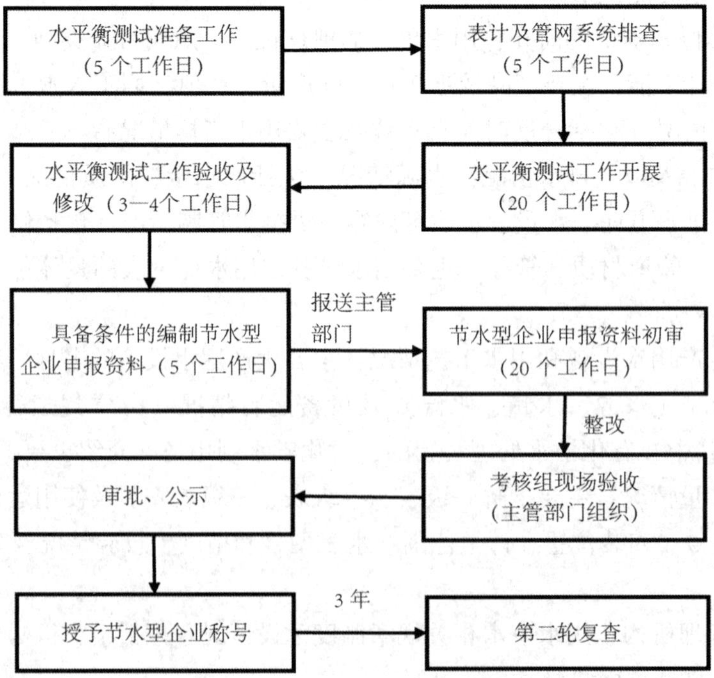

图3.2.1 节水型企业申报流程

101. 节水型企业建设要求包括哪些

节水型企业建设要求包括：（1）完善企业节水管理制度；（2）加强工业取水定额管理；（3）定期开展水平衡测试；（4）加强节水技术改造；（5）推进非常规水资源利用；（6）增强职工节水意识。节水型企业基本要求、技术考核指标和基础管理考核指标、工业用水重复利用率标准水平如表3.2.1、表3.2.2、表3.2.3和表3.2.4所示，其中基本要求为企业必须达到的要求。

表3.2.1 节水型企业基本要求

序号	项目
1	严格执行国家相关取水许可制度，开采城市地下水符合相关规定
2	生活用水和生产用水分开计量，生活用水没有包费制
3	蒸汽冷凝水进行回用，冷却水应重复利用
4	按规定周期开展水平衡测试（企业提供水平衡测试报告）
5	没有使用国家明令淘汰的用水器具和用水设备（对照国家、地方相关淘汰目录，在水平衡测试时进行核实）
6	水计量器具的配备与管理符合《用水单位水计量器具配备和管理通则》（GB/T 24789—2022）的要求（企业总取水、非常规水资源水表计量率为100%，企业内主要单元水表计量率≥90%，重点设备或重复利用用水系统的水表计量率≥85%，水表精度不低于±2.5%。出具水平衡测试报告）
7	单位产品取水量达到《浙江省工业用水定额》（2015年修正版）标准
8	有取用水资源的合法手续（附地方水利局批复复印件或取水许可证）和自备取水企业应按时足额缴纳水资源费（附地方水利局证明），近三年用水无超计划（附地方水行政主管部门或城市节水办证明）
9	经公示无重大安全和环境事故举报
10	新建、改建、扩建项目时实施节水“三同时”“四到位”制度。节水“三同时”即节水设施必须与主体工程同时设计、同时施工、同时投入运行。“四到位”即工业企业要做到用水计划到位、节水目标到位、管水制度到位、节水措施到位

表3.2.2 节水型企业技术考核指标

序号	技术指标	计算方法	考核标准	标准水平	分数
1	单位产品取水量	单位产品取水量=一定时间内生产过程中取水量总和/一定时间内产品产量	单位产品取水量达到《浙江省工业用水定额》（2015年修正版）先进值计8分，否则0分	详见《浙江省工业取水定额》（2015年修正版）	8

续表

序号	技术指标	计算方法	考核标准	标准水平	分数
2	万元产值取水量递减率	万元产值取水量递减率=（上年万元产值取水量-当年万元产值取水量）/上年万元产值取水量	≥5%计8分，否则以递减率/5%×8计分，递增为0分	5%	8
3	重复利用率	重复利用率=工业用水重复利用量/（工业取水量+工业重复利用水量）	工业重复利用率≥Ei，否则0分	见表3.2.3工业用水重复利用率标准水平	8
4	间接冷却水循环率	间接冷却水循环率=间接冷却水循环量/（间接冷却水取水量+间接冷却水循环量）×100%	≥95%计8分，否则实际循环率×8分计分	95%	8
5	蒸汽冷凝水回用率	蒸汽冷凝水回用率=年蒸汽冷凝水回用量/年用蒸汽量×100%	≥60%以上计4分，每低于1%，扣1分，直到扣完	60%	4
6	企业用水综合漏失率	企业用水综合漏失率=（供水总量-有效供水量）/供水总量×100%	≤5%以内计4分，若每高于1%，扣1分，直到扣完	2%	4

表3.2.3 工业用水重复利用率标准水平

行业	重复利用率标准（Ei）
发电	80
钢铁	97
纸浆	70
纸及纸板	85
纺织染整	45
石油炼制	97.5
无机化工、金属、炼焦	70
有机化工、石油化工、化学制药	65
橡胶、塑料、金属加工、化工原料加工、玻璃陶瓷、油	60
重型机械、运输机械、水泥机械、电气	55
酿造、制药、轻型机械	50

续表

行业	重复利用率标准（Ei）
混凝土、木材、水泥制品构件加工	45
电器、玻璃器具制造、陶瓷磨料制造	45
电子仪器、教学用品、日用小百货制造	35
皮革	25
农村产品加工	25
社会福利	25

表 3.2.4　节水型企业基础管理考核指标

序号	基础管理考核内容	考核方法	考核标准	分数
1	主管领导负责节水工作建立办公会议制度	查看有关文件及会议记录	有主要领导负责、有会议记录各得 2 分	4
2	有节水主管部门和专职（兼职）节水管理人员	检查企业上级主管部门文件	两项符合要求得 4 分，一项符合要求得 2 分	4
3	有健全的节水管理网络和岗位责任制	查阅文件、网络图和工作记录	管理网络健全和责任明确得 4 分	4
4	有计划用水和节约用水的具体管理制度	查阅有关的节水管理制度和文件	有正式文件办法的规定和该办法各得 2 分	4
5	原始记录和统计台账完整规范，按照要求完成统计报表并进行分析	查阅有关资料，核实数据	两项符合要求得 4 分，一项符合要求得 2 分	4
6	用水情况清楚定期巡回检查问题及时解决	查看巡回检查记录和落实情况	符合要求得 4 分	4
7	有近期完整的管网图	查阅图纸和查看现场	管网图完整清晰规范得 4 分	4
8	实行定额管理，节奖超罚	查看定额管理节奖超罚文件和资料	定额管理和节奖超罚各得 2 分	4
9	制订节水规划	查阅资料和文件	有节水规划得 2 分	2
10	经常性开展节水宣传教育，职工具有较强的节水意识	查看资料，询问职工节水常识	经常性开展宣传教育得 1 分，职工有节水意识得 1 分	2
11	有用水计量管理制度	查阅有关文件	制度健全得 4 分	4
12	有完整的近期计量网络图	查看计量网络图和资料	有网络图无近期的扣 1 分或 2 分	4
13	完成节水指标和年度节水计划	查阅有关资料	完成节水指标和年度节水计划各得 2 分	4

续表

序号	基础管理考核内容	考核方法	考核标准	分数
14	用水设备管道器具定期检修制度	查阅有关资料和文件，查看现场	有定期检修制度得 4 分	4
15	开展节水技术改造，已使用的节水设备运行正常	查看现场及有关资料、制度	开展节水技术改造，已使用的节水设备运行正常各得 2 分	4
16	开展非常规水资源利用	查勘现场	制订计划、设施运行正常各得 2 分	4

102. 什么是热平衡测试

热平衡测试作为一种重要的设备性能评估手段，主要用于分析和评价加热炉、锅炉、转炉、隧道窑、回转窑和立窑等一系列热工设备的能源利用效率和运行状况。这项测试主要通过对设备在正常工作状态下的热量输入和输出进行精确测量，以确定其热效率，找出可能存在的能源浪费和效率低下的薄弱环节，从而为设备的优化运行和节能改造提供科学依据。

企业通过热平衡测试，不仅能够反映设备的运行状况，找出设备用热存在的问题和浪费的原因，揭示出设备的潜在问题，例如炉体保温效果不佳，或者燃烧效率不高等问题。此外，热平衡测试还能帮助企业制定更精确的能源管理策略，通过优化运行参数、改革工艺流程、改造低效设备等方法，实现节能降耗，提高企业经济效益。

目前我国热平衡测试相关国家标准如表 3. 2. 5 所示。

表 3. 2. 5　节能评估技术要求相关标准

序号	标准	标准号
1	《水泥回转窑热平衡测定方法》	GB/T 26282—2021
2	《水机回转窑热平衡、热效率、综合能耗计算方法》	GB/T 26281—2021
3	《砖瓦工业隧道窑热平衡、热效率测定与计算方法》	GB/T 39776—2021
4	《汽车热平衡能力道路试验方法》	GB/T 12542—2020
5	《电弧炉热平衡测试与计算方法》	GB/T 37428—2019
6	《工业燃料炉热平衡测定与计算基本规则》	GB/T 13338—2018
7	《航天器热平衡试验方法》	GB/T 34515—2017
8	《转炉热平衡测试与计算方法》	GB/T 34476—2017
9	《烧结机热平衡测试与计算方法》	GB/T 34473—2017

续表

序号	标准	标准号
10	《钢铁行业带式焙烧机焙烧球团热平衡测试与计算方法》	GB/T 34191—2017
11	《焦炉热平衡测试与计算方法》	GB/T 33962—2017
12	《热处理炉热平衡测试与计算方法》	GB/T 33957—2017
13	《轧钢连续加热炉热平衡测试与计算方法》	GB/T 33956—2017
14	《钢铁行业蓄热式工业炉窑热平衡测试与计算方法》	GB/T 32974—2016
15	《钢铁行业蓄热式钢包烘烤系统热平衡测试与计算方法》	GB/T 32971—2016
16	《钢铁行业链箅机—回转窑焙烧球团系统热平衡测试与计算方法》	GB/T 32956—2016
17	《高炉热风炉热平衡测试与计算方法》	GB/T 32287—2015
18	《玻璃纤维单元窑热平衡测试与计算方法》	GB/T 25039—2010
19	《陶瓷工业窑炉热平衡、热效率测定与计算方法》	GB/T 23459—2009
20	《齿轮　热功率　第1部分：油池温度在95℃时齿轮装置的热平衡计算》	GB/Z 22559. 1—2008
21	《石灰机械化立窑热平衡测试与计算方法》	GB/T 9934—1988

103. 需要热平衡测试的设备有哪些

企业中常见的需要进行热平衡的设备主要有以下四类。

（1）工业炉窑：如加热炉、锅炉、转炉、隧道窑、回转窑和立窑等。这些设备主要用于加热、熔化、干燥等工艺过程。

（2）发动机：在整车热平衡测试中，发动机是主要的测试对象。测试内容包括发动机出水温度、机油温度、极限环境温度等参数，以评价整车冷却系统的散热能力和适应能力。

（3）散热系统和元器件：热测试的对象还包括散热系统、发热元器件、插箱、机柜系统等。这些设备和元器件的热特性参数是评估其适用性和有效性的关键。

（4）功率元器件：在设备内部，特定区域的功率元器件也是热平衡测试的对象，特别是那些热敏感器件。

104. 热平衡测试的流程是什么

热平衡测试的流程主要有以下步骤：

（1）准备工作。包括确定测试对象，明确需要测试的设备和系统；根据测试对象制订详细的测试计划，包括测试目的、方法、步骤等；根据测试方案准备相应的测量仪器和辅助设备。

（2）测试数据采集。在测试过程中，采集关键部位的温度、流量、压力等数据。使用多种传感器进行多点测量，以确保数据的准确性和全面性。测试方法主要包括直接法（通过测量进出口流体的温度和流量，计算热损失和效率）、间接法（通过测量主要热损失组成部分的温度和流量，间接计算热损失和效率）和热平衡法（通过同时测量进出口流体的温度和流量以及表面散热量，计算热损失和效率）。

（3）数据处理。对采集到的数据进行计算和分析，得到系统的热平衡状态。通过数据分析，识别出热量的输入和输出情况，包括燃料消耗量、助燃空气消耗量、产品带走的热量、废气带走的热量等参数。

（4）测试数据分析。分析内容包括温度分布分析：研究设备各部位的温度分布情况，找出热不平衡的原因；热损失计算：详细计算设备的各项热损失，确定改进的方向；热工效率评估：评估设备的热工效率，并与设计值进行对比；误差分析和改进：对传感器误差、泄漏和密封不良等问题进行定期校准和修复，优化燃烧过程，减少燃料消耗。

通过以上步骤，热平衡测试可以有效地评估设备的热效率和运行状况，为设备的优化运行和节能改造提供科学依据。

105. 热平衡测试的内容主要有哪些

热平衡测试主要有以下内容。

（1）燃料和助燃空气的测定。具体包括燃料用量的测定：根据燃料的种类和用量，使用相应的计量装置进行准确测量；燃料的取样分析及发热量的测定：对固体、液体和气体燃料分别进行取样分析，并测定其发热量；空气量的测定：根据燃料用量和成分，计算所需的空气量，并测量空气的温度和湿度。

（2）烟气和其他工质的测定。具体包括烟气温度、取样及分析：测定烟气的温度、成分和量，并进行必要的分析；其他工质的测定：包括雾化蒸汽、冷却水、汽化冷却用水、保护气体等的测定。

（3）加热物料的测定。具体包括物料质量、成分和温度：测定进入和离开热平衡体系的物料的质量、成分和温度；炉膛温度和压力：测定炉膛内部的温度、压力；炉体、余热回收装置、管道表面温度与热流密度：测定这些部位的表面温度和热流密度。

106. 什么是热流图

热流图是指热量利用的流向平衡的图。编制热流图是热平衡工作的最后阶段，把测试计算整理的最终结果形象地表示在一张图上，把供入热、有效热、回收热和损失热按照工艺流程和能量比例绘制成图。各指标数量的大小要按照比例绘出，一般将进入热作为100%。按照不同的目的和需要，热流图可以简单绘制，也可以画成比较复杂的分区图。设备层面和企业层面均可以绘制热流图。矿热电炉热流如图 3.2.2 所示。

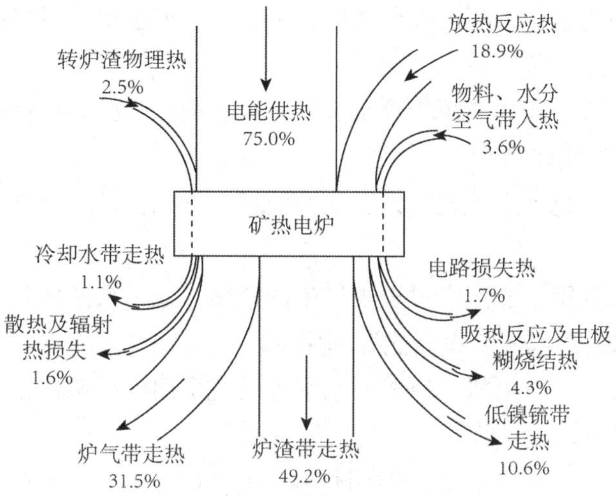

图 3.2.2　矿热电炉热流图示例

3.3　节能改造

107. 什么是工业节能改造

工业节能是指在工业领域贯彻节约资源和保护环境的基本国策，加强工业用能管理，采取技术上可行、经济上合理以及环境和社会可以承受的措施，在工业领域各个环节降低能源消耗，减少污染物排放，高效合理地利用能源。工业企业是工业节能主体，应当严格执行节能法律法规、规章和标准，加快节能技术进步，完善节能管理机制，提高能源利用效率，并接受工业和信息化主管部门的节能监督管理。

工业企业是中国能源消费大户，能源消费量占全国能源消费总量的70%左右。其中钢铁、有色、煤炭、电力、石油、化工、建材、纺织、造纸等九大重点耗能行业用电量占整个工业企业用电量的60%以上，但单位平均能耗比国外先进水平高出40%。分析找出工业行业的能耗损失及浪费现状，采取相应的节能技术和节能产品，有效地降低工业能耗，以达到节能减排的目的就是工业节能。工业节能手段主要包括结构节能、技术节能和管理节能。

108. 工业节能改造的主要措施和技术有哪些

工业节能的主要措施和技术主要有以下几个方面。

(1) 设备升级与优化：采用高效节能的设备，如新型电机、风机、水泵等，替换老旧设备，提高设备的运行效率。

(2) 能源管理系统：建立能源管理系统，实时监测和分析能源消耗情况，识别能源浪费的环节，为节能决策提供依据。

(3) 工艺改进：优化生产工艺，减少能源消耗。例如，采用先进的制造工艺、合理安排生产流程等。

(4) 余热回收：利用工业生产过程中产生的余热，通过余热回收装置将其转化为其他形式的能量，如热水、蒸汽等，提高能源利用率。

(5) 变频调速技术：对电机、风机、水泵等设备采用变频调速控制，根据实际需求调整转速，避免能源浪费。

(6) 照明节能：使用高效节能的照明灯具，如 LED 灯，并合理设计照明布局，减少照明能耗。

(7) 能源审计：定期进行能源审计，评估企业的能源利用状况，发现节能潜力，制订节能计划。

(8) 员工培训：增强员工的节能意识，培养员工的节能习惯，鼓励员工参与节能活动。

(9) 智能控制系统：利用智能控制系统对工业生产过程进行自动化控制，实现能源的精确分配和优化利用。

(10) 可再生能源利用：在工业领域推广使用可再生能源，如太阳能、风能等，减少对传统能源的依赖。

109. 什么是合同能源管理

合同能源管理是指运用市场手段促进节能的一种服务机制，即节能服务机构通过与用能单位签订节能服务合同，为用能单位提供用能状况诊断和节能项目设计、融资、改造等服务，并以节能效益分享回收投资和获得合理利润。合同能源管理也是节能改造的一种类型。合同能源管理的模式主要包括节能效益保障型、节能效益承包型、节能效益分享型以及能源费用长期托管型。

对于能源合同管理项目，《合同能源管理财政奖励资金管理暂行办法》中对于实施节能效益分享型合同能源管理项目的节能服务公司也规定了相应的财政资金奖励，旨在促进节能服务产业发展。

110. 对于企业实施节能改造项目有哪些激励措施

根据《节能技术改造财政奖励资金管理办法》中的相关规定，主要激励措施如下。

(1) 奖励对象：对现有生产工艺和设备实施节能技术改造的项目。

(2) 奖励条件：申请奖励资金支持的节能技术改造项目必须符合下述条件：①按照有

关规定完成审批、核准或备案；②改造主体符合国家产业政策，且运行时间 3 年以上；③节能量在 5000 吨（含）标准煤以上；④项目单位改造前年综合能源消费量在 2 万吨标准煤以上；⑤项目单位具有完善的能源计量、统计和管理措施，项目形成的节能量可监测、可核实。

（3）奖励标准：东部地区节能技术改造项目根据项目完工后实现的年节能量按 240 元/吨标准煤给予一次性奖励，中西部地区按 300 元/吨标准煤给予一次性奖励。

浙江省在《浙江省工业节能降碳技术改造行动计划（2022—2024 年）》中明确，对于节能降碳工作要加大财税支持力度，制定税收优惠政策，以及深化金融服务。大力发展绿色信贷，支持重点行业领域节能降碳。加快绿色债券发展，支持符合条件的节能降碳企业上市融资和再融资。积极参与全国碳排放权交易市场建设，扩大碳账户覆盖面，有效盘活碳资产。

杭州市各个地区具体规定不同。例如，根据杭州市余杭区《关于组织申报余杭区 2023 年度制造业投资、技术改造、工业机器人购置财政资助项目的通知》，对符合申报条件的技改项目余杭区将以以下比例进行资助：①余杭区按核定总投资额的 10%给予资助；②经评定为智能制造项目的，再追加资助 6 个百分点，信息化应用设备、软件投入可纳入补助范围；③对列入国家、省级各类重点改造、节能降碳项目的，追加资助 2 个百分点（不重复享受）；④对“专精特新”企业实施的投资项目，追加资助 5 个百分点；⑤对 2022 年整年度及 2023 年一季度实际发生并实现投机入库的设备投资，在上述补助政策的基础上再增加资助 3 个百分点。其中①~④项区级财政资助比例最高不超过 20%。

具体每个地区的补贴金额和补贴条件都不一样，建议能源管理人员联系区级或街道负责人，明确当地节能改造补贴政策，降低企业节能改造成本，提高节能改造收益。

111. 如何申请节能改造项目补贴

申请节能改造项目补贴大致流程为：（1）备案。企业在实施技术改造项目前，应向所在区域的发展和改革局投资部门进行备案，并拿到备案证。（2）申报。企业在完成技术改造投资后，根据项目所属行业和类别，向发展和改革委员会或者经济和信息化委员会申报相应的技术改造类补贴项目。例如，有两型循环类项目、节能专项、工业技术改造项目及工业智能化改造类项目等。（3）审核。相关部门对企业提交的申报材料进行审核，并组织专家对项目进行评审。审核通过后，将公示名单，并确定最终资助金额。（4）拨付。相关部门根据公示结果和资金预算情况，按照规定程序向企业拨付补贴资金。

具体每个地区的补贴条件和申报流程都存在差异，建议能源管理人员联系区级或街道负责人，明确当地节能改造相关申报流程和政策。

3.4 节能量测量和验证

112. 什么是节能量测量和验证

节能量测量和验证是指通过采用测量节能项目实施前后的能源使用情况和相关因素，分析并确定节能项目所产生的节能量的过程。这一过程是合同能源管理中的关键环节，也是决定项目收益的重要依据。其中节能量是指节约能源消耗量，节能量是在计划统计期内的实际能源消耗量与某个基准值（或对比值）总量之间的相对差值。节能量计算涉及的参数包括节能量（E_s），统计报告期能耗（E_r），校准能耗（E_a）和基期能耗（E_b）。各参数的关系如图 3.4.1 所示。

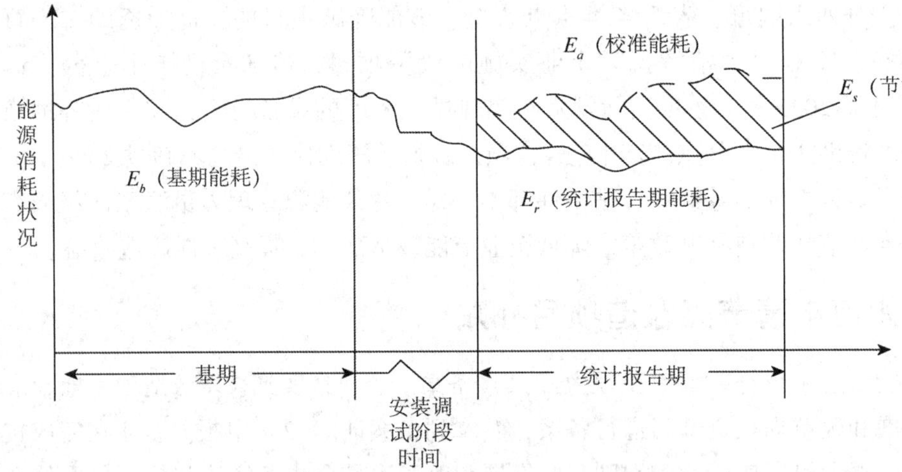

图 3.4.1 节能量测量与验证相关参数示意

计算节能量的基本公式为：$E_s = E_r - E_a$。其中 E_s 指节能量，E_r 指统计报告期能耗，E_a 指校准能耗。具体计算方法有“基期能耗—影响因素”模型法、直接比较法和模拟软件法三类。

我国现行节能量测量与验证相关国家标准如表 3.4.1 所示。

表 3.4.1 节能量测量与验证相关标准

序号	标准	标准号
1	《节能量测量和验证技术通则》	GB/T 28750—2012
2	《节能量测量和验证实施指南》	GB/T 32045—2015
3	《节能量测量和验证技术要求 电机系统》	GB/T 30256—2023
4	《节能量测量和验证技术要求 工业锅炉系统》	GB/T 29777—2021
5	《电动机系统节能量测量和验证方法 第 1 部分：电动机现场能效测试方法》	GB/T 34867. 1—2017
6	《节能量测量和验证技术要求 中央空调系统》	GB/T 31349—2014
7	《节能量测量和验证技术要求 照明系统》	GB/T 31348—2014
8	《节能量测量和验证技术要求 通信机房项目》	GB/T 31347—2014
9	《节能量测量和验证技术要求 水泥余热发电项目》	GB/T 31346—2014
10	《节能量测量和验证技术要求 居住建筑供暖项目》	GB/T 31345—2014
11	《节能量测量和验证技术要求 板坯加热炉系统》	GB/T 31344—2014

113. 节能量测量和验证如何实施

节能量的测量和验证工作程序如图 3. 4. 2 所示，具体包括以下实施步骤。

（1）准备测量和验证方案。测量和验证方案的准备包括划分项目边界、确定基期和统计报告期、选取计算方法、确定数据收集方案和结果准确度要求等 4 项工作内容。这 4 项工作是一个循环往复的动态过程，需要不断修改和完善相关内容，直到形成技术可行、经济合理的测量和验证方案。

（2）确定并记录测量和验证方案。在项目开始建设和实施前，应将准备测量和验证方案步骤的工作内容形成书面文件。测量和验证方案的内容应符合《节能量测量和验证技术通则》（GB/T 28750—2012）的要求。在项目实施过程中如需对测量和验证方案进行变更，应书面记录变更情况。

（3）确定基期能耗和影响因素数据。

（4）设计、安装和调试测试设备。根据测量和验证方案的要求，在项目设计和建设过程中应同步设计、安装和调试用于测量和验证的测试设备。

（5）确定统计报告期能耗和影响因素数据。

（6）确定节能量。如有必要，可以合理地设定校准能耗调整值，并应书面记录校准能耗调整值的设定过程和结果。

（7）报告或审核已确定的节能量。

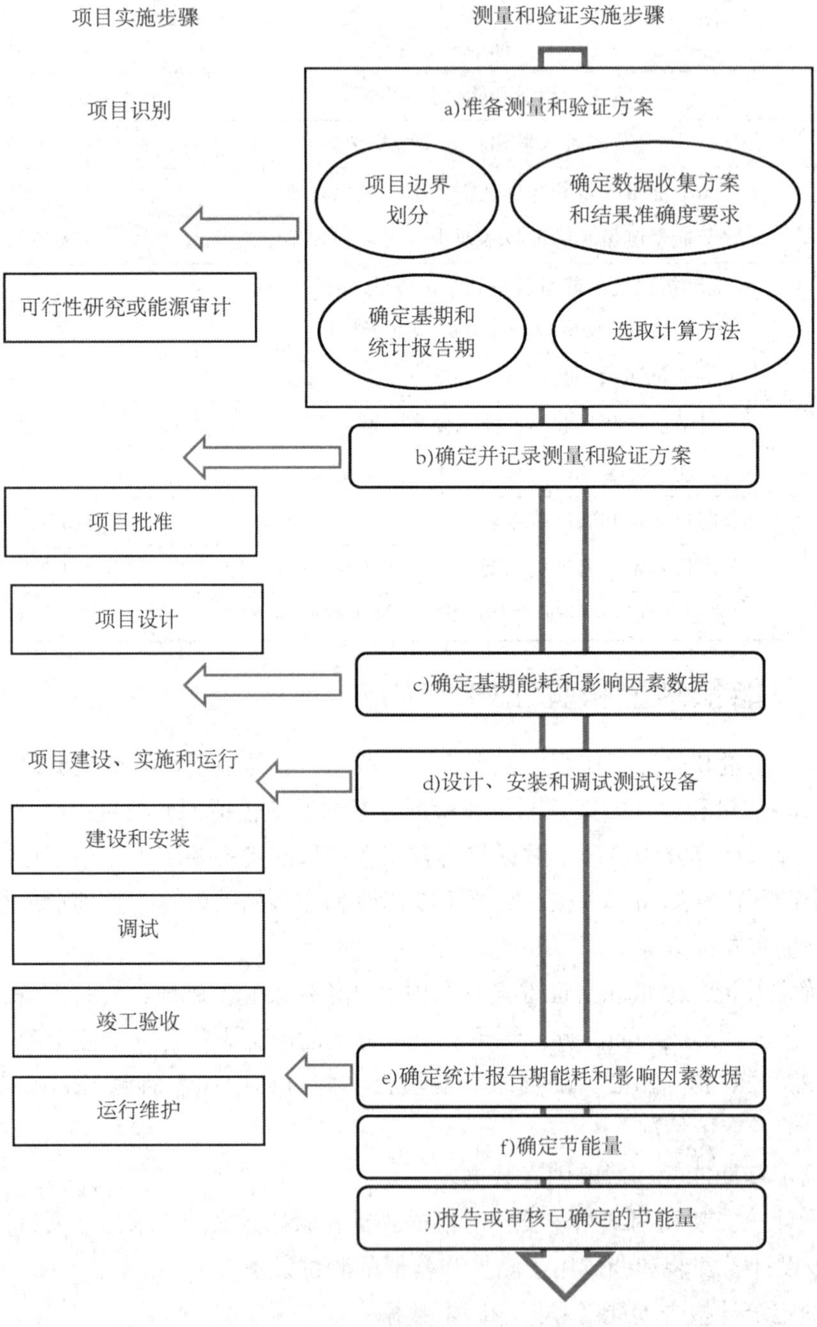

图 3.4.2　节能量测量和验证工作程序

114. 节能量测量和验证报告包括哪些内容

节能量测量和验证报告模板如图 3.4.3 所示，具体需包含以下内容。

（1）项目背景：包含项目基本情况、项目节能措施、测量和验证的目的和过程、项目相关方等基本信息。

（2）测量和验证方案：包含项目边界、基期和统计报告期、节能量的单位、节能量计算方法及校核、数据获取方法和来源、测试期、测量设备和计量仪表、测量和验证方案确定后的变更情况等计算节能量相关信息。

（3）节能量计算：包含节能量计算过程和校准能耗调整值的确定。

（4）结果：包含项目节能量和不确定度分析。

××项目节能量测量和验证报告

1 项目背景

1.1 项目基本情况

1.2 项目节能措施

1.3 测量和验证的目的和过程

1.4 项目相关方

2 测量和验证方案

2.1 项目边界

2.2 基期和统计报告期

2.3 节能量的单位

2.4 节能量计算方法及校核

2.5 数据获取方法和来源

2.6 测试期

2.7 测量设备和计量仪表

2.8 测量和验证方案确定后的变更情况

3 节能量计算

3.1 节能量计算过程

3.2 校准能耗调整值的确定

4 结果

4.1 项目节能量

4.2 不确定度分析

附录A 基期能耗和影响因素数据

附录B 统计报告期能耗和影响因素数据

图 3.4.3 项目节能量测量和验证报告模板

115. 如何确定节能改造项目的边界

所有受节能措施影响的单位、设备、系统（包括辅助、附属设施）均应划入项目边界内，不应漏项。有些节能措施在带来节能效果的同时，会增加消耗能源的系统或设备（如电机系统应用变频调速技术时，增加的变频设备会带来额外的能源消耗），应将这些系统或设备也划入项目边界中。

例如，在两个并联的泵类液体输送系统中，即使只对其中1个系统实施节能措施，也可能会影响到整个并联系统的能耗。因此，项目边界宜包括两个并联的泵类系统而不是只包括实施节能措施的那个泵类系统。

室内照明系统的节能改造直接降低了照明能耗，但同时会减少空调系统的制冷能耗并增加采暖能耗。但因为影响较小，通常可以忽略空调系统及采暖系统的能耗变化。

116. 电机系统节能改造项目边界是什么

电机系统应根据电机系统节能改造项目内容和电机系统的现场条件合理确定项目边界。项目边界如图 3.4.4 所示。通常包括电动机、控制装置、传动装置、被拖动装置、输送管网及附属设备，根据改造项目类型的不同，也可以是其中的某个子系统。

所有受节能措施影响的设备和设施（包括辅助、附属设施），以及存在相互影响的多台被拖动装置均应划入项目边界内。如果涉及多个相互影响的空气压缩机系统或泵类液体输送系统的空压站、泵房等，将空压站和泵房内系统都划入项目边界，无须单独对每个系统进行节能量建模计算。

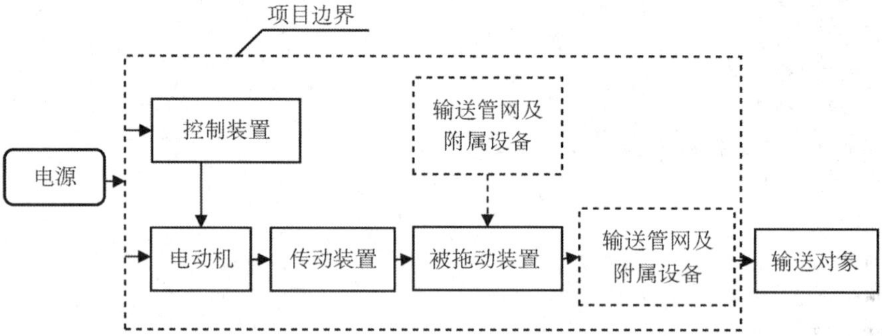

图 3.4.4　电机系统项目边界示例

117. 节能量计算的数据来源有哪些

企业可按照《用能设备能量平衡通则》（GB/T 2587—2009）、《用能设备能量测试导则》（GB/T 6422—2009）、《用电设备电能平衡通则》（GB/T 8222—2008）等相关标准规范的要求，获得基期能耗数据和统计报告期能耗数据。

财务数据、统计数据、模拟数据以及节能措施的技术参数也可用于节能量测量和验证，具体包括以下数据。

（1）可采信的能源统计数据及财务数据，如公用事业公司提供的表计数据、能源费用账单等。

（2）符合《用能单位能源计量器具配备和管理通则》（GB 17167—2006）或相关行业能源计量器具配备要求相关标准规范的能源计量仪表的读数。

（3）使用在检定有效期内的检测仪器测量得到的能源消耗数据，包括通过在线监测手段获得的数据、通过抽样测量获得的数据。

（4）用计算机模拟出的，并经过校准的用能单位、设备或系统的能源消耗量数据。

（5）公认的或相关各方认可的节能措施的相关参数，如能效标准中规定的能效限定值、国家推荐的节能技术和产品目录中相关节能技术的参数等。

统计报告期能耗应根据能源计量数据、财务数据、连续监测数据等数据确定，不应采用推算或约定方式获得统计报告期能耗。

118. 如何选择节能量测量的测试期

在基期和统计报告期内连续监测能耗数据和影响因素数据需要较高的成本和技术能力，因此可选择有代表性的时间段测试能耗数据和影响因素数据以确定节能量。这一具有代表性的时间段称为测试期。测试期可以是数天，也可以是数月。测试期应包含相关系统或设备的各典型工况。

对于气候敏感的用能系统，如供暖系统、空调系统，典型工况可参考历史气象记录平均值确定（不应包括气候反常的情况）。对于生产过程等用能系统（如工矿企业），典型工况可参考相关历史生产记录确定。

用能系统的工况为日循环时（日与日之间是重复循环的），测试期宜为具有代表性的几天（典型日）。

用能特性随季节变化明显的用能系统（如建筑暖通空调系统），其典型工况在 4 个季节中都会有所分布，测试期宜为具有代表性的几个月（典型月）。

119. 如何用“基期能耗—影响因素”模型法计算节能量

某公司采用无级气量调节技术对该公司四级往复式空压机进行节能改造，采用“基期能耗—影响因素”模型法对该项目整体的节能量进行测量和验证。

（1）项目边界：根据项目改造设计的影响范围，本项目边界包括进气分离过滤调节系统、空压机单元、控制和监测系统、驱动与传动系统、管路输送系统、润滑油系统以及冷却系统。

（2）基期和统计报告期：该项目基期定位空压机节能改造前 2015 年 1 月到 12 月；项目统计报告期定位该空压机系统节能改造后 2017 年 1 月到 12 月。

（3）测量和验证方法：该项目改造前后能耗数据及其主要影响因素的记录比较完备，因此采用“基期能耗—影响因素”模型法。

（4）能耗主要影响因素：一般而言，空压机用电量主要与各级吸气温度、排气压力及标准容积流量有关。本项目记录的能耗影响因素有月各级平均吸气温度、月平均排气压力及月平均压缩空气体积。基期能耗选自 2015 年 1 月到 12 月的能耗数据，可以从运行报表中得到。基期能耗和主要影响因素数据统计如表 3.4.2 所示。

表 3.4.2 基期能耗和主要影响因素数据

时间	月平均一级吸气温度 $\bar{t}_{wd,i}$ (℃)	月平均二级吸气温度 $\bar{t}_{we,i}$ (℃)	月平均三级吸气温度 $\bar{t}_{wf,i}$ (℃)	月平均四级吸气温度 $\bar{t}_{wg,i}$ (℃)	月平均压缩空气体积 $\bar{b}_i$ (m^3)	月平均排气压力 $\bar{z}_i$ (MPa)	空压机系统用电量 $e_{b,i}$ (kW·h)
2015.01	10.5	28.8	30.5	27.6	6415200	2.77	770000
2015.02	13.5	29.2	30.9	27.5	6048000	2.78	775100
2015.03	15.8	18.7	30.8	28.3	6562080	2.76	780600
2015.04	20.1	29	30.3	28.2	6480000	2.7	807100
2015.05	25.2	28.5	30.9	28.1	6629040	2.69	819100
2015.06	27.8	28.9	30.9	27.9	6350400	2.77	809200
2015.07	29.9	28.4	30.7	27.7	6696000	2.73	823600
2015.08	32.2	29.2	30.2	28.1	6562080	2.64	835600
2015.09	27.8	28.6	30.1	27.5	6415200	2.77	809700
2015.10	18.9	29.1	30.6	28.1	6629040	2.71	803400
2015.11	15.2	28.9	30.7	27.7	6350400	2.82	796200
2015.12	5	28.8	30.7	28	6696000	2.79	772500

在建立回归模型前，进行影响因素与能耗的相关性分析，对影响因素进行筛选。月平均一级吸气温度与能耗的相关系数 $|r|=0.929$，两变量高度相关；月平均二级吸气温度与能耗的相关系数 $|r|=0.269$，两变量相关性低；月平均三级吸气温度与能耗的相关系数 $|r|=0.332$，两变量相关性低；月平均四级吸气温度与能耗的相关系数 $|r|=0.216$，两变量相关性低；月平均排气压力与能耗的相关系数 $|r|=0.759$，两变量相关性高；月平均压缩空气体积与能耗的相关系数 $|r|=0.346$，两变量相关性低。按照对项目能耗的影响方式和大小，剔除影响能耗的次要因素，确定该项目的主要影响因素为一级吸气温度与排气压力。

（5）“基期能耗—影响因素”模型。

本示例中，相关方经协商设定的回归模型不确定性标准为：$R^2=0.8$，显著性检验标准 Sig<0.05。将表 3.4.2 中每月的用电量和一级吸气温度、月平均排气压力进行回归，得到回归方程为：$e_{b,i}=f(\bar{t}_{td,i}, \bar{z}_i)=1034676.747+1994.311\times\bar{t}_{td,i}-100104.609\times\bar{z}_i$。式中，$e_{b,i}$ 为基期逐月空压机系统能耗，单位为千瓦时（kW·h）；$\bar{t}_{td,i}$ 为月平均一级吸气温度，单位为摄氏度（℃）；$\bar{z}_i$ 为月平均排气压力，单位为兆帕（MPa）。

通过计算得到：$R^2=0.900$，Sig=0.000。回归模型达到设定的不确定度要求。

（6）校准能耗的计算。

项目统计报告期为该空压机系统节能改进后2017年1月到12月。统计报告期的电耗即为改进后能耗，同样可以从运行报表中得到，统计报告期能耗及其主要影响因素数据统计如表3.4.3所示。

表3.4.3 统计报告期能耗及主要影响因素数据

时间	月平均一级吸气温度 $\bar{t}_i$（℃）	月平均排气压力 $\bar{z}_i$（MPa）	空压机系统用电量 e_{ri}（kW·h）
2017.01	11.2	2.73	684200
2017.02	13.6	2.77	691400
2017.03	16.7	2.7	677000
2017.04	20.7	2.70	669800
2017.05	26	2.73	684200
2017.06	28.4	2.78	691400
2017.07	30.7	2.71	677000
2017.08	32.9	2.69	669800
2017.09	28.2	2.712	684500
2017.10	19.1	2.72	662600
2017.11	15.9	2.74	68850
2017.12	5.76	2.68	687500

将表3.4.3中统计报告期主要能耗影响因素实测数据代入公式得到统计报告期校准能耗 E_a，取校准能耗的调整值 $A_m=0$。$E_a=\sum_{i=1}^{g}(\sum_{j=1}^{n} fx'_{i,1}, x'_{i,2}, \cdots, x'_{i,j})+A_m=\sum_{i=1}^{12} f(\bar{t}_{td,i}, \bar{z}_i)=9643407\text{kW}\cdot\text{h}$

（7）节能量的计算。

将表3.4.3中统计报告期逐月能耗数据代入公式得到统计报告期能耗：$E_r=\sum_{i=1}^{12} e_{r,i}=818167900\text{kW}\cdot\text{h}$。

将上述数据代入节能量计算基本公式，得到项目节能量为：$E_s=E_r-E_a=8167900-9643407=-1475507\text{kW}\cdot\text{h}$。

120. 如何用直接比较法计算节能量

某公司空压机系统排气压力为14.5MPa，排气量为9900Nm^3/h，24小时连续运行，为降低能源成本，项目采用余隙调节技术对该空压机进行节能改造。

（1）项目边界：根据项目改造涉及的影响范围，本项目边界包括进气分离过滤调节系统、空压机单元、控制和监测系统、驱动与传动系统、管路输送系统、润滑油系统以及冷却系统。

（2）能耗主要影响因素选取和节能量测量验证方法确定：由于该空压机组没有历史运行记录，因此该项目的节能量拟采用直接比较法中的相似日比较法来确定。

根据分析，该空压机组能耗主要受一级吸气温度、排气压力及标准容积流量影响，因此确定本项目的主要能耗影响因素为一级吸气温度、排气压力和标准容积流量。经相关方协商设定的相似日影响因素偏差要求如表 3.4.4 所示。

表 3.4.4　主要能耗影响因素最大允许偏差

参数名称	一级吸气温度	排气压力	标准容积流量
相似日最大允许偏差	±5%	±3%	±5%

（3）节能量计算：以该项目 2014 年 8 月的实测数据为统计报告期数据，在该月选取 3 天按照节能措施关闭工况运行，然后在表 3.4.4 最大允许偏差范围内选取按照节能措施开启工况运行的 3 天，经测量记录上述的 3 组相似日能耗及主要影响因素值如表 3.4.5～表 3.4.7 所示。

表 3.4.5　相似日 1 的能耗及主要影响因素对比

工况	日用电量（kW·h）	日平均一级吸气温度（℃）	日平均排气压力（MPa）	日平均标准容积流量（Nm^3/h）
节能措施关闭	53169	32.2	14.5	9845
节能措施开启	44890	31	14.7	9656
参数偏差		-3.73%	1.38%	-1.92%

表 3.4.6　相似日 2 的能耗及主要影响因素对比

工况	日用电量（kW·h）	日平均一级吸气温度（℃）	日平均排气压力（MPa）	日平均标准容积流量（Nm^3/h）
节能措施关闭	53047	31.7	14.3	9560
节能措施开启	44787	32.5	14.5	9780
参数偏差		2.52%	1.4%	2.3%

表 3.4.7　相似日 3 的能耗及主要影响因素对比

工况	日用电量（kW·h）	日平均一级吸气温度（℃）	日平均排气压力（MPa）	日平均标准容积流量（Nm^3/h）
节能措施关闭	53349	30.2	14.8	9547

续表

工况	日用电量（kW·h）	日平均一级吸气温度（℃）	日平均排气压力（MPa）	日平均标准容积流量（Nm^3/h）
节能措施开启	44993	30.4	14.9	9834
参数偏差		2.65%	0.68%	3.14%

根据上述数据，计算节能措施关闭状态下测试日累计能耗：$S_b = \sum_{i=1}^{k} e'_{b,i} = e'_{b,1} + e'_{b,2} + e'_{b,3} = 53169 + 53047 + 53349 = 159565$kW·h。

计算节能措施开启状态下测试日累计能耗：$S_r = \sum_{i=1}^{k} e'_{r,i} = e'_{r,1} + e'_{r,2} + e'_{r,3} = 44890 + 44787 + 44993 = 134670$kW·h。

计算得到节能率：$\eta_s = \frac{S_r - S_b}{S_b} \times 100\% = \frac{134670 - 159565}{159565} \times 100\% = -15.6\%$。

通过该项目安装的电度表所记录的统计报告期内 2014 年 8 月该项目系统总用电量 E_r 为 1352000kW·h，计算节能措施开启状态下的空压机系统统计报告期能耗：$E'_r = E_r - E_b = 1352000 - 159565 = 1192435$kW·h。

将上述计算结果代入计算得到该项目节能量：$E_s = E'_r \times \left(\frac{\eta_s}{1 - |\eta_s|}\right) = 1192435 \times \left(\frac{-15.6\%}{1 - 15.6\%}\right) = -220403$kW·h。

第 4 章

重要用能系统

4.1 配电系统

121. 什么是配电系统

配电系统是指电力系统中，从低压配电变电站（高压配电变电站）出口到用户端的这一段系统。它是将高压电能转化为适合用户使用的低压电能，并通过各种配电设备和设施，将电能直接分配给终端用户的一个电力网络系统。

配电系统主要由配电站、高压配电线路、配电变压器、低压配电线路以及相应的控制保护设备组成。这些设备和设施共同协作，实现电压的变换和电能的分配。在整个系统中，主要的设备为电力变压器。

在我国，配电系统通常可划分为高压配电系统、中压配电系统和低压配电系统三部分，以满足不同用户对电能的需求。

配电系统是电力系统中不可或缺的一部分，它确保了电能的稳定、安全和有效分配，满足了人们日常生活和工业生产对电能的需求。

122. 什么是电力变压器，电力变压器的组成以及各部分的作用是什么

电力变压器是一种静止的电气设备，利用电磁感应原理，在同一频率下，将一种或几种数值的交流电压（电流）变换成另外一种或几种数值不同的电压（电流）。

如图 4.1.1 所示，变压器主要由铁芯、绕组、绝缘件、油箱和其他附件等组成。

（1）铁芯：磁路的构成部分。为了减少铁芯中的磁滞和涡流损耗，铁芯均用 0.35～0.5mm 厚的热轧或冷轧硅钢片叠成，片间涂以 0.01～0.013mm 厚的漆膜，以避免片间短路。

（2）绕组：电路的组成部分，用纸包、纱包或漆包的绝缘扁线或圆线绕成。能感应电势、通过电流、实现机电能量转换。

（3）绝缘件：实现变压器的绝缘，包括外部绝缘和内部绝缘。

（4）油箱和其他附件：铁芯和绕组组成变压器的器身，器身放置在装有变压器油的油箱内，在油浸变压器中，变压器油既是绝缘介质，又是冷却介质。

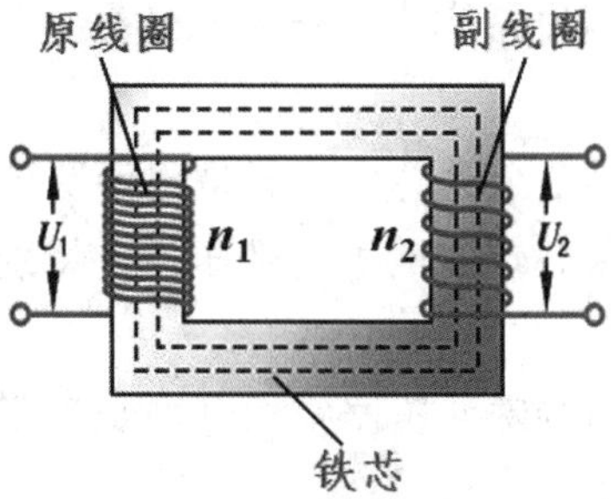

图 4.1.1　变压器基本结构

123. 常用电力变压器的类型有哪些

一般常用电力变压器的类型归纳如下。

（1）按相数可分为单相变压器、三相变压器和多相变压器。

单相变压器：原副边为单相绕组，原绕组接于单相电源上。

三相变压器：原副边为三相绕组，原绕组接于三相电源上。

多相变压器：原副边为多相绕组，如六相整流变压器等。

（2）按用途可分为电力变压器、仪用变压器、试验变压器和特种变压器。

电力变压器：用于输配电系统的升、降电压。

仪用变压器：如电压互感器、电流互感器，用于测量仪表和继电保护装置。

试验变压器：能产生高压，对电气设备进行高压试验。

特种变压器：如电炉变压器、整流变压器、调整变压器等。

（3）按冷却方式可分为干式变压器和油浸式变压器。

干式变压器：依靠空气对流进行冷却，一般用于局部照明、电子线路等小容量变压器。

油浸式变压器：依靠油作冷却介质，如油浸自冷、油浸风冷、油浸水冷、强迫油循环等。

（4）按绕组形式可分为双绕组变压器、三绕组变压器和自耦变压器。

双绕组变压器：铁芯柱上由高压和低压两个绕组，用于连接电力系统中的两个电压等级。

三绕组变压器：铁芯柱上由高压、中压和低压三个绕组，一般用于电力系统区域变电站中，连接三个电压等级。

自耦变压器：原副绕组有电路上的连接，用于连接不同电压的电力系统，也可作为普通的升压或降后变压器用。

（5）按铁芯形式可分为叠铁芯变压器、卷铁芯变压器、非晶合金铁芯变压器和壳式变压器。

叠铁芯变压器：最常用的变压器，用于高压的电力变压器。

卷铁芯变压器：一种把硅钢片卷绕成的铁芯做的变压器，是一种比较节能的变压器，在配电网上比较常用。

非晶合金铁芯变压器：非晶合金铁芯变压器是用新型导磁材料，其空载损耗、空载电流下降约80%，是目前节能效果较理想的配电变压器，特别适用于农村电网和发展中地区等负载率变化较大的地方。

壳式变压器：用于大电流的特殊变压器，如电炉变压器、电焊变压器；或用于电子仪器及电视、收音机等的电源变压器。

124. 电力变压器的核心参数有哪些

电力变压器的核心参数包括以下几种。

（1）额定容量：指在额定状态下变压器的视在功率，额定容量以伏安（VA）、千伏安（kVA）或兆伏安（MVA）为单位。在变压器铭牌上规定的容量就是额定容量，它是指分接开关位于主分接时，额定空载电压、额定电流与相应相系数的乘积。

对于三相变压器，额定容量（S_N，单位kVA）是变压器设计和制造时就已经确定好的参数。但如果要从电压和电流的角度来理解，可以表示为：

$$S_N = \sqrt{3} \times U_{LN} \times I_{LN}$$

式中，U_{LN} 是线电压（kV），I_{LN} 是线电流（kA），$\sqrt{3}$ 是将单相功率转换为三相功率的系数。

（2）额定电压：变压器的额定电压是指在额定功率和额定频率下，变压器所能承受的最大电压，通常以单位千伏（kV）表示。对三相变压器，额定电压指线电压。额定电压是变压器的基本参数之一，它决定了变压器输入端和输出端的电压值。

（3）额定电流：变压器的额定电流是指在正常工作状态下，允许通过变压器的最大电流。以安（A）或千安（kA）为单位。对三相变压器，额定电压指线电流。

对于三相变压器，额定电流（I_N，单位A）的计算公式为：

$$I_N = \frac{S_N}{\sqrt{3} \times U_{LN}}$$

式中，S_N 是额定容量（kVA），U_{LN} 是线电压（kV）。

（4）额定功率：额定功率是指变压器在额定工作条件下（额定频率和电压），变压器长时间工作且不超过规定温升的最大输出功率。

额定功率（P_N，单位kW）通常是通过额定容量和功率因数来计算的：

$$P_N = \frac{S_N \times \cos\varphi}{1000}$$

式中，S_N 是额定容量（kVA），$\cos\varphi$ 是功率因数，1000是将kVA转换为kW的系数。

（5）空载损耗：空载损耗是指当变压器二次绕组开路，一次绕组施加额定频率正弦波形的额定电压时，所消耗的有功功率。空载损耗即不变损失，与通过的电流无关，但与元件所承受的电压有关。空载损耗是变压器的重要参数之一，对电网的经济运行具有重要意义。空载损耗通常是通过实验测量得到的，不通过计算得出。

（6）负载损耗：负载损耗是指在电力系统或电子电路中，能量传输过程中由于电阻、阻抗或其他因素引起的能量损耗。对于变压器而言，负载损耗主要由铜损耗和铁损耗组成。铜损耗是电流通过变压器绕组时产生的损耗，而铁损耗则是由于铁芯中的涡流和磁滞现象产生的损耗。

（7）阻抗电压：阻抗电压是将变压器的二次绕组短路，使一次绕组电压慢慢加大，当二次绕组的短路电流达到额定电流时，一次绕组所施加的电压（短路电压）与额定电压的比值百分数。阻抗电压是涉及变压器成本、效率和运行的重要经济指标，以及对变压器进行状态诊断的主要参数依据之一。

$$U_k = \frac{I_k \times Z_k}{U_{LN} \times 100\%}$$

但更常见的是，阻抗电压是通过实验测量得到的短路阻抗值，并直接以百分比形式给出，式中 I_k 是短路电流，Z_k 是短路阻抗。

125. 什么是电力变压器经济运行，如何判断电力变压器是否处于经济运行状态

变压器经济运行指在确保安全可靠运行及满足供电量需求的基础上，通过对变压器进行合理配置，对变压器运行方式进行优化选择，对变压器负载实施经济调整等方式最大限度地降低变压器的电能损耗。

依据《电力变压器经济运行》（GB/T 13462—2008）的规定，不同类型变压器的经济运行判断标准不一致。

（1）双绕组变压器最佳经济运行区划分为：

经济运行区为 $\beta_{JZ}^2 \leqslant \beta \leqslant 1$，最佳运行区为 $1.33\beta_{JZ}^2 \leqslant \beta \leqslant 0.75$，非经济运行区为 $0 \leqslant \beta \leqslant \beta_{JZ}^2$。变压器经济负载系数计算公式为：

$$\beta_{JZ} = \sqrt{\frac{P_{0Z}}{K_T P_{KZ}}}$$

式中，β_{JZ} 是变压器综合功率经济负载系数；P_{0Z} 是变压器综合功率空载损耗，kW；P_{KZ} 是变压器综合功率额定负载功率损耗，kW；K_T 是负载波动损耗系数。

（2）三绕组变压器最佳经济运行区划分为：

三绕组变压器综合功率损耗率小于 1.2%的运行区为最佳经济运行区。电源侧最佳运行区上限负载系数为 $1.865\,\beta_{JZ1}$，电源侧最佳运行区下限负载系数为 $0.537\,\beta_{JZ1}$。

126. 什么是电力变压器的无功补偿

电力变压器的无功补偿是指通过特定的设备或方法，对电力系统中的无功功率进行补

偿，以减少无功功率的传输和损耗。无功功率是交流电网中能量在电感和电容之间来回交换的部分，它并不做实际功，但对电网的电压稳定性和功率因数有重要影响。无功补偿的原理是通过提供或吸收电网中的无功功率，来调整系统的功率因数，使其接近于1，从而减少无功电流的传输，降低线路损耗，改善电压质量。

无功补偿可以显著提高电力系统的运行效率，减少电能损耗，提高供电质量。它可以减小变压器和输电线路的负载，延长设备的使用寿命。同时，合理的无功补偿还能降低企业的电费支出，因为多数电网公司会根据功率因数对企业收取电费，功率因数低意味着企业需要支付更多的电费。此外，无功补偿还能提高电网的稳定性，减少电压波动，提高用电设备的工作效率。

127. 电力变压器的铭牌包含哪些内容

电力变压器铭牌内容及说明如表 4. 1. 1 所示。

表 4. 1. 1　电力变压器铭牌内容及说明

序号	信息类别	描述	说明
1	变压器名称	指明设备为变压器	确认设备类型
2	型号	提供变压器的型号和设计参数	了解变压器的基本设计和容量
3	产品代号	制造商设定的参考编号	用于订单处理和技术支持
4	标准代号	遵循的国家或国际标准	确保变压器符合特定的质量和安全标准
5	制造厂名	包括国民的完整制造商名称	识别制造商，获取服务和支持
6	出厂序号	每个产品的唯一序列号	用于质量控制和服务跟踪
7	制造年月	生产日期	用于维护和寿命评估
8	相数	单相、双相或三相	决定用途和连接方式
9	额定容量	以 MVA 为单位的最大功率	变压器可以安全处理的最大负荷
10	额定频率	电流频率（通常为 50Hz 或 60Hz）	影响变压器的效率和运行
11	各绕组额定电压	以 kV 为单位的绕组工作电压	确定变压器的电压级别
12	各绕组的额定电流	以 A 为单位的最大安全电流	关键在于选择正确的变压器和保护设备
13	短路阻抗	在额定电流下测量的电阻值	影响变压器的电压调节和效率
14	冷却方式	如 ONAN/ONAF，冷却系统类型	影响变压器的运行温度和寿命
15	使用条件	设计为户内或户外使用	决定变压器的环境和物理要求
16	总重量	以 t 为单位的整体重量	关键在于运输、安装和基础设计
17	绝缘油重量	使用的绝缘油量和品牌（若适用）	影响维护需求和频率

续表

序号	信息类别	描述	说明
18	强迫油循环信息	满载时停止油泵和风扇后的工作时限（如果适用）	对于采用强迫油循环的变压器非常重要
19	绝缘的温度等级	绝缘材料的温度等级	影响耐热性和寿命
20	温升	运行时的最高温度	必须监控以防止过热
21	连接图	绕组连接的视觉表示	帮助理解内部结构和接线方式
22	绝缘水平	可承受的最高电应力	确保变压器的安全运行
23	运输重量	包括包装和保护材料的运输重量	关键在于确定运输成本和要求
24	器身吊重	吊装主体部分的重量	影响安装过程和结构要求
25	空载电流	无负载时流过变压器的电流	影响能效和运行成本
26	空载损耗及负载损耗	空载和满载条件下的功率损耗	评估变压器效率和能耗的重要指标

128. 电力变压器的型号规则和含义是什么

电力变压器的型号规则：变压器的各种分类不能包含变压器的全部特征，需要产品型号把所有的特征表达出来，如图 4.1.2 所示。变压器产品型号是由汉语拼音的字母及阿拉伯数字组成，每个拼音和数字均代表一定含义，表示方法如表 4.1.2 所示。

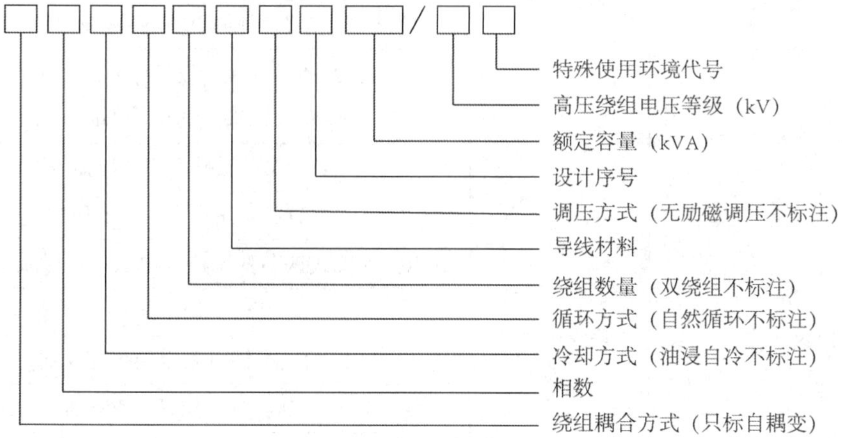

图 4.1.2　电力变压器型号解读

表 4.1.2　电力变压器型号中的字母和数字含义

位置	表示参数	具体字母/数字含义
第 1 位	绕组耦合方式	O：自耦
第 2 位	相数	S：三相
		D：单相

续表

位置	表示参数	具体字母/数字含义
第 3 位	冷却方式	J：油浸自冷，也可不标注
		G：干式空气自冷
		C：干式浇注绝缘
		Q：气体绝缘
		F：油浸风冷
		S：油浸水冷
第 4 位（有时不直接作为型号一部分）	循环方式	N：自然循环，也可不标注
		P：强迫循环
		D：强油导向
第 5 位	绕组数	双绕组不标注
		S：三绕组
		F：分裂绕组
第 6 位	导线材料	铜线不标注
		L：铝线
第 7 位	调压方式	Z：有载调压
		无励磁调压不标注
第 8 位及之后	设计序号或特殊用途/结构	1，2，3…：表示设计序号或技术序号，区分同类产品中的不同品种
		Z：低噪声用变压器
		H：非晶合金铁芯变压器
		R：卷绕式铁芯变压器（电工钢片材质不标注）
		M：密封变压器
		J：中性点为全绝缘变压器
		X：现场组装式变压器
		TA：干热带地区使用
		TH：湿热带地区使用
		T：干湿带通用
		GY：高原地区使用
型号末尾的数字部分，用“/”分隔	额定容量	表示变压器的额定容量，单位为 kVA（千伏安）

续表

位置	表示参数	具体字母/数字含义
紧跟在额定容量之后	额定电压等级	表示变压器的高压绕组额定电压等级，单位为 kV（千伏）
由具体型号而定	其他数字	有时型号中还可能包含其他数字，如制造年份等，但这并非所有型号都具备，且位置不固定

129. 常用的工业企业变压器有哪些

工业企业常用的变压器型号包括以下几种。

（1）干式变压器

特点：结构紧凑、重量轻、高效率、低噪声、可靠性高。

常用型号：SCB14、SCB18 等。

应用：适用于中小型电力设备，如工厂生产线、机房等。

（2）油浸式变压器

特点：功率大、稳定性能优良，但需要定期保养。

常用型号：S20、S22 等。

应用：用于大型变电站、电力输送和工业用电等领域。

（3）隔离变压器

特点：用于隔离两个电路，避免电气干扰和故障。

常用型号：NMLH、SGB、SGP 等。

应用：在需要电气隔离的场合，如医疗设备、精密仪器等。

（4）自耦变压器

特点：可以实现输出电压的升降，同时具有较高的效率和结构紧凑性。

常用型号：SG（B）H15、SG（B）K15、SG（R）K15 等。

应用：在需要电压调节的场合，如电机驱动、电力分配等。

（5）控制变压器

特点：用于改变交流电压，作为机械设备的控制电源和工作照明、信号灯的电源。

常用型号：BK 系列、BKC 系列、JBK 系列等机床控制变压器；CXK 系列、DBK2 系列、DDG 系列等控制变压器；SDB 系列、TGBK2 系列、TGDK1 系列等控制变压器。

应用：广泛应用于工业自动化设备、机床、生产线等场合。

130. 电力变压器该如何选择

选择电力变压器时，需要从以下几个方面进行考量。

（1）变压器的类型：例如干式变压器适用于建筑物内部或防火要求较高的场所；油浸

式变压器则适用于户外或空间较大的场所，成本相对较低。考虑特殊应用，如整流变压器、矿用变压器等，根据特定的使用场景和要求来选择。

（2）变压器的容量和台数：容量选择要基于实际用电系统的负荷大小，常用方法是根据计算负荷 S 来选择，对于临时用电系统，变压器的负荷率一般取 85%左右。对于有多台设备的工厂或大型建筑，可能需要多台变压器来满足不同区域或不同负载类型的需求。

（3）功率因数和效率：实际选择变压器容量时，除了负载需求，还需考虑功率因数和变压器效率。功率因数低可能导致能量浪费，因此提高功率因数是降低能耗的关键措施。

（4）特殊应用：对于仅向特定负载（如排灌动力负载）供电的专用变压器，其容量可根据异步电动机铭牌功率的 1.2 倍来选择。在负荷变化大的情况下，可考虑采用调容量变压器或母子变压器供电方式。

案例参考

假设某工厂的总设备容量为 700kVA，实际用量为 600kVA，同时率为 600/700＝0.86，选择合适的变压器容量可以按照以下步骤计算：

需要的变压器容量＝（总设备容量×同时率）/（功率因数×效率）

假设功率因数为 0.85，效率为 0.9，则变压器容量＝（700×0.86）/（0.85×0.9）＝787kVA。

根据计算出的容量及市场上可用的变压器规格，选择相近但不小于计算容量的变压器。在此例中，可以选择 1000kVA 的变压器。

131. 电力变压器无功补偿如何配置

电力变压器无功补偿配置的目标为在最高负荷时，确保功率因数不低于 0.95。

（1）配置原则：遵循分层分区补偿的配置原则。根据《国家电网公司电力系统无功补偿配置技术原则》，无功补偿应保证在系统有功负荷高峰和低谷时，实现分电压层和分供电区的无功平衡。

（2）计算方法：分为容性无功补偿容量计算和感性无功补偿容量计算。

容性无功补偿容量计算：无功补偿容量可根据变压器容量来确定。例如，500（330）kV 变电站可按照主变压器容量的 10%～20%配置无功补偿装置。

感性无功补偿容量计算：对于限制工频过电压和降低潜供电流的情况，应根据电网结构和运行的需要确定并联电抗器组的容量。

（3）配置方式：主要有自动投切方式和动态无功补偿装置。

自动投切方式：并联电容器组和并联电抗器组宜采用自动投切方式，以优化无功补偿效果。

动态无功补偿装置：在存在电压稳定问题的受端系统，可以考虑配置动态无功补偿装置，以提供必要的事故备用无功容量和调压能力。

更加详细的无功补偿技术原则遵循《国家电网公司电力系统无功补偿配置技术原则》。

132. 变压器常见故障有哪些，处理方法是什么

变压器常见故障及相应的处理方法如表 4. 1. 3 所示。

表 4. 1. 3　变压器常见故障及相应的处理方法

异常情况	故障表现	可能原因	处理方法
异常声音或振动	增大的嗡嗡声、咔嗒声、摩擦声或其他不寻常噪声	部件磨损或松动，轴承问题，内部结构异常，如铁芯或绕组问题	检查紧固件是否松动，并进行紧固
			使用振动分析工具确定故障源
	异常振动，可能表明铁芯或绕组有问题	铁芯松动或损坏，绕组位移等	分析声音类型，铁芯问题通常需要停机检修
温度异常	油温或负载温度高于正常运行温度，无明确原因	冷却系统故障，过载，环境温度过高等	检查冷却系统是否工作正常，包括风扇、散热器和油泵
	热点或局部过热现象	散热不良，局部过热可能是由于绕组或铁芯问题	清洁散热器和散热片，确保良好的热传递
	过载运行	负载超过设备设计容量	调整负载，避免过载运行
油位指示异常	油位过低或过高，无法通过正常调节恢复正常	漏油，油泵故障，温度变化导致的油位膨胀或收缩	调整油位，补加油或放油以保持适当油位
	出现假油位，即油位计显示不准确	油位计故障，油位计接口堵塞等	校验油位计，确认油位是否真实
外观检查发现异常	漏油、渗油或油色异常（如油色变暗或有烧焦迹象）	密封不良，油质老化或污染	对漏油部位进行密封处理，清理油渍，防止油火并检查油质
	漆包线破损、腐蚀、变色或烧焦	外力损伤，环境腐蚀，过热等	进一步检查问题原因，必要时停机检修，故障排除后去除损伤部分并重新绝缘处理
	变形、膨胀或其他可见损伤	物理冲击，热膨胀，设计或制造缺陷等	对于严重损伤，考虑进行绕组更换或其他大修

续表

异常情况	故障表现	可能原因	处理方法
电气测试结果异常	绝缘电阻低于标准值，表明绝缘可能受损	绝缘老化，潮湿，污染等	重新进行测试以排除临时干扰或设备误差
	变比测试、接地电阻测试或介损测试结果异常	测试设备问题，连接问题，组件老化等	重新进行测试以排除临时干扰或设备误差
保护装置异常	压力释放阀动作，表明内部可能产生了过高的压力	内部短路，过热等引发压力增加	由专业人员进行内部检查以确定导致压力过高的原因
	气体继电器动作，表明内部可能有故障产生气体	内部故障如电弧放电，过热等产生的气体	进行详细的内部检查以查找可能产生气体的故障点，如热点、电弧或油的分解
读数异常	电压、电流或功率因数等仪表读数异常	仪表故障，接线问题，电网问题等	校验仪表，确保测量的准确性
		接线松动，腐蚀，仪表本身问题等	检查接线和连接，确保无松动或腐蚀
异味或烟雾	周围环境有烧焦或油烹味	过热，短路，绝缘破损等	立即停机，断开电源，排查故障原因
	出现烟雾，尤其是在变压器附近	火灾，严重故障如绕组短路等	采取消防措施，如使用干粉灭火器
冷却系统故障	冷却液（如油或水）流量减少，或冷却系统部件（如风扇）	管道堵塞，散热器堵塞，风扇故障等	清理堵塞的管道和散热器
		泵故障，冷却液泄漏，冷却系统设计不良等	检查冷却液循环，更换磨损的部件
接地系统问题	接地电阻突然增大，接地连接	接地系统腐蚀，连接松动，接地棒问题等	检查并清洁接地系统，必要时重新焊接或更换
负载或电源侧问题	频繁的负载波动或电源侧干扰	负载管理不当，电网不稳定，供电设备问题等	与供电公司或用户协调，优化负载分配

133. 如何提高电力变压器运行效率

可以通过以下措施提高电力变压器的运行效率。

（1）负载匹配：变压器应在其额定容量附近运行。通常来说，当负载在变压器额定功率的 50%～100%时，变压器的效率最高。这是因为在这个范围内，铁损（固定损耗）和铜损（可变损耗）之间的比例最为合理。

（2）避免长时间空载或过载：长时间空载会使铁损占主导，导致效率降低；而过载则可能导致过热、绝缘老化甚至损坏，也会降低效率。应尽量保持负载稳定并接近额定值。

（3）优化冷却系统：确保变压器的冷却系统工作正常，以维持适当的温度。过高的温度会增加铜损和其他损耗，降低效率。

（4）电压调节：保持输入电压稳定且接近变压器的设计电压。电压过高会导致铁芯饱和，增加铁损；电压过低则会使电流升高，增加铜损。

（5）定期维护：定期检查和维护变压器，包括清洁、检查绝缘油的状态、检查接头和连接是否紧固等，以确保变压器处于最佳状态。

（6）监测和控制：实施实时监控和控制系统，以便及时调整负载和检测潜在的问题，确保变压器始终在最佳状态下运行。

（7）避免频繁的负载波动：频繁的负载变化会导致变压器不断地经历不同的损耗条件，从而降低平均效率。

（8）环境因素：确保变压器所在环境适宜，避免极端温度和湿度条件，这些因素都可能影响变压器的性能和效率。

134. 强制淘汰电力变压器有哪些

根据《高耗能落后机电设备（产品）淘汰目录》（共四批）的规定，以下电力变压器型号已强制要求淘汰。

（1）中小型配电变压器 SJ、SJ1、SJ2、SJ3、SJ4、SJ5、SJL、SJL1、S、S1、SZ、SL、SLZ、SL1、SLZ1 系列。

（2）DJMB 系列照明用干式变压器和 DBK 系列控制用干式变压器。

（3）SL7-30/10-SL7-1600/10 S7-30/10-S7-1600/10 配电变压器。

（4）接触调压器 TDGC、TSGC 系列。

（5）SCB8 干式变压器 SCB8-30～2500/10。

（6）油浸式无励磁调压变压器 S8、S9。

（7）干式无励磁调压变压器 SG（B）8。

135. 电力变压器能效限定值及能效等级

《电力变压器能效限定值及能效等级》（GB 20052—2024）规定了 10kV 配电变压器、

35~500kV 电力变压器、6~66kV 新能源发电侧变压器的能效限定值，对能效等级进行了分级，分为 1 级、2 级、3 级，1 级能效最好，该标准对每个等级、不同容量变压器的空载损耗、负载损耗给出对应限定值。在具体使用时可对照标准中的表查看具体限定值。

136. 变压器现场能损测算的方法是什么

变压器现场能损测算主要包括以下内容。

（1）平均负载电流计算：每小时测量一次二次电流值 I，计算一天内平均负载电流为 $I_{jf}^2 = \sum_{1}^{24} I^2/24$。

（2）电流系数：设置电流系数为平均负载电流的平方和额定二次电流的平方的比值，$\beta = \frac{I_{jf}^2}{I_{H2}^2}$，$\beta_B = \sqrt{\beta}$ 。

（3）电压：每小时测量一次二次电压值 U_2，一天内平均负载电压的平方值为 $U_{pi2} = \sum_{1}^{24} U_2/24$。

（4）电压调整：U_{H1}、U_{H2} 分别为额定一次侧二次侧电压值，用二次侧电压平均值 U_{pi2} 计算的一次侧电压平均值为 $U_{pi1} = U_{pi2} \cdot \frac{U_{H1}}{U_{H2}}$。

（5）日损有功电量：根据变压器额定铁损 ΔP_o、平均输入电压与额定电压的比值 U_{pi1}/U_{pi2}、额定铜损 ΔP_k，电流系数 β_B，计算日损有功电量为 $\Delta A_P =［\Delta P_o（\frac{U_{pi1}}{U_{H1}}）^2 + \Delta P_k \cdot \beta_B］\cdot 24$。

（6）日损无功电量：根据变压器容量 S_H、阻抗电压 $U_K\%$、空载电流 $I_o\%$、负载损耗百分比 β_B，计算得到日损无功电量为 $\Delta A_Q = [\frac{I_O\% \cdot S_H}{100} + \frac{U_K\% \cdot S_H}{100} \cdot \beta_B] \cdot 24$。

（7）效率

低压计量时：$\eta_B = 1 - [\Delta A_P/(A_P + \Delta A_P)]$。

高压计量时：$\eta_B = 1 - (\Delta A_P/A_P)$。

1）年损：通过了解变压器年运行小时数 H，计算年损有功电量为 $\Delta A_P = \Delta A_p \cdot H/24$，年损无功电量为 $\Delta A_Q = \Delta A_Q \cdot H/24$。

2）综合功率经济负载系数：根据以上计算求得综合功率经济负载系数为 $\beta_Z = \sqrt{\frac{\Delta P_0 + K_Q Q_0}{\Delta P_K + K_Q Q_K}}$。其中，励磁功率 $Q_o = I_o\% \cdot S_H$、负载漏磁功率 $Q_K = U_K\% \cdot S_H$，选用无功经济当量 K_Q 为 0.02。

137. 电力变压器节能改造的节能量如何计算

电力变压器节能改造的节能量主要通过比较节能改造前后，变压器的空载损耗、负载损耗和无功损耗几个部分计算得到。首先需要了解变压器改造前后实际使用中的几个关键参数，包括额定容量S_N、空载损耗P_0、负载损耗P_K、空载运行时间T_0、负载运行时间T_K、空载电流$I_0\%$以及无功当量K_Q。

单台变压器改造后节电量计算公式为：

$$\Delta E = T_K \cdot (P'_K - P_K) + T_0 \cdot (P'_0 - P_0) + K_Q \cdot T_0 \cdot (I'_0\% - I_0\%) \cdot S_N$$

4.2 空调与制冷系统

138. 什么是中央空调系统，中央空调系统由哪些部分组成

中央空调系统是一种集中处理空气并分配到建筑物内各个区域的空调系统。它通过一个中心设备（如制冷机）处理空气，然后通过风管或管道将处理后的空气送至各个房间，以调节室内温度、湿度、清洁度和气流速度，为用户提供舒适的工作或生活环境。

中央空调系统主要由制冷机、冷却水循环系统、冷冻水循环系统、风机盘管系统和冷却塔等组成。

（1）制冷机：制冷机是中央空调系统的核心设备，负责制冷，如图4.2.1所示。它通过制冷剂循环，吸收室内热量，并将热量排放到室外，从而实现冷却效果。

图4.2.1 制冷机

（2）冷却水循环系统：冷却水系统用于冷却制冷机。它包含水泵、冷却水管路和冷却

塔，通过循环流动的冷却水带走制冷过程中产生的热量。冷却水循环系统工作原理，如图4.2.2所示。

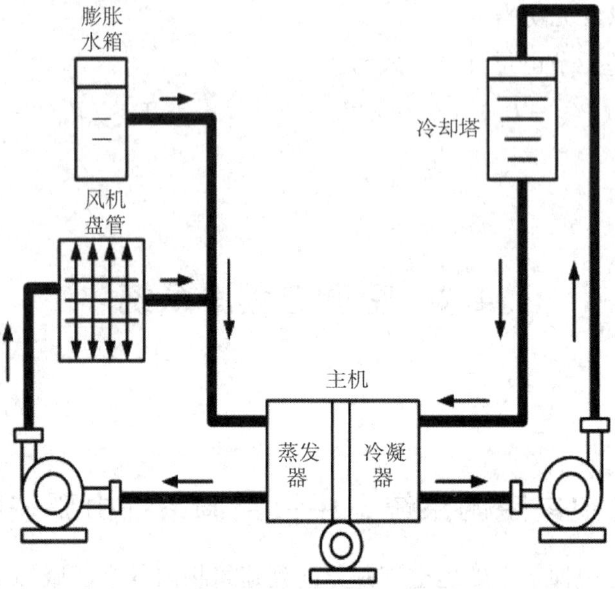

图4.2.2　冷却水循环系统

（3）冷冻水循环系统：冷冻水系统负责将冷却后的水送至各个房间的末端设备（如风机盘管）。冷冻水在制冷机中被冷却，然后通过管道输送到各个区域，吸收室内热量后，返回制冷机再次冷却，如图4.2.3所示。

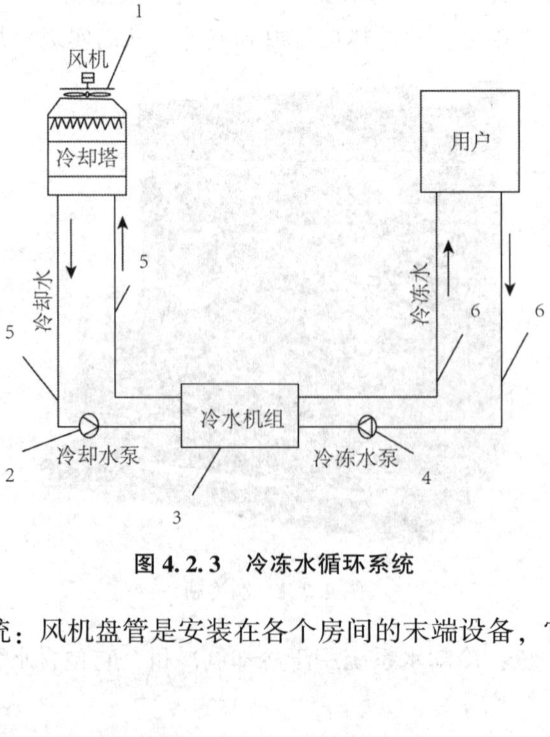

图4.2.3　冷冻水循环系统

（4）风机盘管系统：风机盘管是安装在各个房间的末端设备，它通过内部的盘管与风机配合，将冷冻水的冷却效果传递给室内空气，实现局部的温度调节。风机盘管系统如图 4.2.4 所示。

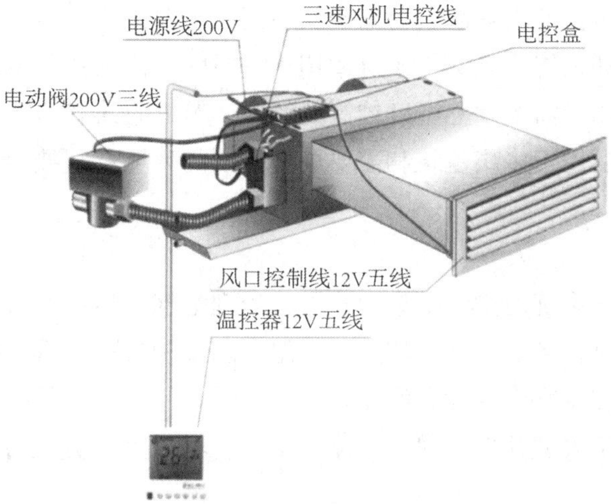

图 4.2.4　风机盘管系统

（5）冷却塔：冷却塔是冷却水循环系统的重要组成部分，用于将冷却水中的热量散发到大气中，降低水温，以便循环使用。冷却塔通过水的蒸发和空气的流动实现冷却效果。冷却塔的组成如图 4.2.5 所示。

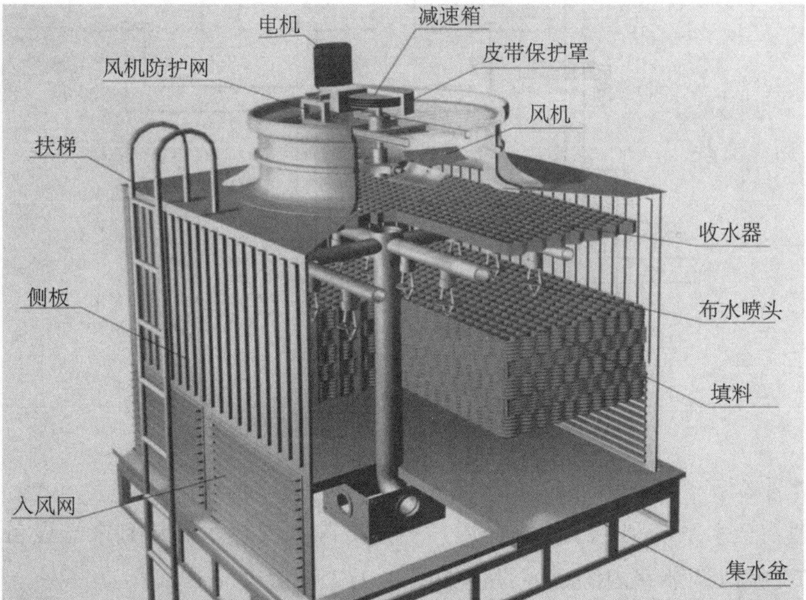

图 4.2.5　冷却塔

139. 常用中央空调系统的工作原理是什么，有哪些常见类型

中央空调系统按负担室内热湿负荷的介质不同，主要分为全空气系统、全水系统、空气—水系统和直接冷却系统。全空气系统适用于大空间、高人流量的环境，能有效控制空气质量；全水系统适用于需要独立温度控制的场所，节能且维护方便；空气—水系统结合了空气和水的优势，适用于多层建筑和需要局部控制的环境；直接冷却系统适用于小型或局部空间，安装灵活。

（1）全空气系统

工作原理：全空气系统通过一个集中式设备处理空气，然后通过风管将处理后的空气送至各个房间。处理过程包括冷却、加热、加湿、除湿和过滤，具体如图 4. 2. 6 所示。

特点：能够有效控制室内温度和湿度。

应用场景：适用于大型开放空间，如体育馆、机场、大型会议室、大型商业建筑、工业厂房、学校、医院等。

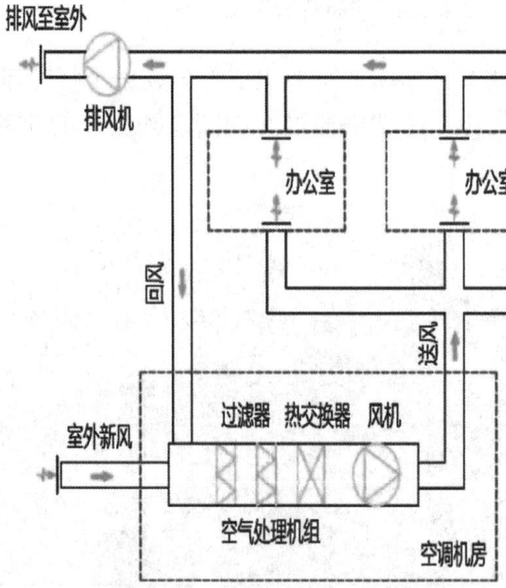

图 4. 2. 6　全空气系统

（2）全水系统

工作原理：全水系统利用水作为介质，通过冷冻水或热水循环到末端设备（如风机盘管），进行热交换以调节室内温度。具体如图 4. 2. 7 所示。

特点：末端设备分散，便于独立控制。能耗相对较低，维护方便。

应用场景：办公楼、酒店客房、住宅等需要独立温度控制的场所。

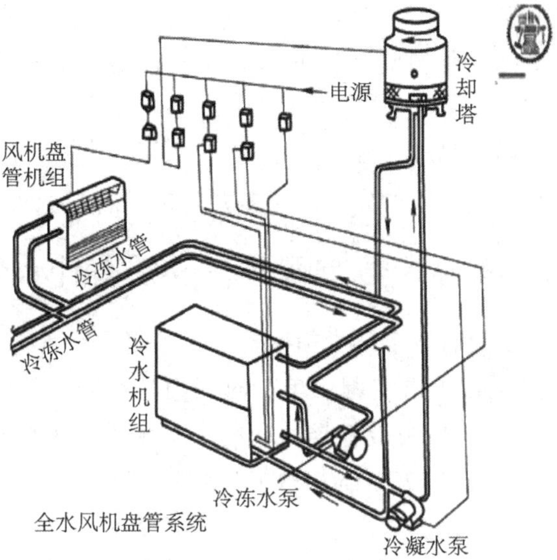

图 4.2.7　全水系统

（3）空气—水系统

工作原理：结合了全空气系统和全水系统的优点，通常采用风机盘管，由水系统提供冷冻水或热水，风机盘管再通过空气调节室内温度。具体如图 4.2.8 所示。

特点：可以灵活调节，适合局部或区域温度控制。高效节能，维护成本较低。

应用场景：高层建筑、写字楼、大型商场等。

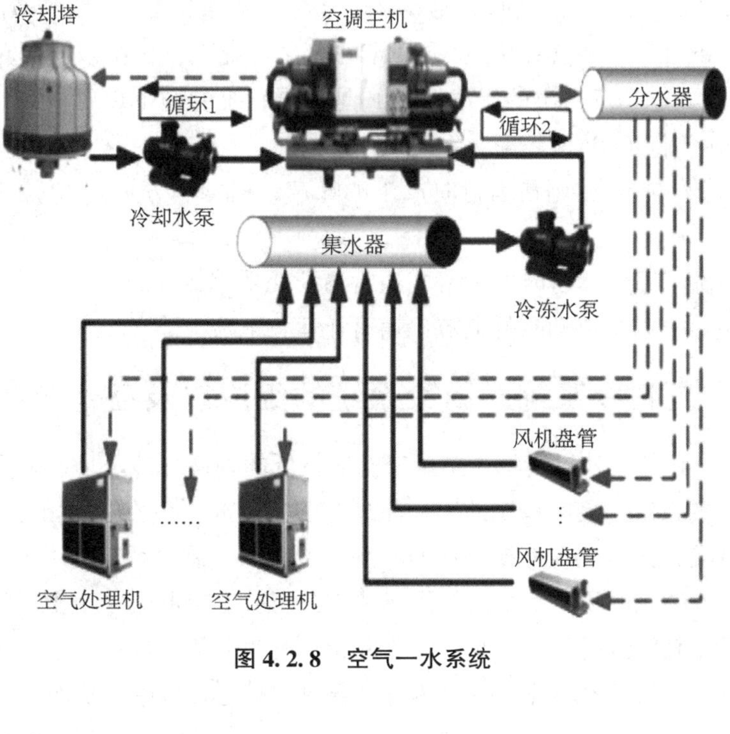

图 4.2.8　空气—水系统

（4）直接冷却系统

工作原理：使用制冷剂（如氟利昂）直接在末端设备（如分体式空调）中进行热交换，直接冷却或加热空气。

特点：安装灵活，适用于局部区域。

应用场景：适用于小型空间，如住宅、小型办公室、商业空间等。

140. 中央空调的核心参数有哪些，分别有什么含义

中央空调的核心参数主要有以下几个指标。

（1）制冷量：制冷量是指中央空调在单位时间内从空间内移除的热量，通常用千瓦（kW）或吨（RT）来表示。制冷量应根据房间的大小和用途来选择，以确保足够的冷却效果。一般来说，每平方米需要120~150瓦的制冷量。例如，一个30平方米的房间需要3600~4500瓦的制冷量。

（2）制热量：制热量是指中央空调在单位时间内为空间提供的热量，通常也用千瓦（kW）来表示。

（3）消耗功率：消耗功率是指中央空调系统在运行时所消耗的电能，以千瓦（kW）为单位。

（4）能效比（EER）：能效比是指中央空调制冷量与消耗功率的比值，通常表示为EER=制冷量（kW）/消耗功率（kW）。EER是衡量空调器单位功率制冷量的标准，EER值越高，表示空调器的制冷效率越高，能耗越低。根据《房间空气调节器能效限定值及能效等级》（GB 21455—2019），空调的能效等级分为一级至五级，一级最节能。

（5）名义工况性能系数（COP）：在规定的名义工况下，机组以同一单位表示的制冷（热）量除以总输入电功率得出的比值。COP是热泵系统的一个重要参数，表示制冷量与压缩机电功率的比例。COP值越高，系统效率越好。

（6）其他参数：中央空调在运行时产生的噪声，通常用分贝（dB）表示。噪声水平越低越好。

（7）运行电流：系统运行时的电流，通常与消耗功率相关。

（8）启动电流：系统启动时的电流，通常比运行电流大。

141. 什么是制冷系统，制冷系统的组成以及各部分的作用是什么

制冷系统是一种利用外界能量使热量从温度较低的物质（或环境）转移到温度较高的物质（或环境）的系统。制冷系统的工作原理基于制冷剂在系统中的循环，通过其状态变化（如蒸发和冷凝）进行热量交换，从而实现制冷效果。制冷系统的主要组成部分包括压缩机、冷凝器、节流元件和蒸发器，这些部件通过管道连接形成一个密闭的循环系统。制冷系统的工作循环通常包括压缩、冷凝、节流和蒸发四个基本过程，通过这些过程不断循环，系统能够持续地从低温环境中吸收热量并释放到高温环境中，从而达到制冷的目的。

（1）压缩机

基本概念：压缩机（图 4.2.9）是制冷系统的心脏，它负责压缩制冷剂蒸汽，提高其压力和温度，从而促进制冷剂在系统中循环。

工作原理：压缩机从蒸发器吸取低压低温的制冷剂蒸汽，通过机械做功将其压缩成高压热蒸汽，然后输送到冷凝器中。

旋转式压缩机

图 4.2.9　压缩机

（2）冷凝器

基本概念：冷凝器（图 4.2.10）是制冷系统中释放热量的部件，负责将高压热蒸汽冷却并凝结成高压液态制冷剂。

工作原理：在冷凝器中，压缩机输出的高压热蒸汽放出热量到周围环境中（可以是空气或水），从而冷却并液化成高压液态制冷剂。

图 4.2.10　冷凝器

（3）膨胀阀（或毛细管）

基本概念：膨胀阀是制冷系统中控制制冷剂流量的部件，它通过节流作用将高压液态制冷剂转变为低压液态，并进入蒸发器。

工作原理：高压液态制冷剂通过膨胀阀时，由于通道的截面积突然变小，压力下降，部分制冷剂会闪蒸成蒸汽，从而实现降温和降压，为制冷剂在蒸发器中的蒸发创造条件。

膨胀阀的组成部分如图 4.2.11 所示。

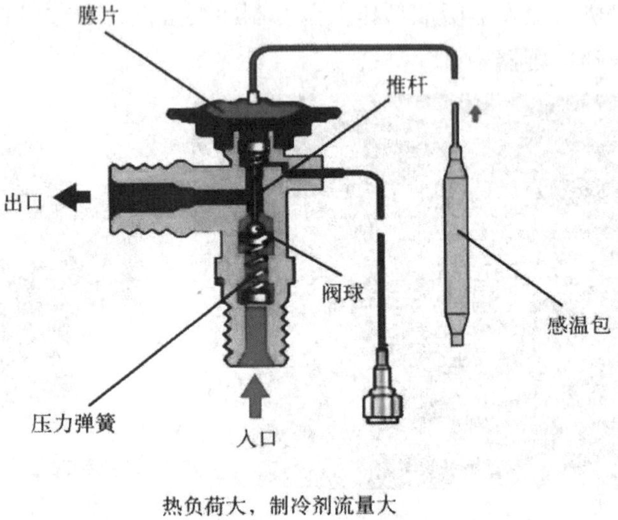

图 4.2.11　膨胀阀

（4）蒸发器

基本概念：蒸发器是制冷系统中吸收热量的部件，它使低压液态制冷剂蒸发并吸收周围环境的热量，从而实现制冷效果。

工作原理：低压液态制冷剂在蒸发器中吸收流经其表面的空气或其他介质的热量，从而使空气或其他介质温度下降，达到制冷的目的。同时，制冷剂本身蒸发成为低压蒸汽，然后被压缩机吸入，完成一个循环。具体工作原理如图 4.2.12 所示。

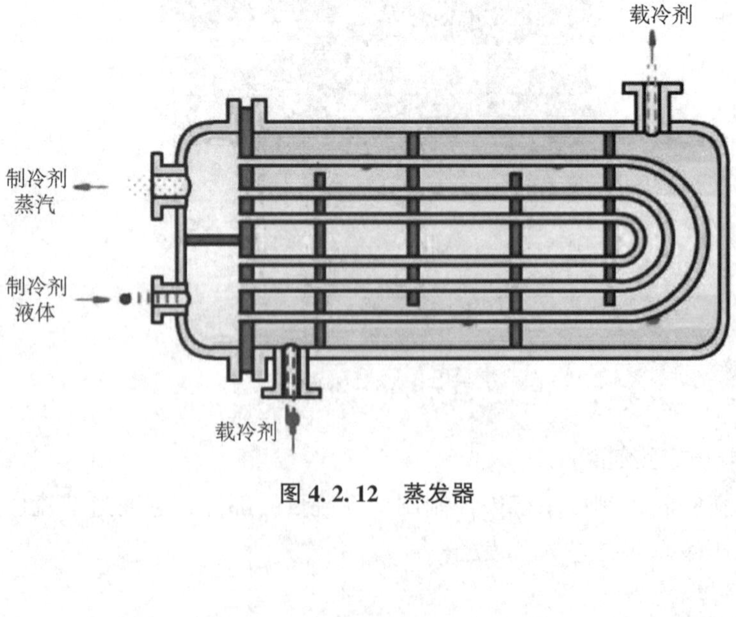

图 4.2.12　蒸发器

142. 常用制冷系统的工作原理是什么，有哪些类型

根据不同分类方法，制冷系统主要可以分为以下几种类型。

（1）按冷凝形式，可以分为水冷式制冷系统和空冷式制冷系统

①水冷式制冷系统

工作原理：制冷剂在蒸发器中吸热蒸发后，被压缩机压缩成高温高压的气体，进入水冷式冷凝器，通过与冷却水的热交换，将热能传递给水，制冷剂冷凝成液体，再通过膨胀阀节流降压，回到蒸发器，循环往复。具体如图 4. 2. 13 所示。

特点：冷却效果好。

应用场景：适合大型工业或商业应用如数据中心、大型商场、工业冷却等。

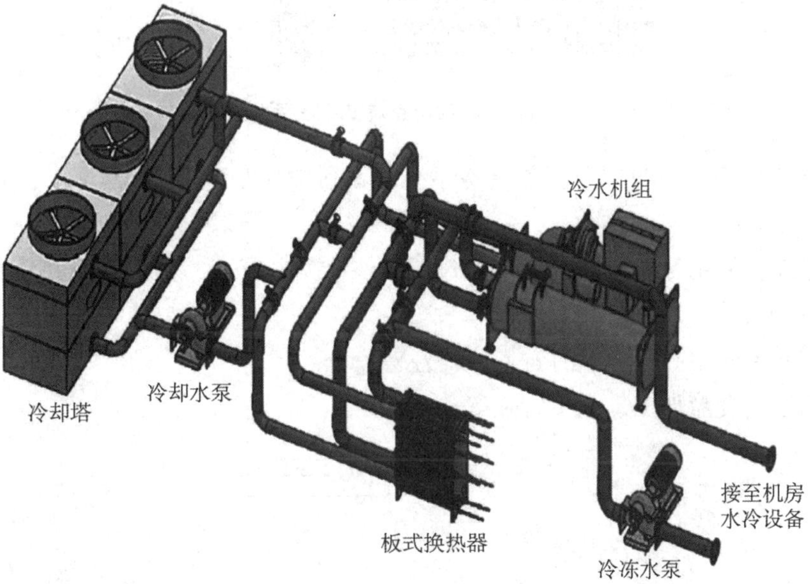

图 4. 2. 13　水冷式制冷系统

②空冷式制冷系统

工作原理：与水冷式类似，但冷凝器是通过与空气的热交换来冷却制冷剂，将热能直接散发到大气中。具体工作原理如图 4. 2. 14 所示。

特点：结构简单，安装方便，但冷却效率受环境温度影响较大。

应用场景：小型商业场所、家庭空调等。

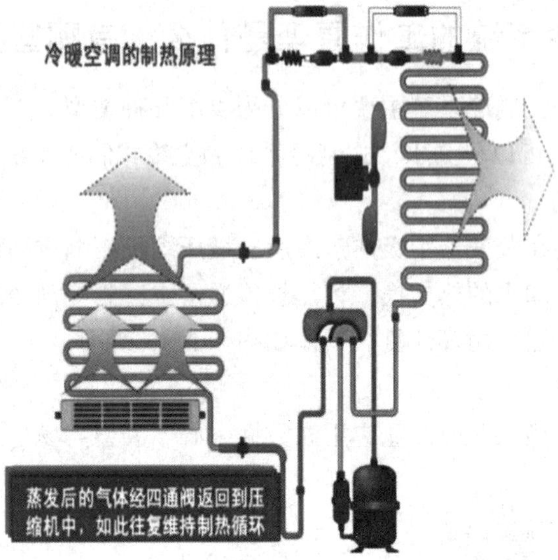

图 4.2.14　空冷式制冷系统

（2）按工作介质，可以分为氨制冷系统和氟利昂制冷系统

①氨制冷系统

工作原理：使用氨作为制冷剂，通过压缩、冷凝、节流、蒸发四个过程循环制冷。如图 4.2.15 所示。

特点：制冷效率高，但氨有毒性，需注意安全。

应用场景：食品加工、化工行业等。

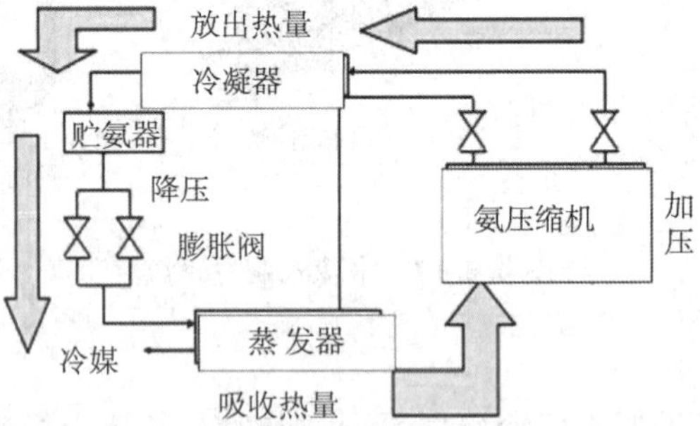

图 4.2.15　氨制冷系统

②氟利昂制冷系统

工作原理：使用氟利昂（如 R22、R134a）作为制冷剂，工作原理与氨制冷系统相似，如图 4.2.16 所示。

特点：无毒，但对臭氧层有破坏作用（部分氟利昂）。

应用场景：空调系统、小型冷藏库等。

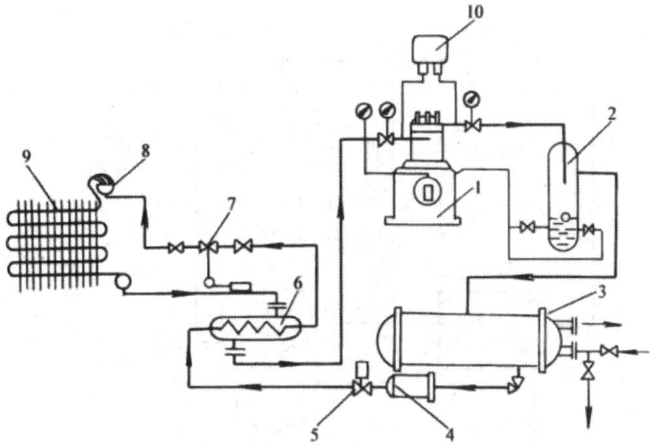

1. 氟利昂压缩机；2. 氟油分离器；3. 水冷式冷凝器；4. 过滤干燥器；5. 电磁阀；
6. 气液热交换器；7. 热力膨胀阀；8. 分液器；9. 蒸发器；10. 高低压力继电器。

图 4. 2. 16　氟利昂制冷系统

（3）按循环类型，可以分为压缩式制冷系统和吸收式制冷系统

①压缩式制冷系统

工作原理：通过压缩机压缩制冷剂，使其在冷凝器中放热，在蒸发器中吸热，实现制冷。具体工作原理如图 4. 2. 17 所示。

特点：应用广泛，效率较高。

应用场景：家用空调、商用冷冻设备等。

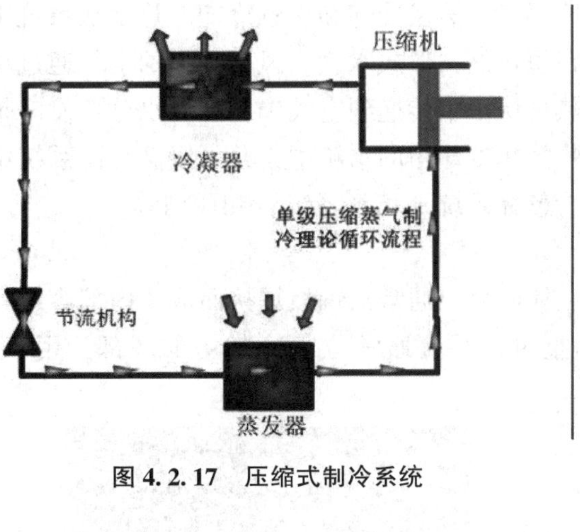

图 4. 2. 17　压缩式制冷系统

②吸收式制冷系统

工作原理：利用吸收剂（如水和锂溴化物）吸收制冷剂蒸汽，通过加热吸收剂使制冷剂释放，实现循环，如图 4. 2. 18 所示。

特点：无电能消耗，但效率较低。

应用场景：太阳能驱动制冷、船舶空调等。

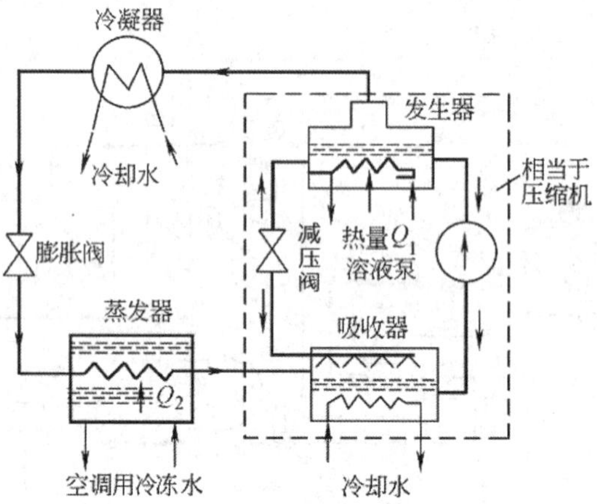

图 4.2.18　吸收式制冷系统

143. 什么是冷却塔，冷却塔的组成以及各部分的作用是什么

冷却塔是一种利用水作为循环冷却剂，从一个系统中吸收热量并将其排放至大气中的设备。它通过水与空气的接触，利用蒸发散热、对流传热和辐射传热等原理来散去工业或制冷空调系统中产生的余热，以降低水温，确保系统的正常运行。冷却塔的结构通常包括塔体、填料、风机、喷淋系统和收水器等部分。冷却塔可以分为自然通风冷却塔、机械通风冷却塔和混合通风冷却塔等多种类型。

冷却塔是一种热交换设备，主要用于工业和空调系统中，通过水与空气的接触来降低水温。冷却塔的工作原理基于蒸发冷却和接触冷却。热水从系统中流入冷却塔，通过喷头或淋水装置均匀喷洒在填料上，形成水膜。风扇吸入的空气通过填料层，与水膜进行热交换。在这个过程中，热量从水中传递到空气中，部分水分蒸发，带走热量，从而降低了水的温度。冷却后的水收集在冷却塔的水箱中，并可以循环回系统中继续使用。冷却塔的主要组成部分包括水箱、彭林系统（填料系统）和风扇等。

1. 水箱

水箱是冷却塔的主体部分，通常由钢板焊接而成，内部容纳待冷却的热水。水箱的设计要能够承受热水的重量，并且通常位于冷却塔的底部，用于储存冷却后的水。如图 4.2.19 所示。

图 4.2.19　水箱

2. 彭林系统（填料系统）

彭林系统，也称为填料系统，是冷却塔中用于增加水与空气接触面积的部件。填料通常由塑料或金属材料制成，呈波纹状（图 4.2.20），以提供更多的接触面积，促进热量交换。热水通过填料层时，与上升的空气进行热交换，部分水分蒸发带走热量，从而降低水温。

图 4.2.20　彭林系统（填料系统）

3. 风扇

风扇是冷却塔中的动力设备，用于引导空气流动，如图 4.2.21 所示。风扇的设计和大小会根据冷却塔的大小和冷却需求而定。风扇的作用是使空气加速流过填料层，提高热交换效率。

图 4.2.21　风扇

144. 常用冷却塔的工作原理是什么，有哪些类型

中央空调冷却塔是中央空调系统中的关键组件，主要用于冷却循环水，以提高制冷效率。冷却塔的工作原理为通过淋水装置将热水喷洒在填料上，空气通过填料与水接触，进行热交换，使水冷却。同时，部分水蒸发，带走热量，进一步降低水温。

冷却塔的类型主要包括机械通风冷却塔和混合通风冷却塔两种。

1. 机械通风冷却塔

通过风机强制空气与循环水进行热交换，冷却效率较高，适用于各种中央空调系统。优点是冷却效率高，适用于对冷却效率要求较高的场合；缺点是需要电力驱动风机，运行成本相对较高。机械通风冷却塔的组成部分如图 4.2.22 所示。

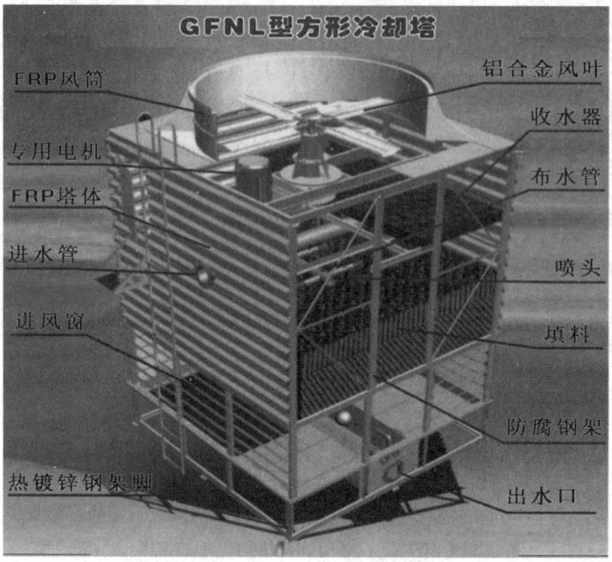

图 4.2.22 机械通风冷却塔

2. 混合通风冷却塔

结合了自然通风和机械通风的特点，可以根据需要调整风机的运行。优点是可以根据不同气候条件调整运行方式，既节能又能保证冷却效率；缺点是系统相对复杂，维护成本较高。混合通风冷却塔如图 4.2.23 所示。

图 4.2.23 混合通风冷却塔

145. 什么是热泵空调系统

1. 热泵空调的工作原理

热泵空调的核心概念是“热泵效应”，即通过消耗高品位能源（如电能），将热量从低温热源转移到高温热源。在冬季，热泵空调从室外低温环境中吸收热量，通过制冷剂循环系统，将热量释放到室内，实现供暖；在夏季，过程相反，热泵空调将室内热量转移到室外，实现制冷。热泵空调系统的效率通常用性能系数（COP）来表示，COP 值越高，系统的能效就越好。

（1）吸热过程。热泵空调的室外机（蒸发器）吸收室外环境中的热量，制冷剂在低温低压下蒸发，吸收周围的热量。

（2）压缩过程。低压制冷剂蒸汽被压缩机吸入并压缩，压力和温度同时升高，变为高压热蒸汽。

（3）放热过程。高压热蒸汽进入室内机（冷凝器），在高压下冷凝，释放热量到室内，实现供暖或制冷。在制冷模式下，冷凝器释放的热量被室内循环空气带走，实现制冷；在供暖模式下，冷凝器释放的热量通过水或空气循环系统传递到室内。

（4）节流过程。高压液态制冷剂通过膨胀阀或毛细管节流，压力降低，部分制冷剂闪蒸为蒸汽，进一步冷却并返回到蒸发器，完成循环。

热泵空调工作原理示意如图 4. 2. 24 所示。

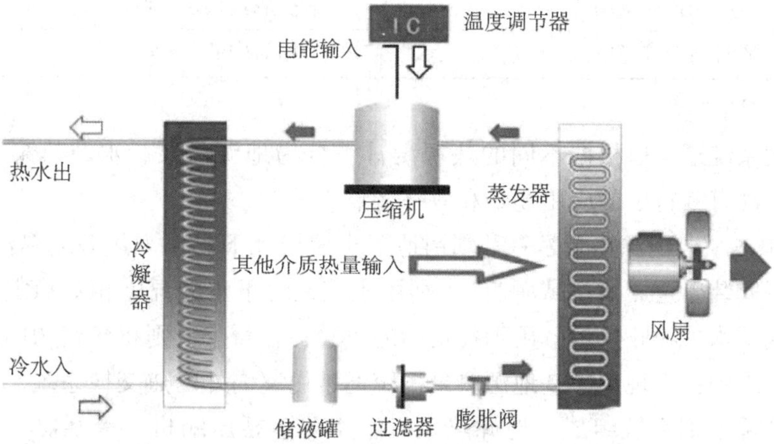

图 4. 2. 24　热泵空调工作原理示意

热泵空调与普通空调的异同如表 4. 2. 1 所示。

表 4. 2. 1　热泵空调与普通空调对比

对比维度	热泵空调系统	普通空调系统
制冷原理	采用热泵技术，通过制冷剂循环，吸收室外热量并传递给室内	采用压缩机、冷凝器、蒸发器、膨胀阀等部件，通过制冷剂的液态转换和压缩来实现制冷
能效比	通常高于普通空调，因为热泵空调在制冷的同时能高效制热	相对较低，主要设计用于制冷，制热效果较差
功能	可以制冷和制热，适于冬季使用	主要用于制冷，制热效果有限
环境适应性	在低温环境下仍能保持较好的制热效果，部分热泵空调采用喷气增焓技术，能够在低温下正常工作	在低温环境下制热效率会下降，甚至停机

续表

对比维度	热泵空调系统	普通空调系统
除霜功能	通常具备预除霜技术，减少结霜现象	除霜功能通常较弱，可能需要手动操作
换热形式	采用水循环系统进行换热，提供柔和的冷暖效果，减少室内干燥	通常采用氟循环系统进行换热，快速降低室内温度，可能导致室内空气干燥
运行方式	全天候运行，可以提供稳定的冷暖效果	通常只在需要时开启，运行时间较短
安装位置要求	主机体积相对较小，安装位置要求不严格	主机体积较大，需要考虑排气顺畅等问题
环保与舒适性	室内采用水系统，舒适性好；氟利昂不进入房间，不存在泄漏问题	氟利昂进入房间，存在泄漏风险；室外机采用风冷，可能有冷热风扰民问题
使用寿命	一般较普通空调长	一般较热泵空调短
价格	通常高于普通空调	相对较低

2. 热泵空调分类

热泵空调系统还可以根据不同的热源设计，分为地源热泵、水源热泵和空气源热泵等，每种系统都有其特定的应用场景和效率特点。

（1）地源热泵。地源热泵是一种利用地下土壤或地下水作为热源或热汇的热泵系统。它通过在地下安装管道（水平或垂直），利用土壤或地下水的温度相对稳定的特性，在冬季从土壤或地下水中吸收热量，用于建筑物的供暖；在夏季，则将建筑物内部的热量释放到土壤或地下水中，实现制冷。地源热泵系统通常由室内外的热交换系统、地源热泵机组和室内采暖空调末端系统组成。地源热泵机组主要包括压缩机、冷凝器、蒸发器和膨胀阀，通过制冷剂的循环来实现热量的转移。地源热泵工作原理如图 4. 2. 25 所示。

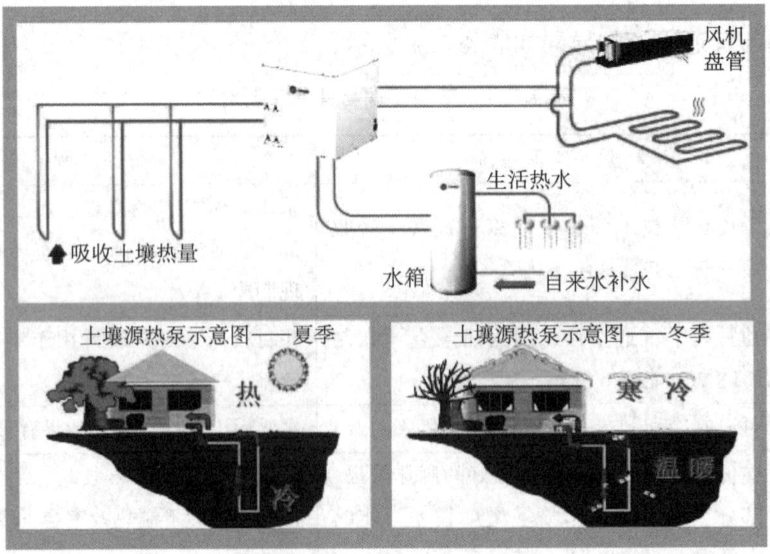

图 4. 2. 25　地源热泵

（2）水源热泵。水源热泵与地源热泵类似，但它直接利用地表水、地下水、海水或其他水体作为热源或热汇。水源热泵系统可以是开式的，即水体直接流经热泵系统进行热交换；也可以是闭式的，即通过封闭的换热盘管在水体中进行热交换。水源热泵的能效比（COP 值）较高，因为水体的温度通常比空气的温度稳定，这使得水源热泵在冬季和夏季都能高效运行。水源热泵如图 4. 2. 26 所示。

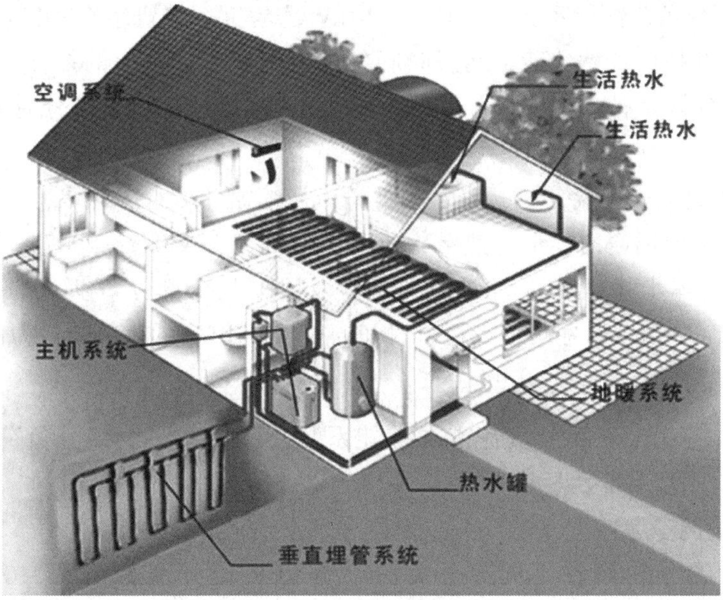

图 4. 2. 26 水源热泵

（3）空气源热泵。空气源热泵是一种利用环境空气中的热能进行供暖和制冷的热泵系统。它通过专用的工质吸收空气中的热量并通过压缩机提升温度，然后通过换热器将热量传递给室内。空气源热泵的优点是安装相对简单，不需要钻探井或使用大量的地表水。然而，其效率会受到外界环境温度的影响，尤其是在低温环境下，空气源热泵的效率会下降，且可能需要除霜处理。

这三种热泵系统都是基于热泵的工作原理，即通过消耗少量的高品位能源（如电能），实现低温热源向高温热源的热能转移。它们在节能、环保和可再生能源利用方面具有显著优势，适用于不同的地理和气候条件。

多联机（热泵）空调系统。多联机（热泵）空调系统，也称为“一拖多”系统，允许一台室外机通过配管连接多台室内机，实现对多个空间的温度调节。这种系统具有节约能源、灵活性高、舒适度高和控制先进的特点。多联机（热泵）空调系统适用于中小型建筑以及房间数量多、区域划分细致的建筑。

不同类型的热泵空调根据其工作原理、能效、环境适应性和成本等因素，适用于不同的应用场景。在选择热泵系统时，需要考虑建筑物的具体需求、地理位置的气候条件以及经济预算。

146. 冷水机组现场能效检测方法是什么

冷水机组现场能效检测包括以下内容。

（1）性能系数（COP）：这是指在名义制冷工况下，冷水机组提供的制冷量与消耗的电能之比。COP 是衡量冷水机组在满负荷运行时能效的重要指标。

（2）综合部分负荷性能系数（IPLV）：IPLV 是基于冷水机组在不同部分负荷下运行时的性能系数，并按照各种负荷下运行时间的加权因素计算得出的指标。IPLV 能更好地反映冷水机组在实际运行中的能效，因为冷水机组在实际应用中大部分时间都是在部分负荷下运行。

IPLV 的计算通常遵循特定的标准，如《蒸汽压缩循环冷水（热泵）机组　第 1 部分：工业或商业用及类似用途的冷水（热泵）机组》（GB/T 18430.1—2007）规定了测试方法和计算 IPLV 的具体步骤。IPLV 的计算通常涉及以下几个部分负荷点的 COP 值：10%、75%、50%和 25%，以及这些负荷点运行时间的权重。IPLV 的计算公式为：

$$IPLV = \sum (COP_i \times L_i) / \sum L_i$$

式中，COP_i 是第 i 个部分负荷点的性能系数，L_i 是第 i 个部分负荷点的运行时间权重。

IPLV 计算案例参考：

假设有一台冷水机组在不同部分负荷点的 COP 值分别为 5.0（100%负荷）、5.5（75%负荷）、6.0（50%负荷）和 6.5（25%负荷），并且这些负荷点的运行时间权重分别为 0.05、0.30、0.45 和 0.20。根据公式，IPLV=（5.0×0.05+5.5×0.30+6.0×0.45+6.5×0.20）/（0.05+0.30+0.45+0.20）= 5.90。因此，这台冷水机组的综合部分负荷性能系数为 5.90。

（3）制冷量：指冷水机组在标准测试条件下能够提供的制冷能力，通常以千瓦（kW）为单位。

（4）输入功率：指冷水机组在运行时消耗的电能，通常以千瓦（kW）为单位。

（5）环境温度：指冷水机组测试时的环境温度，包括冷凝温度和蒸发温度，这些温度直接影响机组的能效。

147. 中央空调的铭牌包含哪些内容

中央空调的铭牌通常包含以下内容。

（1）制造商信息：包括公司名称、商标、联系方式等。

（2）产品型号：中央空调的型号，通常包含空调的系列、功能、制冷量等信息。

（3）制冷/制热量：标明空调在单位时间内制冷或制热的能力，单位通常是瓦特（W）。中央空调的制冷量和制热量是衡量空调制冷和制热能力的两个关键参数。制冷量通常以“BTU/h”“W”或“kW”为单位，表示空调单位时间内移除或释放的热量。制热量则专指空调在制热模式下的性能，同样以“BTU/h”“W”或“kW”为单位。这两个参数的大小直接关系到空调的适用范围和效果，消费者在选择空调时应根据自己的需求和房间大小来选择合适的制冷量和制热量。

（4）能效比（EER/COP）或能效等级是衡量空调能效的关键指标。EER 是指空调在额定工况下制冷量与消耗功率的比值，而 COP 通常用于热泵型空调，表示制热时输入电能与输出热量之比。能效比越高，表明空调的能效越高，意味着在相同的能量消耗下可以获得更多的制冷或制热量，这对节能非常重要。

（5）额定功率：空调在正常运行时的耗电量，单位是千瓦（kW）。中央空调的功率参数包括输入功率和输出功率，它们直接关联到空调的能量消耗和效率。输入功率是指空调工作时消耗的总功率，而输出功率则是指空调产生的制冷或制热量。这两者的比值即能效比，它是衡量空调能效的核心指标。

（6）电压/电流：空调运行时所需的电压和电流规格。

（7）适用面积：根据空调的制冷量，推荐的适用房间面积。

（8）循环风量：空调每小时可以循环的空气量，单位是立方米每小时（m^3/h）。

（9）噪声水平：空调运行时产生的噪声，通常以分贝（dB）表示。

（10）重量和尺寸：室内机和室外机的尺寸和重量。

（11）制冷剂类型：空调使用的制冷剂类型，如 R410A、R22 等。

（12）电气规格：包括电源类型、相数、频率等。

（13）安全认证标志：如 CCC 认证、CE 认证等。

（14）产品序列号：用于产品追踪和售后服务的唯一标识。

（15）制造商的其他说明：可能包括安装要求、使用注意事项等。

中央空调铭牌样式如图 4.2.27 所示。

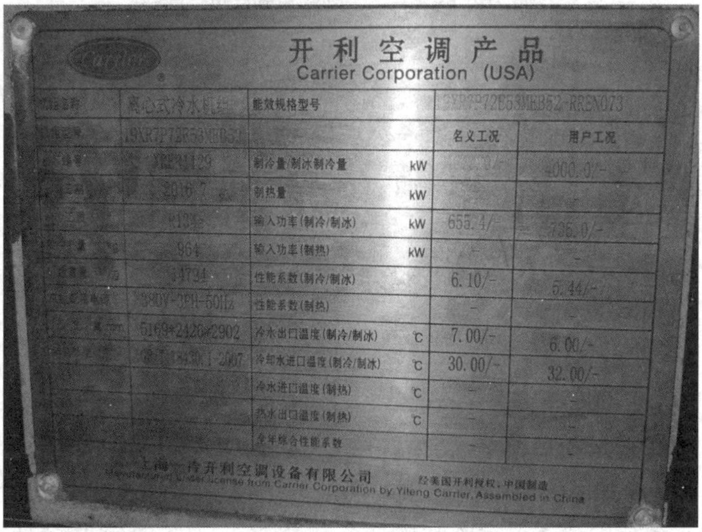

图 4.2.27　中央空调铭牌

148. 冷却塔的技术参数有哪些

中央空调冷却塔的铭牌通常包含以下内容。

（1）制造商信息：包括公司名称、商标、联系方式等。

（2）产品型号：冷却塔的型号，通常包含系列、功能、容量等信息。

（3）冷却能力：冷却塔的额定冷却能力，可能包括水流量、冷却范围等。

（4）风机参数：风机的功率、转速、风量等。

（5）电机规格：电机的电压、电流、功率等。

（6）冷却塔尺寸：冷却塔的尺寸和重量。

（7）工作压力：冷却塔的工作压力和水压要求。

（8）冷却范围：冷却塔适用的冷却温度范围。

（9）填料类型：冷却塔使用的填料材料和类型。

（10）噪声水平：冷却塔运行时的噪声等级。

（11）材料和构造：冷却塔的主要材料和结构特点。

（12）工作条件：冷却塔的工作条件，如环境温度、湿度等。

（13）产品序列号：用于产品追踪和售后服务的唯一标识。

（14）安全和操作提示：安全警告和操作注意事项。

（15）认证标志：如 CE 认证、UL 认证等。

（16）其他技术参数：可能包括气水比、冷却效率、飘水率等。

中央空调冷却塔铭牌样式如图 4. 2. 28 所示。

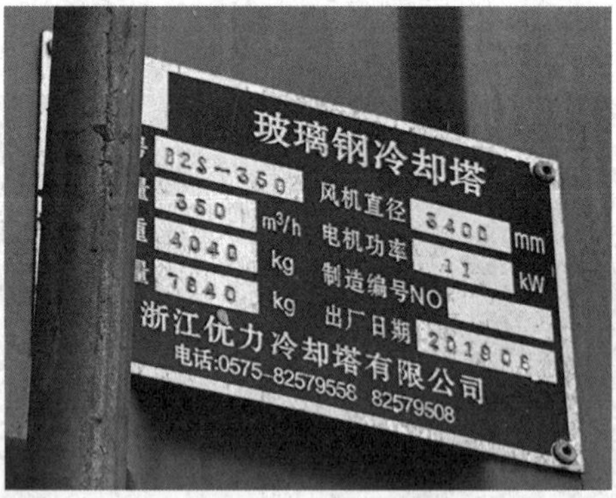

图 4. 2. 28　冷却塔的铭牌

冷却塔铭牌所包含的内容中，需要重点关注以下参数。

（1）进水温度（T_1）和出水温度（T_2）：进水温度指的是冷却塔入口处循环水的温度，而出水温度则是冷却塔出口处循环水的温度。国家标准要求进水温度为 37℃，出水温度为 32℃。这两个参数直接影响了冷却塔的冷却效率，决定了冷却塔能够在多大程度上降低水的温度。

（2）水温降（Δt）：水温降是指冷却塔进水口与出水口处循环水的温度差，这个参数反映了冷却塔的冷却效果。国标要求的水温降为5℃。

（3）干球温度（T_{DB}）和湿球温度（T_{WB}）：干球温度代表的是空气的温度，而湿球温度则反映了空气中水蒸气的含量。冷却塔的设计和工作条件都有重要影响。

（4）大气压力（P_o）：大气压力指的是地球表面上空气的压力，通常情况下，海拔越高，大气压力越小。国标要求的大气压力为9.94×10^4Pa，约为1.01kg/cm^2。

（5）气水比：气水比是指进塔干空气流量与进塔水流量之比。对于逆流塔，气水比一般在0.5~0.6；而对于横流塔，则在0.6~0.75。

（6）淋水密度：淋水密度是指单位时间内通过每平方米淋水填料水平断面的水量，单位为kg/m^2·h。逆流塔的淋水密度一般在1300~1700 kg/m^2·h。

（7）飘水率和耗电比：飘水率是指从风筒飘出的水量与进塔水流量之比，标准工况时为0.83%。耗电比是指每冷却水流量为1m^3/h所需输入风机配用电动机的功率，国标要求不大于0.04kW/m^3/h。

149. 怎么通过铭牌大致估算中央空调耗电量

要通过中央空调的铭牌大致估算耗电量，可以关注以下几个关键参数。

（1）额定功率：这是空调在运行时消耗的功率，单位通常是千瓦（kW）。它直接关联到空调的耗电量。

（2）能效比（COP）：这是制冷量与输入功率的比值，能效比越高，空调的能耗越低。

（3）制冷量：这表示空调的制冷能力，通常与空调的“匹数”相关，1匹约为2500瓦特（W）。

根据这些参数，可以使用以下公式来估算耗电量：

耗电量（kW·h）=额定功率（kW）×时间（h）×系数

例如，如果中央空调的额定功率为2.5kW，每天使用时间为8小时，使用系数为1，则耗电量=2.5×8=20kW·h。

其他辅助用能设备如水泵、冷却塔算法一样。

150. 如何为中央空调匹配合适的制冷机

中央空调匹配合适的制冷机是一个复杂的决策过程，需要综合考虑建筑物的特点、使用需求、环境条件以及设备的性能参数。

（1）制冷负荷计算。制冷负荷计算是匹配合适中央空调制冷机的第一步。根据建筑的使用类型、面积、朝向、隔热性能等因素，计算室内的冷负荷和热负荷，以确定所需的制冷和供暖能力。制冷负荷的计算通常涉及物体或空间的尺寸、环境温度和所需的温度差等因素。

（2）制冷机类型选择。选择合适的制冷机类型是匹配合适中央空调的关键因素之一。

常见的制冷机类型包括螺杆式、离心式、活塞式等，各有不同的特点和应用场景。例如，离心式制冷机适合于大型中央空调系统，而螺杆式制冷机则适用于大型冷库。

（3）性能参数匹配。匹配合适的中央空调制冷机还需要考虑其性能参数，如制冷量、能效比（EER/COP）、噪声、可靠性等。制冷量是衡量机组制冷能力的重要指标，需根据实际需求选择；能效比反映了机组的节能性能，能效比越高，节能效果越好。

（4）综合考量。在匹配合适的中央空调制冷机时，除了上述因素，还需考虑品牌与售后服务、节能优化与智能控制，以及实际案例和行业内的实践经验。选择知名品牌的产品，可以保证产品质量，并获得更好的售后服务和技术支持。

因此，匹配合适的中央空调制冷机是一个涉及多个方面的决策过程。需要综合考虑制冷负荷计算、制冷机类型选择、性能参数匹配等多个因素，并根据实际情况进行适当调整。通过这样的综合考量，可以确保选择的制冷机能满足中央空调系统的需求，同时实现高效节能的运行。

151. 什么温度下冷却塔的效率经济性好

冷却塔作为工业和商业空调系统中常用的热交换设备，其逼近度参数对冷却效果和经济效益有着重要影响。逼近度指的是冷却塔出水温度与外界湿球温度之间的差距，它直接关联到冷却塔的冷却能力和效率。

（1）逼近度与冷却效果的关系。冷却塔的逼近度越小，意味着冷却塔的出水温度越接近湿球温度，从而反映出冷却塔的冷却效果越好。在实际应用中，冷却塔的逼近度通常维持在一个相对较小的范围内，例如3~5℃，这样可以确保既能达到理想的冷却效果，又能保持较高的能效比和经济性。

（2）逼近度与冷却塔经济性的关系。逼近度的大小还会影响冷却塔的经济性。一般来说，逼近度越小，所需的冷却塔规模和体积会越大，可能导致初投资增加。但从长远看，较小的逼近度可以带来更好的冷却效果和更高的能源效率，从而在运行成本上实现节约，最终反映在较高的经济效益上。

例如，以某型号冷却塔为例，当逼近度从4℃减小到3℃时，虽然冷却塔的尺寸和体积会增加，但其冷却能力会得到提升，而且由于能够更有效地降低冷却水的温度，长期运行下来的节能效果会非常显著。这样的配置可以适应更多变的外界环境温度，保证冷却塔在不同季节和不同湿度条件下的稳定运行。

152. 冷水机能效如何评判

冷水机组的能效评价是衡量其能源利用效率的关键指标，主要通过能效比（EER）和制冷性能系数（COP）来体现。能效比（EER）是指制冷量与输入电功率之比，而制冷性能系数（COP）则是单位功耗所能获得的冷量。这两个参数都是评价制冷系统能效的重要技术经济指标，能效比越高，表明设备越节能；COP值越大，表示制冷系统的能源利用效率越高。

冷水机组的能效比（EER）反映了单位电力输入所产生的制冷量大小，而制冷性能系数（COP）则是单位电力消耗所能提供的冷量。两者都是无量纲数，可以直接反映冷水机组的能效水平。

《冷水机组能效限定值及能效等级》（GB 19577—2015）是中国国家标准，旨在规定冷水机组的能效等级及其评定方法。该标准规定了冷水机组的能效等级分为 1、2、3 三个等级，其中 1 级能效最高。冷水机组的性能系数（COP）和综合部分负荷性能系数（IPLV）的实测值应不小于对应能效等级的规定值。

153. 中央空调系统节能措施有哪些

中央空调系统主要有以下几种节能措施。

（1）热回收技术：热回收技术是指在中央空调系统中，通过特定的装置将制冷过程中产生的废热进行回收利用，以达到节能的目的。这种技术通常应用于大型商业建筑、酒店和工业设施等场所，通过优化，可以在满足制冷需求的同时，有效利用废热提供热水或供暖。例如，某些空调产品可以将冷却水（38℃）中的热能提取出来，经过热交换器释放到水中，经过几次热能转换，有效提高了能源的利用率。

（2）变频技术：变频技术通过改变电机工作电源的频率来控制交流电动机的转速，从而实现对风机、水泵等负载的无级调速，进而达到节能的效果。在中央空调系统中，变频技术的应用可以使风机、水泵类负载的实际消耗功率与转速的三次方成正比，当用户需要的平均流量较小时，通过降低泵或风机的转速即可达到节能的目的。变频技术在中央空调系统中的应用，可以节省 20%~60%的电能，特别是在风机、水泵类负载上应用变频调速技术具有非常重要的意义。

（3）冷却塔运行参数优化：冷却塔是中央空调系统的重要组成部分，其性能的优劣直接影响冷水机组的能耗。通过实时监测冷却塔效率，可以大致判断冷却塔的运行效果。应用冷却塔风机支撑结构的流体力学优化、风机变频调速等技术可以有效提高冷却塔的效率，从而实现节能。此外，冷却塔的控制策略可以采用冷却水回水温度和室外湿球温度的差值来控制冷却塔运行台数和风机频率，以达到最优的节能效果。

（4）综合节能措施：综合上述节能措施，中央空调系统的节能还包括对冷冻水泵、冷却水泵、冷却塔风机等进行变频控制，以及对冷却塔进行优化控制，如均匀布水、风机变频等。此外，还可以通过数据采集及控制单元采用模糊预测算法，实时预测计算出末端空调负荷所需的制冷（热）量，以及各路冷冻水供回水温度、温差、压差和流量的最优值，并以此调节各变频器输出频率，控制冷冻水泵的转速，改变其流量，使冷冻水系统的供回水温度、温差、压差和流量运行在最优值。

154. 如何评价中央空调系统的节能效果

可以通过以下几个方面评价中央空调系统的节能效果。

(1) 能效等级：这是衡量空调节能效果的重要指标。在中国，中央空调的能效等级分为一级至五级，其中一级能效最高，表示产品达到国际先进水平，能耗最低，而五级则是市场准入的最低标准。

(2) 性能系数：如制冷性能系数（Coefficient of Performance，COP）或综合部分负荷性能系数（Integrated Part Load Value，IPLV）。COP是空调器的制冷性能系数，表示空调器的单位功率制冷量。IPLV则考虑了空调在不同负荷下的性能表现。

(3) 实际运行数据：包括冷水机组实际运行性能系数、冷冻水和冷却水的供回水温差、空调系统能效系数、冷冻水和冷却水的输送系数等。

(4) 节能改造效果：如果中央空调系统进行了节能改造，比如更换了更高效的压缩机、改进了控制系统或采用了新的制冷剂，那么可以通过比较改造前后的能耗数据来评估节能效果。

(5) 耗电量：通过计算空调系统的年单位面积空调电耗和年单位面积耗冷量，可以评估系统的节能性能。

(6) 用户评价和实际体验：用户对空调节能性能的评价和实际使用体验也是判断节能效果的重要依据。

4.3 热力系统

155. 什么是热力系统

热力系统由热源、热力网、热用户（或用热设备）和热力自控系统四部分组成。供热系统是利用集中热源，通过供热管网等设施向热能用户供应生产或生活用热能的供热网络。

(1) 热源是热力系统的能量来源，可以是锅炉房、热电厂或其他提供热能的设施。热源负责产生满足系统需求的热能，其效率和可靠性对热力系统的运行至关重要。

(2) 热力网是热力系统的核心组成部分，包括输送热能的管道和附属设备。这些管道负责将热源产生的热能传输到各个热用户，是热能分配和传输的关键环节。热力网的设计要考虑热能的传输效率、安全性和稳定性。

(3) 热用户是热力系统的服务对象，包括各类建筑物和工业设施。这些用户通过热力网接入系统，获取热能以满足其供暖、工艺或其他需求。

(4) 热力自控系统是热力系统的管理和控制部分。通过热力系统，可以监测和控制热能的分配和温度等参数，以确保系统的稳定运行和高效的能源利用。

156. 热力系统的分类有哪些

热力系统可按下列方式进行分类。

(1) 按热媒不同，分为热水供热系统和蒸汽供热系统。

(2) 按热源不同，分为热电联产系统、锅炉供热系统，还有以地源热泵、水源热泵、工业余热、核能、太阳能等作为热源的供热系统。供热所用能源包括煤炭、燃油、天然气、电能、核能、地热、太阳能等。目前，集中供热所用能源仍以煤炭为主。

(3) 按供热管道的不同，可分为单管制、双管制和多管制的供热系统。

157. 什么是热水供能系统

热水供能系统是以水作为热媒的供能系统。它广泛用于民用和公共建筑及工业企业厂房。系统中的水在热源点被加热到所需要的温度，并用循环水泵作动力使水沿供水管流入各用户，散热后回水沿水管返回热源点，水不断地在系统中循环流动。系统在运行过程中的漏水量或被用户消耗的水量由补给水泵把经水处理装置处理后的水从回水管补充到系统内，补水量的多少可通过压力调节阀控制。膨胀水箱设在系统最高处，用以接纳水因受热后膨胀的体积。

热水供能系统一般由热水加热系统、散热器、供水管道、回水管道和膨胀水箱等组成，广泛应用在民用和公共建筑以及工业企业的厂房中。按热媒参数分为低温（热媒温度低于100℃）系统和高温（热媒温度高于100℃）系统；按循环动力分为自然循环系统和机械循环系统；按系统的每组立管根数分为单管系统和双管系统；按系统的管道铺设方式分为垂直式系统和水平式系统。

热水采暖系统的优点：运行管理简单，维修费用低。热效率高，跑、冒、滴、漏现象很少发生，可采用多种调节方法，特别是可采用随用能温度变化改变采暖供、回水温度的调节。供能效果好。连续供能，温度波动小，无噪声。管道设备锈蚀较轻，使用寿命长。

热水采暖系统的缺点：散热设备传热系数低，造价相对高。输送热媒消耗的电能多。为民用和公共建筑的主要供能系统形式，也用于工业建筑及其辅助建筑中。

158. 什么是蒸汽供能系统

蒸汽供能系统是一种以蒸汽形式供热的系统，具体指热力供能系统中用水为供热介质，以蒸汽的形态，从热源携带热量，经过热力网送至用户或用热设备。其能量靠蒸汽本身的压力输送，水蒸气在用热设备中进行相变（凝结）放出汽化潜热。所供蒸汽的参数多为0.8~1.3MPa，供汽距离一般在3~4千米。蒸汽是工业领域中广泛使用的二次能源，能满足多种工艺生产用热的需要；蒸汽的比重小；在管道中的流速一般为25~40米/秒；供热系统易于迅速启动；在换热设备中传热效率较高。但蒸汽在输送和使用过程中热能及热介质损失较多。

（1）以蒸汽作为供热介质的适用面广，能全面满足各种热用户的要求，特别是生产工艺用热，大都要求以蒸汽作为供热介质。

（2）蒸汽供热系统中，蒸汽作为供热介质，汽化潜热很大，输送相同的热量，所需介质量较小，所需管网的管径较小，节约初投资；同时，蒸汽凝结成水的水容量较小，输送凝结水所耗用的电能少得多。

（3）蒸汽作为供热介质由于密度小，在一些地形起伏很大的地区或高层建筑中，不会产生很大的静水压力，用户连接方式简单，运行也比较方便。

（4）蒸汽在散热器或换热设备中，由于温度和传热系数都很高，可以减少散热设备面积，降低设备投资。

159. 什么是热电联产

热电联产是一种高效的能源利用方式，它涉及同时生产电力和热能的过程，热电联产广泛应用于城市供热、工业园区、企业用热等领域。以下是热电联产的几个关键特点和优势。

（1）能源效率：热电联产通过一次能源（如煤炭、天然气）的梯级利用，显著提高能源效率。这种方式减少了能源浪费，降低了能源消耗。

（2）环保效益：与传统分别生产电力和热能相比，热电联产减少了污染物的排放，有助于改善环境质量。它通过回收和利用发电过程中排放的热量，减少了废热对环境的影响。

（3）经济效益：热电联产为一种经济高效的能源解决方案，能够为企业节省开支，提高整体经济效益。

（4）灵活性与适应性：根据不同的应用场景，热电联产有多种实施模式，如背压式、抽凝式、燃气轮机和生物质能等。这些模式各有特点，能够适应不同的能源需求和环境条件。

①背压式机组热电联产。背压式机组热电联产是最早的热电联产方式，其特点是热电机组与供热系统直接相连，机组发出的热量全部用于供热，不产生凝汽。这种模式的能源利用效率较高，但电能的灵活性较差，适用于热负荷稳定且对电能需求较低的场景。

②抽凝式机组热电联产。抽凝式机组热电联产是在背压式的基础上发展而来，机组在发电的同时，通过抽取部分蒸汽用于供热。这种模式可以在一定程度上调节电能和热能的产量，适用于热负荷和电负荷均有一定波动的场景。

③燃气轮机热电联产。燃气轮机热电联产以天然气为主要燃料，通过燃气轮机发电，

同时利用排放的烟气进行余热回收供热。这种模式具有清洁、高效、灵活等优点，适用于天然气资源丰富、电力和热力需求较高的地区。

④生物质能热电联产。生物质能热电联产利用生物质能源（如农林废弃物、城市垃圾等）进行发电和供热。这种模式不仅具有环保、可再生等优点，还能有效处理生物质废弃物，减少环境污染。适用于生物质资源丰富、环保要求较高的地区。

160. 热力供能系统的节能路径是什么

热力供能系统的节能是一个综合性的过程，涉及用能设备改造升级、新技术的运用、输送系统的优化、运行维修改进等多个方面。

（1）设备改造与技术应用

①采用高效的蒸汽用能设备：用能设备是工业蒸汽节省的主要措施，其效率直接影响到整体的能源消耗。选用高效的蒸汽用能设备能显著减少能源消耗。

②应用余热回收利用技术：通过合理的技术、设备，回收排污水、低品位蒸汽、冷凝水等中的热量，用于生产需求，减少能耗和降低产品单耗。

③蒸汽降压运用技术：在某些情况下，可以利用蒸汽减温减压过程中的能量进行发电或驱动其他设备，实现能源的梯级利用。

（2）管网优化

①加强蒸汽管网的保温：蒸汽管网在输送蒸汽的过程中会发生热损失，因此应采用高效的保温材料对管网进行保温处理，减少热损失。同时，加强蒸汽管网的巡检，及时修复损坏的保温材料。

②优化蒸汽管道设计：合理布置蒸汽管道，减少散热面积，避免不必要的压降和热量损失。

③合理设置疏水系统：在蒸汽设备进口、减压阀、控制阀及流量计前安装汽水分离器，确保蒸汽品质，同时优化冷凝水回收系统，提高换热设备的效率和延长寿命。

（3）管理与维护

①建立能源管理体系：对能源消耗进行全面的管理和控制，通过定期能源审计和能源流程化分析，找出能源消耗的薄弱环节，提出节能降耗措施，强化热力系统的检修维护管理，杜绝跑、冒、滴、漏的浪费现象。

②加强热力管道和用能设备的巡检与维护：保证管道完好，避免出现蒸汽泄漏以及安全事故。对系统做好安全装置维护保养，保证其工作灵敏可靠，防止安全事故。

161. 蒸汽管道能输送多远，影响蒸汽输送距离的主要因素是什么

根据相关政策文件，以蒸汽为供热介质的热电联产项目覆盖的供热半径一般按 8 千米考虑。这一规定是基于当时的技术条件和经济效益制定的。然而，随着技术的进步和能源需求

的增长，蒸汽供应的最远距离也在不断突破。影响蒸汽输送距离的主要因素有以下几个。

（1）管道材质与管径。蒸汽管道的材质和管径对输送距离有着直接影响。优质的材料如不锈钢或合金钢，能够承受更高的压力和温度，从而支持更远的输送距离。同时，较大的管道直径意味着更低的流体阻力和更高的输送效率，有助于延长输送距离，但大的管径也会增加输送过程中的热量损失。

（2）保温措施。蒸汽在输送过程中会不断散热，导致温度下降。为了保持蒸汽的温度和压力，需要采取有效的保温措施。良好的保温措施：好的保温材料、保温设计、提高保温施工质量都可以显著减少输送过程中的热量损失，延长蒸汽的输送距离。

（3）入口蒸汽压力与温度。蒸汽的压力和温度是影响输送距离的关键因素。高压高温的蒸汽具有更高的能量和更快的流速，能够支持更远的输送距离。然而，过高的压力和温度也会增加管道的负荷和安全隐患，因此需要在安全范围内进行合理调整。

（4）环境条件。外部环境条件如温度、湿度、风速等也会对蒸汽管道的输送距离产生影响。在寒冷或潮湿的环境中，蒸汽的散热速度会加快，从而缩短输送距离。而在高温或干燥的环境中，蒸汽的散热速度相对较慢，有利于延长输送距离。

162. 常用保温材料的保温特性是什么

常用的保温材料有聚氨酯泡沫塑料、玻璃棉、硅酸铝纤维。

（1）聚氨酯泡沫塑料

①性能特点：①导热系数低，保温性能优异，能有效减少热量损失。一般导热系数在 0.024～0.033 W/（m·K）。②具有良好的防水性能，闭孔率高，可防止水分渗入保温层，避免因水分导致的保温性能下降和管道腐蚀。强度较高，能承受一定的外部压力和机械冲击，可保证在安装和使用过程中保温层的完整性。

②应用方式：通常采用现场发泡的方式施工，将聚氨酯原料注入管道与外护管之间的空隙，在一定条件下反应发泡，形成紧密贴合管道的保温层。

（2）玻璃棉

①性能特点：①保温效果良好，导热系数与岩棉相近，约为 0.038W/（m·K）。具有纤维状结构，质地柔软，易于施工安装。②吸声性能较好，可降低供热管道系统运行过程中的噪声。③同样属于 A 级不燃材料，防火安全性能可靠。

②应用方式：玻璃棉管壳或玻璃棉毡可直接包裹供热管道，安装时可根据需要进行裁剪和拼接。为防止玻璃棉受潮，外部通常设置防潮层，如塑料薄膜等。

（3）硅酸铝纤维

①性能特点：①耐高温性能突出，可在较高温度下长期稳定工作，适用于高温供热管道。一般可承受温度在 1000℃以上。②导热系数较低，保温效果显著。③化学稳定性强，耐腐蚀、抗氧化。

②应用方式：硅酸铝纤维可制成毡状、毯状等形式，缠绕或包裹在供热管道上。

4.4　空压系统

163. 什么是空压系统，其组成以及各部分的作用是什么

压缩空气系统，简称空压系统，从狭义上来说由气源设备、气源净化设备和相关管路构成，如图 4.4.1 和图 4.4.2 所示。气源设备（空气压缩机）吸入大气，将自然状态下的空气压缩成具有较高压力的压缩气体，经过干燥净化设备除去压缩空气中的水分、油分和其他杂质等“有害”的污染物，最后通过管道将压缩空气输送到气动执行元件或其他用气设备。

（1）气源设备：压缩空气的产生装置——空气压缩机。

（2）压缩空气干燥净化设备：它是多个设备、装置的统称，在行业内通常是指干燥机、过滤器、排水器、气液分离器、储气罐等。各个设备均有不同的原理结构，但它们的功能主要集中在除水干燥和杂质过滤净化这两个方面。

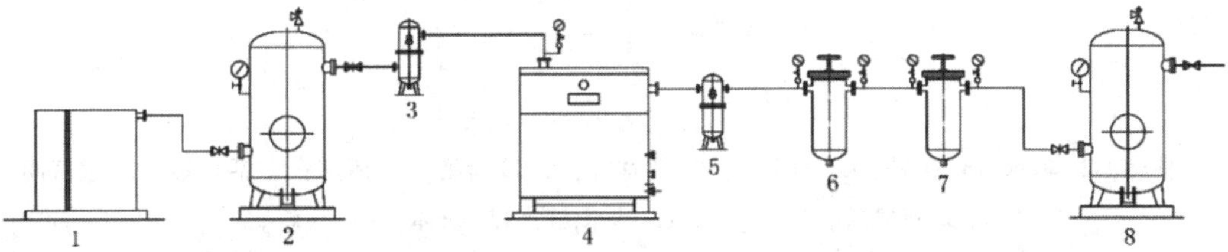

1. 螺杆压缩机；2. 储气罐；3. 前置过滤器；4. 冷冻式干燥机；5. 后置过滤器；6. 精密过滤器；7. 粉尘过滤器；8. 成品气储气罐。

图 4.4.1　螺杆空压机系统流程

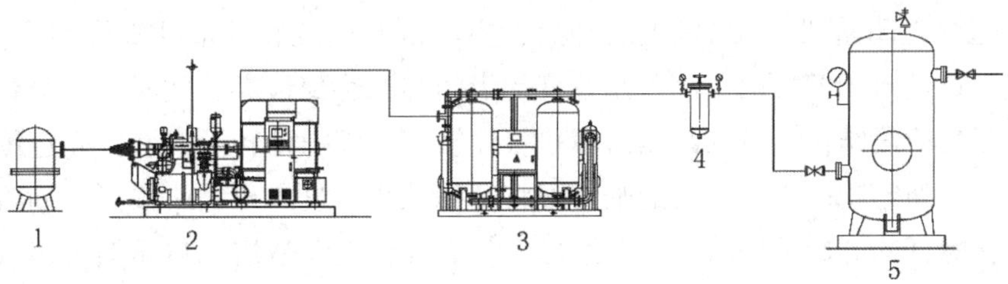

1. 自洁式过滤器；2. 离心压缩机；3. 吸附式干燥机；4. 粉尘过滤器；5. 成品气储气罐。

图 4.4.2　离心空压机系统流程

164. 常用空压机的工作原理是什么，有哪些类型

空压机是压缩气体体积并提高气体压力和输送气体的机械设备。《压缩机　分类》

（GB/T 4976—2017）按压缩机的工作原理及结构来分类，主要有容积式压缩机和动力式压缩机两大类。容积式压缩机内最常用的是活塞压缩机和螺杆压缩机，而动力式压缩机内最常用的是离心压缩机。

（1）活塞压缩机：通过活塞在汽缸内做往复运动来压缩气体的轴驱动压缩机。如图4.4.3所示，活塞压缩机的工作原理为电动机启动后带动曲轴1旋转，通过连杆3的传动，活塞7做往复运动，由气缸内壁、气缸盖和活塞顶面所构成的工作容积则会发生周期性变化。活塞从气缸盖处开始运动时，气缸内的工作容积逐渐增大。这时，气体沿着进气管推开进气阀9而进入气缸11，直到工作容积变到最大时为止，进气阀9关闭；活塞反向运动时，气缸内工作容积缩小，气体压力升高，当气缸内压力达到并略高于排气压力时，排气阀10打开，气体排出气缸，直到活塞运动到极限位置为止，排气阀10关闭。当活塞再次反向运动时，上述过程重复出现。总之，曲轴旋转一周，活塞往复一次，汽缸内相继实现进气、压缩、排气的过程，即完成一个工作循环。

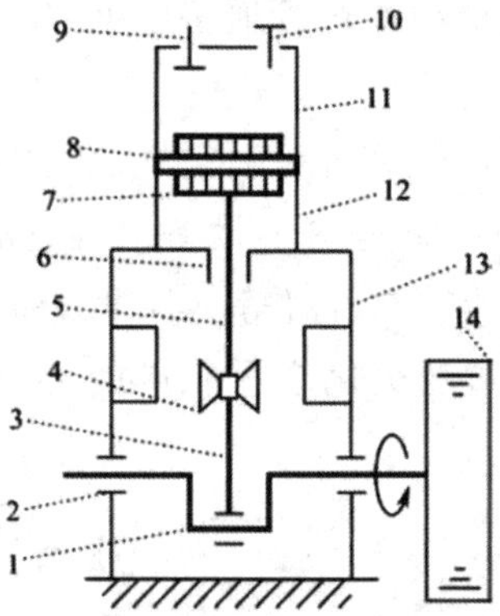

1. 曲轴；2. 轴承；3. 连杆；4. 十字头；5. 活塞杆；6. 填料函；7. 活塞；8. 活塞环；9. 进气阀 10. 排气阀；11. 气缸；12. 平衡缸；13. 机体；14. 飞轮。

图4.4.3 活塞压缩机基本结构示意图

（2）螺杆压缩机按运行方式的不同，分为喷油螺杆压缩机和无油螺杆压缩机。

①喷油螺杆压缩机的工作原理可分为吸气、压缩和排气3个过程，如图4.4.4所示：吸气阶段（包含封闭阶段），当机组启动后，主电机开始旋转，带动螺杆转子一起运行。空气通过进气口进入压缩机内，阴、阳螺杆的齿间容积达到最大，此时该齿间容积与吸气孔口断开，吸气阶段结束，进入封闭阶段。气体被阴、阳螺杆转子齿和机壳包围在一个封闭的空间中，齿间容积由于转子齿的啮合即将开始减小，进入压缩阶段。压缩阶段，随着螺杆的旋转，螺杆的螺旋结构将空气逐渐压缩。螺杆将气体从进气口压缩至出气口，使其压力不断升高。排气阶段，压缩完成后，压缩机将高压气体从出气口排出。喷油螺杆压缩机的压缩腔在压缩气体的同时喷入润滑油，并在之后的工作流程中又被分离出来。这是因为喷油带来诸多好处，起到了密封、冷却、润滑和降噪作用。

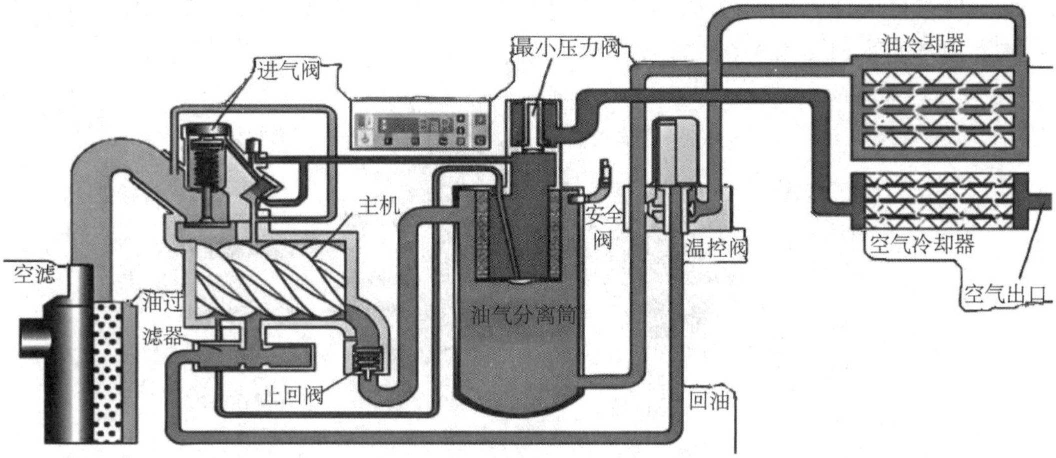

图 4.4.4　喷油螺杆压缩机流程

②无油螺杆压缩机，其压缩工作原理与喷油螺杆压缩机一致，但结构上有很多不同，如图 4.4.5 所示。首先，气体在压缩时不与润滑油接触。无油螺杆压缩机的转子相互之间并不直接接触，而是存在一定的间隙。阳转子通过同步齿轮带动阴转子高速旋转，同步齿轮在传输动力的同时，还确保了转子间的间隙（这与喷油螺杆阳转子带动阴转子转动是最主要的结构上的区别）。其次，这里的“无油”指的是气体在被压缩过程中完全不与油接触，压缩机的压缩腔或转子之间没有油润滑，但压缩机的轴承、齿轮等零部件仍是采用一般的润滑方式。

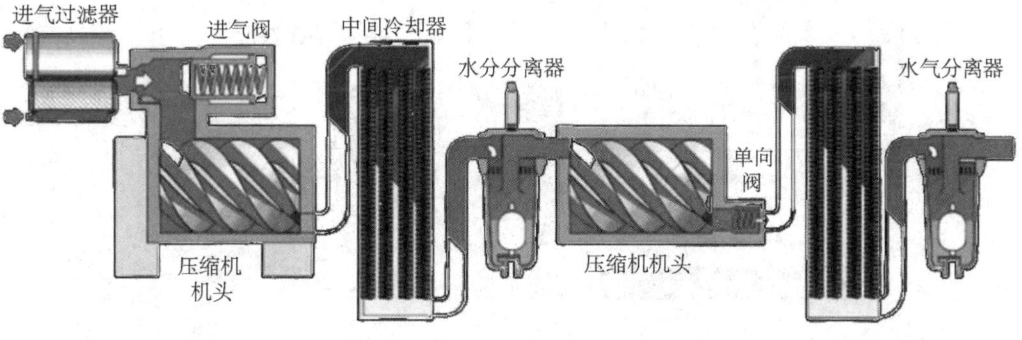

图 4.4.5　无油螺杆压缩机流程

③离心压缩机是指在其中有一个或多个旋转叶轮（叶轮通常在侧面）使气体得以加速，继而将气体动能转换为压力来提高气体压力的压缩机。典型特征是：主气流为径向。因此，离心压缩机的工作原理是通过叶轮对气体做功，在叶轮和扩压器的流道内，利用离心升压作用和降速扩压作用，将机械能转换为气体压力能。更通俗地说，气体在流过离心压缩机的叶轮时，高速旋转的叶轮使气体在离心力的作用下，压力有所增加，速度也极大提高。即首先通过叶轮将原动机的机械能转变为气体的静压能和动能。此后，气体在流经扩压器的通道时，流道截面逐渐增大，前面的气体分子流速降低，后面的气体分子不断涌

流向前，使气体的绝大部分动能又转变为静压能，进一步起到增压的作用。离心压缩机基本结构和内部流程如图 4. 4. 6、图 4. 4. 7 所示。

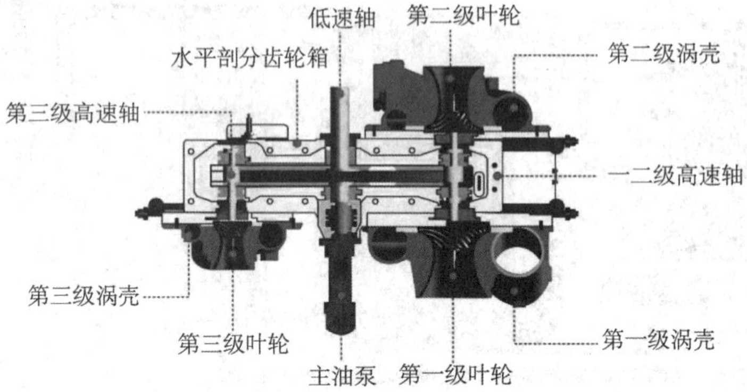

图 4. 4. 6　离心压缩机基本结构

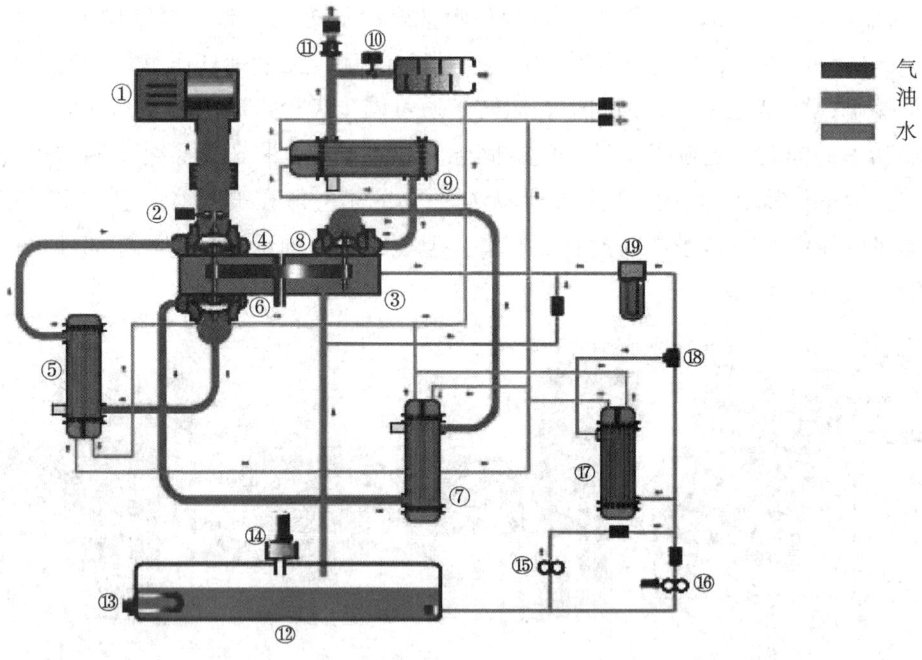

①进气过滤器
②入口调节导叶
③水平部分齿轮箱
④一级叶轮
⑤一级中冷器
⑥二级叶轮
⑦二级中冷器
⑧三级叶轮
⑨后部冷却器（可选）
⑩放空阀
⑪排气止回阀
⑫油箱
⑬油加热器
⑭除油雾呼吸器
⑮主油泵
⑯辅助油泵
⑰油冷却器
⑱油温控制阀
⑲双油过滤器

图 4. 4. 7　离心压缩机内部流程

165. 常用干燥机的类型及工作原理是什么

空压系统干燥机通过去除压缩空气中的水分和杂质，为生产提供干燥、洁净的空气，常用的压缩空气干燥方法主要有冷冻式干燥、吸附式干燥、吸收干燥和渗膜干燥等。

（1）冷冻式干燥机

冷冻式干燥机就是利用与空调除湿相似的原理，通过与被处理气体进行能量交换，将被处理气体冷却到其压力对应的露点温度，使被处理气体析出水分，从而达到降低气体相对湿度的目的。由于冰点的限制，极限压力露点在0℃以上，在0.7MPa（G）工作压力下，出口露点一般在2~10℃。因此当要求压缩空气的压力露点更低时，需选择干燥能力更强的吸附式干燥机。冷冻式干燥机工作流程分为压缩空气流程和制冷剂制冷循环流程。压缩空气流程：进入冷冻式干燥机的被干燥压缩空气，先进入空气热交换器8中，在此与出蒸发器6的已干燥低温冷空气进行热交换，初步降低其温度及含湿量后，继续进入蒸发器6与制冷剂进行热交换，温度继续降低，在蒸发器出口，其温度达到所要求的压力露点。出蒸发器6的汽水混合物进入汽水分离器9中分离析出的水分，经排水阀10排除机外。制冷循环流程在此不再赘述。冷冻式干燥机在运行过程中，制冷压缩机1一直在运行，通过膨胀阀5调节制冷量来匹配压缩空气中的热负荷，即使空气流量只有10%，输入的电功率变化不大，无法明显节能。风冷冷冻式干燥机工艺流程如图4.4.8所示。

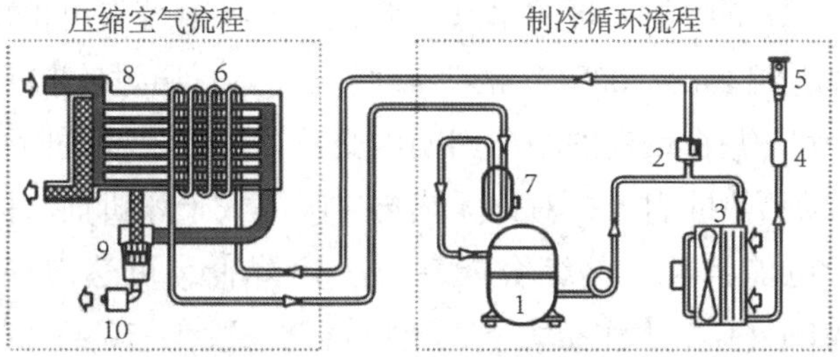

1. 制冷压缩机；2. 热气旁通阀；3. 风冷冷凝器；4. 干燥过滤器；5. 膨胀阀；6. 蒸发器；7. 气液分离器；8. 空气热交换器（预冷器）；9. 汽水分离器；10. 排水阀。

图4.4.8　风冷冷冻式干燥机工艺流程示意

（2）无热再生吸附式干燥机

基于变压吸附（PSA）原理，利用各种吸附剂（如硅胶、活性氧化铝、分子筛等）对水分的吸附能力来去除压缩空气中的水分，以达到干燥压缩空气的目的。如图4.4.9所示，吸附过程在一定的压力下进行，而脱附过程在常压或真空状态下进行。因此，无热再生吸附式干燥机采用双塔结构，两塔交替工作，待处理的压缩气体进入其中一个吸附塔中被干燥（此时该塔状态为“吸附状态”），另一个吸附塔气压降低，塔中已经吸水的吸附剂脱附，并引入一部分成品气到吸附塔中用于吹除吸附剂中的水分，这些废气夹杂水汽经消音器排出机外（此时该塔状态为“再生状态”）。此工作过程经过一段时间后，两塔工作状态发生变换，如此反复形成工作过程循环。在0.7MPa（G）工作压力下，出口露点一般在-70~-20℃。无热再生吸附式干燥机除极小的控制能耗外，能耗主要体现形式是成品气消耗量。成品气消耗量与湿空气量的比值称为再生气耗率，通常用百分比表示，以工作压力为0.7MPa（G）为例，某无热再生吸附式干燥机的再生压力为0.1 MPa（G），那么再生气消耗量的理论极限最小值为13.8%。由于吸附放热损失、吸附塔放空损失、设计裕量等因素，无热再生干燥机的再生气耗要远高于上述最小值，可达到20%甚至更高。

	步骤	左塔	右塔
全周期	第一步	吸附	泄压
	第二步	吸附	再生
	第三步	吸附	升压
	双塔切换		
	第四步	泄压	吸附
	第五步	再生	吸附
	第六步	升压	吸附

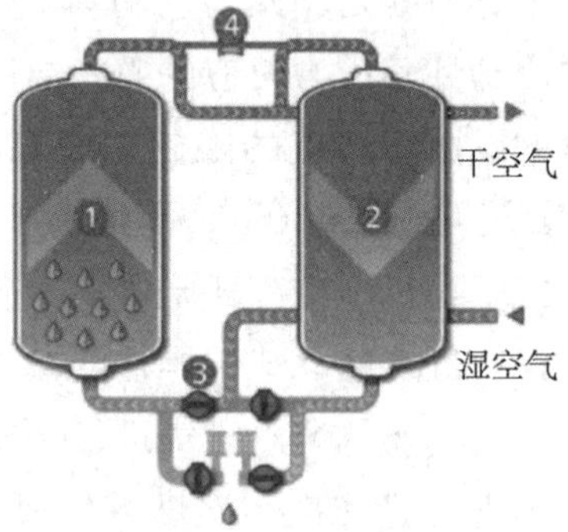

图 4.4.9　无热再生吸附式干燥机流程

（3）微热再生吸附式干燥机

如图4.4.10所示，需要干燥的压缩空气交替流经两个吸附塔，当其中一个吸附塔在高分压的状态下时，干燥剂吸收大量的水分，而另一个吸附塔则由再生气管道通入经过加热器升温（温度可以达到190~200℃）的干燥低压气体，通过吹扫脱附干燥剂吸收的水分，实现干燥剂的再生。并在设定的时间周期内交替循环吸附或脱附再生过程。微热再生吸附式干燥机通过辅助加热的引入，对比无热再生吸附式干燥机而言降低了成品气的消耗量，但由于加热器的电能消耗，其综合能耗不一定降低，可达对应气量空压机功率的10%~12%。在0.7 MPa（G）工作压力下，出口露点一般在-70~-20℃。

	步骤	左塔	右塔
全周期	第一步	吸附	泄压
	第二步	吸附	再生
	第三步	吸附	吹冷
	第四步	吸附	升压
	双塔切换		
	第五步	泄压	吸附
	第六步	再生	吸附
	第七步	吹冷	吸附
	第八步	升压	吸附

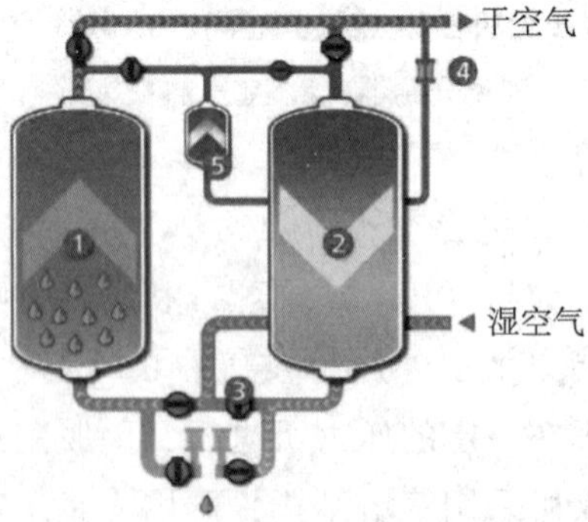

图 4.4.10　微热再生吸附式干燥机流程

（4）鼓风热再生吸附式干燥机

利用鼓风机抽取环境空气代替成品压缩空气，并利用加热器加热到160~200℃后进入吸附塔加热吸水的吸附剂，使其脱附。然后利用部分节流后的干燥成品气，利用床层余热二次再生并吹冷，使吸附剂恢复活性。该干燥机虽然引入了加热器和鼓风机，电能消耗增大，但是成品气平均消耗大幅降低到2%~4%，在综合能耗上较无热再生吸附式干燥机和微热再生吸附式干燥机有较大幅度下降，再生能耗为对应空压机运行功率的8%左右，但其购买成本和维护成本有所上升。在0.7 MPa（G）工作压力下，出口露点一般在-70~-20℃。

为了进一步降低能耗，又出现了零气耗鼓风加热再生吸附式干燥机，这种零气耗鼓风的吸附和加热流程没有变化，不同的是采用环境空气对吸附剂循环冷却，从而节省了成品压缩空气，再生能耗为对应空压机运行功率的5%左右。在0.7 MPa（G）工作压力下，出口露点一般在-40~-20℃。

鼓风热再生吸附式干燥机流程如图4.4.11所示。

	步骤	左塔	右塔
全周期	第一步	吸附	泄压
	第二步	吸附	再生
	第三步	吸附	吹冷
	第四步	吸附	升压
	第五步	吸附	待机
	第六步	吸附	吸附
	双塔切换		
	第七步	泄压	吸附
	第八步	再生	吸附
	第九步	吹冷	吸附
	第十步	升压	吸附
	第十一步	待机	吸附
	第十二步	吸附	吸附

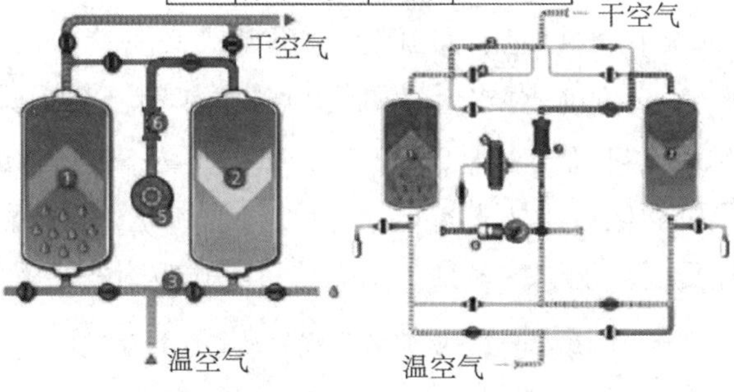

A 有气耗型　　B 零气耗型

图4.4.11 鼓风热再生吸附式干燥机流程

（5）压缩热再生吸附式干燥机

利用从压缩机出口中高温的湿热压缩空气来加热再生吸附剂。由于吸附剂对压缩空气中的油十分敏感，因此只有离心空压机和无油螺杆空压机等无油机组适用。其次，根据再生或吹冷方式不同，分有气耗型和零气耗型。有气耗型，采用中高温湿气加热再生，成品气减压辅助再生及吹冷。零气耗型，采用中高温湿气加热再生，冷却后的常温湿气吹冷。两者类型在0.7MPa（G）工作压力下，出口露点在-40~10℃。压缩热再生吸附式干燥机流程如图4.4.12所示。

	步骤	左塔	右塔
全周期	第一步	吸附	加热
	第二步	吸附	吹冷
	第三步	吸附	待机
	双塔切换		
	第四步	加热	吸附
	第五步	吹冷	吸附
	第六步	待机	吸附

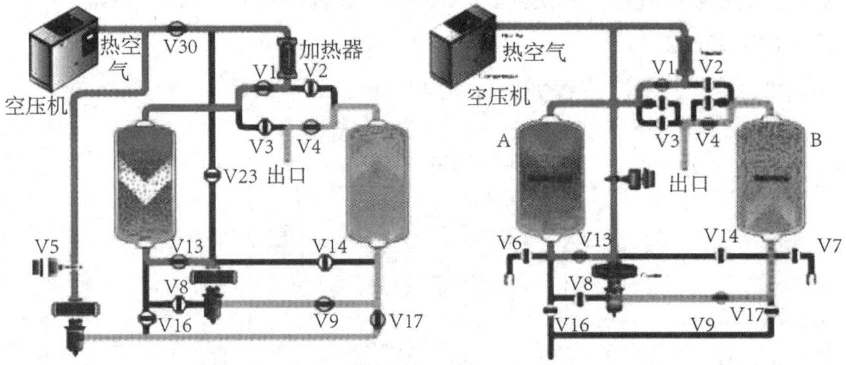

A 有气耗型　　　　B 零气耗型

图 4.4.12　压缩热再生吸附式干燥机流程

压缩热再生吸附式干燥机由于采用温度、含湿量及流量不稳定的中高温湿气来再生饱和的吸附剂，其再生效果和程度往往受到空压机的运行情况和环境影响非常大。除此之外，压缩热干燥机的压降比鼓风加热等其他干燥机型式要高。

选用处理量为 60m^3/min 的吸附式干燥机作为对比基础，空压机选用无油螺杆空压机，空压机电机功率为 315kW，排气压力为 0.75MPa，排气量为 51.3m^3/min。干燥机和空压机各选 1 台，各吸附式干燥机功耗对比如表 4.4.1 所示。其中，压缩热再生式吸附式干燥机总再生功耗最低，单位能耗最低，能效比最高，而无热再生式吸附式干燥机能效比最低。

表 4.4.1　吸附式干燥机功耗统计表

设备名称	无热再生式	微热再生式	鼓风加热再生式（有气耗）	压缩热再生式（有气耗）
加热功耗/ kW	0	24.2	57.7	0
冷吹功耗/ kW	63	22.05	6.3	6.3
总再生功耗/ kW	63	46.25	64	6.3
净产气量/m^3/s	0.68	0.80	0.84	0.84
总装机容量/ kW	315	339.2	372.7	315
单位能耗/ kJ/m^3	460.8	426.6	444	375.6

166. 常用压缩空气流量计量的单位及其换算关系

常用压缩空气流量计量的单位分为吸入态（FAD）流量和标态（0℃标和 20℃标）流量。

（1）吸入态（FAD）流量

自由空气流量或实际工况的流量，指经过压缩机压缩后的空气体积以入口的自由空气状态来表示。

离心机：吸入态为压力 P=101. 325kPa；标准温度 T=35℃；相对湿度为 0%。

螺杆机：吸入态为压力 P=101. 325 kPa；标准温度 T=20℃；相对湿度为 0%。

（2）标态流量

标方：标准状态为压力 P=101. 325 kPa；标准温度 T=0℃；相对湿度为 0%。通常在工业气体、化工行业或者招投标文件中出现，简称“标方”。通常算式符号为“VN”，单位为 Nm^3/min。

标准工况：标准状态为压力 P=101. 325 kPa；标准温度 T=20℃；相对湿度为 0%。通常在压缩空气行业的标准中应用，称为“标准工况”，通常算式符号为“V”。单位为 m^3/min。

换算关系如下所示：

①0℃标和 20℃标之间换算关系：

换算公式为：

$$P\times\frac{V}{T}=P_1\times\frac{V_1}{T_1}$$

根据公式：$101.325kPa\times\frac{VN}{273.15K}=101.325kPa\times\frac{V}{(273.15+20)K}$；

可以得出：V（m^3/min）= 1. 0732VN（Nm^3/min）。

②FAD 流量换算关系

离心空压机 FAD 流量大致等同于 20℃标态流量，快速计算可以按螺杆空压机 FAD 流量=标方÷0. 92。

167. 什么是压力露点和常压露点，以及二者对应关系

露点又称露点温度，单位为℃，是衡量气体干燥程度的一个值，露点温度越低说明气体的含水量越少。通俗地说，露点温度是气体成为饱和状态并结露的瞬间的温度。当低于该温度时，液态水凝结出来，而当高于该露点温度时，则没有液态水凝结出来。

常压露点为大气压下的露点温度（又称大气露点）。同理，压力露点指的是压力空气的露点温度。压力露点与常压露点的对应关系与压缩比有关，如图 4. 4. 13 所示。在压力露点相同的情况下，压缩比越大，所对应的常压露点越低。

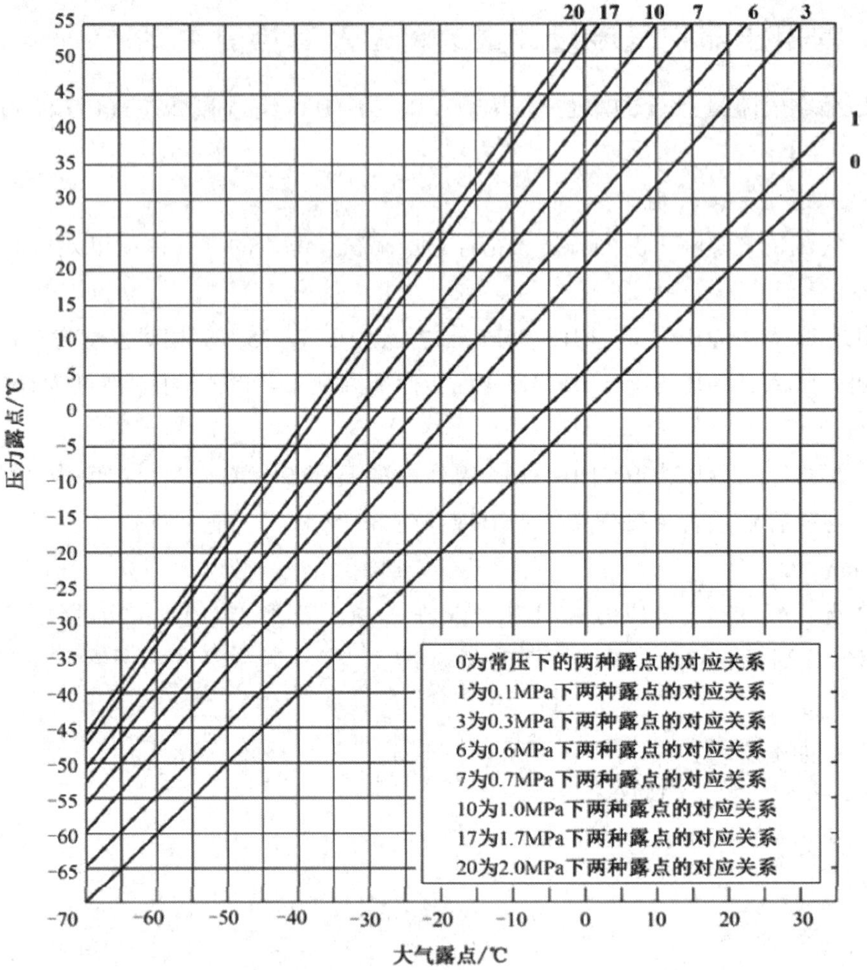

图 4.4.13 大气露点—压力露点换算图

168. 标准空压站运行能效的参数类型及换算关系

标准空压站运行能效参数主要有以下几类。

（1）电单耗：压缩空气站每输出单位容积压缩空气（空压机组吸气状态）所消耗的电量。通常以 $kW \cdot h/m^3$ 表示。空压机单耗越低，说明同样的产气量，消耗的能量越少，能效越高。

$$电单耗（kW \cdot h/m^3）= 电力消耗（kW \cdot h）\div 输出气体流量（m^3）$$

（2）比功率：压缩 1 立方米的空气所要消耗的功率。这是一个重要的指标，用来衡量空压机的能效，比功率越小越节能。

$$比功率［kW/（m^3/min）］= 输入功率（kW \cdot h）\div 排气量（m^3/min）$$

比功率和电单耗的关系：

$$电单耗（kW \cdot h/m^3）= 比功率［kW/（m^3/min）］\div 60（min）$$

（3）输功效率：压缩空气站输出压缩空气中具有的有效能与其生产压缩空气所消耗的电能百分比。

$$\eta = \delta \times \eta_W$$

$$\delta = 1 + 0.2 \times \eta_R$$

$$\eta_R = \frac{E_R}{\sum E_j} \times 100\%$$

$$\eta_W = 16.76 \times \frac{P_X \times Q_Z \times t \times ln[(P_Z + P_X)/P_X]}{E_Z} \times 100\%$$

式中，η 是压缩空气站综合输功效率；δ 是压缩热回收利用修正系数；η_W 是压缩空气站输功效率；η_R 是压缩热能回收利用率；E_R 是压缩空气站回收利用的热量，单位为千瓦时（kW·h）；E_j 是第 j 台空气压缩机消耗的电量，单位为千瓦时（kW·h）；P_X 是空气压缩机吸气压力（绝对压力），单位兆帕（MPa）；Q_Z 是测量时间段内，压缩空气站供气平均流量（空气压缩机吸气状态），单位为立方米每分（m^3/min）；t 是测量周期时间，单位为小时（h）；P_Z 是压缩空气站供气压力（表压），单位兆帕（MPa）；E_Z 是测量时间段内，压缩空气站用电总量，单位为千瓦时（kW·h）。

169. 压缩空气品质的参数及其要求是什么

《压缩空气　第 1 部分：污染物净化等级》（GB/T 13277.1—2023）对压缩空气的质量做了详细的规定，分别是固体颗粒等级、湿度等级和液态水等级、含油等级等，如表 4.4.2～表 4.4.4 所示。

表 4.4.2　压缩空气中颗粒等级

等级	以颗粒尺寸（d）为依据，每立方米内颗粒的最大数量个/m^3			颗粒质量浓度（C_p）mg/m^3
	0.1μm<d≤0.5μm	0.5μm<d≤1.0μm	1.0μm<d≤5.0μm	
0	由设备使用者或者制造商规定的比等级 1 更高的要求			—
1	≤20000	≤400	≤10	
2	≤400000	≤6000	≤100	
3	不规定	≤90000	≤1000	
4	不规定	不规定	≤10000	
5	不规定	不规定	≤100000	
6	—			0<C_p≤5
7				5<C_p≤10
X				C_p>10
注：标准状态——空气温度 20℃；空气压力：0.1MPa（绝压）；相对湿度：0。				

表 4.4.3　压缩空气中湿度和液态水等级

<table>
<tr><th>等级</th><th>压力露点（℃）</th><th>液态水质量浓度（C_w）g/m^3</th></tr>
<tr><td>0</td><td>由设备使用者或者制造商规定的比等级 1 更高的要求</td><td rowspan="7">—</td></tr>
<tr><td>1</td><td>≤-70</td></tr>
<tr><td>2</td><td>≤-40</td></tr>
<tr><td>3</td><td>≤-20</td></tr>
<tr><td>4</td><td>≤+3</td></tr>
<tr><td>5</td><td>≤+7</td></tr>
<tr><td>6</td><td>≤+10</td></tr>
<tr><td>7</td><td rowspan="4">—</td><td>C_w≤0. 5</td></tr>
<tr><td>8</td><td>0. 5<C_w≤5</td></tr>
<tr><td>9</td><td>5<C_w≤10</td></tr>
<tr><td>X</td><td>C_w>10</td></tr>
<tr><td colspan="3">注：标准状态——空气温度 20℃；空气压力：0. 1MPa（绝压）；相对湿度：0。</td></tr>
</table>

表 4.4.4　压缩空气中总含油量等级

<table>
<tr><th>等级</th><th>总含油量（液态油、悬浮油、油蒸气）mg/m^3</th></tr>
<tr><td>0</td><td>由设备使用者或者制造商规定的比等级 1 更高的要求</td></tr>
<tr><td>1</td><td>≤0. 01</td></tr>
<tr><td>2</td><td>≤0. 1</td></tr>
<tr><td>3</td><td>≤1</td></tr>
<tr><td>4</td><td>≤5</td></tr>
<tr><td>X</td><td>>5</td></tr>
<tr><td colspan="2">注：标准状态——空气温度 20℃；空气压力：0. 1MPa（绝压）；相对湿度：0。</td></tr>
</table>

170. 怎样评判空压站的运行能效

要评判压缩空气站的能效水平，需要根据《压缩空气站能效分级指南》（T/CGMA 033001—2018）标准中第 7 章检测方法要求，对空压系统进行连续 24 小时以上测量后，采集空压站用电量、供气压力、供气流量、供气压力露点等数据。

T/CGMA 033001—2018 标准中第 7 章检测方法具体描述如下：

（1）能效分级检测时，应在压缩空气站正常运行状态下进行，应选择压缩空气站、空气压缩机、干燥器设备具有代表性典型运行工况和周期测量，测量时间应不少于 24 小时。

（2）压缩空气站运行能效的测量和计算方法应符合 GB/T 16665 的要求。

测量压缩空气供气压力、流量、压力露点、含油量，测试点在压缩空气站供气总管处，或压缩空气站输出压缩空气管路处。

（3）容积式空气压缩机组能效测试和计算方法应符合 GB/T 3853 和 GB 19153 的要求；离心空气压缩机组测试和计算方法应符合 GB/T 25630 的要求。

（4）压缩空气干燥器测试和计算方法应符合 GB/T 10893. 1 的要求。

（5）压缩空气过滤器测试和计算方法应符合 GB/T 30475（所有部分）的要求。

对采集的数据整理后，根据 T/CGMA 033001—2018 标准中第 6 章能效分级计算标准进行计算。

根据计算的综合输功效率数值，对照 T/CGMA 033001—2018 标准中第 6 章表 1～表 5 确定空压站能效等级，其中表 1～表 5 是需要根据空压站供气压力露点、供气平均流量、有油和无油等指标定位到适用表格，其中标准中表 2 和表 3 如表 4. 4. 5 和表 4. 4. 6 所示。

表 4. 4. 5　压缩空气站能效等级（−20℃≤供气压力露点<3℃）

能效等级	供气平均流量/（m³/min）							
	$4 \leq Q_Z < 20$		$20 \leq Q_Z < 80$		$80 \leq Q_Z < 300$		$Q_Z \geq 300$	
	综合输功效率/%							
	有油	无油	有油	无油	有油	无油	有油	无油
1	52. 5	49. 0	55. 0	52. 0	58. 0	55. 0	61. 0	57. 0
2	47. 5	45. 0	50. 5	47. 5	53. 0	50. 0	55. 0	52. 5
3	43. 5	41. 0	45. 5	43. 0	48. 0	45. 0	50. 5	47. 5
4	39. 5	37. 0	42. 0	39. 5	44. 0	41. 5	46. 0	43. 5
5	36. 5	34. 0	38. 0	36. 0	40. 0	37. 5	42. 0	39. 5

表 4. 4. 6　压缩空气站能效等级（−40℃≤供气压力露点<−20℃）

能效等级	供气平均流量/（m³/min）							
	$4 \leq Q_Z < 20$		$20 \leq Q_Z < 80$		$80 \leq Q_Z < 300$		$Q_Z \geq 300$	
	综合输功效率/%							
	有油	无油	有油	无油	有油	无油	有油	无油
1	50. 0	47. 0	52. 5	49. 5	55. 5	52. 5	58. 0	54. 5
2	45. 5	42. 5	48. 0	45. 5	50. 5	47. 5	52. 5	50. 0
3	41. 5	39. 0	43. 5	41. 0	46. 0	43. 0	48. 0	45. 5
4	37. 5	35. 5	40. 0	37. 5	42. 0	39. 5	44. 0	41. 5
5	34. 5	32. 5	36. 5	34. 0	38. 0	36. 0	40. 0	37. 5

例如，对某一空压站测试 24 小时，得到空压站小时总耗电 5109. 9kW，供气平均流量

890. $1m^3$/min，供气压力 0. 684MPa，平均供气压力露点-23℃，无油，空压机余热用于干燥机使用，不需要再额外考虑余热回收对综合输功效率的影响。在 T/CGMA 033001—2018 标准中，计算综合输功效率结果为 60. 3%。再根据平均供气压力露点为-23℃选择表 3 进行查询，结合平均流量 890. $1m^3$/min 大于 $300m^3$/min，无油，确定能效等级为一级（综合输功效率 60. 3%大于一级能效指标 54. 5%）。

171. 什么是压缩空气管道的经济流速，流量计的选型要求是什么

（1）压缩空气的经济流速

根据化工标准《管径选择》（HG/T 20570. 6—1995），不同压力下压缩空气经济流速如表 4. 4. 7 所示。压缩空气管径与流速关系如下式：

$$d = 18.81W^{0.5}u^{-0.5}\rho^{-0.5}$$

式中，d 是管道的内径，mm；W 是管内介质的质量流量，kg/h；ρ 是介质在工作条件下的密度，kg/m^3；u 是介质在管内的平均流速，m/s。

表 4. 4. 7　压缩空气经济流速

介质	压力	流速（m/s）
压缩空气	真空	5~10
	P≤0. 3MPa（g）	8~12
	P=0. 3~0. 6MPa（g）	10~20
	P=0. 6~1MPa（g）	10~15
	P=1~2MPa（g）	8~12
	P=2~3MPa（g）	3~8
	P=3~30MPa（g）	0. 5~3

（2）流量计类型

①涡街流量计：涡街流量计是根据卡门（Karman）涡街原理研究生产的，利用流体自然振荡的原理制成的一种旋涡分离型流量计。如图 4. 4. 14 所示。

图 4. 4. 14　涡街流量计

在流体中设置非流线型旋涡发生体，则从旋涡发生体两侧交替地产生两列有规则的旋涡，这种旋涡称为卡门涡街。在一定的雷诺数范围内，旋涡的发生规律是稳定的，旋涡发生的频率 F 由公式 $F=(St\times v)/d$ 确定。工作原理如图 4.4.15 所示。

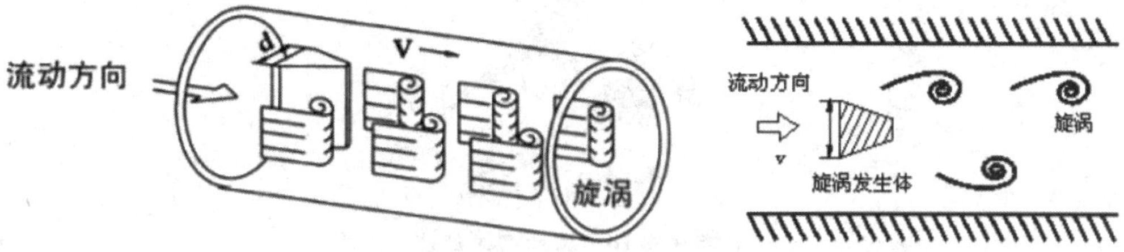

图 4.4.15　涡街流量计原理示意

②孔板流量计：孔板流量计是将标准孔板与多参数差压变送器（或差压变送器、温度变送器及压力变送器）配套组成的高量程比差压流量装置。如图 4.4.16 所示。

图 4.4.16　孔板流量计

当要确定其流量的液体/气体通过孔板流量计时，孔板流量计的入口部分和出口部分之间的压力会下降。可以使用差压测量仪测量该压力下降值。根据伯努利方程，由于该压差与流量成正比，因此压差仪可以配置为显示流量而不是显示压差。工作原理如图 4.4.17 所示。

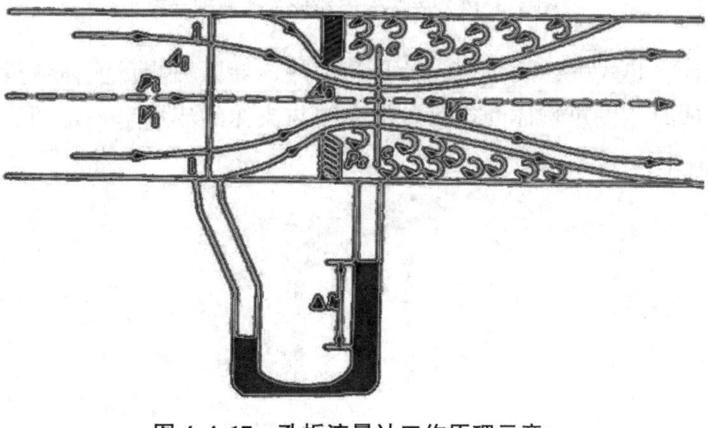

图 4.4.17　孔板流量计工作原理示意

③皮托管流量计：皮托管流量计又称毕托管流量计（图 4. 4. 18），由皮托管、差压变送器、压力变送器、温度传感器、流量计算控制仪等组成，带有多个取压孔，能同时测量流体总压和静压。

图 4. 4. 18　皮托管流量计

在皮托管头部迎流方向开有一个小孔称为总压孔，在该处形成“驻点”；在距头部一定距离处开有若干垂直于流体流向的静压孔，各静压孔所测静压在均压室均压后输出，由于流体的总压和静压之差与被测流体的流速有确定的数值关系，因此可以用皮托管测得流体流速从而计算出被测流量的大小。工作原理如图 4. 4. 19 所示。

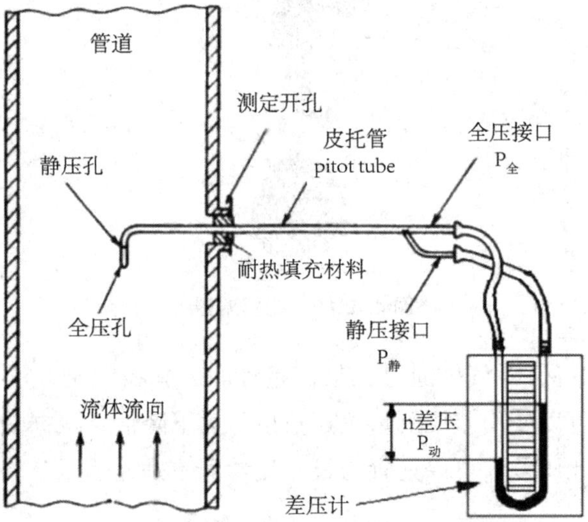

图 4. 4. 19　皮托管流量计工作原理示意

④热式流量计：热式气体质量流量计是利用热传导原理测量流体流量的仪表，即利用流体流过发热物体时，发热物体的热量散失多少与流体的流量呈一定的比例关系。热式流量计如图 4. 4. 20 所示。

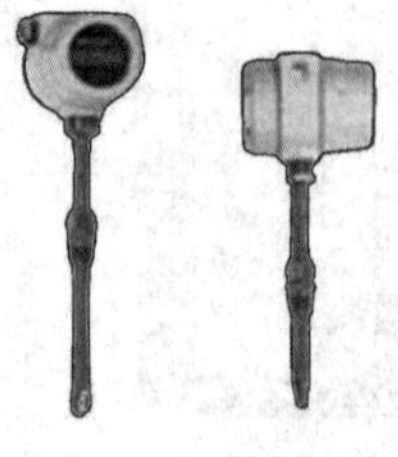

图 4. 4. 20　热式流量计

热式流量计是一种直接式质量流量计，它可以用来测量质量流量。当流体静止时，管道内加热元件的上下游温度对称分布，元件指示温度相等。当介质流动时，下游温度比上游的温度高。伴随着流速增加，温差增大，当流速增加到某一界限值之后，两元件的温差将随流速的增加而逐渐减小。工作原理如图 4. 4. 21 所示。

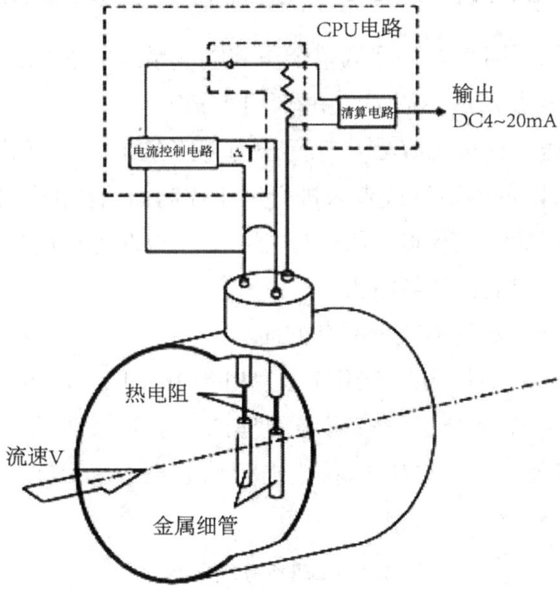

图 4. 4. 21　热式流量计工作原理示意

（3）流量计使用场景推荐

为了精准测量压缩空气的流量，在选择流量计时需要考虑压缩空气本身的特性、测量要求和使用条件，同时还要考虑流量范围、环境条件、压力损失和经济性等影响因素进行合理选型。

涡街流量计压力损失小，量程范围大，精度高，在测量工况体积流量时几乎不受流体密度、压力、温度、黏度等参数的影响。其对直管段要求较高，至少要保证前 20D，后 10D，才能满足测量要求。

孔板流量计具有结构简单，维修方便，性能稳定，使用可靠等特点。但是孔板流量计压损较大，从节能角度来看经济性较差。

皮托管流量计具有压损小，价格低廉，体积小等优点，适用于中、大管径管道的流量测量。安装方便，只需在管道合适的位置上打一个孔，把一次元件探针插入管道中心即可。皮托管对于气体的洁净度有一定的要求，固体或液体颗粒会导致测压点的堵塞，进而影响测量精度。

热式流量计与皮托管流量计都属于插入流量计，安装简便，压力损失很小。可以在改造项目实施过程中直接使用，不影响系统运行。热式流量计不能用于湿压缩空气的测量，压缩空气中的水汽会导致测量结果显著偏大。

在新建项目中，从经济性和对介质条件适应性角度考虑，推荐使用涡街流量计。在改造项目中，皮托管流量计可以在不停机的条件下使用，并且受湿度影响相对较小，可作为涡街流量计的补充使用。

172. 压缩空气管网为什么要分级运行，分级原则是什么

压缩空气管网分级的原因主要是降低整个压缩空气系统的能耗，一般基于末端用户对压力及压缩空气品质（露点）的不同需求进行管网分级。

压缩空气管网根据压力分级的好处：管网压力每降低 1bar，可节能 5%~7%，增加排气量 8%。同时可以大大降低因泄漏或者未进行恒压控制而消耗的压缩空气。

压缩空气管网根据压缩空气露点分级的好处：要获得低露点的压缩空气必须消耗一定的能耗或压缩空气，露点越低，能耗越大。

压缩空气分级的原则主要包括以下两个方面。

（1）压力分级原则：一般认为末端用气压力相差 2bar 以上即可按压力大小进行分级。

（2）露点分级原则：露点分级没有明确的理论，按照《压缩空气站能效分级指南》（T/CGMA 033001—2018），在对空压站能效进行修正时，将露点分为 5 个等级，如表 4.4.8 所示。

表 4.4.8 露点等级标准

供气压力露点范围	~≥3℃	3℃>~≥-20℃	-20℃>~≥-40℃	-40℃>~-70℃	~<-70℃
n 取值	1	1.05	1.10	1.15	1.25

在一般的企业中，露点主要分两级，按需要加装后处理设备除水和不需加装后处理设备除水，将空气分为净化气和普气。

173. 压缩空气系统压损过大的原因有哪些

压缩空气系统压损过大的原因主要有以下几个方面。

（1）管道选择：在设计压缩空气系统时需根据管道经济流速设计管道，如在压力范围 0.6~1.0MPa，经济流速应在 10~15m/s，超过 15m/s 时管道损失过大。

根据《压缩空气站设计规范》（GB 50029—2014），设计压缩空气系统时，由于管道局部阻力和沿程阻力的影响管网存在一定的压损，正常情况下管网允许压降≤空压站供气压力的 10%。例如，空压站供气压力 0.5MPa，在设计管道时，末端压降应小于 0.05MPa。

具体已知供气量设计时管损可根据以下公式估算：

$$dp = 450 \times (q)^{1.85} \times L/(d^5 \times P)$$

式中，dp 为估算阻力值（包括沿程阻力和局部阻力），bar；q 为管道中供气流量，L/s；L 为管道设计铺设长度，m；d 为设计管道管径，mm；P 为管道中压缩空气设计压力（绝压），bar。

（2）系统中存在各类过滤器，如干燥机汽水分离器、粉尘过滤器、高精度过滤器等，在设计时根据气量大小合理选型，同时考虑去除不必要的过滤器，如离心机系统中干燥机前无须接前置过滤器，以减小压损。

（3）干燥机等后处理设备原因，如吸附干燥机 A、B 罐体设计细长形、不合理的分流装置及氧化铝颗粒在运行长时间后失效粉化等原因，导致后处理段压损过大。

（4）运行不平衡，多台干燥机并联运行，由于母管制行程不一样、沿程阻力不一样，造成干燥机两端压差不一致、气量分配不均，使得部分干燥机实际气量超过额定处理气量，导致整体压损偏大等。

174. 空压站如何疏水

空气不是一种单纯的物质，而是一种混合物，除了氮气、氧气等气体成分，还含有水蒸气等其他物质。要准确衡量空气中水蒸气含量的高低，就需要引入露点和相对湿度两个物理学概念。

（1）露点和相对湿度

空气中水蒸气的含量不会无限多，在特定温度条件下，含水汽量有最大值（饱和状态），不同温度下对应的最大含水汽量绘成一条曲线如图 4. 4. 22 所示。低于最大值，则环境中液态水会持续转换成水蒸气进入空气中，高于最大值，则水蒸气转换成液态水从空气中分离。某一温度条件下最大含水汽量（饱和状态）对应的温度就是露点温度（DP）。大气露点（ADP）就是大气压力下水蒸气含量饱和时的温度，压力露点（PDP）就是高于大气压力的压力下饱和时的温度。

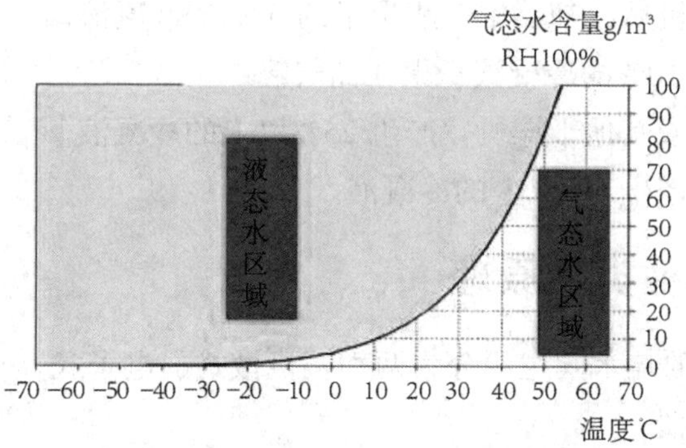

图 4. 4. 22　不同温度气态水含量曲线

空气中水蒸气含量通常不会达到最大含水量的饱和状态，低于饱和状态的实际含量和最大含量的百分比就是相对湿度（RH），已知露点和相对湿度，就可计算出该温度条件下含水汽量。例如，25℃露点（DP）时饱和含量＝22. 830g/m³，相对湿度（RH）70%，则 1m³ 含量＝1×22. 83×70%＝15. 981g。

（2）压缩空气产生冷凝水

当含有水蒸气的空气进入空压机被压缩以后，会发生什么呢？如图 4.4.23 所示，温度 25℃、体积 8m^3、相对湿度 70%的空气经过空压机压缩后，温度变成 35℃、体积 1m^3。

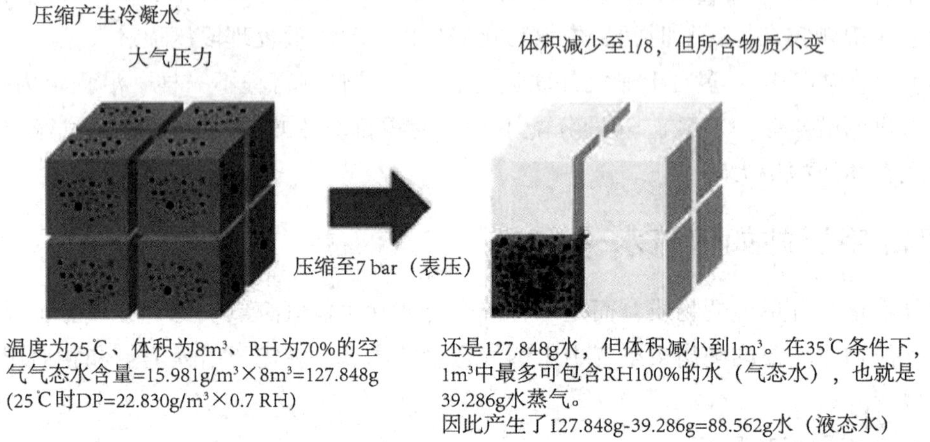

图 4.4.23　压缩产生冷凝水示意

空气经过空压机压缩后变成压缩空气，温度由 25℃变成 35℃，由于 35℃条件下饱和（最大）水蒸气的含量是 39.286g，而进入空压机的空气中总体含水量是 127.848g，高于 35℃时能容纳的饱和（最大）水蒸气含量，则多余的水蒸气就会变成液态水从压缩空气中分离，这就是空气经过空压机压缩后为何会产生冷凝水的原理。

在空压系统中出现冷凝液的地方如下。

（1）空压机：空压机后冷却器中，积聚了约 60%的冷凝液。

（2）储气罐：超过 10%的冷凝液积聚在储气罐。

（3）冷冻式干燥机或其他干燥机：产生 25%以上的冷凝液。

（4）压缩机管路：产生 5%以上的冷凝液。

175. 疏水阀的种类及原理

压缩空气系统使用的疏水阀主要分为两类：机械式、电子式。

（1）自动浮球排水器

机械式疏水阀常用的是自动浮球排水器，其工作原理如图 4.4.24 所示，当水杯内无气压时，浮子靠自重落下，压块关闭上节流孔，活塞靠弹簧力压下，冷凝水通过排水口排出。当水杯内气压力大于最低动作压力时，活塞受气压力作用，克服弹簧力及摩擦阻力上移，排水口被关闭。水位升高到一定位置时，浮子浮力使压块与上节流孔脱离，气体压力进入活塞上腔，推动活塞下移排水。水位下降到一定位置时，上节流孔又被关闭，活塞上腔气压通过下节流孔泄压后，活塞被弹簧顶起封住排水口。

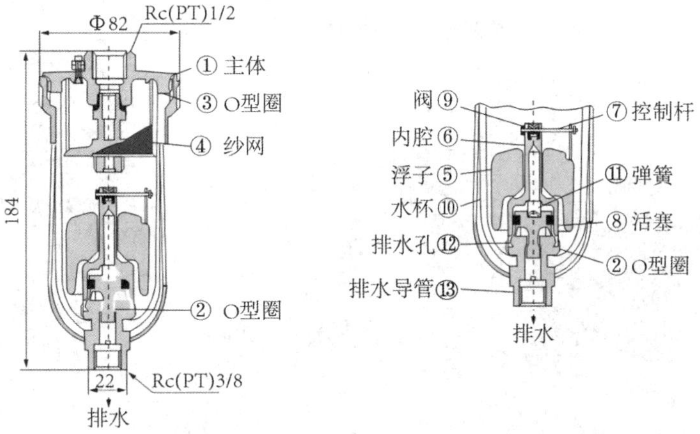

图 4.4.24　自动浮球排水器结构示意图

优点：排出管道低处、油水分离器、气罐以及各种过滤器底部等处的冷凝水。可安装于不便进行人工排水的地方，如高处、低处、狭窄处。并且还可以防止人工排水被遗忘而造成压缩空气被冷凝水重新污染。无须外接电源，低投资成本，根据冷凝液产生量进行排放，无压力损失。

缺点：排水口径偏小，杂质聚集容易堵塞排水口进而影响可靠性，需要经常维护。

（2）电子定时排水器

电子定时排水器以模拟电路固态电子定时器与电磁阀相匹配，实现压缩空气系统冷凝水的定时自动排放。广泛应用于过滤器、分离器、干燥机、储气罐、滴水脚等压缩空气系统部件，排放时间与间隔时间可根据不同需要进行调节。

优点：能够通过模拟电路固态电子定时器实现压缩空气系统冷凝水的定时自动排放，具有较高的自动化程度和便捷性；排放时间与间隔时间可以根据不同需要进行调节，具有较大的灵活性；经久耐用、安全、高效、节能、可靠、无污堵、防尘、防水，应用范围广，可以根据不同的需求来调整积水的排放时间和排放间隔。

缺点：需要外接电源，由于冷凝液的排量变化，有可能出现排水不彻底影响生产或排水带气浪费能耗的现象。

（3）电子液位排水阀

通过电子液位控制冷凝液排放，其工作流程如图 4.4.25 所示，冷凝液通过排除器入口 1 聚集于容腔 2。开始时，膜阀片处于关闭状态，压缩空气的压强通过先导气路 3 和电磁阀 4 作用于膜阀片 5 的上方，由于膜阀片上方的作用面积大于下方的面积，从而将膜阀片紧紧压在阀座上，并且密封良好。随着容腔中的液面升高到电容式液位传感器 6 设定的最高点 A 时，传感器给出信号，电磁阀吸合，切断先导气路。此时，膜阀片上方的压力释放，通过液体作用于膜阀片下方的压力将膜阀片顶离阀座 7，于是系统压力将冷凝液通过排放管 8 排出。

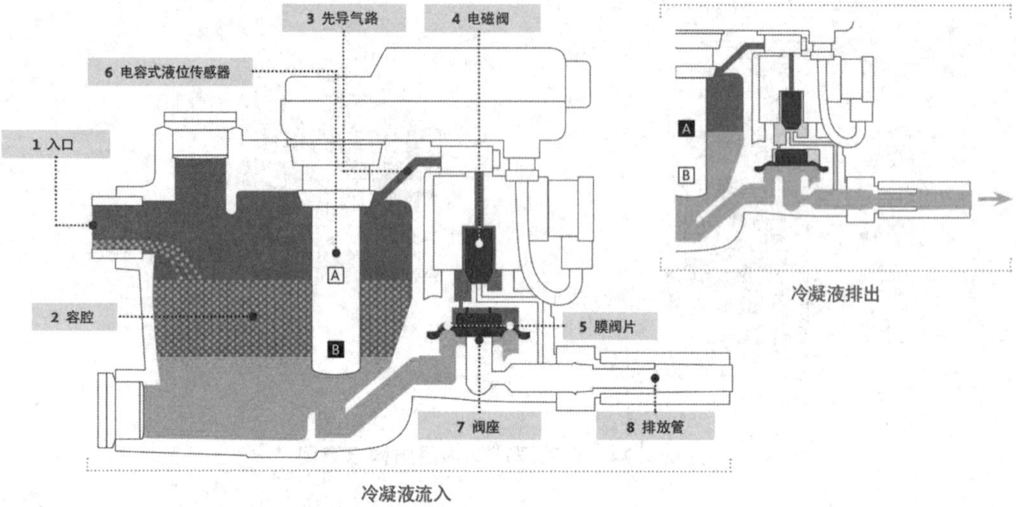

图 4.4.25 电子液位排水阀结构示意

优点：没有不必要的压缩空气损耗，传感器适合任何类型的冷凝液，低维护，根据冷凝液产生量实时排放，不受杂质影响，全自动监控。

缺点：价格昂贵。

176. 离心空压机的控制模式如何选择

离心空压机有三种常用的控制模式，即恒压控制、加卸载控制和自动双模控制。

(1) 恒压控制

离心机的排气压力被设定在系统所需要的某个压力值上，进口调节导叶（IGV）在压缩机可调范围内调节进口气量，使压缩机保持恒定的排气压力。当到达喘振控制点后，进口导叶（IGV）停止关小，压缩机放空阀（BOV）开始打开，调节放空阀的开度使排气压力仍保持在恒定值上。压缩机将通过对进口调节导叶和放空阀的无级调节保持恒定的排气压力。其控制模式如图 4.4.26 所示。

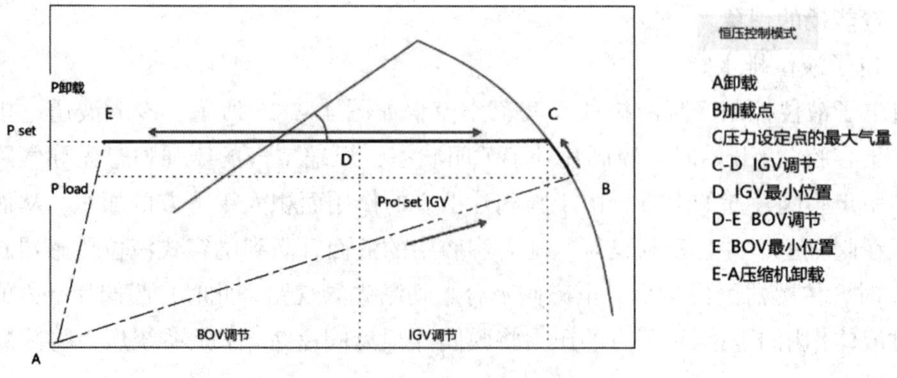

图 4.4.26 恒压控制模式示意

（2）加卸载控制

离心机的排气压力设定在一个上下限范围内，当系统实际反馈压力大于设定压力上限时，离心机卸载即放散阀 BOV 打开避免喘振，进口导叶 IGV 逐步关闭（进口导叶为叶片式全关时中间仍有圆孔可吸入少量空气）；当系统压力低于下限压力时，离心机打开进口导叶 IGV，跨过喘振点后逐步关闭 BOV 实现空压机加载运行。其控制模式如图 4.4.27 所示。

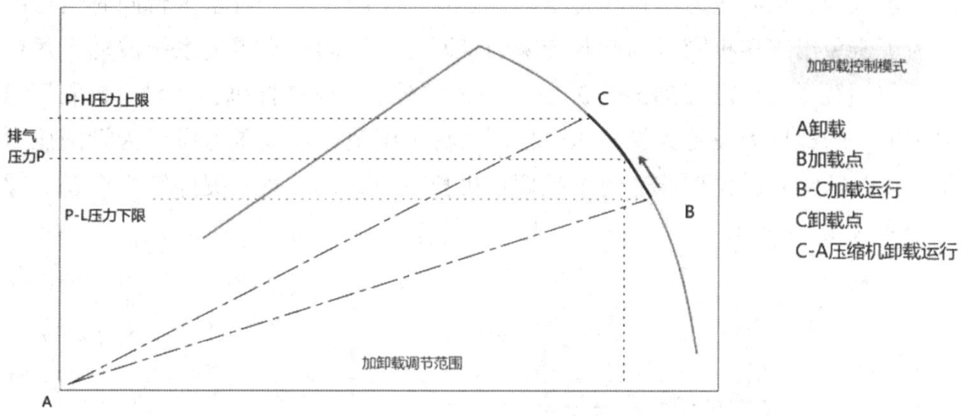

图 4.4.27　加卸载控制模式示意

（3）自动双模控制

压缩机的排气压力被设定在某个系统所需要的压力值上，进口调节导叶（IGV）在压缩机可调范围内能调节进口气量，使压缩机保持恒定的排气压力。当到达喘振控制点后，进口导叶（IGV）停止关小，使压缩机的排气压力上升到卸载压力设定值，此时压缩机将会卸载（进口调节导叶关闭，放空阀打开）。压缩机将一直保持卸载状态直到排气压力低于设定的最小压力值。然后压缩机将重新加载至满负荷运行，又开始一个新的循环。其控制模式如图 4.4.28 所示。

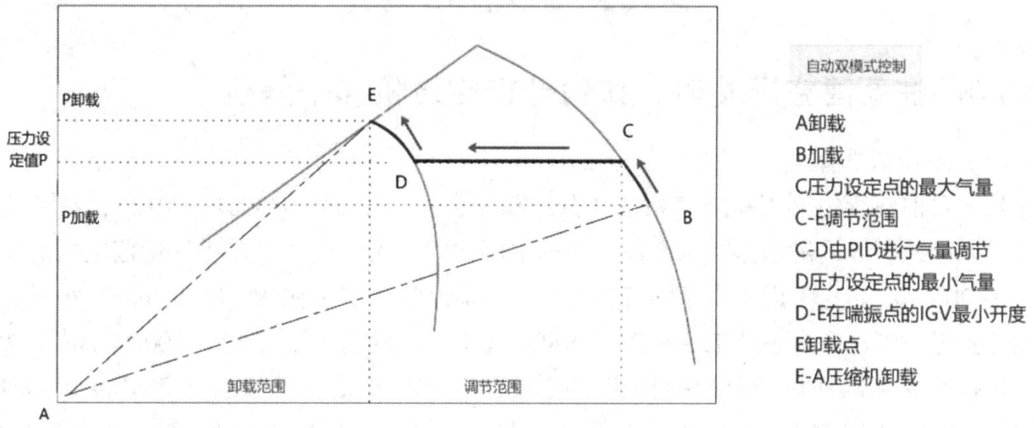

图 4.4.28　自动双模式控制示意

177. 如何合理设置工变频螺杆机的压力

在工变频螺杆机搭配运行的空压站，考虑到整体能效最优运行，在实际运行过程中尽量保证变频螺杆机调节而工频螺杆机满负荷运行。出现气量较大程度变化时需结合上位群控系统关停工频螺杆机，仍然采用变频螺杆机进行调节。

为了实现该控制逻辑，将工频螺杆机卸载压力值设置为站内最高且大于管网压力控制目标上限一定范围，加载压力设置在管压力控制目标下限以下。对于多台同时运行的工频螺杆机，为了避免出现多机同时加卸载带来的管网压力波动以及用电系统波动，每台机器的加载压力与卸载压力设定值都偏差0.1~0.2bar。对于变频螺杆机，其设定控制压力为管网压力目标值，卸载压力设置为管网压力控制目标上限值，加载压力设定为管网压力控制目标下限；同时需结合上位群控避免工频螺杆机长时间卸载，及时关停卸载设备。螺杆机压力设定如图4.4.29所示。

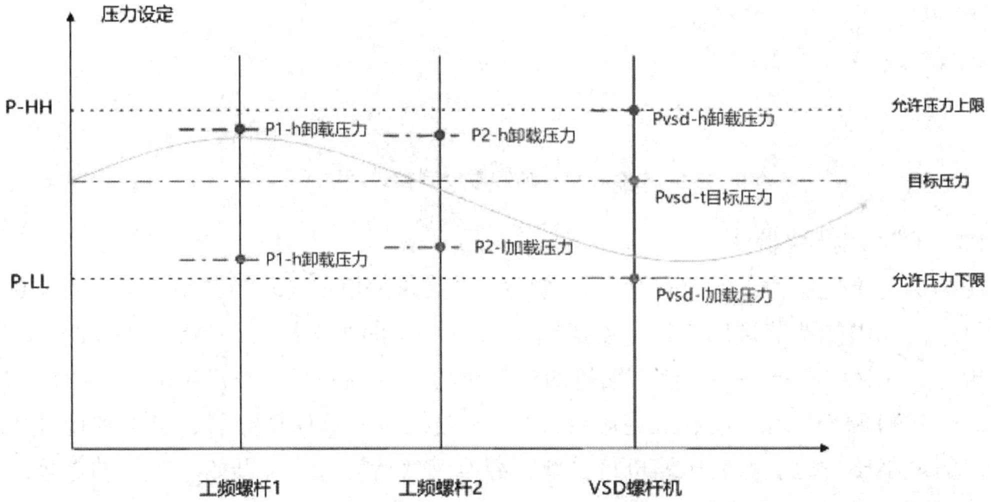

图4.4.29 螺杆机压力设定示意

178. 在新建空压站时，如何选择空压机和干燥机

（1）空压机选择

根据目前施行的《压缩空气站能效分级指南》（T/CGMA 033001—2018），在新建空压站时以能效等级最优选择空压设备。根据空压站气量大小划分，在小气量范围内的空压站（0~200m³/min）考虑工变频螺杆机搭配，主流螺杆机气量在20~80m³/min，小气量空压站着重考虑螺杆机大小及工变频搭配选型；在中等规模空压站（200~800m³/min）考虑离心机搭配变频螺杆机，变频螺杆机搭配离心机IGV小范围开度（一般开度在70%~100%）调节适应用气量波动，从而满足高效节能运行；在大型空压站（800m³/min以上）主要考虑选择离心机的大小配置，在充分考虑备用机制的情况下，建议大小机组配置，结

合离心机进口导叶群控调节，实现气量的大范围调节，控制离心机在不放散的情况下进口导叶（IGV）开度在70%~100%一般可实现高效运行。

同时，考虑后空压机组余热利用，离心机三级余热进行后吸附干燥处理工艺的再生及一、二级余热利用制取热水，螺杆机余热回收制取热水等，充分高效地利用压缩空气能源。

（2）干燥机选择

干燥机选择的基本原则包括以下内容：

1）干燥器应符合《一般用冷冻式压缩空气干燥器》（JB/T 10526—2005）及《一般用吸附式压缩空气干燥器》（JB/T 10532—2017）的相关安全方面的要求。

2）干燥器工作压力及工作温度不应超过铭牌参数值或范围。

3）宜选用通过GCCA产品认证，或相关安全认证的产品。

4）露点性能选择满足要求即可，不宜有过高要求，否则将导致能耗高和制造成本高。

5）冷冻式干燥器宜选用R134a、R407C、R410A或R404A等环保制冷剂。

6）对于冷冻式干燥器，推荐采用高效的丝网除沫或凝聚式滤芯型式汽水分离器的型式。不宜选用挡板或旋风分离器等低效惯性汽水分离器的干燥器。

7）吸附式干燥器工作压力不宜低于0.5MPa，实际工作流量不宜低于设计流量的30%。

8）压缩热干燥器宜选用具有防液态水功能的吸附剂，如活性氧化铝、防水硅铝胶。

9）干燥器进气温度不宜超过40℃，压缩热和转鼓干燥器除外。

10）空压站或干燥器周围温度不宜超过40℃，且含湿量不宜超过RH70%@40℃。

11）冷却水水温不宜超过32℃。冷却水水质应符合《工业循环冷却水处理设计规范》（GB/T 50050—2017）中工业循环水的要求，对于采用钎焊板式换热器的干燥器，冷却水中的氯离子含量应不超过50ppm，其他杂质含量应符合制造商要求。

12）环境或压缩空气有腐蚀性时，应选用抗腐蚀的干燥器。

13）干燥器宜安装在室内，安装在室外时应做适当防护处理。

其中，需要根据压缩机的类型和露点需求从表4.4.9中选择合适的干燥器。推荐选择标记“●”的干燥器，选择标记“○”的干燥器时宜参考再生温度要求，如不足应适当配置加热器。

表4.4.9　不同类型干燥器露点性能推荐表

压缩机类型	干燥器类型	−70℃	−40℃	−20℃	+3℃	+7℃	+10℃
各类有油无油压缩机	冷冻式干燥器	–	–	–	●	●	●
	无热再生干燥器	●	●	●	–	–	–
	微热再生干燥器	●	●	●	–	–	–
	鼓风加热再生干燥器（耗气型）	●	●	●	–	–	–
	鼓风加热再生干燥器（零耗气）	●	●	●	–	–	–
	渗膜式干燥器	–	●	●	●	●	●

续表

压缩机类型	干燥器类型	-70℃	-40℃	-20℃	+3℃	+7℃	+10℃
三级无油离心式压缩机	压缩热（耗气型）	-	○	○	○	○	○
	压缩热（零耗气）	-	○	○	○	○	○
	压缩热（零耗气）—干气等压辅助加热	-	○	○	-	-	-
二级干式无油螺杆压缩机	压缩热（耗气型）	-	○	○	●	●	●
	压缩热（零耗气）	-	○	○	●	●	●
	转鼓干燥器	-	○	○	●	●	●
●推荐，○有条件选择，-不适用							

年运行时间不足2000小时或者处理量不足10m³/min时，宜选择直接制冷冷冻式干燥器满足3~10℃应用；年运行时间超过2000小时而且处理量大于10m³/min时，按以下推荐满足3~10℃应用：

1）全年平均热负荷比为80%~100%时，推荐直接制冷冷冻式干燥器；

2）全年平均热负荷比为30%~80%时，推荐变频冷冻式干燥器；

3）全年平均热负荷比为0%~30%时，推荐热质蓄能冷冻式干燥器。

对于小流量，无电源，防爆或安装位置紧凑等场合，可选择渗膜式干燥器。

对于有油空压机系统，年运行时间不足2000小时或者处理量不足10m³/min时，宜选用无热再生干燥器或者微热再生干燥器。选择微热再生干燥器时，宜选用8~12小时长周期的类型。不宜选用小于或等于2小时周期的微热再生干燥器。

对于有油空压机系统，年运行时间超过2000小时而且处理量大于10m³/min时，宜选用鼓风加热再生干燥器。

对于有油空压机系统，压缩空气进气温度不超过30℃时，宜选用有热再生的鼓风加热或微热再生干燥器。

二级干式无油螺杆排气温度大于180℃时，推荐压缩热干燥器满足-20 ℃和-40 ℃的露点需求。如果压缩机运行过程中频繁加卸载或者变频压缩机长期运行在低负荷的情况下，宜选用鼓风加热再生干燥器。

三级无油离心机排气温度不足110 ℃时，推荐选用冷冻式干燥器满足+3 ℃及以上的露点需求。

三级无油离心机排气温度不足110 ℃时，推荐选用鼓风加热再生干燥器满足-20 ℃、-40 ℃和-70 ℃的露点需求，不宜选择压缩热干燥器；当温度超过110℃时，对于苛刻的-40 ℃和-70 ℃的应用场合，宜选用鼓风加热再生干燥器。

选用干气等压辅助加热再生的压缩热零耗气干燥器，满足-20 ℃和-40 ℃压力露点需求时，推荐成品气再生温度 190℃～200 ℃，成品气再生循环量 25%～30%。

对干燥器出口压缩空气温度有要求时，应特别注意不同类型干燥器的出口温度。

179. 空压机运行产生的热量如何回收

空压机运行时会产生大量的压缩热，压缩热消耗的能量占机组运行功率的 85%以上，通常这部分能量通过机组的风冷或水冷系统释放到大气中。所以，空气压缩机的热回收是持续降低空气系统损耗，提高客户生产力的必要手段。

（1）喷油螺杆空压机余热回收

喷油螺杆空压机是目前市场上占有率较高的一种空压机，其工作时空气和润滑油一起进入螺杆腔体内进行压缩。由于油的比热要远大于压缩空气的比热，压缩产生的热量大部分被油吸收，因此喷油螺杆空压机余热回收主要是回收油系统的热量，余热回收的原理如图 4. 4. 30 所示。

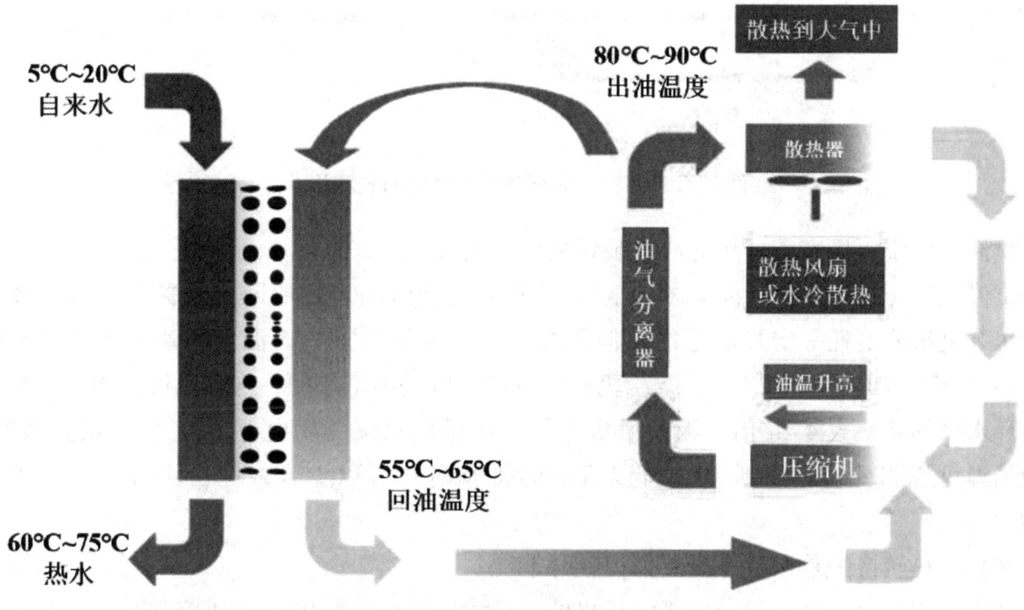

图 4. 4. 30　喷油螺杆空压机余热回收原理

经压缩机头压缩形成的高温高压油气混合物在油气分离器中被分离，通过对油气分离器出油管路进行改造，将高温油引入热交换器，热交换器旁通阀实时对进入热交换器和旁通管的油量进行分配，从而保证回油温度不低于空压机回油保护温度。热交换器水侧的冷水与高温油进行热交换，被加热后的热水可以用于生活热水、空调采暖、锅炉进水预热、工艺用热水等，详细的余热回收流程如图 4. 4. 31 所示。

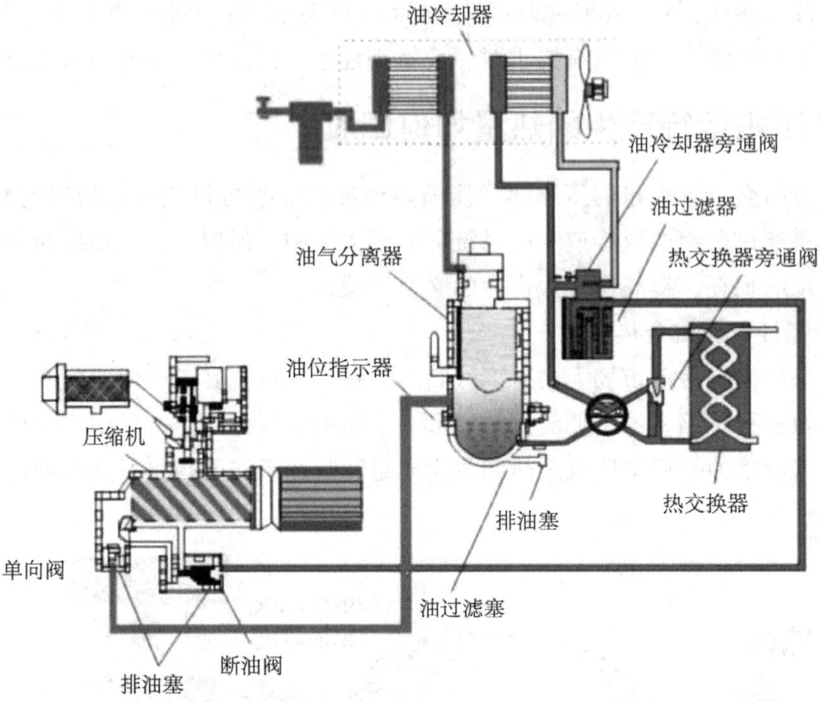

图 4.4.31 喷油螺杆空压机余热回收流程

喷油螺杆空压机安装了热能回收装置之后，会有以下好处。

①停止空压机自身的冷却风机或减少风机的运行时间。热能回收装置要用到循环水泵，水泵电机要消耗一定量的电能，但是在空压机主机的排气口温度未达到 80~95℃时(可以在这个范围内进行设定)，空压机自身冷却风机是不工作的，这个风机的功率一般要比循环水泵的功率大 4~6 倍，因此风机一停，比循环水泵的用电要节能 4~6 倍。另外，因为油温可以得到很好的控制，所以机房的排风扇就可以少开或完全不开，这又可以节能。

②将余热转换为热水，不需要任何额外能耗。

③增加空压机的排气量。由于空压机的运行温度被回收装置有效地控制在 80~95℃的范围内，机油的浓度可以保持得较好，空压机的排气量就会增加，增加量为 2%~6%，也相当于节约了能源。这对夏季运行的空压机尤为重要，因为一般到了夏季，环境温度较高，油温往往可升至 100℃左右，机油变稀，气密性变差，排气量就要减少。

(2) 无油螺杆空压机余热回收

无油机的工作流程：空气通过空滤进入一级压缩和一级冷却器冷却，再通过管路系统进入二级压缩和二级冷却器冷却（若为单级压缩的机器，则没有二级压缩和二级冷却），使高温的压缩空气降低到可接受的程度。空气经过第二级压缩，一般可以达到 180~190℃的温度，经过冷却后，压缩空气温度一般控制在 40~45℃进入后处理系统供终端使用。

无油螺杆压缩机因其自身的特殊性，工作过程近似为绝热压缩过程。由于没有对压缩腔体直接冷却的作用，压缩空气内能迅速改变使得压缩过程更偏离等温压缩，导致无油螺杆压缩机排气温度过高，无油螺杆压缩机运行过程中所产生的热量，甚至超出了压缩机输入功率的能量。

无油空压机在运行过程中有 85%~90%的电能转化成了热能，我们也可以通过余热回收改造的方式回收回来，从而达到降低碳排放的目的。由于无油螺杆机在压缩过程中，压缩介质只有空气，空气吸收了压缩产生的绝大部分热量，因此无油空压机进行热回收时，一般只要回收空气中的热量即可。图 4.4.32、图 4.4.33 分别给出了两级压缩无油螺杆机热回收时，水路串联和并联的系统图。

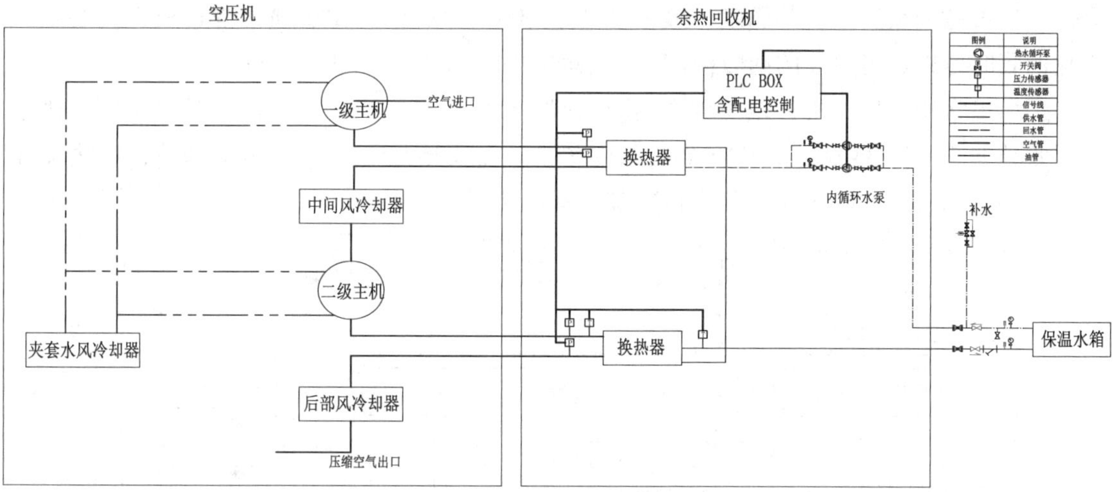

图 4.4.32　无油螺杆空压机余热回收系统内部连接图（串联系统）

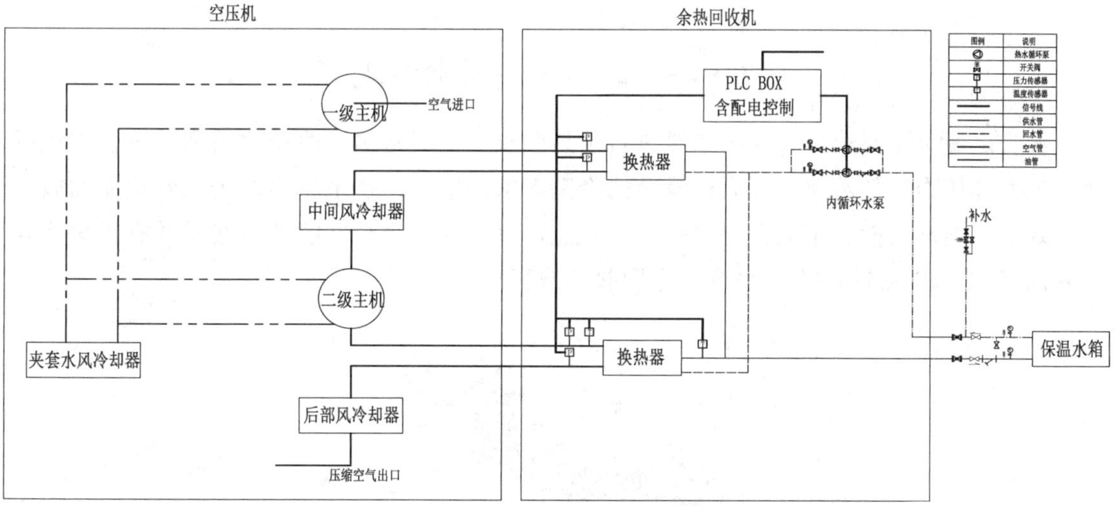

图 4.4.33　无油螺杆空压机余热回收系统内部连接图（并联系统）

(3) 离心空压机余热回收

离心式空气压缩机是由叶轮带动气体做高速旋转，使气体产生离心力，由于气体在叶轮里的扩压流动，从而使气体通过叶轮后的流速和压力得到提高，连续生产出压缩空气。由流体力学的知识可知，气体在压缩过程中，效率最高的压缩方式为等温压缩。为了尽可能接近等温压缩，离心空压机在设计时，单级的压比一般都不会很高（在 2.0 左右），为了达到设计需要压力，每台压缩机都设有不同数量的级数，每一级之间都会设计冷却器进行冷却。

离心式空压机为无油空压机，所以其热量大部分也都位于压缩空气中，由于空气的比热低，经过每一级压缩，其温度一般都会超过 100℃，所以相比于喷油螺杆机，离心空压机热回收时可以获得更高的回收温度。用水回收时，水温可以达到 90℃ 以上。

工厂里常用的离心机都是三级压缩的机型，传统上离心机的余热回收都是指第三级余热回收，如图 4.4.34 所示。从安全的角度考虑，需要增加一个空气后冷却器，在用热端不需要用热的时候，对压缩空气进行冷却，不影响系统的运行。

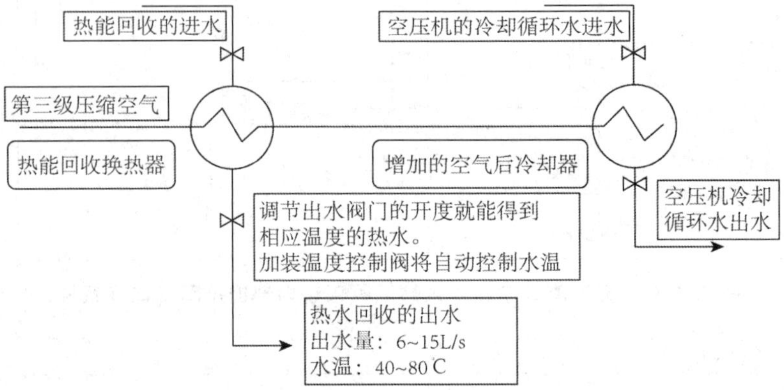

图 4.4.34　离心空压机三级回收流程

原先之所以不对第一级和第二级进行余热回收，主要是担心改造之后影响一、二级的排气温度和压力。随着技术提升以及节能降碳需求的增加，越来越多的企业希望能回收全部三级的热能。目前，市面上已经有一些企业可以提供三级全回收的方案，并有很多成功实施的案例。图 4.4.35 为三级余热全回收的流程。

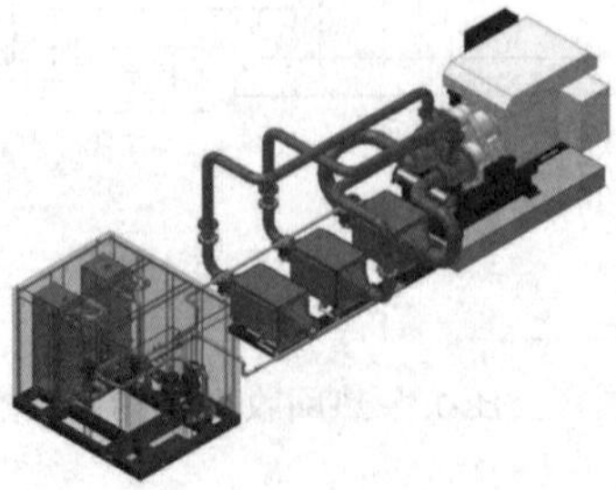

图 4.4.35　离心空压机三级全回收流程

（4）热泵热回收

对于水冷式喷油螺杆机、无油螺杆机、离心机等空压机而言，除对其内部结构改造进行余热回收外，还可以不改动其本体结构，直接采用热泵对冷却水管路进行改造实现余热回收。

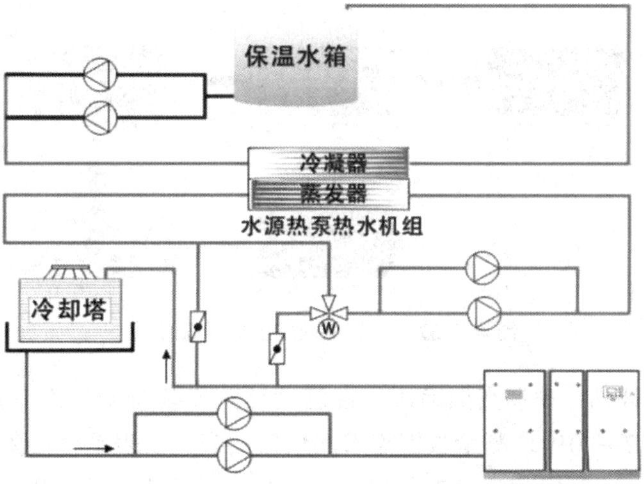

图 4.4.36 热泵回收流程

热泵回收的原理如图 4.4.36 所示，在空压机冷却水出水管路上加装二次泵把冷却水引入水源热泵机组，机组蒸发器进口的温度传感器对电动三通调节阀实时进行调节，控制蒸发器的进口温度在某一设定值，通过水源热泵机组就可以制取 50~55℃的热水。

180. 一级能效空压站申报流程是什么

一级能效空压站是指该空压站房综合输功效率达到《压缩空气站能效分级指南》（T/CGMA 033001—2018）认定的一级能效评估标准。

一级能效空压站并非仅指单台空压机的能效高，而是指整个压缩空气站作为一个系统的能效表现优秀。压缩空气站（以下简称空压站）是指所有空气压缩机器、压缩空气净化干燥设备、储气罐、供配电系统、冷却系统、监控系统、站房通风系统和压缩空气供气总管之间输送压缩空气的管路、阀门仪表及必需的辅助设备组成的总体。只有当这些组成部分高效、协同工作，达到匹配的运行状态时，整个空压站房才能达到一级能效的标准。

《压缩空气站能效分级指南》（T/CGMA 033001—2018）团体标准将综合输功效率作为空压站的能效水平测评依据，按能效高低分为 5 个等级，一级能效为最佳能效水平，依次类推，相邻级之间的空压站能效水平分别相差约 10%。

综合输功效率，通俗地说就是空压站输出压缩空气中具有的有效能与其生产压缩空气所消耗的全部能源的比值，综合输功效率的计算不仅与吸气压力、排气压力、供气流量、压缩热回收利用率、耗电量等参数相关，而且必须考虑露点温度、气体品质等因素。

申请一级能效空压站需要委托专业资深的检测公司现场测量，如合肥通用机电产品检测院有限公司和上海市质量监督检验技术研究院等。能效分级检测时，应在压缩空气站正常运行状态下进行，应选择压缩空气站、空气压缩机、干燥机设备具有代表性典型运行工况和周期测量，测量时间应不少于 24 小时。一级能效空压站认证步骤一般如图 4.4.37 所示。

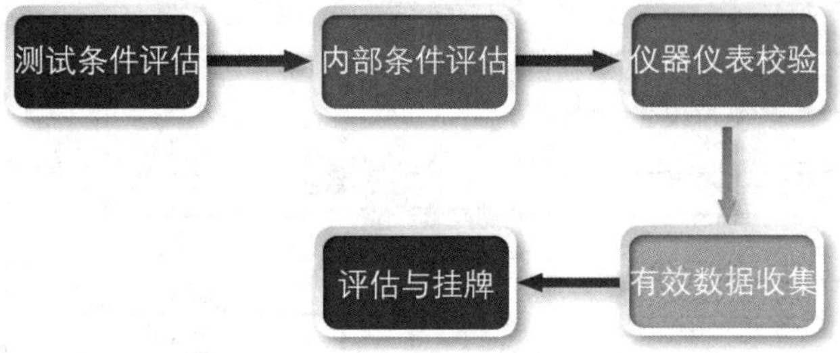

图 4.4.37　一级能效空压站认证步骤

（1）测试条件评估。现场查询确认是否已设计并安装符合标准《压缩空气　能效评估》（GB/T 38182—2019）测量数据需求的仪器仪表，仪表是否具备应有功能：用电设备电表、总管流量计、热回收热量表（温度传感器、流量计）具有数据记录功能。若不具备，需重新采购安装。

（2）内部条件评估。获取现场设备及系统信息，主要包括：①设备铭牌信息：空压机、干燥机、水泵、风机、热回收等设备；②运行参数信息：空压机负荷率、空压机排气压力、供气总管压力、总管供气露点、有油无油等。

根据一级能效站达标的配置要求，对空压站进行检查，初步分析是否有风险。注意空压站房设备的运行负荷率对测量结果有直接影响，通常空压站房设计时都会考虑放大余量，整个空压机房的装机功率可能很大，但是实际运行中在最初阶段设备负荷率还不是很高，空压机和干燥机可能不是运行在理想性能状态，特别是离心机等大型设备，这种情况下建议先不要进行等级鉴定，当生产负荷达到 80%以上后再开始测量比较好，当然最好是 100%满负荷状态。

（3）仪器仪表校验。所有的仪表都需校验标定，达到标定精度等级要求。

（4）有效数据收集。对该项目典型期间运行数据（总电量、流量、余热回收热量、供气压力、露点温度）进行统计收集，分析数据是否可靠和基本正确，测试方法必须严格依据标准《空气压缩机组及供气系统节能监测方法》（GB/T 16665—2017）要求，并初步测算是否可达一级能效。

（5）评估与挂牌。如通过以上步骤初步认定空压站能达到一级能效，则联系专业资深的检测公司预约检测时间并支付评估费用。检测合格后的空压站可受证和挂牌。

4.5 余能利用

181. 什么是余能利用

余能是指工业生产特定工艺系统消耗输入能源后未被利用的能量。

根据能源种类，工业余能主要分为以下几类。(1) 余热：工业生产特定工艺系统消耗输入能源后输出可利用的热能；(2) 余压：工业生产特定工艺系统消耗输入能源后输出可利用的压力能；(3) 化学余能：工业生产特定工艺系统消耗输入能源后输出可利用的化学能；(4) 余冷：工业生产特定工艺系统消耗输入能源后未被利用的，由于土质温度低于环境温度，系统可利用的能量；(5) 其他余能，包括动力余能、重力余能等。

根据载体形态，工业余能主要分为以下几类。(1) 固态载体余能：载能体以固态形式排出的余能；(2) 液态载体余能：载能体以液态形式排出的余能；(3) 气态载体余能：载能体以气态形式排出的余能；(4) 混合态载体余能：指含有以上两种形态或以上的余能资源。

工业企业通常会采用多种方式来利用这些余能，主要包括以下几个方面。

(1) 蒸汽转换发电：对于高温介质的显热或介质的化学能，通常进行蒸汽转换发电。例如，在钢铁企业中，通过 CDQ（干熄焦）及配套发电系统、烧结环冷余热锅炉及发电等方式，将高温烟气或冷却废气的余热转换为蒸汽，进而驱动汽轮机发电。

(2) 换热利用：对于中低温介质的显热，通常进行换热后用于生产过程，如预热空气或煤气、制备热水等。这种方式可以显著降低生产过程中的能耗，提高能源利用效率。

(3) 压差膨胀做功：对于压力类的余能，如高炉煤气余压等，通常是利用压差进行膨胀做功。例如，在高炉干法 TRT（高炉煤气余压透平发电装置）系统中，高炉煤气通过透平机膨胀做功，驱动发电机发电。

(4) 其他利用方式：如利用下水道水的湿热通过水源热泵提升温度用于供暖等。这些方式虽然相对较为特殊，但在特定条件下也能取得显著的节能效果。

182. 余能利用的原则是什么

工业余能资源评价原则主要包括以下五个方面。

(1) 余能量：余能的数量称为余能量，一般以单位 J 为度量。余能量可分为理论可利用余能量和技术经济可利用余能量。其中，理论可利用余能量针对余能载体的全部余能含量进行评价；技术经济可利用余能量用于评价现有技术条件下具有回收经济价值的余能量。

（2）能量密度：能量密度是指在单位的质量、体系或面积内的能量。

（3）品位：余能资源的品位采用可用势、温度和压力对其进行评价。可用势是指单位工质在某一状态下的最大做功能力。

（4）对环境的影响：工业余能按其载体排放对环境影响程度分为三类：①超标排放，余能利用应考虑环保措施；②达标排放，余能利用建立考虑环保措施；③超净排放，余能利用可不考虑环保措施。

（5）余能资源等级：按余能资源的可用势、温度、压力划分余能资源等级。具体余能资源等级划分如表 4.5.1 所示。余能回收技术的选择应考虑能量密度、品位和对环境的影响。因余能回收利用而增加或减少的环保投资，应相应增减余能回收利用投资额；因余能回收利用而获得的环保相关收益，应折算增加余能的经济价值。

表 4.5.1　余能资源等级

余能资源种类		余能资源等级	可用势 e/（kJ/kg）	温度 T/℃	压力 p/MPa	回收技术选择推荐
工业烟气	水蒸气含量高、温度高	1 级	>100	≥300		余热发电
	水蒸气含量低、温度高	2 级	>80	≥300		余热发电或梯级利用供热
	水蒸气含量高、温度低	3 级	≥30	<300		低沸点工质循环发电或热泵体质供热
	水蒸气含量低、温度低	4 级	<30	<300		热泵体质供热
水蒸气	温度较高	1 级	≥700	≥150		余热发电或梯级利用供热
	温度较低	2 级	<700	<150		热泵体质供热
余压气	表压高、温度高	1 级		≥300	≥0.1	余压发电或温度、压力阶梯利用
	表压低、温度高	2 级		≥300	<0.1	阶梯利用供热
	表压高、温度低	3 级		<300	≥0.1	余压发电或压力梯级利用
	表压低、温度低	4 级		<300	<0.1	热泵体质供热
液态	表压高、温度高	1 级		>200	≥4	余热余压发电
	表压中、温度中	2 级		95~200	1~4	梯级利用供热
	表压低、温度低	3 级		<95	<1	热泵体质供热
固态	温度高	1 级		>700		余热发电
	温度中	2 级		400~700		余热发电或梯级利用供热
	温度低	3 级		<400		热泵体质供热

余能综合评价表如表 4.5.2 所示。

表 4.5.2 余能综合评价表

组织边界： 余能资源名称：

项目			单位	数值	备注
余能量	年理论可利用余能量		kJ/a		
	年技术经济可利用余能量		kJ/a		
余能密度	质量密度		kJ/kg		
	体积密度		kJ/m^3		
品位	可用势 e		kJ/kg		
	温度 T		℃		
	压力 p		MPa		
对环境的影响	余能污染物排放种类		—	粉尘、有机废液，硫化物、氮氧化物、VOCs、其他	勾选
	余能污染物排放量		—		填写种类、数量、单位
余能等级	气态载体余能	工业烟气	—	1级、2级、3级、4级	勾选
		水蒸气	—	1级、2级	勾选
		余压废弃	—	1级、2级、3级、4级	勾选
	液态载体余能		—	1级、2级、3级	勾选
	固态载体余能		—	1级、2级、3级	勾选

183. 蒸汽冷凝水回收溴化锂制冷技术案例介绍

余热回收溴化锂制冷机组以溴化锂水溶液为吸收剂，以水为制冷剂，利用水在高真空下低沸点汽化吸收热量达到制冷的目的。工作时首先采用真空泵将机组抽至高真空状态，为低温下水的沸腾创造必要条件。由于溴化锂水溶液的沸点压力低于冷剂水，两者之间存在压差，所以溴化锂水溶液具有吸收水蒸气的能力，使得冷剂水有连续沸腾的可能性。热水二段型机组由两个发生器、冷凝器、蒸发器和吸收器组成基本分开又有一定联系的两个独立制冷剂和吸收剂工作循环系统。热水、冷水和冷却水串联在两个循环系统之间，而且热水与冷水、冷却水相向而行，形成彼此间逆流热交换。

溶液泵将吸收器内的稀溶液经热交换器送到发生器，利用热水（或闪蒸蒸汽）将其加热浓缩成浓溶液，同时产生冷剂蒸汽。冷剂蒸汽在冷凝器中冷凝成冷剂水，其潜热由循环冷却水带至机外。冷剂水进入蒸发器后，由冷剂泵经布液器淋激在换热管表面。冷剂水通过吸收管内冷水的热量后低温沸腾，再次形成冷剂蒸汽，与此同时制取低温冷水。浓缩后的浓溶液经热交换器后直接进入吸收器，经布液器淋激在换热管表面。浓溶液吸收蒸发器产生的冷剂蒸汽后变成稀溶液，同时将吸收冷剂蒸汽时释放出来的热量转移至冷却水中。制冷循环是溴化锂水溶液在机组内由稀变浓再由浓变稀和冷剂水由液态变气态再由气态变液态的循环，两个循环同时进行，进而实现连续制冷。

案例介绍

(1) 项目基本情况

某公司原 1.0MPa (G) 蒸汽冷凝液回收工艺流程示意图如图 4.5.1 所示。来自不同工艺单元、不同设备的 1.0MPa (G) 蒸汽冷凝液 [150~160℃，0.6~0.7MPa (G)] 汇总后，通过 1 根 DN400 的主凝液管道全部引入脱盐水缓冲罐。在脱盐水缓冲罐内闪蒸出约 0.08~0.10MPa (G) 蒸汽后，罐内约 115℃ 的凝液直接经循环水冷却后送至热电分厂回用。闪蒸出的蒸汽则通过脱盐水缓冲罐上面的空冷器冷凝成水后回流到脱盐水缓冲罐。由于空冷器设计冷却能力偏小，不能满足冷凝全部闪蒸蒸汽的需要，以致脱盐水缓冲罐常态超压运行，进而造成由其供水的除氧器发生超压，间接导致羰化反应器汽包和加氢反应器汽包也经常发生超压，严重影响正常生产。

为了确保脱盐水缓冲罐压力满足生产需要，只能打开脱盐水缓冲罐罐顶的 DN80 直接排放阀，将部分闪蒸蒸汽直排大气泄压，同时打开闪蒸蒸汽 DN100 侧线冷却阀，利用循环冷却水冷凝一部分闪蒸蒸汽后，将这部分闪蒸蒸汽产生的凝液直排地沟。这样不但造成 16t/h~24t/h 的脱盐水浪费，还导致脱盐水缓冲罐厂房顶部和厂房外地沟有大量蒸汽冒出。

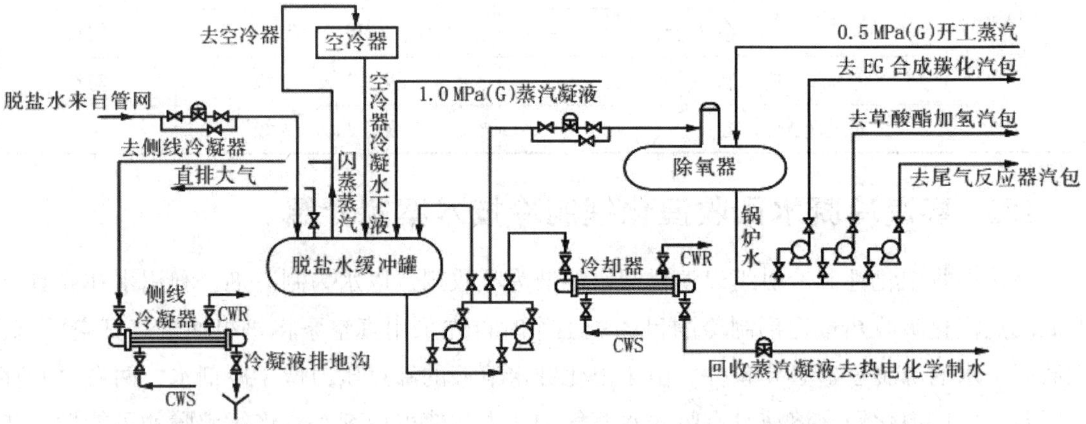

图 4.5.1 原 1.0MPa (G) 蒸汽冷凝液回收工艺流程示意图

(2) 主要技术改造内容

改造后的 1.0MPa (G) 蒸汽冷凝液余热回收溴化锂机组制冷工艺流程如图 4.5.2 所示。先在 1.0MPa (G) 蒸汽冷凝液总管上安装一台 DN400 气动切断阀 1，在阀前配管至新建的凝液闪蒸罐内。当关闭气动切断阀 1 时，全厂约 260t/h1.0MPa (G) 蒸汽冷凝液 [160℃，0.7MPa (G)] 被引入凝液闪蒸罐内。从凝液闪蒸罐顶部闪蒸出的约 20t/h0.13MPa (G) 蒸汽进入新建的蒸汽型溴化锂制冷机组 (1 台)，用于制冷冻水，从凝液闪蒸罐底部出来的约 240t/h120℃ 热水则用高温热水泵打入另外 2 台热水型溴化锂制冷机组。该项目共安装 3 台溴化锂制冷机组，可产 5℃冷冻水约 3000m^3/h。从 3 台溴化锂机组出来的约 85℃的高温热水汇至 1 根总管，回到气动切断阀 1 的阀后，经管道进入原有的脱盐水缓冲罐外送。

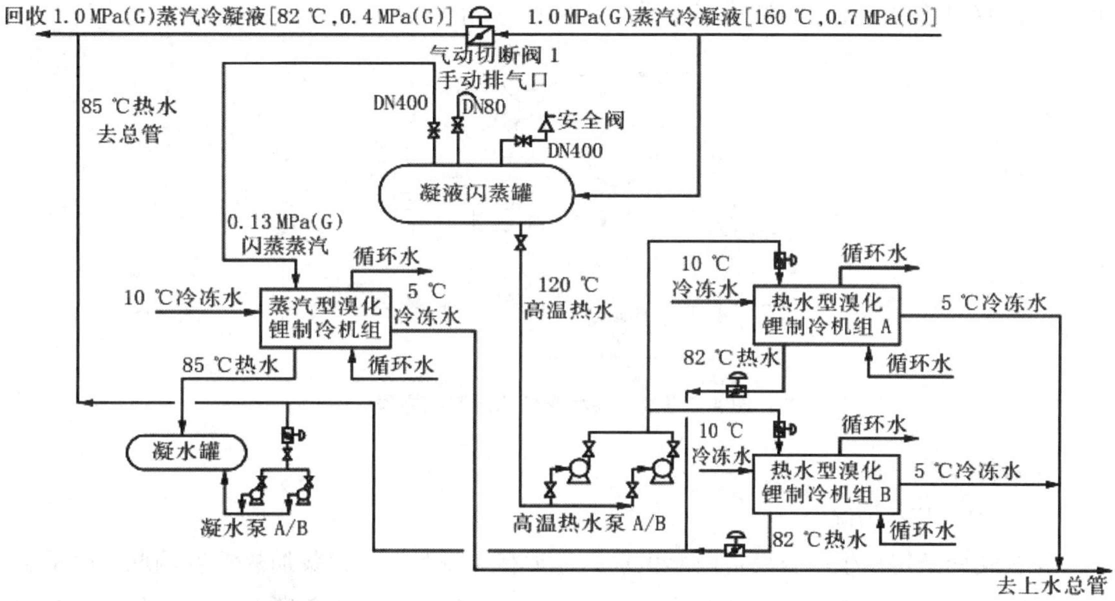

图 4.5.2　改造后的 1.0MPa（G）蒸汽冷凝液余热回收溴化锂机组制冷工艺流程

（3）节能效果及投资收益

某公司新增的余热回收溴化锂制冷机组投运后，1.0MPa（G）蒸汽冷凝液余热大部分得到回收，厂内蒸汽及凝液无序排放现象基本杜绝。

本项目每年可节电 2740.53 万 kW·h，电费按照 0.482 元/（kW·h）计算，则全年可节约电费约 1320.94 万元；相当于节约标准煤 3368.11t，减少 CO_2 排放量 15629.24t，技改节能减排及环保效益非常显著。

蒸汽冷凝水回收溴化锂制冷技术适用于所有需要回收大量蒸汽冷凝液余热的生产装置，推广前景非常广阔。

184. 蒸汽冷凝水回收螺杆加压技术案例介绍

螺杆机械由于具有变工况条件下性能优越，无须运维，单级压差大、单级温升大等优点，在余热、余压回收领域有着重要的应用。水蒸气螺杆增压技术可以回收工业余热及乏汽，通过增压，提升蒸汽压力，实现高压水蒸气的制取、增压输送、乏汽的增压再利用、高压差 MVR 系统增压等功能，可实现工业蒸汽锅炉替代，具有高效、节能、环保等特点。

蒸汽冷凝水回收螺杆加压技术采用双螺杆压缩机，依靠一对相互啮合螺旋转子完成压缩机吸汽、压缩及排汽过程，实现湿压缩，向压缩过程基元内喷入冷却水，通过与压缩蒸汽进行显热及蒸发潜热换热从而冷却蒸汽，并使压缩过程接近等温过程，提高绝热效率。

工作过程喷水冷却是实现高压比、低排汽温度的关键，喷入水与压缩蒸汽进行显热及蒸发潜热换热，对压缩蒸汽进行冷却，在降低排汽温度的同时，还可使压缩过程接近等温过程，提高绝热效率；未蒸发液体水能有效密封双螺杆压缩机泄漏通道，减少压缩蒸汽泄漏，提高容积效率。无油螺杆水蒸气增压系统原理如图 4. 5. 3 所示。

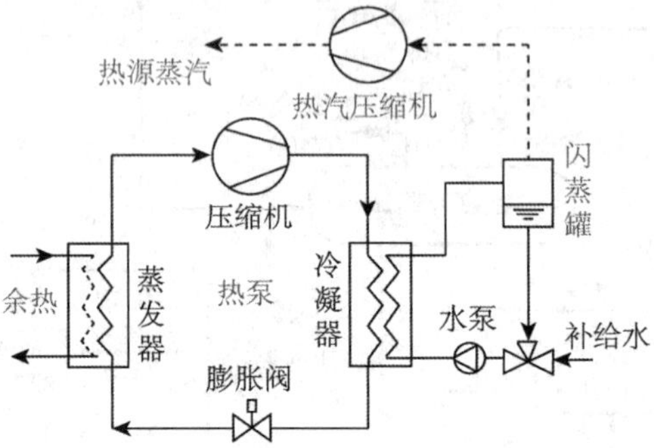

图 4. 5. 3　水蒸汽螺杆增压系统原理

案例介绍

（1）项目基本情况

某公司两条定型生产线设备内部积水，经常有水锤发生。设备加热温度偏低，严重影响公司生产。其中一条定型生产线蒸汽耗量 0. 90 吨/时，另一条定型生产线蒸汽耗量 0. 92 吨/时。外排冷凝水温度过高，外冒白气问题严重。

（2）主要技术改造内容

改变设备用汽方式；正确配置输水站，有效疏水阻汽；回收冷凝水并分级利用冷凝水中的热能；降低外排冷凝水温度，解决外冒白汽问题。

（3）节能效果及投资收益

设备内部积水消除，水锤问题得到解决，同时设备加热温度大幅提升，企业生产效率提高，产品稳定。外排冷凝水温度大幅降低，外冒白汽问题得以解决。两条定型生产线蒸汽耗量分别降为 0. 50 吨/时和 0. 70 吨/时，节能比例分别为 44. 44%和 23. 91%。

185. 定型机废气余热回收利用案例介绍

在纺织工艺中，需要利用热定型机对织物（如布匹）进行干燥和整理定型。在此过程中，一般热定型机内所需热风温度为 150~200℃，废气温度一般在 100~160℃，其中可配置热能回收装置进行热能回收。热能回收装置利用废气的热量对进气进行预热，烘箱内排出的废气先经过热能回收装置后再排出，烘箱外引入的冷气经过热能回收装置再送入烘箱内加热，这两股空气在热能回收装置内进行热量交换。由于两股空气完全隔离，污浊的废气不会混入进气，进气吸收废气的热量后温度会大幅上升，废气在与进气热量交换后温度也会下降，降低定型机废气的温度，可使部分有机化合物从气态变成液态，同时也提升了油烟净化器处理效率，随后排入大气环境中。由此，经过预处理的进气再通过加热装置加热，可大幅减少将进气加热到工艺所需温度的能耗。

通过定型机废气余热回收利用，预计节约天然气5%~30%（折合天然气费用15万~90万元/年），节约蒸汽5%~20%（折合蒸汽费用12万~48万元/年），降低企业能源成本12万~90万元/年/台，投资回收周期小于2年。

第 5 章

主要用能设备

5.1 电动机

186. 什么是电动机

老一辈人称电动机为“马达”，是英语“motor”的译音（因为新中国成立以前我国是没有电机制造能力的，电动机全部从国外进口）。

电动机的定义：电动机是一种把电能转化为机械能的机械装置。

电动机的构成：电动机由定子、转子、机座、端盖、接线盒、风叶、风罩组成，如图5.1.1所示。

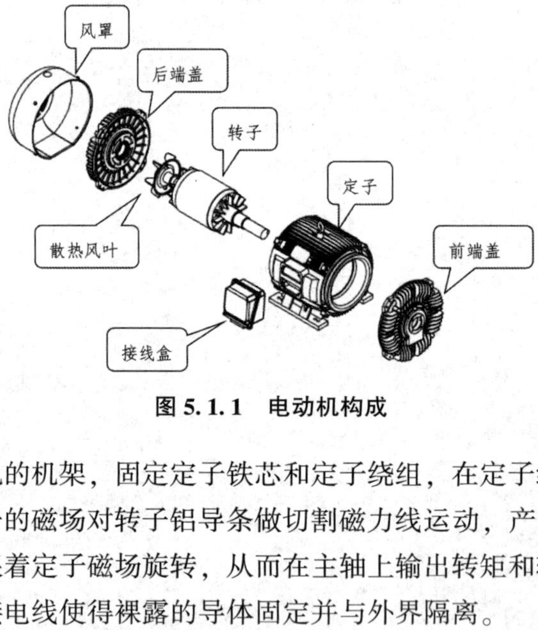

图 5.1.1　电动机构成

定子的作用：电机的机架，固定定子铁芯和定子绕组，在定子绕组中产生旋转磁场。

转子的作用：定子的磁场对转子铝导条做切割磁力线运动，产生感生磁场，根据异性相吸原理，转子磁场跟着定子磁场旋转，从而在主轴上输出转矩和转速。

接线盒的作用：接电线使得裸露的导体固定并与外界隔离。

端盖的作用：支撑轴承和转子，使得转子与定子保持固定的气隙。

风叶的作用：散热。

风罩的作用：保护风叶，把风叶扇动的气流形成向前的冷却气流。

187. 常用电动机的类型有哪些

电动机按工作电源的频率可分为交流电机和直流电机；三相交流电动机按转子的转速与定子磁场转速有没有速差，可以分为异步电机和同步电机。各种类型的电动机实物如图

5.1.2 所示。

三相交流异步电机　　直流电机　　同步电机

图 5.1.2　交流电机和直流电机

三相交流异步电机仍然是主流的动力拖动，主要应用于风机、水泵、减速机机械传动等领域。

三相交流同步电动机的外形与三相交流异步电机一致，主要用于：工艺要求2台以上的电动机的转子转速要求绝对的转速一致；节能拖动系统，发挥永磁同步电机的轻载高效的优势；要求转速突变的场合，如节能液压油泵拖动等。

直流电机凭借其转矩大、转速稳定、易于控制等优点，主要用于轧钢、橡胶挤出等大扭矩需求的设备。

188. 电动机的核心参数有哪些

电动机的核心参数主要有以下几个方面。

（1）额定频率：电动机必须在设计的频率下工作，一般工业用电动机额定频率有50Hz和60Hz两种，我国电网确定的额定频率为50Hz。使用时一定要看清楚电动机的铭牌数据，以确保电源的频率与使用电动机的额定频率一致，否则会导致电动机无法正常工作，严重的会烧毁电动机。

（2）极数和额定转速：在我国的电网下工作的电机，额定频率50Hz时，2极的定子磁场转速3000 r/min，额定转速大概是2950 r/min；4极的定子磁场转速1500 r/min，额定转速大概是1480 r/min；6极的定子磁场转速1000 r/min，额定转速大概是980 r/min；8极的定子磁场转速750 r/min，额定转速大概是730 r/min。

（3）额定功率 P_2：电动机额定的输出机械功率，单位是千瓦（kW）。

（4）额定电压 U：电动机在额定工作条件下长时间正常工作时的最佳输入电压或允许的电源电压范围，单位是伏特（V）。

（5）额定电流 I：额定输出功率时的电流，专业上也称满载电流，单位是安培（A）。

（6）效率 η：额定输出功率时的效率，单位是%，输出的机械功率 P_2 与输入的电功率 P_1 的比值：

$$\eta = \frac{P_2(\text{输出的机械功率 kW})}{P_1(\text{输入的电功率 kW})} \times 100\%, \eta \text{ 值的范围是（50\%～99\%）}$$

我们常说的高效率电动机就是指这个 η 值比较高，但不可能≥100%（因为必须遵守能量守恒定律）。

（7）功率因数 cosφ：额定输出功率时的功率因数。$P_2=\sqrt{3}UI\eta\cos\varphi$

189. 什么是电动机控制系统，有哪些控制方法

电动机控制系统是指，对电机的启动、加速、运转、减速及停止进行的控制系统。电动机控制系统的组成部分及作用，电源开关：接通或切断电源；动作元件：接触器或控制器；按钮：启动或停止。

不同电动机控制方法的基本原理不同，直接用空气开关控制——普通小功率三相异步电动机，直接通电运行；Y-△启动控制——大于 15kW 的三相异步电动机，先把绕组接成 Y 形降压启动，然后绕组接成△运行；软启动器控制——大于 15kW 的三相异步电动机，先用低压启动，然后用额定电压运行；变频控制——用变频器通过先把电压和频率同步下降，然后逐步同步提升的启动方法。

190. 电动机的铭牌包含哪些内容

电动机的铭牌示例及解读如图 5.1.3 所示。

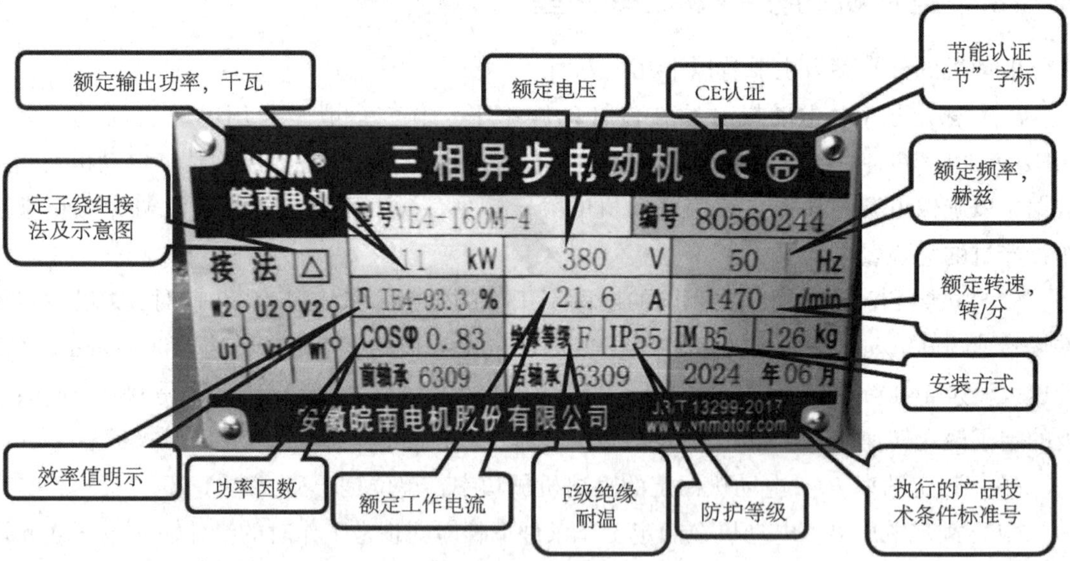

图 5.1.3　电动机铭牌示例及解读

191. 电动机的型号组成部分各有什么含义

电动机的型号繁多，根据不同的分类标准有不同的命名。以下是一些常见的电动机型号分类：

（1）按类型分，如异步电动机（Y 系列）、同步电动机（T 系列）、直流电动机（Z 系

列）等。

（2）按特点分，如隔爆型（YB 系列）、电磁制动式（YEJ 系列）、变频调速式（YVP 系列）等。

（3）按尺寸分，大型、中型、小型和微型电动机，具体根据中心高或机座号来划分。

（4）按用途分，如起重及冶金用三相异步电动机（YZD 系列）、纺织专用高效率三相异步电动机等。

电动机的具体型号解读如下。

三相异步电动机的型号解读，例如：YE4-132S1-2/5.5kW，如图 5.1.4 所示。

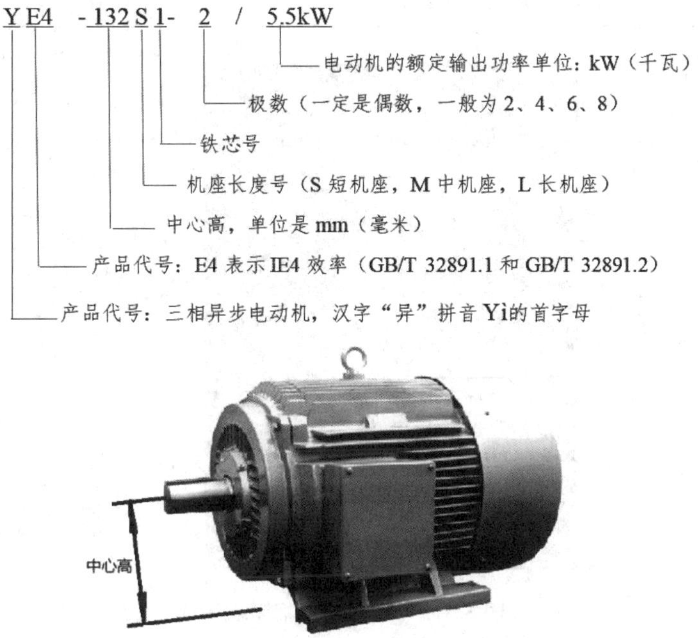

图 5.1.4　三相异步电动机型号解读

T——同步电机，例如：TYBX-300-100L2-4/3 kW。

Z——直流电机，例如：Z4-280-21/180kW。

B——防爆电机，例如：YBX5-132S-4/5.5kW。

YVF2——变频调速电机，例如：YVF2-132S-4/5.5kW。

192. 电动机能效等级有哪些，各种电动机的能效等级有哪些区别

电动机型号较多，不是所有类型的电动机都有相应的能效等级，好多特殊用途的三相异步电动机是无须粘贴能效标识的，如变频调速专用电机、起重专用电机、水冷、油冷型电机、变极多速电机。

我国只对低压电机、工作频率 50Hz 的定速电机，自扇风冷，符合国家 N 设计的三相异步电动机要求能效。

每一个不同型号的电动机都有对应的效率值，根据《电动机能效限定值及能效等级》（GB 18613—2020），例如：YE4-160M-4/11kW 的电动机，根据标准（如表 5.1.1 和图 5.1.5 所示），2 级能效的效率值是 93.3%。

表 5.1.1 额定功率为 11kW 的电动机分级标准

额定功率/kW	效率/%											
	1 级（IE5）				2 级（IE4）				3 级（IE3）			
	2 极	4 极	6 极	8 极	2 极	4 极	6 极	8 极	2 极	4 极	6 极	8 极
11	94.0	94.6	93.7	92.2	92.6	93.3	92.3	90.4	91.2	91.4	90.3	88.6

图 5.1.5 中国能效标识及解读

193. 为什么电动机的实际运行效率往往低于其标称效率

电动机的标称效率往往很高，目前 IE4 以上的电动机，其效率基本超过 90%，但是在实际运行中，却往往达不到，这主要由以下原因造成。

（1）轻载运行

由于电动机选择不当，功率计算余量留得过大或生产工艺变化，使得电动机的实际工作负荷远小于额定负荷，占装机容量 30%~40%的电动机在 30%~50%的额定负荷下运行，而三相异步电动机，铭牌上的效率为额定功率下的效率，实际效率与其负荷有关，负荷越低，运行效率越低。

（2）电压不对称或电压过低

由于三相四线制低压供电系统单相负荷的不平衡，使得电动机的三相电压不对称，液压电机产生负序转矩，增大电机的三相电压不对称，电机产生负序转矩，增大电机运行中的损耗。另外电网电压长期偏低，使得正常工作的电机电流偏大，因而损耗增大，三相电压不对称度越大，电压越低，则损耗越大。

194. 电动机节能措施主要有哪些

电动机的节能措施主要有以下几个方面。

（1）选用高效电动机：优先选用高效节能电动机，提高电动机本身的效率。

（2）优化电动机选型：根据工作负载和功率需求选择合适的电动机型号，合理搭配电动机的额定效率和额定功率，避免大马拉小车。

（3）推广变频调速：采用变频器等控制器，根据电机负载的实际情况实时调整电机的转速和输出功率。

（4）推广直驱电机：特别是针对需要减速箱的设备，低转速、大扭矩、负荷变化较大的情况，可以采用三相直驱永磁电机。

（5）液压油泵系统可以更换永磁电机或伺服一体油泵，根据工况实时调节转速，以达到控制节能的目的。

（6）合理进行无功补偿：安装并联低压电容进行无功补偿，提高功率因数，减少无功损耗。

195. 如何评价电动机改造节能效果

主要通过以下三个方面评价电动机改造的节能效果。

（1）确保电动机改造前后的工况一致，该工况包括设备运行的工艺参数，如转速、压力，包括使用情况，如生产同样的产品，产量相同，或者运行的时间相同，负荷变化相同等。

（2）选择合适的评价参数，一般根据不同的设备，选择的参数会不一样，比如运行非常稳定的循环水泵，可以选择每小时的用电量作为评价参数；配套生产线的，可以选择每吨产品电动机耗电量等，切忌选择电流、视载功率等参数作为评价节电量的参数。

（3）测得改造前、改造后的实际指标值，稳定工况可以测几个小时，非稳定工况测多天的数据（具体由改造实施方和业主商量共同确定），按照“节能率=（改造后实际能耗-改造前实际能耗）/改造前实际能耗”计算，以此来评估节能效果。

196. 强制淘汰电动机有哪些

根据《高耗能落后机电设备（产品）淘汰目录》第一批至第四批，强制淘汰三相异步电动机系列如下：J系列，JO系列，JO2系列，JO3系列，Y系列，Y2系列，Y3系列，YB系列，YB2系列，JS系列。

5.2 风机

197. 什么是风机，风机由哪几部分组成

风机是一种将机械能转换为气体压力能和速度能的机械设备，广泛应用于工业和民用领域。风机是我们对气体输送和气体压缩机械的习惯简称，根据绝对压力不同可分为，通风机：$<11.27\times10^4$Pa；鼓风机：（$11.27\sim34.2$）$\times10^4$Pa；空气压缩机：$>34.2\times10^4$Pa。根据工作原理主要分为透平式和容积式两大类，透平式风机是利用叶轮旋转产生气流，增加气体的动能和压力来实现气体的输送和压缩。

透平式风机包括离心式、轴流式、混流式和横流式等，如图 5.2.1 所示。透平式风机的主要结构部件包括叶轮、机壳、进气装置、电机、传动装置、支撑轴承等。

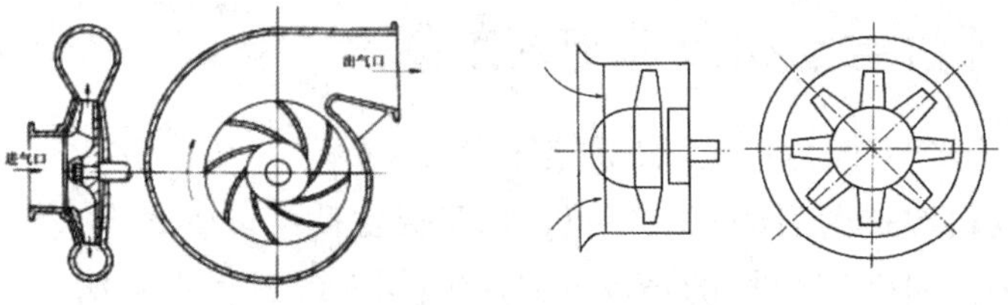

离心风机　　　　轴流风机

图 5.2.1　离心风机和轴流风机

容积式风机通过转子相互啮合改变气体容积的方法来压缩和输送气体。常见的容积式风机有罗茨风机和螺杆风机，如图 5.2.2 所示。容积式风机的主要结构部件包括机壳、叶轮转子/螺杆转子、进气装置、电机、传动装置、支持轴承等。

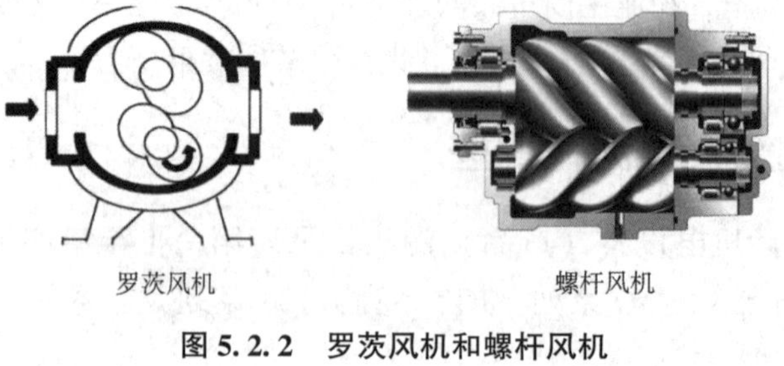

罗茨风机　　　　螺杆风机

图 5.2.2　罗茨风机和螺杆风机

198. 风机主要适用于什么场景

风机在工业领域、建筑领域、农业领域、交通运输领域、环境治理领域和医疗领域均存在使用场景。

（1）工业领域：在工业领域，首先，风机可以用于通风换气，帮助排除工业生产过程中产生的热量、异味、有害气体等，保持生产环境的清洁和舒适。其次，风机还可以用于冷却设备和机械，防止过热导致设备故障或损坏。此外，风机还可以通过调节气流速度和方向，实现对工业生产过程中的温度、湿度、氧气浓度等参数的控制，提高生产效率和产品质量。

（2）建筑领域：在建筑领域，风机起到了重要的通风、排风和送风作用。风机可以通过强制空气循环，保持室内空气的新鲜和清洁，避免异味、霉味的滋生。同时，风机还可以帮助排除室内累积的热量和湿气，保持室内温度和湿度的舒适度。在冬季，风机还可以将室内暖气均匀地分布到各个角落，提高供暖效果。此外，风机还可以用于建筑物的烟气排放系统，保证人员疏散时的安全。

（3）农业领域：在农业领域，风机可以用于农作物的保鲜和贮藏。通过控制风机的通风量和温度，可以延长农产品的保鲜期，减少腐烂和霉变的风险。另外，风机还可以用于农田的病虫害防治。通过调节风机的风速和方向，可以将害虫和病菌吹散，减少害虫的繁殖和传播。此外，风机还可以用于农田的灌溉系统，提供动力和保证水流的顺畅。

（4）交通运输领域：在交通运输领域，风机主要用于车辆和船舶的发动机散热系统。发动机在工作过程中会产生大量的热量，如果不能及时散热，会导致发动机过热甚至损坏。而风机通过强制气流循环，将热量带走，保持发动机的正常工作温度。同时，风机还可以用于地铁、隧道等封闭空间的通风系统，保证乘客的安全和舒适。

（5）环境治理领域：在环境治理领域，首先，风机可以用于污水处理厂的曝气系统，通过强制气流对废水中的有机物进行氧化分解，提高废水的处理效果。其次，风机还可以用于烟气脱硫和脱硝系统，通过强制气流带走烟气中的二氧化硫和氮氧化物，减少大气污染物的排放。此外，风机还可以用于垃圾焚烧厂和污泥处理厂的废气处理系统，降低有害气体的排放。

（6）医疗领域：在医疗领域，风机主要用于呼吸机、消毒设备、医保设备、医药冷库、高压氧舱治疗以及医院专用高速风机等多个方面，为医疗环境的改善和病患的治疗提供了重要的技术支持。

199. 风机性能的基本参数有哪些，是如何计算的

尽管风机的型号、规格千差万别，但只要我们搞清楚衡量风机性能的基本指标参数，对于我们了解风机和设备选型有很大的帮助。这些性能参数包括风量、风压、效率、噪声、转速、功率、额定电压和防护等级等。

（1）流量（Q）：在单位时间内通过风机的气体容积，又称风量，是评价风机输送容

量能力指标。风机的流量是用出气流量换算成进口滞止流量（进气状态）的结果来表示的，常用单位 m^3/h、m^3/s。风量计算（用毕托管测量时）：

$$Q=3600\times S\times V$$

式中，Q 是风量（m^3/h）；S 是测点处有效截面积（m^2）；V 是测点处平均风速（m/s）。

（2）压力（H）：为进行正常通风，需要有克服管道阻力的压力，风机则必须产生这种压力。因此，压力是评价风机输送能力、克服管道系统阻力的重要指标。风机的压力分为静压、动压、全压三种形式，其单位常用 Pa、kPa。静压是气体对平行于气流的物体表面作用的压力，它是通过垂直于其表面的孔测量出来的，静压主要用于克服管道产生的阻力。动压是由动能变化所引起的压力，它是一种速度能，是某个横截面上的压力值。对于风机整体来说，则是指出口面上的动压。动压是把气体流动中所需动能转换成压力的形式。全压是指风机出入口气体全压的差值，也可以说是动压与静压之和。全压是风机性能的一个重要参数，用于表示风机产生的总压力。风压计算：

$$H=H_2-H_1$$

式中，H 是全压（Pa）；H_2 是动压，风机出口处的总压（Pa）；H_1 是静压，风机进口处的总压（Pa）。

（3）转速（n）：风机转速是指风机叶轮或转子每分钟旋转的次数，单位为 r/min。转速是评价风机运行稳定性、噪声、振动等的重要指标。

（4）有效功率（Nyx）：有效功率又称风机的理论功率或叶轮功率，指气体在单位时间从风机中所获得的总能量，单位为 kW。有效功率计算：

$$N_{yx}=Q\times H\times 10^{-3}$$

式中，Q 是风机的流量（m^3/s）；H 是风机的全压（Pa）。

（5）输入功率（N）：风机的输入功率是指风机在运行过程中，从电源处获得的电功率，单位为 kW。这个功率包括了风机的轴功率以及驱动元件的功率损耗部分。轴功率是指电动机传给风机轴上的功率，常用于衡量风机的做功性能和效率。驱动元件的功率损耗包括电机、联轴器、皮带轮、齿轮箱等驱动元件的功率损耗。输入功率是风机选型的重要参数之一，它直接影响到风机的运行效率和使用成本。

（6）通风机效率（η_r）：通风机效率计算：

$$\eta_r=\frac{q_{vsgl}\times p_F\times k_p}{1000P_r}\times 100\%$$

式中，q_{vsgl} 是通风机进口滞止容积流量，单位为立方米每秒（m^3/s）；p_F 是通风机压力，单位为帕（Pa）；k_p 是压缩性修正系数；P_r 是叶轮功率，即供给通风机叶轮的机械功率，单位为千瓦（kW）。

（7）通风机机组效率（η_e）：通风机机组效率计算：

$$\eta_e=\frac{q_{vsgl}\times p_F\times k_p}{1000P_e}\times 100\%$$

式中，P_e 是电动机输入功率，单位为千瓦（kW）。

（8）离心式鼓风机多变效率（η_{pol}）：离心式鼓风机多变效率计算：

$$\eta_{pol} = \frac{W_{pol}}{W_{tot}} \times 100\% = \frac{m/(m-1)}{k/(k-1)} \times 100\% = \frac{1}{k/(k-1)} \times \frac{lg(P_2/P_1)}{lg(T_2/T_1)} \times 100\%$$

式中，η_{pol} 是鼓风机多变效率；W_{pol} 是鼓风机多变压缩功，单位为千焦每千瓦（kJ/kW）；W_{tot} 是鼓风机总耗功，单位为千焦每千瓦（kJ/kW）；m 是介质多变指数；k 是介质绝热指数；P_2 是鼓风机出口压力，单位为兆帕（MPa）；P_1 是鼓风机进口压力，单位为兆帕（MPa）；T_2 是鼓风机出口温度，单位为开（K）；T_1 是鼓风机进口温度，单位为开（K）。

（9）噪声：风机噪声是指风机工作时产生的噪声级别，通常以分贝（dB）为单位。噪声是评价风机工作环境污染、对人体健康影响的重要指标。合理选择低噪声的风机，能够提供舒适的工作环境和安静的生活环境。

（10）额定电压（V）：风机额定电压是指风机运行所需的电源电压，通常以伏特（V）为单位。风机的额定电压应与供电系统的标准电压匹配，以确保风机的正常运行。

（11）防护等级（IP）：风机的防护等级是指风机外壳对灰尘、水分等外来物质的阻隔程度，通常用 IP 等级表示。防护等级越高，对外来物质的阻隔效果越好，适用于恶劣的工作环境。

200. 风机驱动技术方式有哪些，如何影响推动风机技术的发展

风机的驱动方式对运行效率的影响较大，一定程度上也影响风机的技术发展。驱动方式的选择取决于具体的应用需求、功率要求、转速、维护成本和维护周期等因素。

常见风机的驱动方式主要包括以下三种。

（1）皮带驱动：在电机和风机主轴之间加入皮带轮，通过皮带轮的传动将电机动力传递到风机上，可以适应不同的转速需求，具有一定的缓冲作用。

（2）齿轮驱动：电机与齿轮箱相连，再通过齿轮箱将动力传递到风机主轴上，能够适应高转速、高效率的工况，同时具有较好的缓冲和减震效果。

（3）直接驱动：电动机直接与风机主轴相连，通过电机的旋转带动风机的转动，结构简单，维护方便。

风机驱动的动力源主要包括以下三种。

（1）电动驱动：利用电动机作为动力源，适用于大多数工业应用。

（2）涡轮驱动：一些大型鼓风机可以使用涡轮机或蒸汽涡轮机作为动力源，适用于大型工业应用。

（3）柴油发动机驱动：在需要独立于电网供电的场合，可以使用柴油发动机作为动力源。

风机技术正朝着高端化、智能化和绿色化的方向发展，通过采用先进的设计、制造技术和智能控制系统，提高设备的能效、可靠性和环保性能，满足市场对高效、节能和低噪

声产品的需求。

驱动技术的升级正是风机发展方向的重要技术保障。驱动形式从皮带传动、齿轮传动到同轴直驱，再到基于悬浮技术的空气悬浮驱动和磁悬浮驱动方向发展，每分钟驱动转速也从皮带或普通直联驱动的1500~3000转到增速齿轮驱动的12000转，再到耦合现代变频技术的悬浮驱动的3万~10万转。转速越高，电机的功率密度就越大、体积就越小、重量就越轻。风机的驱动方式正向着高速、高效的方向发展，如采用磁悬浮和空气悬浮技术，减少机械摩擦和能量损耗，大大提高风机的效率和能效。

201. 风机的能效标准是什么，在实践中的作用是什么

风机的能效等级分为三级，其中一级表示能效最高，三级表示能效最低。这些等级反映了风机在标准测试条件下的效率水平。不同类型的风机，国家出台了相应的能效标准，现行的分别为《通风机能效限定值及能效等级》（GB 19761—2020）、《离心鼓风机能效限定值及节能评价值》（GB 28381—2012），标准规定了不同类型风机的能效限定值和节能评价值。

实践中，选择风机时，应优先考虑高能效等级的产品，以确保运行成本效益和环境效益。不同能效等级的风机在运行成本上的差异主要体现在能耗上。例如，1级能效的风机相比于3级能效的风机，可能会有更高的购买成本，但由于其更高的运行效率，长期运行下来能够节省更多的能源，从而使得总的运行成本（包括购买成本和能源消耗成本）更低。

另外，对现有运行中的风机，按照上述标准的要求，对风机进行全面的性能测试。利用标准中提供的公式计算风机的效率，将测试得到的风机效率与标准中的能效等级进行比较，确定风机的实际能效等级，如果风机的能效等级未达到预期，可以考虑进行技术改造或更换更高效的风机，以提高能效和降低运行成本。

202. 风机的铭牌包含哪些内容，分别代表什么含义

风机的铭牌是风机设备的重要标识，它包含了风机的型号、风量、风压、功率、电流、效率、电源、重量和噪声等内容，这些数据可以帮助我们了解风机的性能和特点。风机的铭牌示例如图 5.2.3 所示。

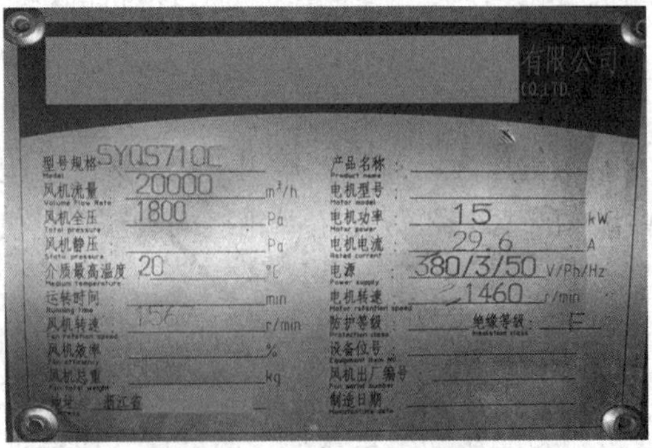

图 5.2.3 风机铭牌示例

（1）风机型号：风机的型号通常由一串字母和数字组成，可以通过操作手册查询与之对应风机的参数和特性。

（2）风量和风压：风量和风压是衡量风机性能的重要参数，风量通常以 m^3/s、m^3/min、m^3/h 或 CFM 为单位，风压通常以 Pa、MPa 或 mmH_2O 为单位。

（3）额定功率和电流：风机的功率和电流是风机运行时消耗的电能，通常以千瓦（kW）和安培（A）为单位。

（4）效率：风机的效率通常以百分比表示，效率越高意味着在传输气体时能量损失越小。

（5）额定电压和频率：风机的额定电压和频率是指风机正常运行时需要的电压和频率，通常为 220V/50Hz 或 380V/50Hz。

（6）风机重量和噪声：风机的重量和噪声也是考虑选购风机的重要因素，铭牌上通常也会有相关信息。

（7）安全注意事项：铭牌上还会有一些安全注意事项，如禁止乱动电线、禁止用湿手触摸电机等，使用时应注意。

203. 离心风机特性曲线有什么实际意义

典型的离心风机特性曲线是指在一定转速和入口条件下，风机流量与风压、流量与功率、流量与效率的关系曲线，如图 5.2.4 所示。它形象地描述了风机工作的一些基本特征，包括风量、压力、转速、功率、效率等，是由一系列的工作点连接而成的，体现了风机设备的运行趋势。

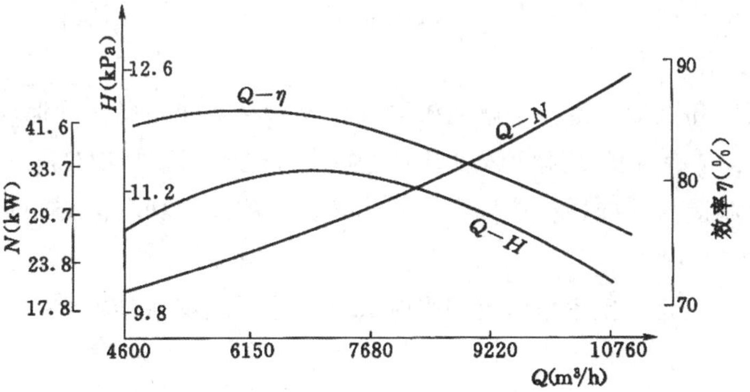

图 5.2.4　风机特性曲线

一般情况下，风机性能曲线的横轴坐标为风量（流量），纵轴坐标则对应着压力、功率、效率等参数。

风机做功能力的大小可以用流量 Q、全压 H 的大小来反映。在一定转速下，一台风机的流量 Q 与全压 H 之间有一个对应的关系，这个对应关系用 Q−H 曲线来表示，即为 Q−H 风机性能曲线。同样有流量 Q 与功率 N 的 Q−N 曲线；流量 Q 与效率 η 的 Q−η 曲线等。

从特性曲线上可以看出，风机在某一对应的 $Q-H$ 值运行时，风机将有最高效率，这时的 Q、H、η 即为该台风机的额定参数。风机的流量是根据生产、工艺的需要来确定的，全压是根据管道阻力特性曲线来决定的。当风机运行点落在低效区域或节流运行时，风机运行就不经济。因此掌握和应用特性曲线，就能正确选择和经济合理地使用风机。

204. 如何为设备配置合适的风机

为设备配置合适的风机需要综合考虑多个因素，以确保风机能够满足特定的应用需求，并在长期运行中保持高效、稳定和安全。以下是一些基本的步骤和考虑因素。

（1）确定风机的用途和工作环境：首先明确风机的用途，比如是用于通风、排尘、压缩还是抽真空等。其次，考虑使用环境的温度、湿度、粉尘浓度等，确定是否需要特殊材料或防护措施。

（2）计算所需风量和压力：根据系统的设计参数，计算所需的风量和压力。

（3）选择合适的风机类型：根据所需的风量和压力，选择合适的风机类型，如离心风机、轴流风机、混流风机等。例如，轴流风机适用于高流量、低压力的应用，而离心风机适用于高压力、低流量的应用。

（4）考虑风机的效率和能耗：选择高效率的风机以减少能耗，降低运行成本。可以通过查阅产品说明书和技术参数表，比较不同型号风机的能耗指标。

（5）《通风机能效限定值及能效等级》（GB 19761—2020）、《离心鼓风机能效限定值及节能评价值》（GB 28381—2012）规定了不同类型风机的能效限定值和节能评价值。选择风机时，应优先考虑高效能等级的产品。

（6）确定风机的噪声水平：在满足通风需求的前提下，尽量选择低噪声风机，为员工创造一个舒适的工作环境。

（7）考虑安装和维护因素：了解风机的安装要求和空间布局，确保现场条件能够满足安装需要。同时，选择维护便捷的风机型号，减少停机时间和维护难度。

（8）品牌和制造商的选择：选择市场上信誉良好的品牌和有信誉的制造商，确保产品质量稳定可靠。

（9）综合经济性分析：考虑风机的采购成本、运行成本和维护成本，选择性价比高的风机型号。

205. 影响风机运行效率的常见问题有哪些

风机实际使用现状，普遍存在难以发挥风机系统的运行效率的问题。以下三大常见问题需要注意。

（1）参数设计选型不当：风机选型过程中，关联环节对所需风量和压力层层加码，导致“大马拉小车”的现象普遍存在。大家习惯于将样本提供的数据乘 1.1～1.2 倍系数，造成正常运行风量和风压与实际不匹配，使风机在低效区运行。

（2）风量调节方式单一：风机在变工况部分负载下运行时，需要与之相适应的风量调节方式。很多用户对调节手段不够重视或对调节方法知之甚少，造成调节中电能的大量损耗。合理风量调节是风机系统节能的关键一环。

（3）管网布置不合理：即使风机性能好，若现场管网布置不好也会直接影响风机性能的发挥。风机进、出口管路布置不合理，不仅会增加局部阻力损失，更重要的是使风机本身性能降低。管网布置不合理主要表现有：管网中有多处突然扩大、缩小、分流、变向或急转弯的管道和接头，如多余的管接头、弯头、三通、阀门等；管网中往往存在泄漏现象，泄漏多发生在节流阀门和管道连接处，风机本身有时也有泄漏；风机进、出口管路布局不合理，如缺少必要的直管段、进口与急弯管道直接连接、出口直接与 90°弯管或逆向弯管连接、出口直接接突然扩大管等。

206. 风机常用的节能措施有哪些

风机常用的节能措施主要有以下几种。

（1）优化风机管路系统：通过改进风机的管路设计，减少系统阻力，提高风机的运行效率。这包括合理布局管道、减少弯头和不必要的管道长度，以降低压力损失，提高整体效率。

（2）增加变频驱动：采用变频调速技术（VFD），根据实际需求调整风机的运行转速，以匹配不同的流量和压力需求，从而减少能耗。变频调速可以根据系统需求精确控制风机的运行，避免过度供风，实现节能。

（3）更换高效设备：使用高效率的风机和电机，以提高整体的能效。如选择 IE3 级或更高级别的高效率电机或永磁电机，以提高电能转换为机械能的效率；通过优化风机的叶轮设计、改进叶片形状和材料，提高风机的气动效率，从而减少能量损失。这些高效设备虽然初期投资较高，但长期运行中能够显著降低能耗，减少运行成本。

（4）定期维护和检修：定期对风机进行维护和检修，确保其在最佳状态下运行，包括清洁风机叶片、调整传动装置、修复漏风等。

（5）智能控制系统：采用智能控制系统实时监测风机的运行状态，根据实际工况自动调节风机的运行参数，实现精确的能耗控制和优化。

（6）能源回收：采用能源回收装置，如热回收系统，回收风机系统产生的余热、废热或排放气体等能量进行再利用。

207. 强制淘汰风机有哪些

《高耗能落后机电设备（产品）淘汰目录》是由工业和信息化部发布的，旨在进一步推动工业领域节能减排工作，加快淘汰落后生产能力和高耗能设备。截至目前，该目录已经发布了四批，分别为 2009 年 12 月发布第一批、2012 年 4 月发布第二批、2014 年 3 月发布第三批、2016 年 2 月发布第四批。其中涉及风机的有第一批和第三批（如表 5. 2. 1、表 5. 2. 2 所示）。

表 5.2.1 《高耗能落后机电设备（产品）淘汰目录》第一批风机清单

<table>
<tr><th>序号</th><th>淘汰产品名称及型号规格</th><th>淘汰理由</th><th>备注</th></tr>
<tr><td>5-1</td><td>高压离心通风机 8-18 系列</td><td>效率低</td><td rowspan="10">淘汰的风机产品不符合以下相应的现行标准：
1. GB 32049—2015
通风机能效限定值及节能评价值
2. GB 10080—2001
空调用通风机安全要求
3. GB/T 2888—2008
风机和罗茨风机噪声测量方法
4. JB/T 7259—2006
烧结厂用离心式鼓风机
5. JB/T 8941. 1—1999
一般用途罗茨风机　第 1 部分：技术条件
6. HJ/T 384—2007
环境保护产品技术要求　一般用途低噪声轴流通风机
7. HJ/T 278—2006
环境保护产品技术要求　单级高速曝气离心鼓风机
8. HJ/T 251—2006
环境保护产品技术要求　罗茨风机</td></tr>
<tr><td>5-2</td><td>高压离心通风机 9-27 系列</td><td>效率低</td></tr>
<tr><td>5-3</td><td>小氮肥离心风机 8-18 系列和 4-72 串联</td><td>需两台风机串联使用，效率低</td></tr>
<tr><td>5-4</td><td>矿井轴流主通风机 $70B_2$ 系列</td><td>效率低</td></tr>
<tr><td>5-5</td><td>老 SJ 系列烧结鼓风机</td><td>效率低</td></tr>
<tr><td>5-6</td><td>SD50 系列隧道轴流通风机</td><td>效率低</td></tr>
<tr><td>5-7</td><td>一般轴流通风机
T30 系列
$30K_4$ 系列
03-11 系列</td><td>效率低</td></tr>
<tr><td>5-8</td><td>防烟轴流通风机
BT30 系列
$B30K_4$ 系列</td><td>效率低</td></tr>
<tr><td>5-9</td><td>罗茨风机
$D80M^3$
$D120M^3$
$D160M^3$</td><td>效率低，性能参数不适合小硫酸生产</td></tr>
<tr><td>5-10</td><td>罗茨风机
LG100×72-1
LG100×110-1
LG202×200-1
LG300×200-1
LG410×495-1
LG480×665-1
LG480×665-2
LG700×560-1
LG700×830-1
LG700×950-1
LG1000×1200-1
LG1000×1500-1</td><td>1. 型号杂乱，结构落后，效率低；
2. 性能范围窄，不能满足各种工况要求</td></tr>
</table>

续表

<table>
<tr><th>序号</th><th>淘汰产品名称及型号规格</th><th>淘汰理由</th><th>备注</th></tr>
<tr><td>5-11</td><td>罗茨风机
L20-5/0.20
L20-5/0.35
L20-5/0.50
L20-7/0.20
L20-7/0.35
L20-7/0.50
L20-10/0.20
L20-10/0.35
L20-10/0.50
L32-15 /0.20</td><td>1. 型号杂乱，结构落后，效率低；
2. 性能范围窄，不能满足各种工况要求</td><td rowspan="3">淘汰的风机产品不符合以下相应的现行标准：
1. GB 32049—2015
通风机能效限定值及节能评价值
2. GB 10080—2001
空调用通风机安全要求
3. GB/T 2888—2008
风机和罗茨风机噪声测量方法
4. JB/T 7259—2006
烧结厂用离心式鼓风机
5. JB/T 8941.1—1999
一般用途罗茨风机　第 1 部分：技术条件
6. HJ/T 384—2007
环境保护产品技术要求　一般用途低噪声轴流通风机
7. HJ/T 278—2006
环境保护产品技术要求　单级高速曝气离心鼓风机
8. HJ/T 251—2006
环境保护产品技术要求　罗茨风机</td></tr>
<tr><td>5-12</td><td>罗茨风机
L32-15/0.35
L32-15/0.50
L32-20/0.20
L32-20/0.35
L32-20/0.50
L32-30/0.20
L32-30/0.35
L32-30/0.50
L41-40/0.20
L41-40/0.35
L41-40/0.50
L41-60/0.20
L41-60/0.35
L41-60/0.50</td><td>1. 型号杂乱，结构落后，效率低；
2. 性能范围窄，不能满足各种工况要求；
3. 用户选择困难</td></tr>
<tr><td>5-13</td><td>罗茨风机
L50-80/0.20
L50-80/0.35
L50-80/0.50
L50-120/0.20
L50-120/0.35
L50-120/0.50
L60-160/0.20
L60-160/0.35
L60-160/0.50
L60-200/0.20
L60-200/0.35
L60-200/0.50
L60-250/0.20
L60-250/0.35
L60-250/0.50</td><td>1. 型号杂乱，结构落后，效率低；
2. 性能范围窄，不能满足各种工况要求；
3. 用户选择困难</td></tr>
</table>

续表

序号	淘汰产品名称及型号规格	淘汰理由	备注
5-14	罗茨风机 R14、R22、R36、R60	效率低，耗能高，耗材多，故障率较高	淘汰的风机产品不符合以下相应的现行标准： 1. GB 32049—2015 通风机能效限定值及节能评价值 2. GB 10080—2001 空调用通风机安全要求 3. GB/T 2888—2008 风机和罗茨风机噪声测量方法 4. JB/T 7259—2006 烧结厂用离心式鼓风机 5. JB/T 8941. 1—1999 一般用途罗茨风机　第 1 部分：技术条件 6. HJ/T 384—2007 环境保护产品技术要求　一般用途低噪声轴流通风机 7. HJ/T 278—2006 环境保护产品技术要求　单级高速曝气离心鼓风机 8. HJ/T 251—2006 环境保护产品技术要求　罗茨风机
5-15	罗茨风机 D14×20-1. 25/2000 D14×20-1. 25/3500 D14×20-1. 25/5000 D14×20-2. 5/2000 D14×20-2. 5/3500 D14×20-2. 5/5000 D22×21-5/2000 D22×21-5/3500 D22×21-5/5000 D22×16-7/2000 D22×16-7/3500 D22×16-7/5000 D22×21-10/2000 D22×21-10/3500 D22×21-10/5000 D22×32-15/2000 D22×32-15/3500 D22×32-15/5000 D36×28-20/2000 D36×28-20/3500 D36×28-20/5000 （包括 SD 型在内） D36×28-30/2000 D36×28-30/3500 D36×28-30/5000 （包括 SD 型在内） D36×35-40/2000 D36×35-40/3500 D36×35-40/5000 （包括 SD 型在内） D36×46-60/2000 D36×46-60/3500 D36×46-60/5000	1. 型号杂乱，结构落后，效率低； 2. 性能范围窄，不能满足各种工况要求	

续表

序号	淘汰产品名称及型号规格	淘汰理由	备注
5-15	（包括 SD 型在内） D36×60-80/2000 D36×60-80/3500 D36×60-80/5000 D60×48-120/2000 D60×48-120/3500 D60×48-120/5000 D60×63-160/2000 D60×63-160/3500 D60×63-160/5000 D60×78-200/2000 D60×78-200/3500 D60×78-200/5000 D60×90-250/2000 D60×90-250/3500 D60×90-250/5000	1. 型号杂乱，结构落后，效率低； 2. 性能范围窄，不能满足各种工况要求	淘汰的风机产品不符合以下相应的现行标准： 1. GB 19761—2005 通风机能效限定值及节能评价值 2. GB 10080—2001 空调用通风机安全要求 3. GB/T 2888—2008 风机和罗茨风机噪声测量方法 4. JB/T 7259—2006 烧结厂用离心式鼓风机 5. JB/T 8941. 1—1999 一般用途罗茨风机　第 1 部分：技术条件 6. HJ/T 384—2007 环境保护产品技术要求　一般用途低噪声轴流通风机 7. HJ/T 278—2006 环境保护产品技术要求　单级高速曝气离心鼓风机 8. HJ/T 251—2006 环境保护产品技术要求　罗茨风机

表 5. 2. 2　《高耗能落后机电设备（产品）淘汰目录》第三批风机清单

序号	产品名称	型号	主要技术参数	淘汰理由	淘汰范围及时间
3-1	Y5-47 系列离心引风机	Y5-47No. 4C Y5-47No. 5C Y5-47No. 6C Y5-47No. 8C Y5-47No. 9C Y5-47No. 12D Y5-47No. 12. 4D	流量： 2750~75330 m^3/h； 全压： 1. 265~3. 810kPa	1. 不符合《通风机能效限定值及能效等级》（GB 19761—2020）标准中能效限定值要求； 2. 技术水平落后，结构老化	2005 年（含）前生产的该系列产品应在本目录发布之日起立即停止使用； 2015 年年底之前停止使用 2005 年以后生产的该系列产品

续表

序号	产品名称	型号	主要技术参数	淘汰理由	淘汰范围及时间
3-2	W5-47 系列高温风机	W5-47No. 5C W5-47No. 6C W5-47No. 59C	流量：4840~16233 m^3/h； 全压：0. 716~2. 132kPa	1. 不符合《通风机能效限定值及能效等级》（GB 19761—2020）标准中能效限定值要求； 2. 技术水平落后，结构老化	2005 年（含）前生产的该系列产品应在本目录发布之日起立即停止使用； 2015 年年底之前停止使用 2005 年以后生产的该系列产品
3-3	M7-29 系列煤粉离心通风机	M7-29No. 11D M7-29No. 12. 5D M7-29No. 13D M7-29No. 14. 5D M7-29No. 16D M7-29No. 17D	流量：11500~102000 m^3/h； 全压：4. 433~11. 67kPa		
3-4	W7-29 系列高温风机	W7-29No. 16D	流量：28500~84500 m^3/h； 全压：4. 193~3. 744kPa		
3-5	9-35 系列锅炉通风机	9-35No. 6D 9-35No. 8D 9-35No. 10 9-35No. 12D 9-35No. 13. 5D 9-35No. 15. 5D 9-35No. 18D 9-35No. 20D	流量：3710~190300 m^3/h； 全压：0. 833~5. 599kPa		
3-6	Y9-35 系列锅炉引风机	Y9-35No. 8D Y9-35No. 10D Y9-35No. 12D Y9-35No. 13. 5D Y9-35No. 15. 5D Y9-35No. 18D Y9-35No. 20D Y9-35No. 13. 5F Y9-35No. 15. 5F Y9-35No. 18F Y9-35No. 20F Y9-35No. 21. 5F	流量：5810~473000 m^3/h； 全压：0. 539 4. 12kPa		

5.3 泵

208. 什么是泵，泵的组成以及各部分的作用是什么

泵是把机械能转换成液体的能量，用来增压输送液体的机械。它将原动机的机械能或其他外部能量传送给液体，使液体能量增加。泵主要用来输送液体包括水、油、酸碱液、乳化液、悬乳液和液态金属等，也可输送液体、气体混合物以及含悬浮固体物的液体。

以常见的离心泵为例，其常见的结构如图 5.3.1 所示。

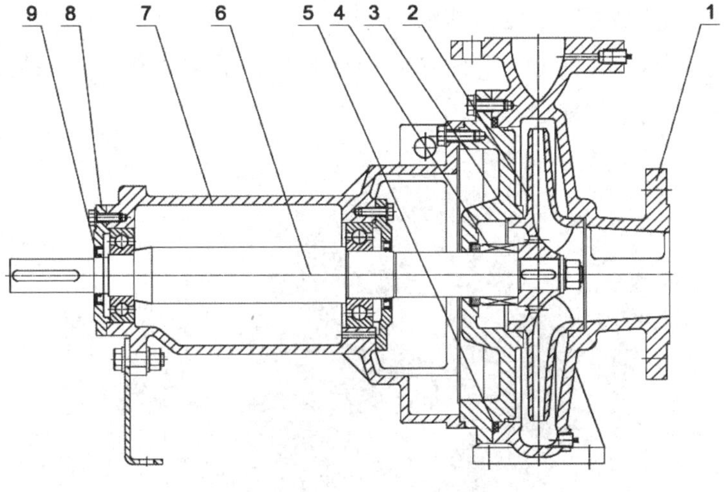

1. 泵体；2. 叶轮；3. 泵盖；4. 轴封；5. O 型圈；6. 泵轴；7. 轴承体；8. 轴承压盖；9. 油封。

图 5.3.1　泵的结构

泵的基本组成部分通常包括以下几种。

（1）泵体：泵的外壳，通常由金属或其他坚固材料制成，用于容纳泵的内部部件。

（2）叶轮：泵的核心部件，通常由一系列叶片组成，当叶轮旋转时，叶片推动流体移动。

（3）泵轴：连接叶轮和驱动泵的电机或引擎的旋转部件，传递动力。

（4）轴封：防止泵内部的流体泄漏到泵外部或外部的液体进入泵内部的部件。

（5）轴承：支撑轴并减少摩擦的部件，确保轴的平稳旋转。

209. 常用泵的类型有哪些

按照泵的工作原理来分类，泵可以分为以下几类。

（1）容积式泵：容积式泵是指靠工作部件的运动造成工作容积周期性地增大和缩小而吸排液体，并靠工作部件的挤压而直接使液体的压力增加。容积泵根据运动部件运动方式的不同分为往复泵和回转泵两类。往复泵有活塞泵、柱塞泵和隔膜泵等；回转泵有齿轮泵、螺杆泵、叶片泵和水环泵等。其中往复泵、齿轮泵、螺杆泵和隔膜泵的特点和应用场景如下。

①往复泵。特点：可实现高压力输送，流量可调节。应用场景：适用于需要高压输送液体的场合，如油田注水。

②齿轮泵。特点：结构简单，自吸能力强，但内泄漏较大，流量脉动和噪声较大，如图 5.3.2 所示。应用场景：适用于中低压机床中的液压系统。

③螺杆泵。特点：压力和流量范围宽阔，吸入性能好，具有自吸能力。应用场景：适用于化工、石油、食品等行业的液体输送。

④隔膜泵。特点：无泄漏，可输送腐蚀性液体或有毒液体。应用场景：适用于化工、医药、食品等行业的液体输送。

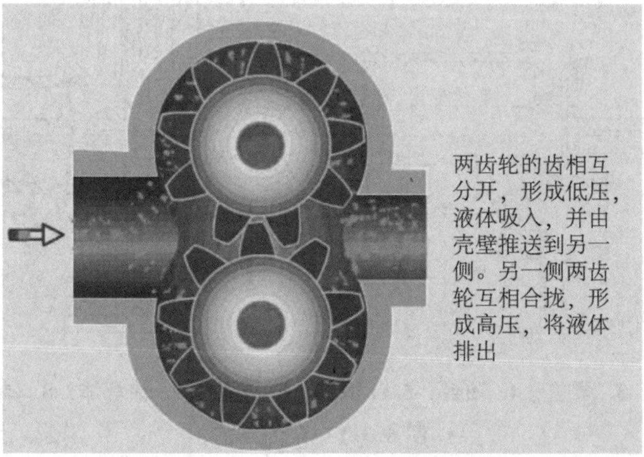

图 5.3.2　齿轮泵

（2）叶轮式泵：叶轮式泵是靠叶轮带动液体高速回转而把机械能传递给所输送的液体。根据泵的叶轮和流道结构特点的不同，叶轮式泵又可分为离心泵、轴流泵、混流泵、旋涡泵。其中离心泵和轴流泵的特点和应用场景如下。

①离心泵。特点：结构简单，流量连续均匀，适用于大流量，中、低扬程场合。应用场景：广泛应用于供水、排水、灌溉等领域。其工作原理如图 5.3.3 所示。

②轴流泵。特点：适用于大流量、低扬程的场合。应用场景：常用于城市排水、灌溉等。

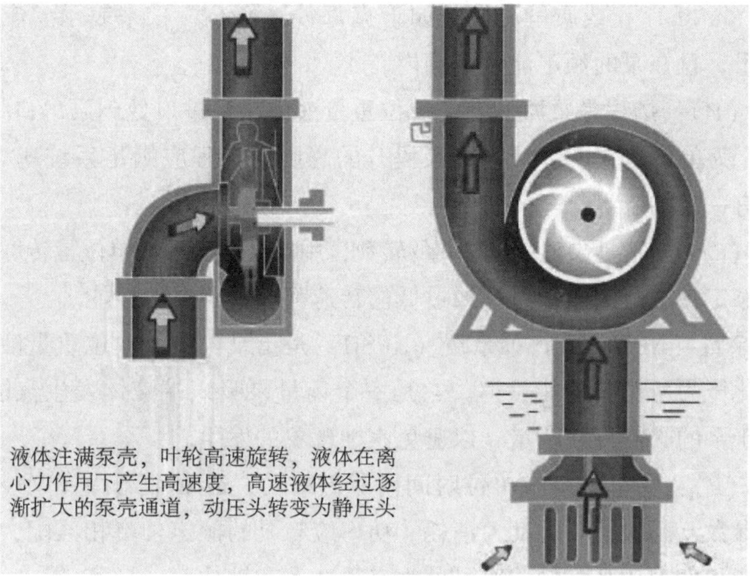

图 5. 3. 3　离心泵

（3）其他类型泵：根据其他工作原理，还有射流泵、水锤泵、真空泵等（如图 5. 3. 4 所示）。

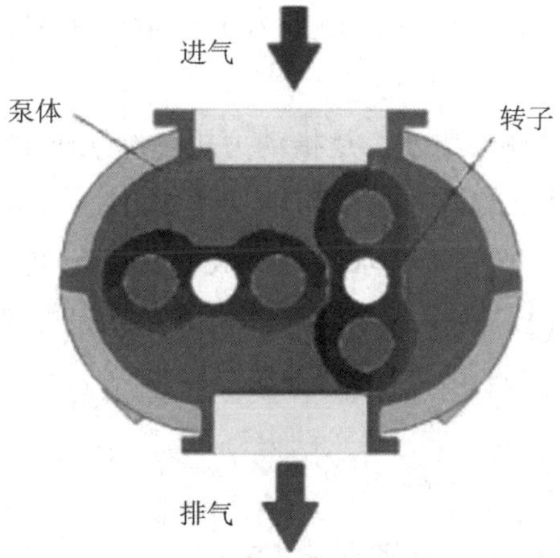

图 5. 3. 4　泵

另外，泵根据泵轴位置可以分为立式泵和卧式泵；根据吸口数目可以分为单吸泵和双吸泵；根据驱动泵的原动机可以分为电动泵、汽轮机泵、柴油机泵、气动隔膜泵；根据叶轮数量可以分为单级泵和多级泵。

210. 泵的核心参数有哪些

泵的核心参数主要有以下几种。

（1）流量（Q）：流量是指泵在单位时间内输送出去的液体量，通常用体积流量［如立方米每小时（m^3/h）］或质量流量［如千克每秒（kg/s）］来表示。流量应满足系统所需的最大流量，且在泵的额定流量范围内。

（2）扬程（H）：扬程是泵所抽送的单位重量液体从泵进口处到泵出口处能量的增值，通常以米（m）为单位。它表示液体被泵提升的高度。扬程应满足系统所需的最大扬程，且泵的扬程应有一定的余量。

（3）转速（n）：转速是泵轴单位时间的转数，用符号 n 表示，单位是转每分钟（r/min）。转速应在泵的额定转速范围内，过高或过低的转速都会影响泵的性能。

（4）汽蚀余量（NPSH）：汽蚀余量（NPSH）是指泵入口处单位重量液体所具有的可用能量超过汽化压力所对应的能量值。它是一个衡量泵吸入端液体发生汽蚀倾向的参数。汽蚀余量应大于泵的必需汽蚀余量，以避免汽蚀现象的发生。

（5）功率（P）：功率是泵在单位时间内所做的功，通常用瓦特（W）来表示。它是泵的一个重要参数，反映了泵的动力消耗。功率应与泵的额定功率相匹配，过大或过小都会影响泵的性能和寿命。水泵的功率可分为有效功率和轴功率。

1）有效功率又称输出功率：指泵内水流实际所得到的功率，用符号 P_e 表示。有效功率可以通过以下公式计算：

$$P_e = \rho \times g \times Q \times H$$

式中，ρ 是液体的密度（kg/m^3）；g 是重力加速度（$9.81m/s^2$）；Q 是流量（m^3/s）；H 是扬程（m）。

2）轴功率：轴功率又称输入功率，是指动力机传给泵轴的功率，用符号 P 表示。

（6）效率（η）：效率是泵的有效功率与轴功率之比，用 η 表示。效率反映了水泵对动力机传来动力的利用情况。它是衡量水泵工作效能的一个重要经济指标。效率越高，泵的能源利用率越高，一般来说，效率达到节能评价值要求是非常好的。泵效率可以通过以下公式计算：

$$\eta = \frac{P_e}{P}$$

式中，P_e 是有效功率（W）；P 是轴功率（W）。

211. 泵的性能曲线有哪些

泵的性能曲线，标志着泵的性能。泵各个性能参数之间的关系和变化规律，可以用一组性能曲线来表达。对每一台泵来讲，当一台泵的转速一定时，通过试验的方法，可以绘制出相应的一组性能曲线，即水泵的基本性能曲线。性能曲线一般以流量为横坐标，用扬程、功率、效率和汽蚀余量为纵坐标来绘制。

（1）流量与扬程曲线：图 5.3.5 为多级离心泵的流量与扬程曲线。图中每个级数型号对应一条 Q-H 曲线。曲线越陡，说明泵的扬程随流量变化越敏感。

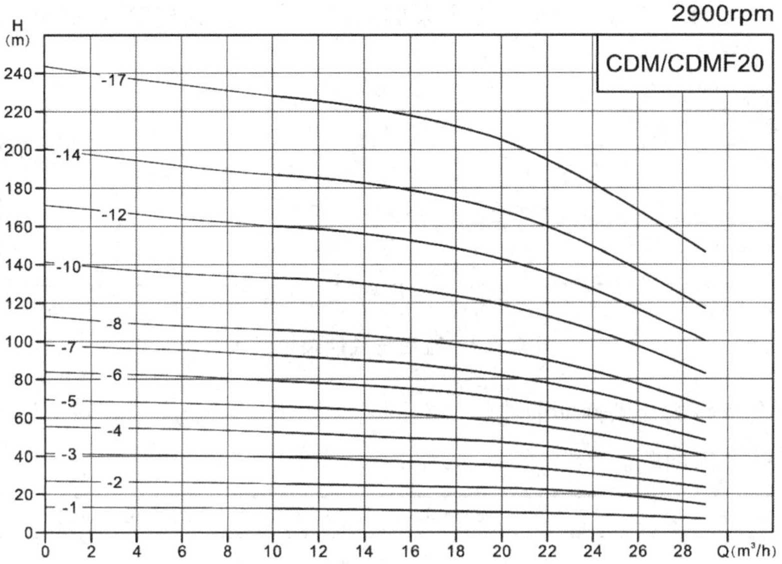

图 5.3.5　流量与扬程曲线

(2) 流量与效率曲线：图 5.3.6 为离心泵效率曲线（右侧 η 坐标）。Q-η 曲线类似一条抛物线，其效率表现为从其最高效率点（BEP）向两侧下降的变化趋势。即泵的效率随流量的增加而增加，到达高效点后，其效率随着流量的增加而减少。

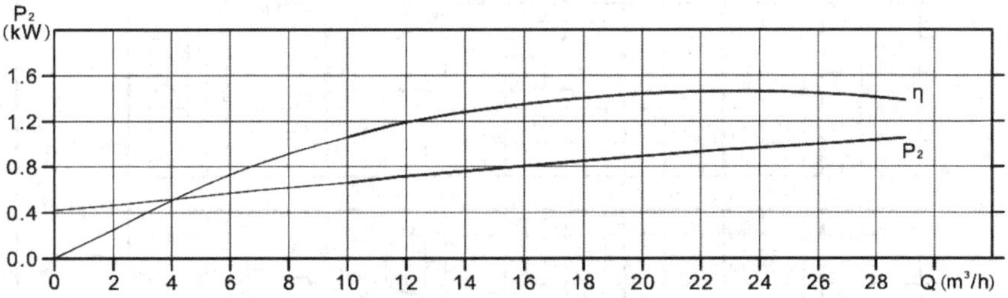

图 5.3.6　流量与效率曲线

(3) 流量与功率曲线：图 5.3.7 为离心泵功率曲线（左侧 P 坐标）。一般来讲，离心泵的轴功率随流量的增加而逐渐增加，曲线有上升的特点。（但在一些特殊的泵中，其功率会保持直线甚至会随流量的增加而下降）当流量为零时，轴功率最小。

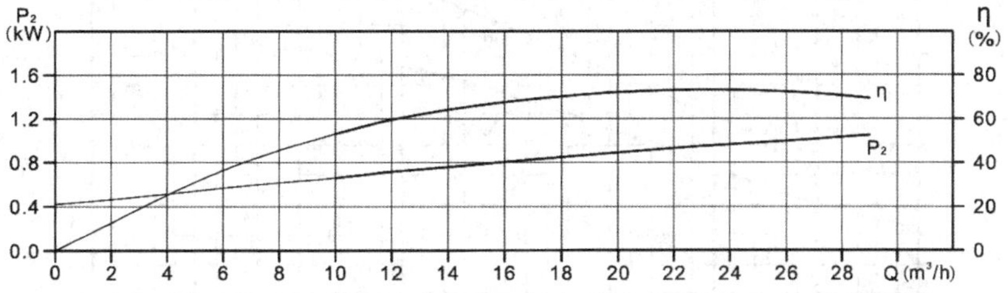

图 5.3.7　流量与功率曲线

(4) 流量与汽蚀余量曲线：图 5.3.8 为离心泵汽蚀余量曲线。NPSH 即泵的必需汽蚀余量，它代表了泵的最低运行要求，如果泵的入口压力未达到规定的 NPSH 值，则泵就会发生汽蚀不能运行。

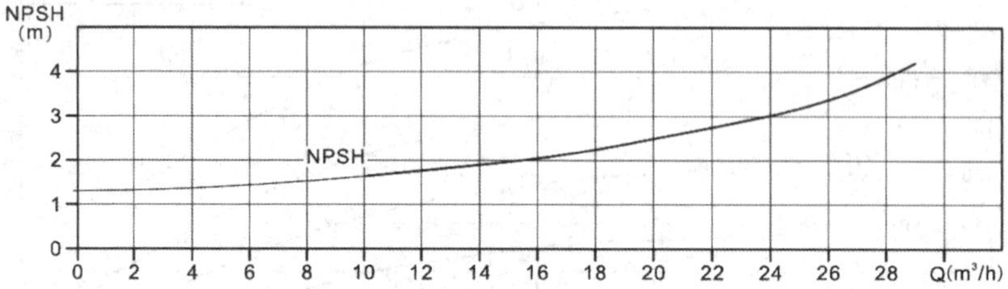

图 5.3.8　流量与汽蚀余量曲线

通常企业会将泵的几条性能曲线绘制在同一张图中，便于用户查看。图 5.3.9 为典型的端吸离心泵的性能曲线。

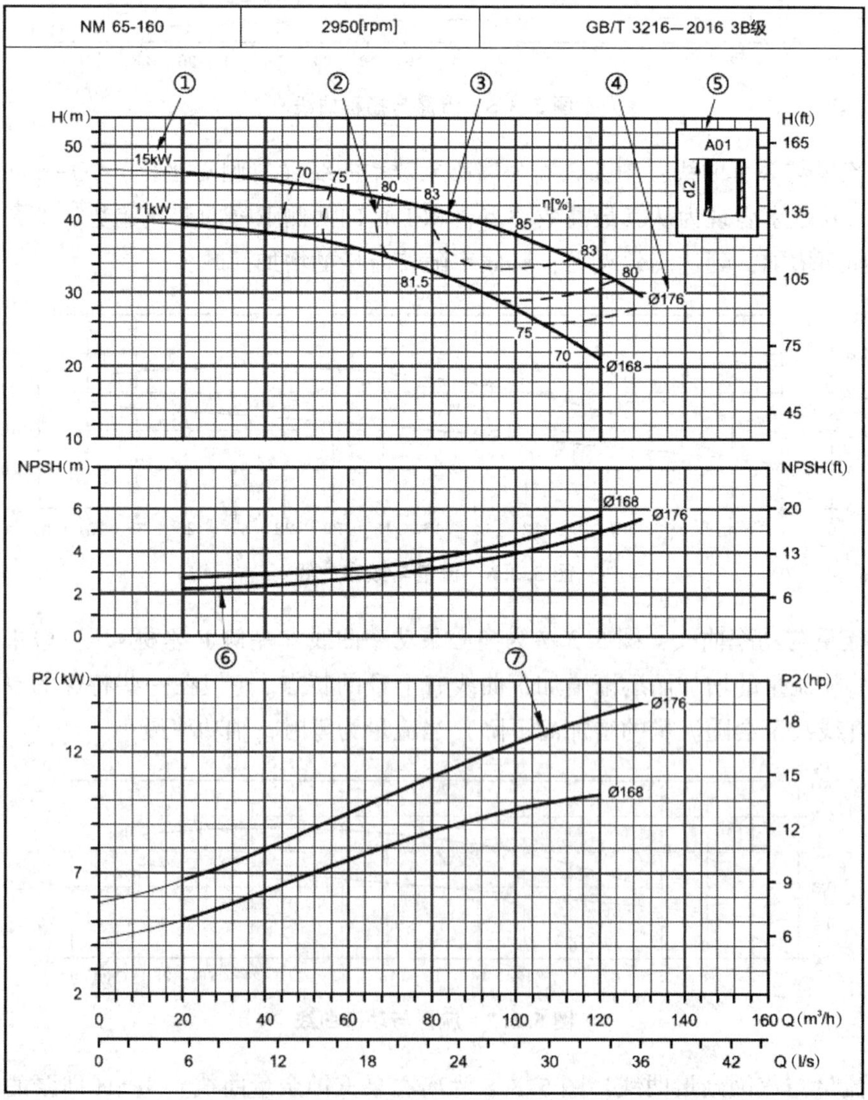

序号	说明	序号	说明	序号	说明
①	配套电机功率（kW）	④	叶轮直径（mm）	⑥	泵 NPSH 曲线
②	泵效率曲线，η（%）	⑤	叶轮出口形状 A01，A02，A03	⑦	泵轴功率曲线，P_2（kW）
③	泵扬程曲线；粗体曲线表示推荐的使用范围				

图 5.3.9　离心泵性能曲线示例

212. 什么是泵控系统，有哪些控制方法

泵控系统是一种用于控制水泵运行的电气设备，它主要用于调整水泵启停、水流量、水压力等运行参数，有效避免水泵长时间空转，泵送过程中压力过高等不必要的能耗，进而达到节能、延长水泵寿命、提高工作效率的目的。同时，系统实现远程监控、自动化运行等功能，避免人员长期在水泵现场操作，从而减少了人工干预的过程。

系统的组成部分主要包括水泵、流量传感器、压力传感器、供水控制器、变频器、电气控制设备、监测系统等。

常用的控制方式为水泵恒压供水控制：水泵会根据水压信号自动调节其运行状态，以保证所需的供水流量。当供水流量增加时，水泵会自动加大供水量，当供水流量减少时，水泵会自动减小供水量，以保证供水压力的稳定。

213. 什么是泵的经济运行，如何判断泵是否处于经济运行状态

泵的经济运行是指在满足工艺要求、生产安全和运行可靠的前提下，通过科学管理、运行工况调节或技术改进，使泵系统中的设备、机组、管网和系统的能耗最低，以达到高效节能的目的。经济运行不仅可以降低能耗，减少运行成本，还能延长设备的使用寿命，减少维修费用，具有重要的经济和社会效益。

判断泵是否处于经济运行状态，通常从设备、机组、管网和系统四个方面进行综合判断。

（1）对设备判别与评价：设备的额定效率大于《电动机能效限定值及能效等级》（GB 18613—2020）和《清水离心泵能效限定值及节能评价值》（GB 19762—2007）中规定的节能评价值，则认定设备的选型符合经济运行要求；设备的额定效率大于 GB 18613 和 GB 19762 中规定的能效限定值，则认定设备的选型经济运行合理；设备的额定效率小于 GB 18613 和 GB 19762 中规定的能效限定值，则认定设备的选型不经济。

（2）对机组运行判别与评价：记录期内实测的机组运行效率与机组的额定效率相比，其比值大于 0.85，则认定机组运行经济；其比值在 0.70~0.85，则认定机组运行合理；其比值小于 0.70，则认定机组运行不经济。如果机组的效率不同，应用有效功率加权计算平均效率作为判别指标。

（3）对管网运行判别与评价：在记录期内进行泄漏测试，一般情况下，输水管网泄漏率小于0.5%，则认定管网运行经济；输水管网泄漏率在0.5%~1%，认定管网运行合理；输水管网泄漏率大于总流量的1%，认定管网运行不经济。系统中存在长期起节流作用的阀门和旁通的回流介质，以及不能正常工作的阀门或其他部件，则认定管网运行不经济。任何安装在管网中的热交换器、过滤器或控制装置，其压力损失超出厂家规定的范围，则认定管网运行不经济。

（4）对系统运行判别与评价：如果系统中所有设备、机组和管网同时达到经济运行要求，则认定系统运行经济；如果其中有达到运行合理要求，并没有运行不经济项时，则认定系统运行合理；如果系统中所有设备、机组或管网有一项被判定为运行不经济，则认定系统运行不经济。不同泵系统输送单位流量介质电耗符合相关标准，则认定系统运行经济；不符合相关标准，则认定系统运行不经济。

214. 如何开展水泵能效检测

水泵能效检测相关参数有流量、扬程、泵输入功率、转速、泵效率。测试方法需符合《回转动力泵 水力性能验收试验 1级、2级和3级》（GB/T 3216—2016）的规定。

能效指标值的计算：

（1）根据水泵技术参数的流量、扬程、转速计算水泵的比转速 n_s；

（2）根据规定流量及比转速，参照《清水离心泵能效限定值及节能评价值》（GB 19762—2007）第7节的要求，确定泵目标能效限定值 η_2；

（3）根据GB 19762—2007第8节的要求确定泵节能评价值 η_3。

示例：某单级单吸清水离心泵（NIS100-65-250/75）规定点性能：$Q=100m^3/h$，$H=108m$，$n=2950r/min$，求其目标能效限定值 η_2 和节能评价值 η_3。

1）计算水泵的比转速 n_s：

$$n_s = \frac{3.65n\sqrt{Q}}{H^{3/4}}$$

式中，Q是流量，单位为立方米每秒（m^3/s）；H是扬程，单位为米（m）；N是转速，单位为转每分（r/min）。

数据代入上式得：$n_s = \dfrac{3.65 \times 2950 \times \sqrt{\dfrac{100}{3600}}}{108^{3/4}} = 53.6$

2）确定泵目标能效限定值 η_2：

$Q=100m^3/h$，$n_s=53.6$，查GB 19762—2007图1或表2得未修正效率值 $\eta=76.0\%$，查图3或表4得修正值 $\Delta\eta=9.5\%$。泵目标能效限定值 $\eta_2=\eta-\Delta\eta=66.5\%$

3）确定泵节能评价值 η_3：

根据GB 19762—2007表1，$\eta_3=\eta_0+2=\eta-\Delta\eta+2=68.5\%$

水泵能效检测相关检测器具的作用、原理如表 5. 3. 1 所示。

表 5. 3. 1　水泵能效检测器具

仪器名称	作用	原理	图片
电磁流量计	测试流量	基于法拉第电磁感应定律，导电介质在电磁场中做切割磁力线运动时，导体产生感应电动势。通过测量电动势来计算导电液体的体积流量	
压力变送器	测量扬程	压力变送器将测量得到的压力信号转换为标准的电信号输出，常用的输出信号有电流信号（如 4~20mA）和电压信号（如 0~10V）。转换过程通常通过电路和电子元件完成	
电参数测量仪	测量电动机输入功率	电参数测量仪的工作原理是通过传感器采集输入电机的电压、电流等电信号，并经过信号调理电路进行滤波、放大等处理。随后，数据采集和处理单元对调理后的信号进行采样、数字化处理、计算和分析，最终得到功率参数	
电磁感应转速测量仪	测量转速	采用磁电感应原理实现测速，当被测物体旋转时，通过传感器线圈的磁力线发生变化，在传感器线圈中产生周期性的电压，其幅度与转速有关，转速越高输出电压越高，输出频率与转速成正比	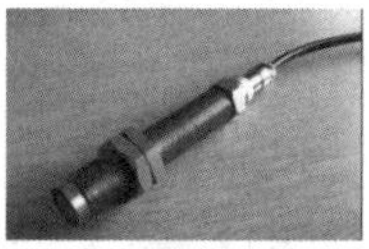

水泵能效的检测方法按照 GB/T 3216—2016 的规定进行，先测量水泵在各流量下的扬程、转速、功率，再通过换算公式换算到规定转速下，使用换算后数据计算泵效率和机组效率，将换算后的数据进行曲线拟合，分别得到 Q-H 曲线、Q-P 曲线、Q-η 曲线。通过曲线最终得到规定点的流量、扬程、功率、效率数据。

215. 泵的铭牌包含哪些内容

泵的铭牌是泵的一个重要组成部分，它提供了泵的基本信息和技术参数，对于泵的选型、安装、维护和使用都具有重要的指导意义。

图 5. 3. 10 是常见水泵的泵铭牌示例，包含以下内容。

（1）型号：泵的型号通常由字母和数字组成，表示泵的类型和主要参数，对于泵的选型、安装和维护都非常重要。泵的型号通常由以下几部分组成。

①泵的类型：用字母表示，如 IS 表示单级单吸离心泵。

②进口直径：用数字表示，通常是以毫米（mm）为单位的泵进口直径，如 50 表示进口直径为 50mm。

③出口直径：用数字表示，通常是以毫米（mm）为单位的泵出口直径，如 32 表示出

口直径为 32mm。

④叶轮名义直径：用数字表示，如 250 表示叶轮名义直径为 250mm。

⑤泵的变形产品：用字母 A、B、C 等表示，如 A 表示叶轮经过第一次切割的变型产品。

以 IS80-65-160 型号的泵为例：IS 表示这是一台单级单吸离心泵；80 表示进口直径为 80mm；65 表示出口直径为 65mm；160 表示叶轮名义直径为 160mm。

（2）流量 Q：表示单位时间内泵能够输送的液体体积，通常用立方米每小时（m^3/h）或升每秒（L/s）表示。

（3）扬程 H：泵能够将液体提升的最大高度，通常用米（m）表示。

（4）转速 n：泵轴每分钟的旋转次数，单位是转每分钟（r/min）。

（5）功率 P：泵的输入功率，通常用千瓦（kW）表示。

（6）效率 η：泵的有效功率与输入功率之比，用百分比（%）表示。

（7）汽蚀余量 NPSHr：泵在不发生汽蚀的情况下能够抽吸液体的最大高度。

（8）制造厂商：泵的生产厂家。

（9）出品编号：泵的出厂编号。

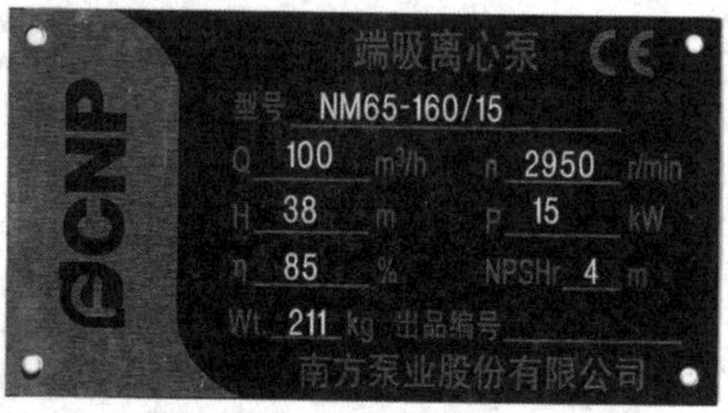

图 5.3.10　水泵铭牌示例

216. 常用泵代号有哪些

常见的泵代号如表 5.3.2 所示。

表 5.3.2　常见的泵代号

离心泵系列		
IHW 型不锈钢卧式管道离心泵	DL 型立式多级离心泵	IS 型离心泵
ISW 型系列卧式离心泵	GDL 型立式管道多级离心泵	D 型系列多级离心泵
ISG 系列单级单吸立式管道离心泵	S 型单级双吸离心泵	IH 型卧式不锈钢化工离心泵
GDLW 系列不锈钢多级离心泵	IHF 系列氟塑料衬里离心泵	ISGD 型低转速离心泵
TSWA 型卧式多级离心泵	ISGB 型便拆立式管道离心泵	PBG 型屏蔽式管道泵
ISW 型卧式管道离心泵	PF 型强耐腐蚀离心泵	GDLF 型立式不锈钢多级泵

续表

SFB、SFBX 不锈钢耐腐蚀离心泵	LHP 立式屏蔽泵	ISWR 型卧式热水管道离心泵
排污泵系列		
JYWQ 系列自动搅匀排污泵	QXB 型潜水离心式曝气机	ZW 型自吸式排污泵
GW 型管道排污泵	AS 型潜水排污泵	YW 液下排污泵
QW 潜水排污泵	QWP 型不锈钢防爆潜水排污泵	LW 立式无阻塞排污泵
AS/AV 型撕裂潜水排污泵	WQK/QG 带切割装置排污泵	YWJ 型自动搅匀液下泵
WQ 型潜水无堵塞排污泵	NL 型泥浆泵	NL 型不锈钢防爆泥浆泵
WL 型立式排污泵	WQ/S 型带刀切碎式潜水排污泵	PW 型卧式污水泵
真空泵系列		
SKA 系列水环式真空泵	2X 型双级旋片式系列真空泵	2XZ 系列双级旋片式真空泵
XD 系列单级旋片式真空泵	SZB 型水环式真空泵	SK 系列水环式真空泵
2SK 系列水环式真空泵	2X 型真空泵	2XZ 系列直联旋片式真空泵
SK-0.15 直联水环式真空泵	SZ 系列水环式真空泵	2SK 系列两级水环真空泵
罗茨与旋片真空机组		
2BE 水环式真空泵	JZJ2B 系列罗茨泵—水环泵机组	SZ 系列水环式真空泵
2SK 系列不锈钢两级水环式真空泵	ZKJ 真空箱机组	2BV 系列水环式真空泵
磁力泵系列		
CQ 型不锈钢磁力泵	ZCQ 型自吸式磁力泵	CQB-F 型氟塑料磁力泵
CQB-G 型高温保温磁力	CQ 系列耐腐蚀磁力泵	CQB 型磁力泵
CQB-G 高温磁力驱动泵	CQ 型工程塑料磁力驱动泵	ZCQ 系列不锈钢防爆自吸
CQG 型立式磁力管道泵	MT-HTP 型高温磁力泵	MP 型磁力驱动循环泵
化工泵系列		
IR 型耐腐蚀保温泵	IH 型不锈钢化工泵	IH 型化工泵
IHF 型氟塑料化工泵	FSB 型氟塑料合金离心泵	PF 型强耐腐蚀聚丙烯离心
SY 型耐腐蚀液下泵	FB1 系列全不锈钢离心泵	ISWH 化工不锈钢管道泵
IHF 氟塑料衬里离心泵	FS 型卧式玻璃钢离心泵	FY 系列液下泵
IHZ 型耐腐蚀化工泵	WSY、FSY 型玻璃钢液	FB、AFB 型耐腐蚀泵
XWJ 无堵塞纸浆泵	IS、IH 型系列无泄漏化工泵	SL 型耐腐蚀玻璃钢管道泵
FYS 型工程塑料耐腐蚀液	PWF 型耐腐蚀污水泵	FYS 型耐腐蚀液下泵
FB 型不锈钢耐腐蚀泵	S 型玻璃钢离心泵	FY 型液下式化工泵
GBW 型浓硫酸离心泵	GBY 型浓硫酸液下泵	CZ 系列标准化工泵
FS 型工程塑料离心泵		

217. 如何选择合适类型的泵

泵选型依据应根据工艺流程、给排水要求，从五个方面加以考虑，即液体输送量、装置扬程、液体性质、管路布置以及操作运转条件等。

（1）流量是选泵的重要性能数据之一，它直接关系到整个装置的生产能力和输送能力。如设计院工艺设计中能算出泵正常、最小、最大三种流量。选择泵时，以最大流量为依据，兼顾正常流量，在没有最大流量时，通常可取正常流量的 1.1 倍作为最大流量。

（2）装置系统所需的扬程是选泵的又一重要性能数据，一般要用放大 5%～10%余量后扬程来选型。

（3）液体性质，包括液体介质名称、物理性质、化学性质和其他性质。其中，物理性质有温度 c、密度 d、黏度 u、介质中固体颗粒直径和气体的含量等，这涉及系统的扬程、有效汽蚀余量计算和合适泵的类型；化学性质，主要指液体介质的化学腐蚀性和毒性，是选用泵材料和选用哪一种轴封形式的重要依据。

（4）装置系统的管路布置条件指的是送液高度、送液距离、送液走向，吸入侧最低液面，排出侧最高液面等一些数据和管道规格及其长度、材料、管件规格、数量等，以便进行系统扬程计算和汽蚀余量的校核。

（5）操作条件的内容很多，如液体的操作 T、饱和蒸汽压力 P、吸入侧压力 P_S（绝对）、排出侧容器压力 P_Z、海拔高度、环境温度操作是间隙的还是连续的、泵的位置是固定的还是可移的。

（6）根据泵的需求参数要求，可以利用泵特性曲线来确定最终具体的水泵型号及参数。

218. 泵的安装有哪些注意事项

安装泵时，需要注意以下事项。

（1）安装位置应选择平稳、坚固、干燥、通风、照明好的地方。

（2）水泵应安装在水源附近，保证进水管道的通畅性，减少进水管道阻力，提高泵站的吸水能力。

（3）在水泵的进口处应设置过滤器，以过滤掉水中的杂质和小颗粒物质，保护水泵及其配管。

（4）水泵应妥善安装，保证泵、电、管道之间正常连接，装配不得轻率，应按照要求逐级进行拆卸、检查、清洗、调整和组装。

（5）安装时要避免漏水，应用细铅丝或 Teflon 胶带缠绕在接头处，加紧固定，以保证密封性。

（6）在管路上要设置泵阀，以便日常维护和保养，作为紧急处理之用。

（7）安装完毕后，应进行试运行，检查泵站各部件是否正常，不得漏水、漏电和振动过大。如试验运行不良，应及时安排负责人进行检查和处理。

219. 泵定期检查包含什么内容

泵定期检查包含对泵的外观、轴封、密封圈和轴承、压力和流量等内容进行检查，具体内容如下。

1. 检查泵外观

（1）检查泵的外壳是否有明显的损坏、变形或腐蚀情况。查看油漆是否完好，有无剥落现象，若有应及时进行修补，以防止泵体进一步受到腐蚀。

（2）检查连接螺栓是否紧固，如有松动应及时拧紧，确保泵的整体结构稳定。

（3）检查进出口管道连接是否牢固，无泄漏现象。观察管道的支撑和固定是否可靠，防止因管道振动对泵造成不良影响。

（4）检查泵的铭牌是否清晰可读，上面的参数信息是否与实际使用情况相符。

2. 检查轴封、密封圈和轴承

（1）轴封检查：①检查机械密封是否有泄漏现象。观察密封处是否有滴水或渗水情况，若有轻微泄漏，可调整密封压盖的紧度，但要注意不能过紧以免损坏密封件。②检查填料密封的填料是否压实，有无过度磨损。如填料磨损严重，应及时更换，同时调整填料压盖的松紧度，使其既能起到密封作用，又不会对轴造成过大的摩擦。

（2）密封圈检查：检查各部位的密封圈，如 O 型圈、密封垫等，查看是否有老化、变形或损坏情况。若发现问题，应及时更换新的密封圈，以确保密封性能。

（3）轴承检查：①检查轴承的温度是否正常。可使用红外线测温仪测量轴承外壳的温度，一般不应超过环境温度 40℃。如果温度过高，可能是轴承润滑不良、磨损或过载等原因引起的，需要进一步检查和处理。②检查轴承的润滑情况。观察润滑油或润滑脂是否充足，颜色是否正常。如润滑油变质或不足，应及时更换或添加。③检查轴承的运转声音是否正常。用听诊器或螺丝刀等工具靠近轴承部位，倾听运转声音，如有异常噪声或振动，可能是轴承损坏，需要及时更换。

3. 检查泵压力和流量

（1）压力检查：①使用压力计测量泵的出口压力，与设计压力进行对比。如果压力偏低，可能是泵内部磨损、泄漏或进口管道堵塞等原因引起的；如果压力偏高，可能是出口管道堵塞或阀门未完全打开等原因。②检查压力波动情况。如果压力波动较大，可能是泵的运行不稳定或系统中有空气等原因，需要排气或检查泵的运行状态。

（2）流量检查：①使用流量计测量泵的实际流量，与设计流量进行对比。如果流量偏低，可能是泵内部磨损、堵塞或进口管道阻力过大等原因；如果流量偏高，可能是系统需求变化或泵的转速过高。②观察流量的稳定性。如果流量不稳定，可能是泵的运行不稳定、进口管道有空气或出口管道有堵塞等原因，需要进行相应的检查和处理。

220. 泵能效等级有哪些，之间有哪些区别

泵的能效等级是衡量泵能效水平的重要指标，它反映了泵在转换能量时的效率。根据泵输送介质不同，常见的有清水离心泵和石油化工离心泵。清水离心泵效率应符合《清水离心泵能效限定值及节能评价值》（GB 19762—2007）的要求；石油化工离心泵效率应符合《石油化工离心泵能效限定值及能效等级》（GB 32284—2015）的要求。

《清水离心泵能效限定值及节能评价值》（GB 19762—2007）规定了清水离心泵的基本要求、泵效率、泵能效限定值、泵目标能效限定值、泵节能评价值等内容，适用于单级单吸清水离心泵、单级双吸清水离心泵、多级清水离心泵。根据该标准，泵能效等级大致分为两级：一是泵效率符合能效限定值，这是泵效率的最低要求；二是泵效率达到节能评价值要求，符合此要求的水泵为节能水泵，经认证可授予节能认证证书。

《石油化工离心泵能效限定值及能效等级》（GB 32284—2015）规定了石油化工离心泵的基本要求、泵效率计算方法、泵能效等级、泵能效限定值、泵目标能效限定值和泵节能评价值等内容，适用于输送洁净液体、安装闭式（最大）叶轮的单级单吸泵和单级双吸泵，不适用于清水离心泵、非金属离心泵和无轴封回转动力泵。根据该标准，泵能效等级分为 3 级，其中 1 级最高，3 级最低，如表 5.3.3 所示。

表 5.3.3　泵能效等级

流量 Q m^3/h	比转速 n_s	规定点效率值 η_0 %	能效 1 级 η_1 %	能效 2 级 η_2 %	能效 3 级 η_3 %
5~300	$20 \leq n_s < 60$	$\eta - \Delta\eta$	$\eta_0 + 10$	$\eta_0 + 5$	$\eta_0 - 5$
	$60 \leq n_s < 120$		$\eta_0 + 4$	$\eta_0 + 1$	$\eta_0 - 8$
	$120 \leq n_s \leq 210$	η	$\eta_0 + 3$	$\eta_0 + 1$	$\eta_0 - 9$
	$210 < n_s \leq 300$	$\eta - \Delta\eta$			
>300	$20 \leq n_s < 60$	$\eta - \Delta\eta$	$\eta_0 + 11$	$\eta_0 + 5$	$\eta_0 - 5$
	$60 \leq n_s < 120$		$\eta_0 + 5$	$\eta_0 + 1$	$\eta_0 - 8$
	$120 \leq n_s \leq 210$	η	$\eta_0 + 3$	$\eta_0 + 2$	$\eta_0 - 7$
	$210 < n_s \leq 300$	$\eta - \Delta\eta$			

注：η_0——规定点效率；η_1——能效 1 级值；η_2——能效 2 级值；η_3——能效 3 级值；η——按 GB 32284—2015 标准图 1 曲线“基准值”或表 2“基准值”栏查值；$\Delta\eta$——按 GB 32284—2015 标准图 2、图 3 或表 3 查值。

泵能效限定值应不低于表 1 的能效 3 级 η_3，泵节能评价值应不低于表 1 的能效 2 级 η_2。

221. 怎么判断泵节能效果

泵的节能测试主要包括以下内容：（1）测试水泵的运行状态。测试前检查水泵的开关、压力表、压力传感器、水管等设备的正确安装和正常运行。（2）测试前根据实际需要确定所需测试的水泵流量、压力、功率等数据。（3）在测试前后，应通过比较测试数据来判断水泵的节能效果。一般可通过比较流量、扬程、功率、电流等参数变化情况，来判断水泵节能效果的显著性。

相关计算方法如下。

（1）各测试点的供水能耗值（E_n）应按以下公式进行计算。

$$E_n = \frac{P_e}{Q \times (P_2 - P_1)}$$

式中，P_e 是设备输入功率，单位为千瓦（kW）；Q 是设备出水口流量，单位为立方米每小时（m^3/h）；P_1 是设备入水口压力，单位为兆帕（MPa）；P_2 是设备出水口压力，单位为兆帕（MPa）；E_n 是各测试点的供水能耗值，单位为千瓦时每立方米 · 兆帕（$kW \cdot h/m^3 \cdot MPa$）。

（2）单位供水能耗值（E）应按公式（2）进行计算。

$$E = \frac{\sum_{i=1}^{n} E_i}{n}$$

式中，E 是二次供水设备的供水能耗值，单位为千瓦时每立方米 · 兆帕（$kW \cdot h/m^3 \cdot MPa$）；n 是测量点的数量（n=1、2、3）。

节能测试表模板如表 5.3.4 所示。

表 5.3.4　节能测试表

二次供水设备性能记录数据						
No：						共　页　第　页
样品名称		罐式管网叠压（无负压）变频二次供水设备		型号规格	NFWG2DRL20-8	
试验日期		2023/4/13		流量计系数	35	
委托单位		南方智水科技有限公司				
100%额定压力值测试数据						
序号	流量（m^3/h）	输入功率（kW）	出水口压力（MPa）	入水口压力（MPa）	频率（Hz）	供水能耗值（E_n）（$kW \cdot h/m^3 \cdot MPa$）
1	19.9	6.88	0.95	0.189		0.4543083

续表

2	17.98	6.24	0.948	0.19		0.457852613
3	15.64	5.54	0.952	0.187		0.463032613
4	14.07	5.1	0.946	0.185		0.476311889
5	12.06	4.54	0.952	0.197		0.498610699
6	9.99	4.14	0.949	0.188		0.544565591
7	8.08	3.66	0.953	0.189		0.592893059
8	5.67	3.04	0.947	0.189		0.707328764
9	4.02	2.7	0.95	0.189		0.882577912
10	2.34	2.36	0.948	0.190		1.330536951
单位供水能耗值（$E_{100\%}$）						0.64

第 6 章

新能源及利用技术

6.1 光伏发电

222. 光伏发电系统的基本工作原理是什么

光伏发电是利用半导体材料的光伏效应，将太阳光能直接转换成电能的一种技术，其基本工作原理可以概括为以下几个步骤。

（1）光照吸收：当太阳光照射到光伏电池（通常由硅等半导体材料制成）上时，光子（光的能量单位）会被电池中的半导体材料吸收。

（2）电子激发：被吸收的光子能量足够大时，能够激发半导体材料内的电子从价带跃迁到导带，形成自由电子和空穴对。这一过程称为光电效应或光伏效应。

（3）载流子分离与传输：在光伏电池内部存在一个内置电场，这个电场通常是在电池制作过程中通过掺杂不同类型的杂质来形成的 p-n 结区域产生。自由电子和空穴受到该电场的作用而分别向相反方向移动，电子朝向 n 型材料一侧运动，空穴则向 p 型材料一侧移动。

（4）电流生成：当电子和空穴分别到达 n 型和 p 型材料的边缘时，它们可以通过外部电路连接起来形成闭合回路。这样，由于电子从 n 区流向 p 区，而在外电路中则由正极流向负极，从而产生了直流电。

（5）电力输出：最终，通过适当的逆变器等设备将产生的直流电转换为可供家庭、企业甚至电网使用的交流电。

光伏发电原理如图 6.1.1 所示。

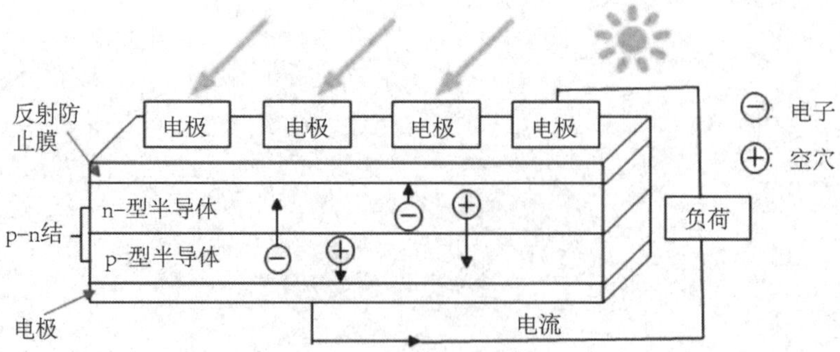

图 6.1.1 光伏发电原理

223. 光伏发电系统的组成有哪些

光伏发电系统按照使用场景分为并网发电系统、离网发电系统、并离网储能系统、多能源混合微网系统，不同系统组成会有一些差异，但总体由以下部分组成。

（1）光伏组件（太阳能电池板）：这是光伏发电系统中最核心的部分，由多个光伏电池串联或并联组成，负责将太阳光能转化为电能。常见的光伏组件材料包括单晶硅、多晶硅、非晶硅以及薄膜太阳能电池等。

（2）控制器：用于调节和控制光伏系统的工作状态，确保电池板产生的电力稳定地输送到负载或储能装置。它还可以防止过充或过度放电，保护电池寿命。

（3）逆变器：将光伏组件产生的直流电（DC）转换成适用于家用电器及电网接入的交流电（AC）。对于并网系统，逆变器还具有将多余电量出售给电网的功能。

（4）配电箱/汇流箱：用来汇集多个光伏组件输出的电线，并进行必要的电气保护和分配。它通常包含断路器、熔断器等安全设备。

（5）支架系统：支撑和固定光伏组件的结构，需要根据安装地点的具体情况设计，比如屋顶、地面或者墙面等。

（6）辅助设施：包括电缆、接头、接地装置等，确保整个系统的正常运作和安全性。

（7）监控系统（可选）：实时监测系统的运行状况，包括发电量、电压、电流等参数，并可通过网络远程查看和管理。

（8）储能装置（可选）：如蓄电池，用于储存白天多余的电能以供夜晚或阴天使用。对于离网系统而言，储能装置几乎是必需的；而对于并网系统，则可能不需要单独配置储能装置。

以上各个组成部分相互配合，共同构成了完整的光伏发电系统，实现了从太阳能到电能的有效转化和利用。

光伏发电系统如图 6.1.2~图 6.1.5 所示。

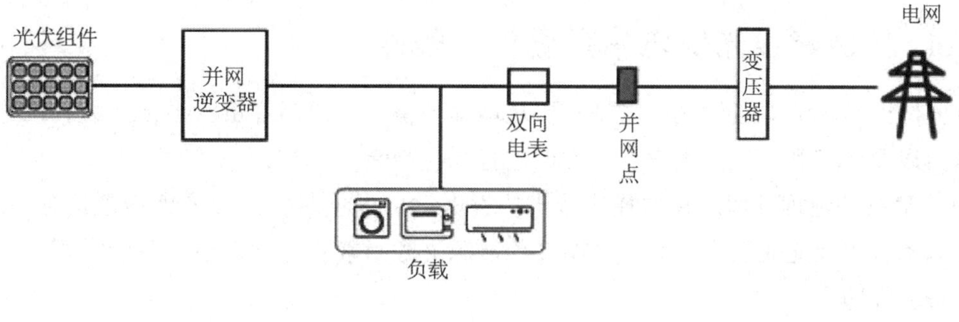

图 6.1.2　并网光伏发电系统示意

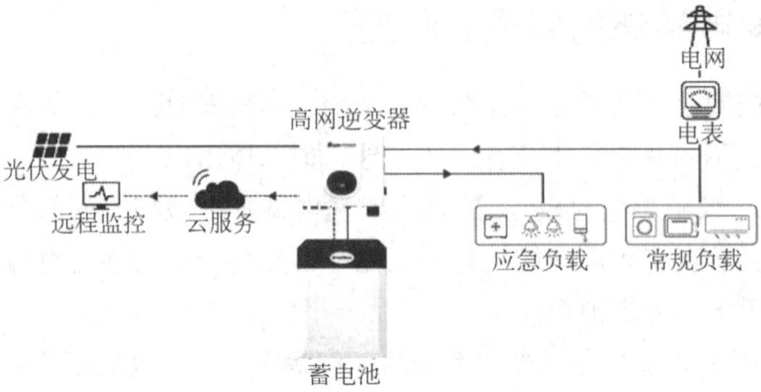

图 6.1.3 离网光伏发电系统示意

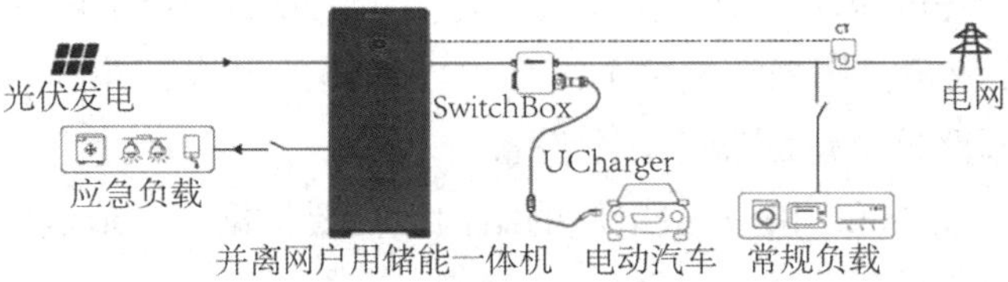

图 6.1.4 并离网光伏储能系统示意

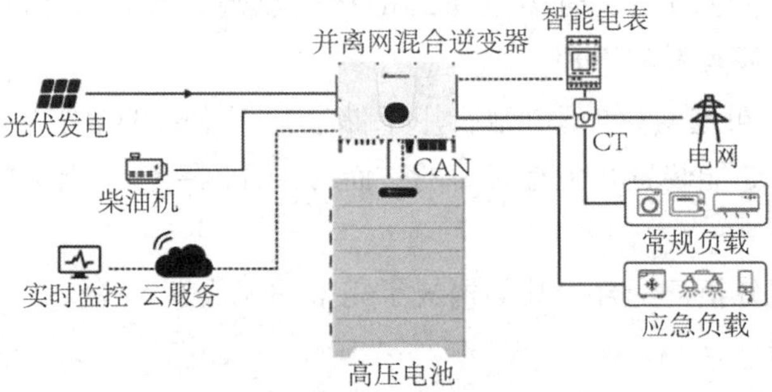

图 6.1.5 多能源混合微网系统示意

224. 厂区建设光伏电站需要什么条件

企业厂区是否能够建设光伏电站需要从地理环境、变压器容量、屋顶面积和结构、屋顶承重力以及产权和土地使用权五个方面进行综合判断。

（1）适宜的地理环境。在选择建造光伏发电站的场址时，需要考虑地理位置、地形、气候等因素，以及光照强度、大气透明度等能源资源因素。通常来说，一般需要有稳定的太阳能资源保障。

（2）变压器容量。工厂想安装光伏电站，一定要有自己的变压器，且变压器容量不能太小。例如，如果想安装 500 千瓦的光伏电站，变压器容量就不能低于 630 千瓦。如果变压器容量达不到要求，就需要增容变压器容量才能达到目的。

（3）屋顶面积和结构。屋顶面积大小直接关系到可以安装的光伏电站规模，而屋顶的结构类型（如水泥平面、彩钢瓦、铁皮棚等）也会影响电站的安装和容量。例如，水泥平面屋顶通常可以安装更大的电站容量。

（4）屋顶承重力。需要确保屋顶的承重力能够支持光伏电站的重量，以避免因超重而导致屋顶塌陷等安全问题。例如，如果屋顶只能承受 20000kg 的重量，却计划安装 50000kg 的光伏电站，这可能会导致安全问题。

（5）产权和土地使用权。需要确保拥有建筑物的产权和土地使用权。这包括清楚建筑的基本情况，如房屋归属权、是否有抵押、使用年限、建筑材料等。建议在使用年限长且归属自己或政府的屋顶开发建设分布式光伏。

225. 光伏投资收益怎么估算

建设光伏电站的投资估算具体包括以下内容。

（1）设备成本：项目投资中占比最高，主要包括光伏设备购置费用，根据光伏项目规模（以千瓦或兆瓦为单位）和所选设备的单价确定。

（2）安装成本：通常占设备成本的 10%~20%，与设备成本成正比。

（3）土地成本：取决于地理位置、土地面积以及当地的土地租赁市场价格，部分地区有相应的土地使用优惠政策。

（4）运营与维护成本：相对固定，通常占总投资的 1%~3%，包括日常运行管理、定期检查和维护以及必要的保险等费用。

（5）融资成本：若光伏项目资金来源于银行贷款，融资成本包括了贷款利息和可能的手续费。

建设光伏电站的收益估算具体包括以下内容。

（1）电力销售收入：根据项目所在地的电价和电站的实际发电量计算。对于自发自用余电上网的项目，还需要将自用电量和上网电量分别计算，并乘相应的电价。

（2）政府补贴：光伏项目补贴通常与项目的装机容量和发电量挂钩，具体补贴标准因地区和政策而异，目前大多数地区已经取消了光伏补贴。

（3）投资成本分析：光伏电站的投资成本需要根据市场价格和项目的实际情况进行估算，投资成本的高低直接影响到项目的投资回报率。

（4）度电成本计算：度电成本是指每个千瓦时电量的成本，包括设备折旧、利息、运维费用等。

（5）市场趋势评估：光伏市场的价格受到政策因素、市场需求、技术进步等多种因素的影响。

226. 光伏电站如何审批

对于大型光伏发电站项目，通常需要进行审批，包括获得省发改委发放的可行性研究报告和开展前期工作通知，以及从当地国土部门获取土地初审文件、省国土厅发放的土地预审文件等。

对于较小规模或分布式光伏发电项目，如家庭或企业屋顶光伏发电系统，可能只需在当地供电公司进行备案，流程通常包括填写并网申请表，并提供相关身份证明、房产证或房屋使用证明等材料。

此外，无论项目是否需要审批或备案，都需要确保项目的合法性和合规性，遵守相关法律法规和政策要求。同时，在项目建设和运营过程中，也应注重环境保护和安全生产等方面的问题。因此，在实际操作前，建议详细咨询当地发改委、供电公司或相关部门的具体要求和流程。

227. 光伏电站“自发自用、余电上网”的申请流程是什么

厂区光伏电站“自发自用、余电上网”的申请流程如下。

（1）了解并遵守相关政策法规。《国家能源局关于印发分布式光伏发电项目管理暂行办法的通知》（国能新能〔2013〕433 号）和《国务院关于促进光伏产业健康发展的若干意见》（国发〔2013〕24 号）等文件明确了分布式光伏发电的运营模式为“自发自用、余电上网、就近消纳、电网调节”，并鼓励各类电力用户按照此方式建设分布式光伏发电系统。

（2）准备并提交申请材料。根据国家电网的要求，准备并提交必要的申请材料，主要包括《分布式光伏发电项目并网申请表》《项目系统设计和实施方案》等。提交这些材料后，国家电网将正式受理，并进行实地考察。

（3）制订接入方案：国家电网根据业主项目情况，出具项目并网接入方案。业主需审查并确认接入系统方案。

（4）进行并网验收和调试：完成项目建设和接入方案确认后，业主需提出并网验收和调试申请。国家电网将上门进行验收，更换电表，并与业主签订购电协议，完成并网发电。

（5）安装防逆流装置（如果需要）：如果采用完全自发自用模式，可能需要安装防逆流装置以避免电力反送。这包括多机防逆流和单机防逆流解决方案，通过实时监测配电变压器低压侧出口电压、电流信号来控制逆变器，降低输出电流，减小光伏系统发电功率，从而达到防逆流的目的。

228. 如何确定光伏电站并网电压等级

光伏电站常见的并网电压等级包括 220V、380V、10kV、35kV、66kV、110kV、220kV 等。这些电压等级的选择主要取决于光伏电站的装机容量。根据光伏发电站的装机容量，可以初步确定并网的电压等级。具体来说：

当光伏发电站的装机容量为 8kWp 及以下时，可接入 220V 电网。

当装机容量为 8~400kWp 时，可接入 380V 电网。

当装机容量为 400kWp~6MWp 时，可接入 10kV 电网。

当装机容量为 6~50MWp 时，可接入 20kV、35kV、66kV 电网。

当装机容量为 50MWp 以上时，可接入 110kV、220kV 电网。

此外，根据电网电压等级的标准，我国的电网电压等级主要分为低压、中压、高压和超高压。其中，低压和中压电压等级适用于光伏并网系统，常见的是用户低压侧并网方式，即并网点电压为 220V 或 380V；而大型电站则通常选用中压或高压并网方式，需要附加升压设备将光伏所发电力升至并网点电压。高压并网系统通常接入电网的电压等级为 10kV 及以上，适用于较大规模的分布式光伏电站，而低压并网系统接入电网的电压等级通常为 380V（三相）或 220V（单相），适用于较小规模的分布式光伏系统。

229. 如何确定光伏上网电价

光伏上网电价是光伏发电企业与购电方进行上网电能结算的价格。这个价格是在光电价格下降到可与常规火电相媲美之前，为了保障发电企业拥有一定的收益率并促进整个产业的健康发展，行业必须拥有一个合适的、随发电成本逐年下调的电网收购价格。光伏上网电价的确定涉及多个因素，包括社会平均投资和运营成本、太阳能光伏电站招标价格、太阳能资源状况等。

国家发展和改革委员会通过向各省、市、自治区发展和改革委员会、物价局发出通知，提出按照社会平均投资和运营成本，参考太阳能光伏电站招标价格，以及我国太阳能资源状况，对非招标太阳能光伏发电项目实行全国统一的标杆上网电价。光伏上网标杆电价政策是根据光伏发电的当前成本，并考虑合理利润后制定的电价，其中高出当地脱硫机组上网电价的差额部分采取“全网分摊”的办法对电网企业进行回补。

对于分布式光伏发电，其电价计算方式更为复杂，涉及不同的上网模式和补贴机制。分布式光伏的上网模式分为“自发自用、余电上网”和“全额上网”两种模式，每种模式的电价计算都有其特定的公式，包括国家补贴、地方补贴等因素。

230. 对于企业建设光伏电站有什么激励政策

不同地区对于企业建设光伏电站有各自的补贴政策，以杭州市拱墅区、萧山区和富阳区为例。

拱墅区。在享受市级光伏补贴的基础上，除使用财政资金或财政资金为主的光伏项目外，在“十四五”期间并网的光伏项目，待其发电满 12 个月后，按 0.1 元/瓦标准给予建设扶持。

萧山区。根据《萧山区关于推进智能制造扶持新兴产业发展的实施细则的通知》（萧政办发〔2017〕158 号）文件精神，对经有关部门验收合格、装机容量在 30kWp 以上已建成企业的屋顶分布式光伏发电项目，自并网发电之月起按实际发电量给予项目投资企业

0.2 元/千瓦时（从并网之月起连续补助 60 个月），单个项目补助资金累计最高不超过 100 万元。

富阳区。根据区经济和信息化局、区财政局《关于太阳能光伏发电资助的实施细则》（富经信财〔2018〕10 号，富财企〔2018〕428 号）等文件，富阳区组织开展非居民光伏发电项目区级补贴兑现工作，但具体补贴标准等信息较为复杂，需根据相关文件及具体项目情况确定。

需要注意的是，市级层面原有的一些太阳能光伏补贴政策已到期。企业在申请补贴前，建议详细咨询当地的发改、经信等相关部门，了解具体的政策要求和申请流程。

231. 光伏电站如何维护

为保证光伏电站的发电效率和使用寿命，需要对光伏电站进行定期维护，主要包括以下几个方面。

（1）光伏组件清洁。定期对光伏组件进行清洁，一般情况下，每季度至半年清洁一次。

（2）设备紧固。定期对光伏电站内的设备进行紧固，包括光伏组件的固定螺栓、逆变器、汇流箱、变压器等设备的接线端子。

（3）设备检测。定期对光伏电站内的设备进行检测，包括光伏组件的性能检测、逆变器的效率检测、汇流箱的绝缘检测、变压器的电气性能检测等。检测工作可以委托专业的检测机构进行，也可以使用专业的检测设备自行进行检测。

（4）防雷接地检测。定期对光伏电站的防雷接地系统进行检测，确保接地电阻符合要求。一般情况下，接地电阻应小于 4 欧姆。若接地电阻过大，可能会影响防雷效果，需及时进行整改。

232. 如何延长光伏电站的使用寿命

可以通过以下措施延长光伏电站的使用寿命：

（1）选择优质的设备和材料。在建设光伏电站时，要选择质量可靠、性能稳定的光伏组件、逆变器、支架等设备和材料，确保电站的质量和性能。

（2）定期维护和保养。对光伏电站进行定期的维护和保养，包括清洁光伏组件、检查电缆连接、检测逆变器性能等，及时发现和解决问题，确保电站的正常运行。

（3）注意环境影响。光伏电站的使用寿命也会受到环境因素的影响，如温度、湿度、风沙等。在建设和运行光伏电站时，要充分考虑环境因素，采取相应的防护措施，减少环境对电站的影响。

233. 如何提高光伏电站的发电量

可以通过以下措施提高光伏电站的发电量：

（1）定期清洁光伏组件，保持组件表面的清洁，提高太阳光的透过率。

（2）定期检查光伏系统逆变器运行状态以及电缆和接头是否松动、腐蚀或损坏，如发现异常情况，应及时联系专业人员进行维修。

（3）安装光伏电站监测系统，实时监测光伏系统的发电量、电压、电流、温度等参数，定期对监测数据进行分析，了解光伏系统的运行状况和性能变化，及时发现系统的异常情况，并采取相应的措施进行处理。

（4）优化光伏电站运行管理，合理安排光伏电站的发电时间。例如，在用电高峰期，尽量提高光伏电站的输出功率，以满足电网的需求，并获得更高的电价收益。在用电低谷期，可以适当降低光伏电站的输出功率，以减少对电网的影响。同时，建立健全的管理制度，对光伏电站管理人员进行专业培训，加强对光伏电站的日常管理和维护，确保系统的安全、稳定运行。

234. 光伏项目合同到期了怎么办

当光伏发电合同到期后，可以考虑以下几种电站处理方案：

（1）续签合同。根据光伏电站的运行状况、续签经济效益以及市场动态综合评估续签的必要性和可行性。与合同方续签时，可以协商调整电价和补贴政策，争取更有利的价格条款，以提高电站的经济效益。

（2）拆除电站。光伏电站设备老化严重、发电效率低下；电站所用土地用途发生变更；已有电站设备技术落后，新设备技术效率更高、成本更低等情况可以考虑拆除光伏电站。

（3）转让电站。根据光伏电站的装机容量、设备状况、发电量等信息，聘请专业的评估机构对电站进行价值评估，确定合理的转让价格。根据当地的法律法规和政策要求，办理电站转让的审批和备案手续。

（4）继续运营电站并寻求合作。可以选择与能源企业合作，参与能源互联网项目等方式继续运行维护光伏电站。

6.2　风力发电

235. 什么是风力发电系统

风力发电是指把风的动能转变成机械动能，再把机械能转化为电力动能。风力发电的原理是利用风力带动风机叶片旋转，当风吹向叶片时驱动风轮转动，风能转化成动能，进而推动发电机发电。风力发电的过程和火电、水电类似，都是通过其他能量来推动发电机发电。发电机的物理原理就是我们初中学过的电磁感应定律，即导体在磁场里做切割磁感线的运动时，导体中就会产生电流，在风力发电中，推动这个导体运动的是风吹动叶片产生的动能，在火电中是煤炭燃烧使水变成水蒸气后推动发电机发电，而水电中是水流动的动能使发电机发电。

风力发电机是将风能转换为机械能，再转换为电能的一种电力设备。风力发电机组一般由叶片、机舱、塔筒等基础部件组成。典型风力发电机主要为水平轴发电机，其结构如图 6. 2. 1 所示。其中“叶片”可以随风旋转，一般是三片；“机舱”里装有齿轮箱等传动机构、发电机和配电装置等；而“塔筒”则是支撑结构，并将电能传输到电力供应系统中。根据旋转轴的不同，风力发电机主要分为水平轴风力发电机和垂直轴风力发电机两类，目前市场上水平轴风力发电机占主流位置。

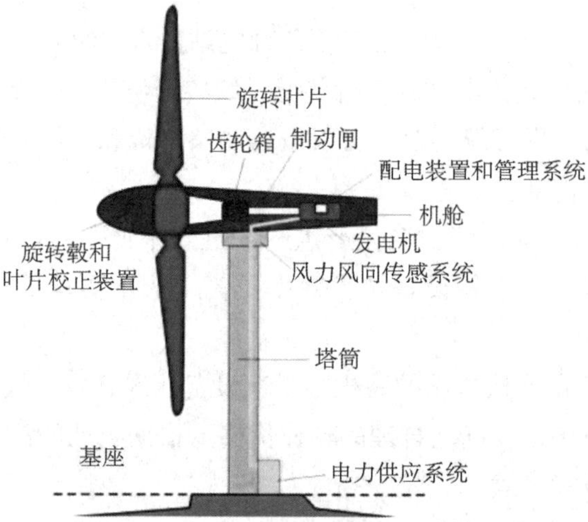

图 6. 2. 1　风力发电系统结构示意

由于风是一种间歇性可再生能源，在短时间内的功率变化很大，但长时间的功率较为稳定。这使得风力发电无法根据需求而增减发电，不能作为基载电力来源。因此，风力发电必须与其他的电力来源或储存设施一起使用，才能够提供稳定的电源。

236. 什么是微风发电

微风发电通常是指在风力资源一般或者较差的地区，采用微型风机进行发电以获取经济收益的项目。目前市场上的微型风机以垂直轴风机为主，能够在微风环境下将风力转化为电能，实现全天候、360°受风，明显区别于国内外主流厂商生产的水平轴风机，单机功率多在 1 兆瓦内。除此之外，微风发电还具有以下优点：更容易制造与维护、土地占用较少、噪声小、对环境影响小以及对军用设施干扰更少。

典型的垂直轴风力发电机结构如图6.2.2所示。相比于传统的水平轴风力发电机，垂直轴风力发电机具有不需要偏航（不用对风向）、微风启动（1m/s即可启动发电）、无噪声等优点。另外，垂直轴风力发电机的叶片也不像三叶片水平轴风力发电机的叶片对材料要求比较高。同时，垂直轴风力发电机也存在难以大型化、启动性能指标较差以及风能转化效率低的问题。

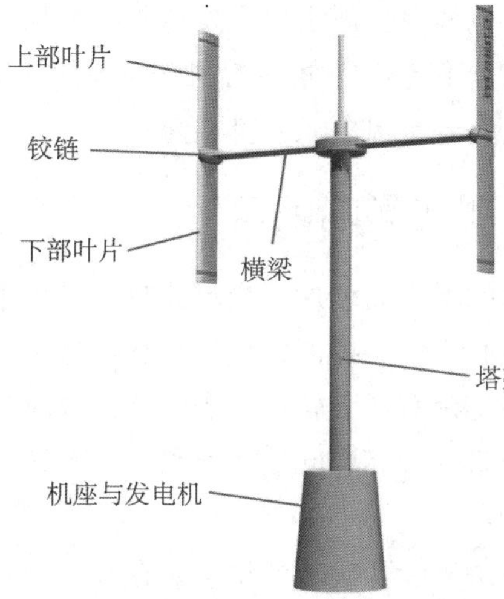

图6.2.2 垂直轴风力发电机结构示意

由于微风发电机具有启动风速低和适应性强的特点，它更适合在城市、丘陵等低风速地区应用。这些地区的风速较低，但风能资源仍然丰富，微风发电机能够充分利用这些资源，为当地提供清洁的电力。同时，微风发电机的体形较小，安装灵活，可以在建筑物屋顶、道路旁边等空间有限的地方安装，提高空间的利用率。除此之外，微风发电机对军用设施干扰更少，也被应用于部队专用设施，对于一些老区、山区及部分边防哨所，微风发电机大有用武之地。

237. 风力发电机大约能发多少电

在一般情况下，风速只要达到3米/秒（“微风”量级），风车就可以旋转发电。目前，主流风力发电机的单机容量在1.5~10MW。以1500kW的风机机组为例，机组叶片大约有35米长。风力发电机每转动一周，需要4~5秒，可以产生约1.4千瓦时电。在正常满功率的情况下，一天的发电量大约为17280千瓦时，可供15个家庭使用1年。

风力发电机的叶片越大，受力就增加，功率就越大，相应发电量就越多。一般而言，由于风量是不稳定的，风车输出的交流电电压也是不稳定的，一般在13~25V的范围内。所以，往往还要经过整流，再对蓄电瓶充电，使风力发电机产生的电能变成化学能；然后用有保护电路的逆变电源，把电瓶里的化学能转变成交流220V市电，才能保证稳定使用。或者，通过集电线路输送到风电场升压后并网供电。

238. 陆上风力发电和海上风力发电有什么优缺点

从前期投入角度来看，海上风电场是陆上风电场建设成本的2倍，运维费用是陆上风电场的2~4倍。这主要是由于海上施工条件差，施工难度高，再加上海上风电装置远离岸边，台风、风暴潮等不利海况会给风电系统的运行维护带来较多的困难。但是大海具有丰富的风能资源，相较陆上风电发电，海上风电发电具有利用小时数高、不占用土地、不消耗水资源，适宜大规模开发等优势，发电效率普遍比陆上风电高出20%~40%。因此，小容量风电系统都在陆地上，大容量风电系统都在海上。

239. 风力发电量有哪些影响因素

风力发电量并非随着风速的增大而增加，当风速超过风机限定速度时，风机就会停止工作。因为如果转速过快，离心率极大提高，惯性趋势会打破风机自身的平衡，叶片就容易折断。因此，每种型号的风机都有最大转速。当风速过快时，就需要后台操作电脑，停止运行风机，减少自身惯性带来的破坏和磨损。所以，扇叶转动慢能更有效地保护风机不受伤害。

事实上，风机发电量不取决于叶片旋转的快慢。在叶片恒定转速的情况下，叶片受力增加，功率就会增加。风机的叶片越大，功率越大，相应发电量就越多。

240. 分散式风电项目开发流程是什么

风电项目分为分散式风电和集中式风电，均采用项目核准制。其中，分散式风电项目具有项目容量小、占比面积小、国土规划选址等前期核准手续流程短、就近消纳无须新建高压送电线路和110kV、66kV变电站等优势。分散式接入风电项目装机容量一般在6~50MW，单个项目总容量不超过50MW，由省发展和改革委员会核准，超过50MW的项目需要国家发展和改革委员会核准。

分散式风电项目的开发流程如图6.2.3所示，主要流程如下：（1）风电场选址；（2）与地方政府签订开发协议，需地方发改委盖章批复同意此风电场开展前期工作（通常本文有效期为1年，同时文件抄送省国土厅、生态环境厅、国网电力公司）；（3）风能资源测量，现场测风应连续进行，时间至少1年；（4）风资源评估并编制评估报告；（5）项目总体规划；（6）委托咨询单位编制初步可行性研究报告及评审；（7）报发改委取得立项批复；（8）委托咨询单位在初步可行性研究报告基础上编制可行性研究报告；（9）取得相关批文；（10）编制项目申请报告；（11）省级投资主管部门核准项目，取得核准批复文件后，方可开工建设。

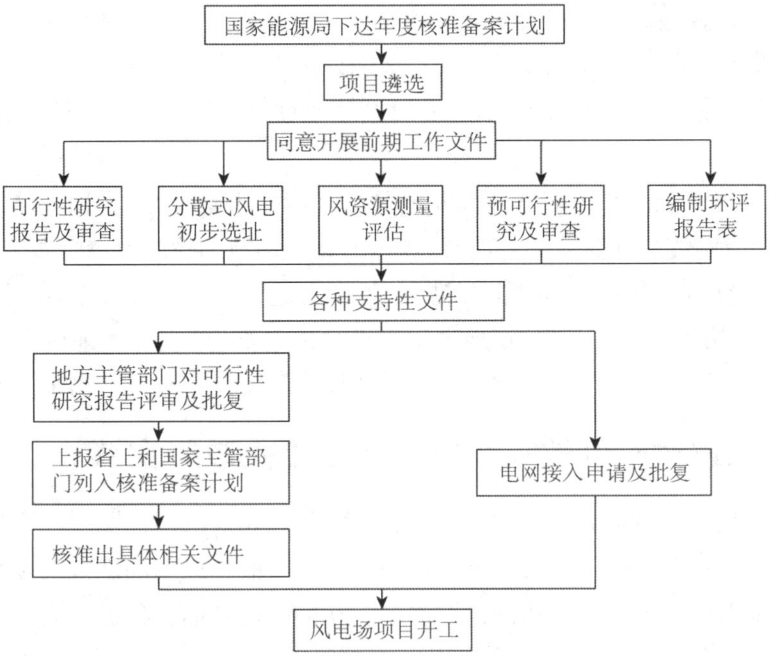

图6.2.3　分散式风电项目开发流程

241. 风电项目的投资、成本和收益如何估算

在风电项目投资构成中，风电设备（风电机组、塔筒、风电配套电气工程、输电线路）是工程投资的大头，占比在75%左右；其余投资则是建筑工程投资、建设用地费用、项目预备费等。

风电项目发电成本主要包括固定资产折旧费、维修费、材料费、保险费、职工工资及福利费、利息支出及其他费用。其中，发电经营成本为发电成本扣除折旧费和利息支出。

风电项目的营业收入以电费为主，辅之以政府财政补贴。根据对项目装机规模、发电利用小时数、上网电价，以及营业总成本的计算，扣减税金及附加，可以测算项目税前利润总额，扣减所得税后即为项目净利润。

242. 分散式风电项目各阶段分别需要什么文件

分散式风电项目各阶段主要需要提供以下文件。

（1）前期申报文件：风电项目开发协议；风资源评估报告；开展前期工作的函；土地初审（国土局）；林地属性证明（林业局）；前期接入的函（供电局）；环境影响报告（环保局）；初步选址意见（住房和城乡建设厅）；文物选址意见（文物局）；军事批复（武装部）；压覆矿意见（国土局）；纳入年度建设指标及/或补贴指标证明文件。

（2）项目核准文件：项目可行性研究报告及其技术审查意见；项目用地预审意见；环境影响评价批复意见；安全预评价报告备案函；风电场接入电网运行的意见，或项目接入电网的协调意见；金融机构同意给予项目融资贷款的文件；风资源评估报告；立项申请报告；压覆矿产资料评估报告及压覆矿意见；节能评估审查意见；建设厅规划选址意见；地质灾害危险性评估报告备案证明（如有）；社会稳定性风险评估批复文件；水土保持批复；核准批复文件。

（3）开工文件：接入系统核准文件及电价保证函；土地征用/占用、植被恢复补偿文件（如有）；农用地转用审批手续（如有）；国有建设用地划拨决定书（如有）；土地使用权出让合同（如有）；集体土地租赁，需提供集体土地权属证明文件及村集体 2/3 以上多数村民/村民代表决议文件；林地/草地占用批准文件（如有），林木采伐许可证（如有）；建设用地规划许可证；建设工程规划许可证；建设工程施工许可证；初步设计评审文件。

243. 浙江省对于分散式风电有什么相关政策支持

《浙江省推动新能源制造业高质量发展实施意见（2023—2025 年）》中提出：在具备条件的工业企业、工业园区，加快发展分布式光伏、分散式风电等新能源项目，支持源网荷储一体化等新型电力系统项目建设，推进多能互补高效利用，积极开展新能源与煤电联营；因地制宜发展分散式风电。充分利用浙江省沿海沿江滩涂、工业园区、火电厂区空地、抽水蓄能水库附近等区域，因地制宜加快发展分布式风电项目，同时试点推进分布式发电市场化交易，研究点对点电源直供模式。启动老旧风电场技术改造升级，遵循企业自愿原则，鼓励业主单位通过技改、置换等方式，重点开展单机容量小于 1.5 兆瓦的风电机组技改升级，促进风电产业提质增效和循环发展。对分散式风电实施“能接尽接、就近接入”原则，确保项目并网消纳。

《杭州市碳达峰试点实施方案（征求意见稿）》中提出：加快分散式风电建设，鼓励钱塘江滩涂等风力资源丰富地区，建设分散式风电项目，到 2025 年，确保装机达到 10 万千瓦，力争达到 20 万千瓦。

6.3 储能

244. 什么是储能

储能是指通过介质或设备把能量存储起来，在需要时再释放的过程。按照能量储存方式，储能可分为物理储能、化学储能、电磁储能三类。物理储能包括抽水蓄能、压缩空气储能等；化学储能包括铅酸电池、锂离子电池等；电磁储能包括超级电容器储能、超导储能等。储能技术的发展对于提高能源利用率、促进新能源和可再生能源的开发利用具有重要意义。

245. 电化学储能系统由哪些构成，工作原理是什么

电化学储能系统主要由电池组、电池管理系统（BMS）、储能变流器（PCS）、能量管理系统（EMS）组成。此外，电化学储能系统还包括其他辅助设备和控制系统，如隔离开关、保护装置、监控系统等。

（1）电池组：电化学储能系统常用的锂电池由正极材料、负极材料、电解液、隔膜、集流体、外壳及其他辅材组成，根据正极材料种类，可以分成磷酸铁锂（$LiFePO_4$）电池、三元（钴酸锂、锰酸锂、镍钴锰酸锂等）锂电池。不管是磷酸铁锂电池还是三元锂电池，基本组成是一样的。两种类型的锂电池性能对比如表 6.3.1 所示。

表 6.3.1　磷酸铁锂电池与三元锂电池对比

对比特性	磷酸铁锂电池	三元锂电池
能量密度	较低	较高
循环次数	较高	较低
低温性能	差	较好
热稳定性	好	差
成本	低	高

电池充放电原理如图 6.3.1 所示。

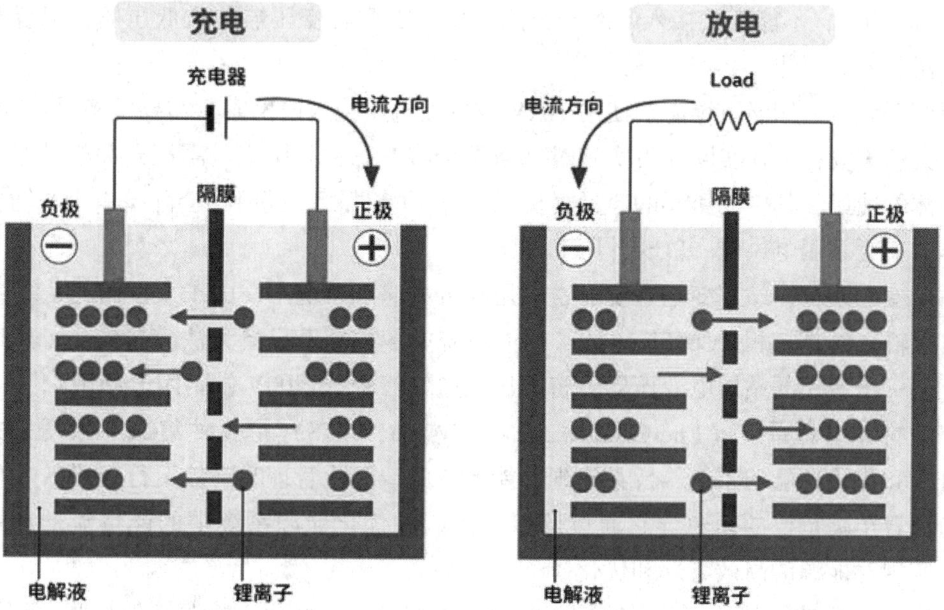

图 6.3.1　电池充放电原理

（2）电池管理系统（Battery Management System，BMS）是用于监控和管理电池（通常是电池组）的关键系统，它确保电池安全运行、延长电池的使用寿命，以及优化电池性能。BMS 的主要功能包括电池状态监测、电池状态估计、电池安全保护、能量控制管理、电池信息管理、电池均衡管理、通信与网络功能与用户交互界面。

BMS 的设计和实现需要考虑到电池的类型、应用场景、性能要求和安全标准。随着技术的发展，BMS 也在不断地集成更多的智能化功能，如远程监控、预测性维护和自适应控制策略，以满足不断增长的市场需求。在电动汽车、储能系统、便携式设备等领域，BMS 的作用日益凸显，成为这些系统中不可或缺的一部分。

（3）储能变流器（Power Conversion System，PCS）是储能系统中的核心设备，负责实现电能的双向转换，即将交流电（AC）转换为直流电（DC）进行储存，或将直流电转换为交流电以供使用。PCS 的主要组成包括 DC/AC 双向变流器和控制单元，通过控制单元接收后台控制指令，根据功率指令的符号及大小控制变流器对电池进行充电或放电，实现对电网有功功率及无功功率的调节。同时，PCS 通过与电池管理系统（BMS）的通信，获取电池组状态信息，实现对电池的保护性充放电，确保电池安全运行。

根据应用场景分为家用变流器、工商业变流器、大型储能变流器。

家用变流器通常会集成光伏接入 MPPT 功能。

工商业变流器通常功率在 30~150kW 范围内，使用三相电 AC400V 直接接入电网低压侧，直流侧电压通常支持 600~1000VDC。

大型储能变流器功率在 200kW 以上，直流侧接入电压为 1000~1500VDC。在实际大型储能项目中，应用比较多的是 1250kW、2500kW 等大功率的变流器。其特点是输出电压为三相电 AC690V，不能直接接入电网低压侧使用，需配合变压器并入低压侧，或者配合升压变压器并入高压侧。

箱变系统、当储能系统需要使用 10kV 或以上电压接入电网时，需要配备升压变压器、高压开关柜等设备，在实际项目实施时，通常会将 PCS、升压变、高压开关柜整合为 PCS 升压一体舱使用，其中变压器的容量需要和 PCS 功率匹配，同时还会配备一个小功率的旁路变压器，为站用电供电。PCS 升压一体舱。

站用变电系统，站用变电系统通常应用在大型储能系统中，由于大型储能系统 PCS 变流器直接输出的是三相 AC690V 电压，储能系统中各类辅助设备无法直接使用，所以通常额外配备一个专用的站用电变压器，将电压调整为三相 AC400V 供站用电使用。

（4）能量管理系统（Energy Management System，EMS）是一种集成了数据采集、监控、分析和优化功能的系统，旨在实现储能系统的智能化管理和高效运行。EMS 在储能系统中扮演着至关重要的角色，它通过监控、控制和优化能源系统中的能量流动和能源消耗，以实现对能源的高效管理和优化。

EMS 的主要功能包括：实时监控与告警、数据分析与优化、能源管理与调度和预测与维护。

EMS 通过多路通信接入系统，将整个储能系统中所有的设备，包括但不限于 BMS、PCS、冷却系统、动态监测系统、消防系统、计量系统等所有的系统，根据环境、策略实时指派各个系统的工作任务，是整个储能系统的大脑。

246. 储能电池有哪些类型

当下储能电站中所使用的电池主要就是锂离子电池，锂离子电池在能量密度、电池经济性、电池寿命、安全性等多个方面表现比较均衡，是目前电化学储能系统的主流选择。电池作为储能系统中保存能量的唯一部件是整个储能系统的核心，储能系统的其他部件是围绕着电池展开设计和应用的。

铅酸电池、镍系电池、锂离子电池均属于金属离子电池，使用了不同的正负极和电解质材料。

（1）铅酸电池，铅酸电池的正极（阳极）和负极（阴极）通常由铅及其氧化物制成。正极由二氧化铅（PbO_2）制成，负极由海绵状铅（Pb）制成。铅酸电池广泛应用于汽车启动、照明和点火（SLI）系统、备用电源、不间断电源（UPS）系统、太阳能系统、电信备用电源和某些类型的电动汽车中。

（2）镍系电池，属于碱性电池的一种，以目前常见的镍氢电池为例，正极材料：镍氢电池的正极通常由镍基材料制成，如镍氢氧化物（$NiOH_2$）；负极材料：负极由金属氢化物合金构成，这种合金能够吸收和释放氢气，常见的有镧镍合金（$LaNi_5$）或其他稀土金属合金。主要应用场景为便携式电子设备、电动工具、医疗设备、电动车辆、混合动力车辆以及作为笔记本电脑、数码相机和早期手机的充电电池。

（3）锂离子电池（Lithium-ion battery），是一种高性能的可充电电池技术，它主要依靠锂离子在电池的正极和负极之间移动来存储和释放能量。锂离子电池的应用范围相当广泛，包括便携式电子设备（如智能手机、笔记本电脑、平板电脑）、电动汽车（EVs）、电动工具、可再生能源储能系统、航空航天和军事设备等。

247. 电化学储能系统适合哪些应用场合

（1）利用峰谷电价盈利，主要应用在工厂、大型商场等用电稳定的，且用电量比较大的场合。随着储能系统硬件造价的逐步降低，不需要非常高的峰谷价差就能实现储能系统盈利，目前江苏、上海、浙江、广州等省市都非常适合发展电价峰谷套利式的储能系统。

（2）新能源消纳，随着风电、光伏的大力发展，部分地区已经出现了新能源消纳矛盾，由于电网输配电不平衡，新能源造成了显著的局部发电过量问题，对电网造成了潜在的风险。部分地区甚至已经不允许纯粹新能源场站并网，需要新能源建设方自己解决发电消纳问题，由于电力是一种难以存储的资源，此时必须使用储能系统对一时消纳不了的新能源进行存储。

（3）应急备电，使用光伏+储能系统可以实现对用电个体的应急备电功能，当外部电网停电后，使用光伏+储能系统可以实现较长时间的应急备电。通常在不开启生产设备的情况下，可以让办公室工作正常进行。

（4）微网系统，对于某些特殊的场景，如电网难以覆盖的偏远区域，使用风+光+储能系统，能够自己搭建一个微型电网，甚至可以加入柴油发电机系统，实现 24 小时不间断供电。

248. 如何确定安装储能电站的可行性

对于工商业储能系统：工商业储能系统对场地的要求相对较低，主要原因是单体设备储能容量较小，所以设备尺寸也比较小，不同厂家的设备尺寸有所不同，对于一台 200～260kW · h 的交直流一体储能户外柜，一般设备投影面积不超过 1.4 米×1.4 米。考虑到实际安装使用的场景，储能设备安装场所需要距离有人建筑物 3 米以上（需配备防火墙），或者距离 10 米以上（不需要配备防火墙）。

工商业储能设备对业主用电的要求需要满足以下几个条件：（1）必须使用峰谷电价模式；（2）在低谷用电时段变压器有富余的容量用来给储能系统充电（一般要求变压器 400kVA 以上）；（3）在高峰用电时段有足够的负载可将储能系统中的电量消纳；（4）在有光伏系统的情况下，优先消纳光伏电，所以高峰时段负载消纳的时候需要考虑光伏电消纳以后还有没有足够的负载可将储能电消纳；（5）必须满足两充两放。

对于大型用户侧储能系统：用电条件、场地条件和一般工商业储能系统条件基本相同，根据用户侧负载计算得出的可上储能容量比较大，一般 2MWh 以上的储能系统处于工商业储能柜并机使用、集装箱储能系统的系统造价平衡点，3MWh 以上的系统使用集装箱系统将更节约设备造价。

另外，不同的地区在应用超过一定容量的储能电站以后，电力部门会要求必须使用高压并网方案。

249. 如何测算储能电站建设的投资收益

（1）储能电站建设成本

主要包含储能系统硬件（包含储能柜体、并网柜等）、设计费用、建设费用、并网费用、运维费用，不同的地区并网要求和手续差别较大，很难给出较为准确的费用估计。

（2）储能电站收益测算

首先，目前用户侧储能电站收益主要来源是峰谷电价套利，决定用户侧储能电站收益最重要的因素就是电价政策，国内不同的省份电价政策差别巨大，也导致同样的设备在不同的地区使用所带来的收益差别巨大，一般来说，在沿海一带经济发达且水电、光伏、风电资源不多的省份收益比较明显，比如浙江、江苏、广东等。

其次，用户侧储能电能消纳是储能系统设计容量大小、收益能力的决定性因素，使用简易的方法可以对储能电站设计容量做出初步预估，但这种预估方式精度是相当差的，最早的工商业投资由于储能电站容量估算比较粗犷，相当大的比例存在容量超配的情况，导致与储能投资收益预估相去甚远。更加准确的储能电站容量测算需要使用业主用电负荷详情数据，经过大量的计算可以得出比较准确的容量估算，这也对储能投资方提出了更高的要求。

（3）储能电站商务模式

随着储能电站逐步被用电业主接受，储能投资的方式逐渐呈现多元化的形式，业主自投（一般回收期 4 年左右），其他的方式有收益分成、融资租赁等。

250. 储能系统与光伏系统相配合需要注意哪些情况

无论什么时候在配置光伏后，都是优先消纳光伏发电，储能高峰放电次之。所以，实际项目中会遇到以下几种情况。

（1）光伏系统和储能系统分属于不同的投资方，两者不可联动，不能实现收益最大化。

（2）用户优先安装储能后再上光伏，可能导致储能收益模型出现偏差导致收益降低。

（3）在光伏红区（光伏不可向电网送电），可通过储能 EMS 系统对光伏输出功率进行调度，实现 0 电量上网。

251. 储能电站充放电效率能达到多少

储能电站的效率因技术类型和地域差异而有所不同，目前常用的磷酸铁锂电池的充放电效率一般在 80%~90%，具体数值可能因电池状态、环境温度等因素有所不同。相较于其他类型电池，如铅酸电池、磷酸铁锂电池在充放电效率上具有优势。磷酸铁锂电池的放电效率受内阻、工作电压范围、比能量和能量密度以及化学结构稳定性等因素影响。同时，环境温度、放电速率和循环次数等也会对电池效率产生影响。与三元锂电池相比，磷酸铁锂电池在充放电效率上略低，三元锂电池的充放电效率可以达到 90%左右。随着电池的使用，电池的容量会逐步衰减，一般平均年衰减幅度在 2.5%。

252. 如何测试储能系统现在的效率

效率测试的方法如下。

（1）储能系统放电到 0。

（2）在冷却系统正常运行的情况下，使用 0.25C 充电充满，测出累计充电量，kW·h。

（3）在冷却系统正常运行的情况下，使用 0.25C 放电放空，测出累计放电量，kW·h；该放电量应扣除储能系统自身的用电量。

（4）计算效率：效率=累计放电量/累计充电量×100%。

253. 储能电站有哪些常见异常和故障

《储能电站运行维护规程》（GB/T 40090—2021）中附表 B 储能电站典型异常及处理表和附表 C 储能电站典型故障及处理表。

标准中包含了对储能电站运行维护的具体要求，如巡视检查项目及要求、典型异常及处理、典型故障及处理等。在附录 B 和附录 C 中，详细列出了储能电站可能遇到的典型异常和故障情况，以及相应的处理方法。

附录 B 中的典型异常及处理表涉及的方面包括但不限于：储能变流器的屏柜状态指示灯故障；变流器通信异常；运行参数偏高但未触发告警；电池单体温度偏高但未超过警告值；电池单体间可用容量偏差高但未超过警告值；电池单体间电压一致性超过限值；电池单体欠压、过压告警；电池管理系统（BMS）与监控系统通信异常；火灾告警探测器、可燃气体探测器探头失效；空调制冷异常；电池室通风异常等。

附录 C 中的典型故障及处理表则涉及：

实际储能电站在运维时，除了安全方面的因素，还需要储能系统运行模式是不是最经济的模式，同时还要及时对电力电费政策的调整做出相应的决策。

254. 如何延长储能电池的寿命

电芯在出厂的时候通常会标注循环寿命，不同厂家标注的方法不同，但通常都是在电芯温度 25℃下测试得到的结论，所以电芯工作温度越接近 25℃就越能达到厂家标称的循环寿命，但实际储能系统工作过程中出于对储能系统整机能效的考虑，会放宽对电芯的温度管控范围。

另外还有两个方面需要说明，一是部分厂家对电芯标注有日历寿命；二是不管是日历寿命还是循环寿命其实都是厂家通过一系列方法对电芯寿命的估算，只是作为储能系统寿命的参考。

所以需要通过有效的冷却手段对电芯进行冷却，或者加热，常用的方法有空调制冷（风冷）、液冷机制冷（液冷）。各个厂家还在不断尝试新的冷却方式，如直接式液冷、浸没式液冷等方法，其目的都是有效控制电芯温度，延长电芯寿命。

6.4 分布式能源

255. 什么是分布式能源

分布式能源是一种建在用户端的能源供应方式，它可独立运行，也可并网运行，是以资源、环境效益最大化确定方式和容量的系统，对将用户多种能源需求，以及资源配置状况进行系统整合优化，采用需求应对式设计和模块化配置的新型能源系统。它可以利用多种能源，包括天然气、可再生能源（如太阳能、风能、生物质能等）以及余热、余压等资源，通过先进的能源转换技术，将这些能源转化为电能、热能或冷能，满足用户的多种能源需求。

256. 分布式能源的类型有哪些

（1）发电设备和储能装置：如太阳能、天然气、生物质能、风能、水能、氢能等，以及资源综合利用发电（含煤矿瓦斯发电）。

（2）独立电源技术：包括微型或小型燃气动力装置发电、风力发电、光伏发电、太阳能高温集热发电、燃料电池等。

（3）联合循环技术：如燃料电池—燃气轮机联合循环。

（4）冷热电联产系统：通过热电联产（CHP）和冷热电联产（CCHP）实现高效能源利用。

此外，还有分布式燃气轮机发电、分布式联合循环发电、分布式光伏发电、分布式风电发电等具体形式。

257. 工业园区建设分布式能源有什么好处

（1）参与绿色电力交易。根据《浙江电力中长期交易实施细则　绿色电力交易专章（征求意见稿）》中的有关规定，分布式新能源发电企业可以通过分布式新能源聚合商聚合方式参与绿电交易。同一分布式新能源发电企业的场站（发电户号）仅可与一家分布式新能源聚合商建立代理服务关系，一个分布式新能源聚合商为一个交易单元。

例如，北京亦庄碳中和智慧园区主要作为风电设备研发、制造基地，为用户提供智慧能源解决方案综合服务。2022 年园区总产值约 106 亿元，总用电量约 1550 万 kW · h。北京亦庄碳中和智慧园区绿色微电网（以下简称园区绿色微电网）通过自主研发智慧园区运营管理平台，以及建设 1.8MW 分布式光伏、4.8MW 分散式风电、2.9MWh 储能、3000Rth 水蓄冷和 0.7MW 微燃机（天然气冷热电三联供），推动园区的综合能源智慧调度与高效利用，促进清洁能源的就地采集和消纳，实现园区用能的按需智慧调配以及自我调节。

园区绿色微电网系统内风电和光伏总发电量约 780 万 kW · h，通过风光储联合优化运行，光伏、风电就地消纳电量约 725 万 kW · h，可再生能源就地消纳比例达 93%；通过参加售电交易和京津冀辅助服务市场，市场化交易售电约 55 万 kW · h。园区绿色微电网在供能侧通过增加新能源供能进而减少外购电力，在用能侧通过储能和水蓄冷技术实现峰谷调节，并通过代理售电、节能增效、需求响应等服务，实现综合度电成本从 0.80 元/kW · h 下降至 0.57 元/kW · h，每年可节约电费 355 万元，减少化石能源消费约 959 吨标准煤，减少二氧化碳排放约 4448 吨。

（2）满足多样化能源需求。工业园区通常有大量的工业企业，这些企业对电力、蒸汽、热水等能源的需求较大且多样化。分布式能源系统可以根据园区内不同企业的需求，灵活地提供电能、热能和冷能，实现能源的综合利用。例如，对于一些需要蒸汽进行生产的企业，可以通过热电联产系统提供蒸汽和电力；对于需要制冷的企业，可以通过冷热电三联供系统提供冷能。

（3）提高能源供应的可靠性和稳定性。工业园区的生产活动对能源供应的连续性要求较高，分布式能源系统可以作为备用电源或调峰电源，在电网故障或能源供应紧张时，保障园区内企业的正常生产。

（4）有助于节能减排。分布式能源系统通常采用高效的能源转换技术，如燃气轮机、内燃机等，其能源利用效率比传统的集中式能源供应方式更高。同时，分布式能源系统可以利用余热、余压等资源进行发电或供热，进一步提高能源利用效率，减少能源浪费和污染物排放。例如，在工业园区建设分布式天然气发电系统，并结合余热回收装置，为园区内企业提供电力和蒸汽，可大大降低能源消耗和二氧化碳排放。

（5）符合可持续发展要求。随着环保意识的增强和节能减排政策的实施，工业园区越来越注重绿色发展和生态建设。分布式能源系统作为一种清洁、高效的能源供应方式，有助于工业园区实现节能减排目标，提升园区的环境质量和竞争力。

第 7 章

绿色低碳发展

7.1 概述

258. 什么是绿色低碳发展

绿色低碳发展是一种以低耗能、低污染、低排放为特征的可持续发展模式，旨在减少碳元素类，特别是二氧化碳的排放量，从而降低对大气的污染，减缓生态恶化。绿色低碳发展，作为一种新的社会经济发展模式，具有以下重要特征。

（1）能耗低。工业化与现代化进程长期依靠高碳能源所驱动，高碳经济是与以低能耗、低污染、低排放为特征的低碳经济相对立的。但高碳经济不利于经济的可持续发展。

（2）物耗低。物耗低，要求重视绿色发展，发展循环经济，走低物耗的循环利用之路。尽量选用物耗低、能耗低及产污量少的先进生产工艺，做到节能、低耗、增产减污。

（3）排放低。发展绿色低碳经济不仅仅针对低碳工业，它需要每一位公民共同参与。应摒弃以大量消耗能源、大量排放温室气体的高消费嗜好，将绿色低碳变成生活习惯。

（4）污染低。绿色低碳发展应解决摆在眼前的严重的大气污染和水污染问题，走低污染的绿色低碳发展之路。应通过绿色低碳经济来消除环境污染，保障经济可持续发展。

（5）可持续。绿色低碳发展是建立在生态环境容量和资源承载力的约束条件下，将环保作为实现可持续发展的一种新型发展模式。它既要满足当代人的发展需要，又不削弱子孙后代满足其需要的能力，也不损害非人类物种生存和发展的需要。其核心是人与自然和谐发展，本质是生态可持续性。

我国绿色转型升级主要通过绿色能源供应、绿色制造体系建设、建立碳交易市场、建立碳排放双控制度体系等来实现。截至 2024 年 8 月，国家层面已累计培育绿色工厂 5095 家，产值占制造业总产值的比重超过 17%。同时，我国已建成全球最大、最完整和最具竞争力的清洁能源产业链，有力支撑绿色经济发展模式。

未来，有关部门将加快构建完善统一绿色标准、标识、认证体系，为制造业绿色转型提供依据。绿色低碳目标应纳入企业发展规划，应明确减污降碳目标，提高能源利用效率和生产工艺水平。加强绿色产品供给。行业龙头企业应制定绿色供应链管理战略，加强供应链排放管理，带动全产业链绿色低碳升级。

7.2　绿色制造体系

259. 什么是绿色制造体系

绿色制造体系是一个基于全生命周期理念，综合考虑资源效率和环境影响相协调的现代化制造模式体系。这个体系旨在通过一系列措施和方法，使产品从设计、制造、使用到报废的整个生命周期中，对环境的负影响最小化，资源利用率最大化，并实现企业经济效益和社会效益的协调优化。绿色制造体系建设主要包括绿色工厂、绿色产品、绿色园区、绿色供应链四个方面。绿色制造体系是国家实施制造强国战略的重要组成部分，这一目标符合全球可持续发展的趋势，也是我国实现碳达峰、碳中和目标的关键路径。国家通过制定一系列政策措施和行动计划，推动制造业向绿色化、智能化、高端化发展。

260. 绿色制造体系发展的战略规划是什么

2015 年 5 月，国务院印发《中国制造 2025》部署全面推进实施制造强国战略。《工业绿色发展规划（2016—2020 年）》作为“十三五”时期指导工业绿色发展的专项规划，举起了工业绿色发展的大旗，推动加快形成全面推进绿色发展的工作格局。

2017 年 5 月，《绿色产品评价通则》（GB/T 33761—2017）发布。2018 年 5 月，《绿色工厂评价通则》（GB/T 36132—2018）正式发布，建立了绿色工厂系统评价指标体系，提出了绿色工厂评价通用要求。2020 年，绿色供应链管理系列国家标准陆续发布，标准明确了制造企业产品设计阶段和采购阶段绿色供应链管理的相关要求，以及绿色供应链信息化管理及绿色供应链管理评价要求。

2021 年 2 月，国务院发布《关于加快建立健全绿色低碳循环发展经济体系的指导意见》，意见指出建立健全绿色低碳循环发展经济体系，促进经济社会发展全面绿色转型，是解决我国资源环境生态问题的基础对策。根据《中华人民共和国国民经济和社会发展第十四个五年规划和 2035 年远景目标纲要》《“十四五”工业绿色发展规划》《工业领域碳达峰实施方案》，2024 年 1 月工业和信息化部制定发布《绿色工厂梯度培育及管理暂行办法》（以下简称《暂行办法》）。《暂行办法》规划从两个维度建立梯度培育机制：纵向形成规范统一的国家、省、市三级联动的绿色工厂培育机制；横向通过绿色工业园区、绿色供应链管理企业带动园区内、供应链上下游企业创建绿色工厂。

2024 年 2 月，工业和信息化部等七部门发布《关于加快推动制造业绿色化发展的指导意见》，重点任务共同构成了推动制造业绿色化发展的全面战略框架。2024 年 7 月 31 日，中共中央、国务院发布《关于加快经济社会发展全面绿色转型的意见》，要求工作中要做到坚持全面转型，加快产业结构绿色低碳转型，推动传统产业绿色低碳改造升级，大力发展绿色低碳产业，加快数字化绿色化协同转型发展，稳妥推进能源绿色低碳转型，大力推进节能降碳。

261. 什么是绿色工厂

绿色工厂是指实现用地集约化、原料无害化、生产洁净化、废物资源化、能源低碳化的制造业生产单元，这些具体内容也反馈到绿色工厂创建和评价具体指标中。

绿色工厂根据行政级别分为国家级、省级和市级三个层次，绿色工厂只能从市一级开始一级一级申报。国家级绿色工厂：由工业和信息化部主导评定，是绿色工厂中的最高级别，代表了全国范围内的绿色工厂领先水平。省级绿色工厂：由浙江省经济和信息化厅等省级部门主导评定。市级绿色工厂：由各地市经济和信息化部门评定。确定名单时，参与评比的单位需达到评价导则要求的最低分数，并根据确定的创建目标数量，择优确定。

262. 绿色工厂评价的考核指标有哪些

浙江省绿色工厂评价按照《浙江省绿色（低碳）工厂梯度培育管理实施细则》和《浙江省绿色低碳工业园区、工厂建设评价导则（2024 版）》（以下简称《导则》）进行。评价指标体系包括基本要求和评价要求两部分，其中评价要求包括基础设施、管理体系、能源与资源投入、产品、环境排放、绩效等 6 个一级指标，各下设二级指标，分为必选项与可选项。另外，结合浙江特点和低碳发展要求，增加了加分指标。《导则》还明确了浙江省绿色低碳工厂评价方法与程序，描述了基本要求的评价方法，通用要求及特定要求的评分规则。

基本要求为绿色低碳工厂应达到的基础性要求，基本要求不达标不能评价为绿色低碳工厂，如表 7. 2. 1 所示。当满足基本要求时，可进行评价指标和加分项的打分评价，如表 7. 2. 2 和表 7. 2. 3 所示。绿色低碳工厂必须满足各项必选要求，可选要求按照受评工厂满足程度在 0 分到满分中取值。评价指标总评分 100 分，加分项为 10 分。在满足基本要求的前提下，总得分 90 分以上的，可以推荐为省级绿色低碳工厂。

表 7.2.1　浙江省绿色工厂基本要求

基本要求	评价项目	要求明细
基础合规性与相关方要求	主体资格	绿色低碳工厂应依法设立并具有独立法人资格或者独立核算的分支机构，且从事实际生产的制造型企业
	注册地与生产场地	注册地和实际生产场地所在浙江省行政区域范围内
	环境信息披露	属于《浙江省环境信息依法披露制度改革实施方案》明确开展环境信息披露的主体，应对环境信息进行依法依规披露
	守法记录	近 3 年（含成立不足 3 年）未发生安全、质量、环境污染等事故，违规性及偷漏税等违法违规行为；未被动态调整出绿色制造名单；在国务院及有关部门相关督查工作中未被发现存在严重问题；未被列入工业节能监察整改名单且未按要求完成整改的；不存在失信被执行人等
	利益相关方承诺	对利益相关方的环境要求做出承诺的，应同时满足有关承诺的要求
	工厂生产现场	工厂生产现场应布局合理整洁、功能区标线清晰，安全防护措施到位
基础管理职责——最高管理者	最高管理者职责	最高管理者在绿色低碳工厂方面的领导作用和承诺满足本《导则》中相关要求
	管理者职责分配与沟通	最高管理者确保在工厂内部分配并沟通与绿色低碳工厂相关角色的职责和权限，且满足本《导则》中相关要求
基础管理职责——工厂	管理机构设置	应设有绿色低碳工厂管理机构，负责有关绿色低碳工厂的制度建设、实施、考核及奖励工作，建立目标责任制
	规划与实施	应有开展绿色低碳工厂的中长期（不少于 3 年）规划及年度目标、指标和实施方案。施行时，指标应明确且可量化
	教育与培训	应传播绿色制造的概念和知识，定期为员工提供绿色制造相关知识的教育、培训，并对教育和培训的结果进行考评

表 7.2.2　浙江省绿色低碳工厂评价指标评分分布情况

一级指标	二级指标	必选项	可选项
基础设施（20%）	建筑	4 项，20 分	4 项，20 分
	照明	2 项，8 分	4 项，14 分
	设备设施	6 项，30 分	1 项，8 分

续表

一级指标	二级指标	必选项	可选项
管理体系（15%）	一般要求	2项，20分	1项，8分
	环境管理体系	1项，20分	1项，10分
	能源管理体系	1项，20分	1项，10分
	社会责任	—	1项，4分
能源与资源投入（15%）	能源投入	1项，10分	5项，22分
	资源投入	3项，30分	2项，9分
	采购	2项，20分	2项，9分
产品（10%）	生态设计	2项，35分	2项，14分
	有害物质使用	1项，15分	1项，4分
	节能	1项，15分	1项，6分
	减碳	—	4项，18分
	可回收利用率	—	2项，8分
环境排放（10%）	大气污染物	1项，15分	1项，10分
	水体污染物	1项，15分	1项，10分
	固体废弃物	1项，10分	—
	噪声	1项，10分	—
	温室气体	1项，10分	3项，20分
绩效（30%）	用地集约化	2项，6分	3项，6分
	原料无害化	1项，6分	1项，4分
	生产洁净化	3项，18分	3项，12
	废弃物资源化	3项，18分	3项，12
	能源低碳化	2项，9分	2项，6分

表 7.2.3 浙江省绿色低碳工厂加分项评价标准

指标	具体评价要求	分值	权重
亩均综合绩效评价	企业亩均综合绩效评价最近两次均为A类得12分，最近一次为A类得6分	12	20%
碳排放管理	工厂确定碳排放管理责任部门，制定碳排放管理制度，激励各部门为减少碳排放做出贡献，得3分；形成绿色低碳发展年度报告，得3分	6	20%
碳排放强度下降率	近3年，工厂万元工业增加值碳排放量年均下降率达到4%及以上得8分，0%~4%按比例得分；其余不得分	8	20%

续表

指标	具体评价要求	分值	权重
信息化管理	碳效综合评价行业维度1~2档，得12分，行业维度3~4档，得6分，其他不得分；或者工厂已建立碳排放智能信息化管理系统，实时采集温室气体排放数据，并自动进行统计分析和溯源的，得12分	12	20%
节能降碳技术改造	近3年，工厂接受工业节能诊断服务并出具节能诊断报告的，得2分；列入工信部任务清单的，再得2分。开展节能降碳技术改造且总投资额超过500万元的，得4分。节能降碳技术改造项目入选省级重点节能降碳（绿色化）技术改造项目储备库的，得4分，入选市级项目储备库的，得2分	12	20%

国家级绿色工厂考核指标

根据工业和信息化部印发的《绿色工厂梯度培育及管理暂行办法》，绿色工厂评价指标分为一级指标和二级指标，评价指标体系包括基本要求和评价要求两部分，与浙江省《导则》一致。对于加分项，工业和信息化部仅考察“零碳”工厂创建方面开展的工作情况，分值为3分。鉴于当前绿色工厂评价为市省国家级层层推荐，满足浙江省的评价要求，则满足国家级评价要求。

263. 什么是绿色园区

绿色园区是指将绿色低碳发展理念贯穿园区规划、空间布局、产业链设计、能源利用、资源利用、基础设施、生态环境、运行管理等过程，全方位实现绿色低碳和循环可持续发展的工业园区。绿色园区是绿色工厂和绿色基础设施集聚的平台，旨在提升能效、减少污染、促进资源循环利用和产业链耦合。

绿色园区的核心特征包括以下几个方面。

（1）环保措施：在工业园区内推行废水、废气处理和固废回收等环保措施，打造生态友好的生产环境。

（2）绿色制造：企业采用绿色制造方式，开发和生产低碳、环保、可循环利用的产品，减少产品生命周期内对环境的负面影响。

（3）智慧管理：通过智慧管理系统优化园区的能源使用和资源分配，提高运营效率。

绿色园区的实施背景和意义在于响应国家和全球对可持续发展的要求，通过减少碳排放和环境污染，推动经济转型升级。政府通过补贴和政策支持，鼓励企业采用绿色技术和实践，提升园区的整体环境效益和经济效益。此外，绿色园区的认证和国际标准符合性有助于企业获得更多的国际市场认可，提升品牌价值和竞争力。

绿色园区根据行政级别分为国家级、省级和市级三个层次，绿色园区只能从市一级开始一级一级申报。国家级绿色园区：由工业和信息化部主导评定，是绿色园区中的最高级别，代表了全国范围内的绿色园区领先水平。省级绿色园区：由浙江省经济和信息化厅等省级部门主导评定。市级绿色园区：由各地市经济和信息化部门评定。确定名单时，参与评比的单位需达到评价导则要求的最低分数，并根据确定的创建目标数量，择优确定。

264. 绿色园区评价的考核指标有哪些

根据《浙江省绿色低碳工业园区、工厂建设评价导则（2024 版）》，绿色低碳工业园区评价内容包括基本要求、能源利用绿色化、资源利用绿色化、基础设施绿色化、产业技术绿色化、生态环境绿色化、运行管理绿色化、加分项共 8 个方面。基本要求为园区应达到的基础性要求，基本要求不达标不能评价为绿色低碳工业园区，如表 7.2.4 所示。评价要求为园区应努力达到的管理绩效要求，评价要求评分用绿色指数（GI）和加分项得分体现。绿色指数（GI）以近 3 年工业园区绿色指数（GI）平均值作为最终评价得分，单项指标得分最高不超过 120 分。加分项总分为 15 分，以近 3 年工业园区加分项平均值作为最终评价得分。在满足基本要求的前提下，总得分 85 分以上的，可以推荐为浙江省绿色低碳工业园区。

表 7.2.4 浙江省绿色园区基本要求

序号	基本要求	详细说明
1	园区主要功能与定位	制造业为主要功能，工业增加值占比超过 50%，具有法定边界和范围，具备统一管理机构的省级工业园区或其中可独立统计的区块
2	法规政策执行	国家和地方绿色低碳循环利用等相关法律法规、政策和标准应得到有效的贯彻执行
3	安全环保记录	近 3 年，园区和园区内企业未发生重大及以上污染事故、生态破坏事件和生产安全事故；在国务院及有关部门相关督查工作中未被发现存在严重问题；未被列入工业节能监察整改名单且未按要求完成整改的
4	节能（排指标）	园区所在县（市、区）应完成国家或地方政府下达的节能减排指标，园区碳排放强度持续下降。完成区域节能审查的园区，应严格落实区域节能审查意见要求
5	环境质量与排放	园区环境质量应达到 GB 3095 或地方规定的环境功能区环境质量标准，园区内企业污染物应达标排放，各类重点污染物排放总量均不超过国家或地方的总量控制要求。园区应定期披露环境信息
6	清洁生产审核	园区重点企业应 100%实施清洁生产审核
7	淘汰落后产能	园区企业不应使用国家列入淘汰目录的落后生产技术、工艺和设备，不应生产国家列入淘汰目录的产品
8	组织机构与人员	园区应建立履行绿色低碳发展工作职责的机构，应配备 2 名（含）以上专职工作人员

浙江省绿色园区考核指标如表 7.2.5 所示，计算方法详见《浙江省绿色低碳工业园区、工厂建设评价导则（2024 版）》。

表 7.2.5　浙江省绿色园区考核指标

一级指标	二级指标	单位	引领值	类型
能源利用绿色化（EG）	能源产出率	万元/tce	3	必选
	可再生能源使用比例	%	15	必选
	清洁能源使用率	%	75	必选
资源利用绿色化（RG）	水资源产出率	元/m^3	1500	必选
	土地资源产出率	亿元/km^2	15	必选
	工业固体废弃物综合利用率	%	95	必选
	工业用水重复利用率	%	90	4 项指标选 2
	中水回用率	%	30	
	余热资源回收利用率	%	60	
	废气资源回收利用率	%	90	
	再生资源回收利用率	%	80	
基础设施绿色化（IG）	污水集中处理设施	—	具备	必选
	新建工业建筑中绿色建筑比例	%	30	2 项指标选 1
	新建公共建筑中绿色建筑比例	%	60	
	500 米公交站点覆盖率	%	90	2 项指标选 1
	节能与新能源公交车比例	%	100	
产业技术绿色化（CG）	高新技术企业工业产值占比	%	30	必选
	绿色产业增加值占园区工业增加值比例	%	30	必选
	人均工业增加值	万元/人	15	2 项指标选 1
	现代服务业增加值占园区生产总值比例	%	30	
生态环境绿色化（HG）	工业固体废物处置利用率	%	100	必选
	单位工业增加值二氧化碳排放量消减率	%	3	必选
	单位工业增加值废水排放量	t/万元	5	必选
	主要污染物排放弹性系数	—	0.3	必选
	园区空气质量优良率	%	80	必选
	绿化覆盖率	%	30	3 项选 1 项
	道路遮阴比例	%	80	
	露天停车场遮阴比例	%	80	

续表

一级指标	二级指标	单位	引领值	类型
运行管理绿色化（MG）	绿色园区标准体系完善程度	—	完善	必选
	绿色园区发展规划编制情况	—	编制	必选
	绿色园区信息平台完善程度	—	完善	必选

浙江省绿色园区加分项及评分细则如表 7.2.6 所示，计算方法详见《浙江省绿色低碳工业园区、工厂建设评价导则（2024 版）》。

表 7.2.6 浙江省绿色园区加分项评价指标

一级指标	二级指标	评分细则
其他要求	工业节能诊断比例	工业节能诊断比例>30%，得 2 分；30%>工业节能诊断比例>15%，得 1 分
	绿色（低碳）工厂	园区内有省级绿色（低碳）工厂，得 1 分；有国家级绿色工厂，得 2 分
	节水型企业覆盖率	省级节水型企业取水量占园区取水总量>40%，或省级节水型企业数量占园区内企业总数的比重>10%，得 2 分
	信息化平台建设	园区建有相关平台，得 2 分
	循环化改造	园区依据自身特点和实际情况编制本园区循环化改造实施方案并组织实施，得 3 分
	园区亮点	在产业循环链接、节能降碳、能源梯级利用、资源循环利用等方面有创新亮点工作并提供案例，得 4 分

国家绿色工业园区考核指标

根据工业和信息化部印发的《绿色工厂梯度培育及管理暂行办法》，评价指标体系包括基本要求和评价指标两部分，绿色园区评价指标分为一级指标和二级指标，评价指标分为必选项与可选项，均设领先值，根据领先值评分，工业和信息化部不设加分项。鉴于当前绿色园区评价为市省国家级层层推荐，满足浙江省的评价要求，则满足国家级评价要求。

265. 什么是绿色产品

绿色产品是指在全生命周期过程中，符合环境保护要求，对生态环境和人体健康无害或危害小、资源能源消耗少、品质高的产品。

绿色产品具有以下特点。

（1）资源节约：在生产和使用过程中，绿色产品注重节约资源和能源。

（2）环境友好：绿色产品对生态环境无害或危害极小，有利于资源的保护和再回收。

（3）消费友好：绿色产品满足用户使用要求和消费升级需求，同时保护消费者身体健康。

（4）高品质：绿色产品通常具有高品质，符合相关标准和认证要求。

认证与标识：绿色产品认证是国家市场监督管理总局推行的自愿性产品认证，旨在统一涉绿认证。认证对象以终端消费品为主，市场定位为绿色高端产品认证。绿色产品标识基本图案为“CGP”，寓意关注环境、资源和人类可持续发展。

浙江省仅限“绿色设计产品标准清单”中载明标准的产品申请，各指标应符合《生态设计产品评价通则》《生态设计产品标识》及各类产品《绿色设计产品评价技术规范》。

266. 绿色产品的申报流程是什么

（1）认证申请：明确申请认证所需的资料，包括认证申请书、合同、认证委托人/生产者/生产企业的注册证明等。

（2）初始检查：明确初始检查内容、时限等要求，检查内容包括质量保证能力、产品一致性等。

（3）产品检验：明确检验样品要求、样品数量、检验项目等信息，并确保全过程可追溯。

（4）认证结果评价与决定：符合认证要求的，颁发认证证书并允许使用认证标志。初始检查不通过或产品检测不合格认证机构不予批准认证委托，认证终止。

（5）获证后持续监督：在证书有效期内，持续进行监督，包括质量保障能力监督检查、产品一致性监督检查，以及必要时的产品检验。

（6）发证机构：目前国内有 70 多家认证公司获得绿色产品的发证资格。

267. 什么是绿色供应链

绿色供应链，是在传统供应链基础上，将绿色制造、产品全生命周期管理和生产者责任延伸理念融入企业业务流程，综合考虑企业经济效益与资源节约、环境保护、人体健康安全要求的协调统一的供应链系统。绿色供应链结合绿色制造与供应链管理，侧重企业间的协调与协作。企业需建立资源节约、环境友好的采购、生产物流体系，推动上下游共同提升资源利用效率。通过龙头企业引领，实施绿色供应商管理和绿色回收体系搭建绿色信息平台，实现供应链的整体绿色发展。

绿色供应链根据行政级别分为国家级、省级和市级三个层次，绿色供应链只能从市一级开始一级一级申报。国家级绿色供应链：由工业和信息化部主导评定，是绿色供应链中的最高级别，代表了全国范围内的绿色供应链领先水平。省级绿色供应链：由浙江省经济和信息化厅等省级部门主导评定。市级绿色供应链：由各地市经济和信息化部门评定。确定名单时，参与评比的单位需达到评价导则要求的最低分数，并根据确定的创建目标数量，择优确定。

268. 绿色供应链评价的核心指标有哪些

为贯彻落实省委、省政府关于碳达峰碳中和工作部署，深入推进绿色制造体系建设，浙江省经济和信息化厅研究编制了《浙江省绿色低碳供应链管理企业建设评价导则（2023版）》。浙江省绿色低碳供应链管理企业评价内容包括基本要求、绿色低碳供应链管理战略指标、绿色设计指标、绿色低碳供应商管理指标、绿色生产指标、绿色物流指标、绿色回收指标、绿色低碳信息平台建设指标、绿色低碳信息披露指标、加分项指标等 10 个方面。

基本要求为绿色低碳供应链管理企业应达到的基础性要求，基本要求不达标的不能被评为绿色低碳供应链管理企业。当满足基本要求时，可进行评价指标和加分项指标的评分，评价指标总评分 100 分，加分项指标 10 分。在满足基本要求的前提下，总得分 90 分以上的，可以推荐为浙江省级绿色低碳供应链管理企业。浙江省绿色供应链管理企业基本要求采用定性评价，如表 7.2.7 所示。

表 7.2.7　浙江省绿色供应链管理企业基本要求

序号	基本要求
1	企业应依法登记注册、具有独立法人资格或为在浙江省依法纳税的非独立法人企业，在浙江省行政区域内有实际生产和经营管理
2	在建设和生产过程中应遵守有关法律法规、政策和标准，近三年（含成立不足三年）无违法行为；未发生较大及以上生产安全和质量事故、Ⅲ级（较大）及以上突发环境污染事件（企业信用核查结果要求良好及以上）；在国务院及有关部门相关督查工作中未发现严重问题；未发生被列入工业节能监察整改名单且未按要求完成整改的情况
3	企业厂界范围内废水、废气、固体废弃物、噪声排放满足国家和地方标准，按要求配备能源、水源及污染物监测设备
4	依据《浙江省环境信息依法披露制度改革实施方案》的规定对环境信息进行披露
5	具有较完善的能源资源、环境管理体系，各项管理制度健全
6	行业影响力大、经营实力雄厚、产业链完整、绿色供应链管理基础好，在产业链发挥主导作用
7	有完善的绿色低碳供应商管理体系，建立健全的供应商评价、选择、审核、绩效管理和退出机制
8	对实施绿色低碳供应链管理有明确的工作目标、计划和措施

绿色低碳供应链管理指数采用打分评价，设加分项，每个评定项依据表评价打分，评分时按照满足程度在 0 到满分中取值，最后直接加总。浙江省绿色低碳供应链管理企业评价指标如表 7.2.8 所示。

表 7.2.8　浙江省绿色低碳供应链管理企业评价指标

一级指标	二级指标	具体要求	最高分值
X1 低碳供应链管理战略 （15）	纳入企业发展规划	制订明确、可行的绿色低碳供应链管理中长期（不少于 3 年）发展规划	5
	制定绿色低碳供应链管理目标	制定绿色低碳供应链管理目标，确定每一年（不少于 3 年）的分目标、指标（需有量化指标），制订年度实施方案或计划	5
	设置专门管理机构	具备绿色低碳供应链管理兼职部门和人员，得 3 分； 具备绿色低碳供应链管理专职部门和人员，得 5 分	5
X2 绿色设计 （5）	产品绿色设计	按照相应产品绿色设计标准、行业绿色设计标准或 GB/T 24256 标准要求对产品进行绿色设计及研发，得 1 分；近 3 年，绿色设计产品比例有提升，得 1 分	2
		企业产品入选工信部绿色设计产品名单，或通过国家市场监督管理总局的绿色产品认证，得 2 分；获评工信部绿色设计示范企业，得满分	3
X3 实施绿色低碳供应商管理 （20）	绿色低碳采购制度	制订绿色低碳采购管理制度和采购方案，方案应包括但不限于以下内容： 绿色低碳采购目标、标准，得 1 分； 绿色低碳采购流程，得 1 分； 绿色低碳供应商筛选、认定条件和程序，得 1 分； 绿色低碳采购信息公开的范围、方式和频次，得 1 分； 绿色低碳采购绩效的评价，得 1 分	5
	供应商绿色低碳要求	要求供应商根据 GB/T 19001、GB/T 24001 分别建立质量管理体系、环境管理体系，每项 0.5 分	1
		要求供应商开展产品生态设计	1
		要求供应商对自身能源资源消耗、污染物排放、有害物质限制使用进行管理	1
		要求供应商开展节能减排降碳技术改进、产品碳足迹改善	2
	供应商绩效评估制度	制定供应商绩效评估及绿色伙伴评价制度，根据供应商绿色低碳要求对供应商进行评价	1
		每年对供应商进行评价	1
		对评价结果达到一定标准的供应商授予“绿色伙伴”称号	1
		对评价结果较差的供应商开展绩效改善技术支持	1
		对供应商进行分类管理，有对应的管理措施	1
	供应商培训	建立供应商培训和合作机制，向供应商传递绿色低碳采购要求及客户和利益相关方环境要求	1
		对供应商开展节能减排降碳培训并提供技术支持	1
	绿色低碳供应商占比	企业供应商中有入围省级及以上经信部门绿色制造名单的，每入围 1 家得 1 分，最高 3 分	3

续表

一级指标	二级指标	具体要求	最高分值
X4 绿色生产 （20）	工艺技术设备	采用国家鼓励的先进工艺技术与设备，其中用能设备采用节能型产品或效率高、能耗低、水耗低、物耗低的产品。凡有使用淘汰设备的不得分	2
		配备适宜的污染物处理设备，设备应满足通用设备节能方面的要求，处理能力应与工厂生产排放相适应，确保污染物排放达到相关法律法规及标准要求	2
	物料清单	依据 GB/T 39259，明确重点管控物料清单及要求	2
		制定生产过程重点管控物料管理程序，并按要求进行管理	2
	有害物质使用	产品（包括原料和辅料）应减少有害物质的使用，避免有害物质的泄漏，满足国家对产品有害物质限制使用的要求	2
	企业碳效综合评价	企业碳效综合评价行业维度 1 档，得 5 分；行业维度 2 档，得 3 分；行业维度 3 档，得 1 分；行业维度 4 档或 5 档，不得分	5
	单位产品综合能耗	按照本导则附录 B 计算单位产品综合能耗，近 3 年有下降的，得 3 分；近 3 年连续下降的，得 5 分（装备、电子、电器等离散制造业可采用单位产值或单位工业增加值指标）	5
X5 绿色物流 （4）	绿色仓储物流	制订绿色物流方案，合理仓储布局、优化物流作业路径、减量化物流包装物、循环使用物流周转容器	2
		加大使用清洁能源、低耗能、低排放的运输工具，减少运输过程中的能源资源消耗和污染物排放	2
X6 绿色回收 （18）	包装材料回收率	按照本导则附录 B 计算企业采用的包装材料回收比例，≥90%，得 6 分；≥80%，得 4 分	6
	回收体系	建立生产者责任延伸制度，主动承担产品废弃后回收和资源化利用的责任	2
		采用产品回收电子标签、物联网、大数据和云计算等技术手段，建立可核查、可溯源的绿色回收体系	2
		直接主导或与专业从事废旧产品回收利用业务的企业、机构合作开展回收、处理与再利用	2
	指导下游企业回收拆解再利用	建立产品及包装物回收拆解再利用文件，指导下游企业回收拆解再利用（适用时）	3
		具备回收拆解再利用信息发布平台，实现回收拆解再利用信息传递（适用时）	3

续表

一级指标	二级指标	具体要求	最高分值
X7 绿色低碳信息平台建设（10）	绿色低碳供应链管理信息平台	建立绿色低碳供应链管理信息平台	3
		在平台上实现上下游企业间信息交流、共享	2
		在平台上收集和管理企业及其重点供应商的产品材质、工艺流程、能源资源消耗、污染物排放、工厂单位产值碳排放量等信息，覆盖的重点供应商比例≥50%，得 5 分；覆盖的重点供应商比例≥30%，得 3 分；覆盖的重点供应商比例≥10%，得 1 分；<10%不得分	5
X8 绿色低碳信息披露（8）	披露企业节能减排降碳信息	向社会披露企业节能减排降碳目标完成情况、单位产品综合能耗、工厂单位产值碳排放量、污染物排放情况、有害物质使用情况、包装材料回收率等信息	2
	披露绿色低碳供应商占比	向社会披露绿色低碳供应商占比信息	2
	披露供应商节能减排降碳信息	向社会披露重点供应商单位产品综合能耗、工厂单位产值碳排放量、污染物排放情况、有害物质使用情况、包装材料回收率等信息	2
	发布企业社会责任报告	发布社会责任年度报告，报告应含绿色采购实施成效	2

浙江省绿色低碳供应链管理企业评价加分项指标如表 7.2.9 所示。

表 7.2.9　浙江省绿色低碳供应链管理企业评价加分项指标

一级指标	二级指标	具体评价要求	分值
碳排放管理	碳达峰碳中和管理	企业制订碳达峰碳中和行动方案，明确碳达峰碳中和路径，开展产品碳足迹第三方核查	2
	供应商碳排放	鼓励供应商开展碳效综合评价，行业维度 1 档的供应商≥5 家，得 2 分；行业维度 1 档的供应商≥3 家，得 1 分	2
企业及其供应链节能降碳技术改造	节能降碳技术改造	近 3 年，企业组织实施节能降碳诊断	1
		实施节能降碳技术改造项目，入选经信部门省级项目库	2
		近 3 年，推动供应商开展节能降碳诊断，提供技术援助	1
		推动供应商实施节能降碳技术改造项目，入选经信部门省级项目库	2

国家绿色供应链管理企业考核指标

根据工业和信息化部印发的《绿色工厂梯度培育及管理暂行办法》（以下简称《暂行办法》），评价指标体系包括基本要求和评价指标两部分，绿色供应链管理企业评价指标分为一级指标和二级指标，指标分为定性指标与定量指标，工业和信息化部《暂行办法》不设加分项。鉴于当前绿色园区评价为市省国家级层层推荐，满足浙江省的评价要求，则满足国家级评价要求。经评价绿色供应链管理指数大于 80 分（含等于）的企业，认定为“卓越绿色供应链管理企业”，优先享受国家各项支持政策。

7.3 碳排放

269. 什么是碳排放，哪些属于碳排放的核定范围

碳排放是关于温室气体排放的一个总称或简称，温室气体中最主要的组成部分是二氧化碳（CO_2），因此人们简单地将“碳排放”理解为“二氧化碳排放”。

在《温室气体核算体系》中提出了范围 1、2、3 的概念，也就是人们常说的“GHG Protocol”。为便于描述直接与间接排放源，提高透明度，以及为不同类型的机构和不同类型的气候政策与商业目标服务，GHG Protocol 针对温室气体核算与报告设定了三个“范围”。

（1）范围 1：直接温室气体排放。范围 1 排放是来自公司拥有和控制的资源的直接排放。换句话说，范围 1 中的温室气体排放是企业一系列活动的直接结果。范围 1 排放分为固定燃烧源、移动燃烧源、泄漏、制造过程中产生四个领域。

（2）范围 2：电力产生的间接温室气体排放。范围 2 排放是企业由购买的能源（包括电力、蒸汽、加热和冷却）产生的间接排放。

（3）范围 3：其他间接温室气体排放。范围 3 排放是企业价值链中不属于直接运营（范围 1）或间接能源使用（范围 2）的温室气体（GHG）排放。范围 3 排放分为 15 个类别。

简言之，范围 1 排放是公司直接燃烧产生的温室气体排放，范围 2 排放是公司购买的能源产生的温室气体排放，而范围 3 则是这两者以外公司产生的所有排放。

270. 碳排放核算的方法是什么

目前，碳排放量的核算主要有三种方式：排放因子法、质量平衡法、实测法。

（1）排放因子法（基于计算）

根据IPCC提供的碳核算基本方程，计算公式为：

温室气体（GHG）排放=活动数据（AD）×排放因子（EF）

式中，AD是导致温室气体排放的生产或消费活动的活动量；EF是与活动水平数据对应的系数。

适用范围：该方法适用于国家、省份、城市等较为宏观的核算层面，可以粗略地对特定区域的整体情况进行宏观把控。

（2）质量平衡法（基于计算）

对于二氧化碳而言，在碳质量平衡法下，碳排放由输入碳含量减去非二氧化碳的碳输出量得到，计算公式为：

二氧化碳（CO_2）排放=（原料投入量×原料含碳量－产品产出量×产品含碳量－废物输出量×废物含碳量）×44/12

式中，44/12是碳转换成CO_2的转换系数（CO_2/C的相对原子质量）。

适用范围：采用基于具体设施和工艺流程的碳质量平衡法计算排放量，可以反映碳排放发生地的实际排放量。

（3）实测法（基于测量）

实测法基于排放源实测基础数据，汇总得到相关碳排放量。这里又包括两种实测方法，即现场测量和非现场测量。现场测量一般是在烟气排放连续监测系统（CEMS）中搭载碳排放监测模块，通过连续监测浓度和流速直接测量其排放量；非现场测量是通过采集样品送到有关监测部门，利用专门的检测设备和技术进行定量分析。

271. 什么是碳排放双控，后续如何实施

碳排放双控是指对碳排放总量和碳排放强度进行双重控制。

碳排放总量：指一定时期内某区域所产生的二氧化碳总量，是抑制碳排放过快增长、实现碳达峰和碳中和目标的重要手段。

碳排放强度：指单位生产总值所产生的二氧化碳排放，旨在降低经济发展对环境的压力，实现低碳发展。

2024年7月30日，国务院办公厅印发《加快构建碳排放双控制度体系工作方案》，明确分三个阶段构建碳排放双控体系，第一阶段，到2025年，碳排放统计核算体系进一步完善，一批行业企业碳排放核算相关标准和产品碳足迹标准出台实施，国家温室气体排放因子数据库基本建成并定期更新，相关计量、统计、监测能力得到提升，为“十五五”时期在全国范围实施碳排放双控奠定基础。第二阶段，“十五五”时期，实施以强度控制

为主、总量控制为辅的碳排放双控制度，建立碳达峰碳中和综合评价考核制度，加强重点领域和行业碳排放核算能力，健全重点用能和碳排放单位管理制度，开展固定资产投资项目碳排放评价，构建符合中国国情的产品碳足迹管理体系和产品碳标识认证制度，确保如期实现碳达峰目标。第三阶段，碳达峰后，实施以总量控制为主、强度控制为辅的碳排放双控制度，建立碳中和目标评价考核制度，进一步强化对各地区及重点领域、行业、企业的碳排放管控要求，健全产品碳足迹管理体系，推行产品碳标识认证制度，推动碳排放总量稳中有降。

7.4 碳交易

272. 什么叫碳交易

碳交易，即把二氧化碳排放权作为一种商品，买方通过向卖方支付一定金额从而获得一定数量的二氧化碳排放权，从而形成了二氧化碳排放权的交易。碳交易市场是由政府通过对能耗企业的控制排放而人为制造的市场。通常情况下，政府确定一个碳排放总额，并根据一定规则将碳排放配额分配至企业。如果未来企业排放高于配额，需要到市场上购买配额。

与此同时，部分企业通过采用节能减排技术，最终碳排放低于其获得的配额，则可以通过碳交易市场出售多余配额。双方一般通过碳排放交易所进行交易。当企业减排成本高于碳市场价时，也会选择在碳市场上向拥有配额的政府、企业或其他市场主体进行购买，以完成政府下达的减排量目标。若未足量购买配额以覆盖其实际排放量则面临高价罚款。

通过这一套设计，碳交易市场将碳排放内化为企业经营成本的一部分，而交易形成的碳排放价格则引导企业选择成本最优的减碳手段，包括节能减排改造、碳配额购买，或碳捕捉等，市场化的方式使得在产业结构从高耗能向低耗能转型的同时，全社会减排成本保持最优化。

273. 国际、国内的碳交易市场情况

全球碳市场的设计蓝本为欧盟碳排放权交易体系（EU-ETS），欧盟排放交易体系是全球规模最大、机制最完善、成熟度最高的碳市场。其他地区的碳市场均脱胎于欧盟 EU-ETS 的设计，但由于各地经济状况、排放目标与碳市场覆盖范围等方面的不同，各碳市场也采取了一些有特色的设计。北美市场主要包括美国的加利福尼亚州和华盛顿州等地区的

碳交易市场，以及加拿大的部分省份。其中，加利福尼亚州的碳排放权交易体系是美国首个碳排放权交易体系，于 2013 年建立，并与加拿大魁北克市的碳计划相连接，形成了一个共同的碳市场。亚太地区的碳交易市场正在快速发展，包括中国、日本、韩国、新西兰等国家。日本近年来启动了自愿性 GX-ETS 系统，韩国碳市场（K-ETS）于 2015 年启动。

中国碳交易市场，作为实现碳达峰与碳中和目标的核心政策工具之一，近年来取得了显著的发展成效。2024 年 1 月，全国温室气体自愿减排交易市场正式启动，与全国碳排放权交易市场独立运行，但通过配额清缴抵销机制相互衔接，共同构成全国碳市场体系。通过碳市场推动温室气体减排，促进能源结构调整，激励先进、约束落后的导向作用更加明显。2023 年全国火电碳排放强度相比 2018 年下降 2.38%，电力碳排放强度下降 8.78%。碳排放权的绿色金融属性获得越来越多金融机构的认可，撬动了更多绿色低碳投资，促进火电行业能效提升、能源结构调整。

全国碳排放权交易市场从发电行业入手，目前纳入重点排放单位 2257 家，年覆盖二氧化碳排放量约 51 亿吨，占全国二氧化碳排放的 40%以上，成为全球覆盖温室气体排放量最大的市场。截至 2024 年 7 月末，全国碳排放权交易市场碳排放配额累计成交量已达到 4.67 亿吨，累计成交额 271.58 亿元。交易价格稳中有升，综合价格收盘价于 2024 年 4 月 24 日首次突破 100 元/吨，目前在 90 元/吨小幅波动。截至 2023 年年底，2021 年、2022 年度配额清缴完成率分别为 99.61%、99.88%，较第一个履约周期进一步提升，位于国际主要碳市场前列。

7.5　碳核查

274. 什么是碳核查

碳核查是指对企业、组织或个人的碳排放情况进行检测、测量和评估的过程，第三方服务机构对参与碳排放权交易的碳排放单位提交的温室气体排放报告进行核查，以确保提交的排放数据有效。碳核查是配额分配与清缴的重要依据。同时，碳核查是实施碳减排和应对气候变化的基础，也是实现低碳经济发展的基本工具之一。

275. 碳核查如何开展

企业必须做碳核查的情况包括石化、化工、建材、钢铁、有色、造纸、民航等重点行业，年度温室气体排放量达 2.6 万吨二氧化碳当量（综合能源消费量约 1 万吨标准煤）及以上的重点企业。核查的对象仅包括纳入国家要求控排和碳交易的企业，包括碳排放源的识别、数据收集、核算、查漏补缺、澄清和报告等一系列核查工作。

碳核查的方法和流程可以概括为以下五个步骤：

（1）识别边界和范围。在进行碳核查之前，需要确定核查的边界和范围。边界是指核查所涉及系统和活动的准确描述。范围是指固定的时间周期内核查所涉及的碳排放源和碳汇。

（2）资料收集。在实施碳核查之前，需要对所需数据进行收集和整理。收集数据的方法包括直接测量、厂家提供的数据、能源供应商提供的数据、用户调查等。

（3）数据计算和评估。收集到数据后，需要对其进行计算和评估。对于直接测量得到的数据，可以直接使用；对于其他收集到的数据，可能需要进行转换和标准化处理。

（4）碳核查报告编制。该报告通常包括识别碳排放类型和数量、分析碳排放的结构和趋势、评估碳排放的影响和风险、提供减排建议等。

（5）数据报告和减排措施追踪。完成碳核查报告之后，需要向相关部门、政府或公众公布相关信息，并跟踪和披露减排措施的实施情况和效果。

276. 碳核查的结果如何使用

碳核查的主要目的在于确保碳排放单位提交的排放数据真实、准确，从而为碳排放权交易、碳税征收以及碳减排政策制定提供有力支撑。碳核查报告具有广泛的用途和重要的价值，主要体现在企业自我评估与管理、政府监管与决策支持、市场准入与竞争优势、碳交易与绿色金融等方面。在价值层面，碳核算报告具有数据价值、管理价值、社会价值及经济价值。

碳核查报告在企业自我评估与管理、政府监管与决策支持、市场准入与竞争优势以及碳交易与绿色金融等方面具有广泛的用途和重要的价值。随着全球对气候变化的关注不断增加和碳市场的不断发展，碳核查报告的作用将越来越凸显。

7.6 碳足迹

277. 什么是碳足迹，什么是产品碳足迹

碳足迹（Carbon Footprint）是指个体、组织、产品或国家在一定时间内直接或间接导致的二氧化碳排放量，是衡量人类活动对环境影响的重要指标。作为评价低碳的重要概念

之一，碳足迹被用来识别和评估产品的温室气体排放量。产品碳足迹属于碳排放核算的一种，一般指产品从原材料加工、运输、生产到出厂销售等流程所产生的碳排放量总和，是衡量生产企业和产品绿色低碳水平的重要指标。

产品碳足迹（Product Carbon Footprint，PCF）是统计一个产品在其生命周期各阶段产生的所有温室气体排放量。主要有“从摇篮到大门”和“从摇篮到坟墓”两种不同边界的碳排放计算方式。“从摇篮到大门”，指的是产品从原材料获取到生产出厂的过程中的碳排放；“从摇篮到坟墓”，除了上面部分，它还包括了产品的分销、使用、维护等到最终废弃处理阶段的全生命周期产生的碳排放。

278. 产品碳足迹的作用和意义是什么

环境评估与减排：产品碳足迹是衡量产品生命周期中温室气体排放的重要指标，有助于企业准确评估环境影响，识别减排潜力，制定减排策略。

提升品牌形象：通过公开产品碳足迹，企业可以展示其环保责任和可持续发展承诺，提升品牌形象，增强消费者信任。

满足市场需求：随着消费者对低碳环保产品的需求增加，产品碳足迹成为企业满足市场绿色消费需求的重要依据。

应对贸易壁垒：产品碳足迹核算有助于企业应对国际贸易中的绿色壁垒，提高产品在国际市场的竞争力。

政策激励与认证：产品碳足迹核算可为企业获取政策激励、补贴以及绿色产品、零碳工厂等认证提供有力支持。

279. 产品碳足迹的主要依据是什么

目前，产品碳足迹核算主要使用 ISO 14040/14044 环境管理—生命周期评价、PAS 2050《商品和服务在生命周期内的温室气体排放评价标准》、ISO 14067—2018《温室气体　产品碳足迹　量化要求及指南》，2024 年 8 月由生态环境部指导制定的产品碳足迹核算通则《温室气体　产品碳足迹　量化要求和指南》已公布，自 2024 年 10 月 1 日起实施。

《温室气体　产品碳足迹　量化要求和指南》（GB/T 24067—2024）规定了产品碳足迹的研究范围、原则和量化方法等，主要内容包括：一是确定了产品碳足迹核算的基本要求和原则，具体包括使用全生命周期的视角、功能或声明单位、迭代的方法、科学方法的优先性、完整性、一致性、统一性、准确性、透明性和避免重复计算等；二是规定了产品碳足迹量化方法的 4 个步骤、生命周期的 5 个阶段，以及产品种类规则编制要求、核算边界选取原则、计算方法等内容；三是提出了产品碳足迹报告要求以及基本内容。此外，还规定了鉴定性评审、产品碳足迹声明和具体产品碳足迹标准框架等内容。

280. 什么是碳排放因子

碳排放因子（EF）也称为碳排放系数，是指每一种能源燃烧或使用过程中单位能源所产生的碳排放总量。根据联合国政府间气候变化专门委员会（IPCC）的假定，可以认为某种能源的碳排放系数是固定不变的。一般在使用过程中，根据 IPCC 的假定，可以认为某种能源的碳排放系数是不变的。只需得知排放因子，再使用公式“碳排放量=活动数据×排放因子”便可直接计算得出碳排放量。但是由于生产工艺、地域分布和技术水平的差异，各国各行业也有自己的排放因子数据用来计算碳排放。可采用权威机构、部门及科研单位等公布的碳排放因子，以及企业自行核算并经认证的碳排放因子。

政府间气候变化专门委员会发布的《国家温室气体清单指南》(IPCC 2006)、IPCC 在线排放因子数据查询系统、Ecoinvent 生命周期清单数据、各国生命周期评价的清单数据库等。

在国家统计局每年发布的统计年鉴资料中，给出了常用能源的净发热值、钢材和水泥的综合生产能耗数据；国家发展和改革委员会近年来公布了区域电网基准线排放因子数据，《省级温室气体清单编制指南（试行）》给出主要工业产品生产的直接碳排放因子推荐值；国务院机关事务管理局发布的《公共机构能源资源消费统计制度》对能源热值、氧化率等进行了统一规定。这些数据，一部分可直接作为碳排放因子的基准值，另外一部分可作为碳排放因子核算的重要基础资料。

我国 2019 年颁布实施了《建筑碳排放计算标准》(GB/T 51366—2019)，给出了部分常用化石能源、运输方式，以及水泥、钢材等大宗建材的碳排放因子取值。中国工程院和国家环境局的温室气体控制项目、国家科学技术委员会的气候变化项目，以及绿色奥运建筑研究项目等专项、专题研究的成果也可作为碳排放因子核算的参考依据。

2024 年，生态环境部会同多部门印发了《关于建立碳足迹管理体系的实施方案》(以下简称《方案》)。《方案》明确，要推动产品碳足迹规则国际对接，加快发布更新本地化产品碳足迹因子并推动国际认可，促进与主要贸易伙伴就重点产品碳足迹核算评价和认证标准、机构和人员资质评定逐步实现互通互认。

产品碳足迹因子数据库的建立完善是一项很重要的工作，但从任何一个产品全生命周期的角度来看，这是一件不可穷尽的事情，只能随着工作的开展不断深化。我们最终的数据库可能是分层级、分领域的，国家层面可能会有一个典型的数据库，然后具体细分到不同的领域建立的数据库也会同时存在。

当前常用的碳排放因子库如表 7.6.1 所示。

表 7.6.1 常用碳排放因子库

名称	网址
IPCC 碳排放因子库	https://www.ipcc-nggip.iges.or.jp/EFDB/find_ef.php

续表

名称	网址
欧盟版 EFDB	https://www.eea.europa.eu/publications/emep-eea-guidebook-2019/emission-factors-database
美国 EPA 版 EFDB	https://www.epa.gov/electronic-reporting-air-emissions/webfire
英国环境部 EFDB	https://www.gov.uk/government/collections/government-conversion-factors-for-company-reporting
2021 年电力二氧化碳排放因子	https://www.mee.gov.cn/xxgk2018/xxgk/xxgk01/202404/t20240412_1070565.html
中国产品全生命周期温室气体排放系数库	http://lca.cityghg.com/

7.7　零碳制造

281. 什么是零碳制造

2021 年，国务院国有资产监督管理委员会（国务院国资委）印发《关于推进中央企业高质量发展做好碳达峰碳中和工作的指导意见》，将碳达峰碳中和工作纳入央企业绩考核标准；2024 年 8 月 6 日，国务院办公厅印发《加快构建碳排放双控制度体系工作方案》，同时各地也在推进落实相关的碳管理政策以及各类奖补性措施。有序性、平衡性和多元化是碳中和过程中的基本遵循。企业应积极通过技术创新以及实际行动做好碳管理，营造良好的企业形象。

目前，国际层面应用较多的标准为 ISO14068-1：2023 温室气体管理和气候变化管理及相关活动-碳中和、IWA42：2022（E）净零排放导则两套规则。国内也发布了包括《零碳工厂评价规范》（T/CECA-G 0171—2022）在内的多套碳中和及零碳体系标准。

282. 什么是零碳工厂

零碳工厂的定义可以概括为在温室气体排放核算边界内，工厂在一定时间范围内（通常以年度为单位），其生产、服务过程中产生的温室气体排放量，按照二氧化碳当量（CO_2e）计算，在尽可能自主减排的基础上，剩余排放量通过核算边界外的减排项目清除，或相应数量的碳信用进行抵消，从而实现碳排放量总和为零的工厂。随着全球对气候变化和环境保护问题的日益关注，零碳工厂作为推动绿色发展和可持续生产的重要实践，正逐渐成为工业领域的新趋势。具体来说，零碳工厂的特点和创建要点包括：

（1）全生命周期零排放。从原料生产到废弃物处理的全生命周期生产过程中，碳排放量为零。这意味着工厂需要在各个环节都采取节能减排措施，确保整个生产流程中的碳排放得到有效控制。

（2）可再生能源利用。零碳工厂通常会采用高效的能源利用方式，特别是大量使用可再生能源，如太阳能、风能、水能等，以减少对化石燃料的依赖，从而显著降低二氧化碳等温室气体的排放。

（3）节能减排技术应用。通过应用先进的节能减排技术，如高效能设备、节能工艺、余热回收等，提高能源利用效率，减少能源消耗和碳排放。

（4）深度脱碳与碳汇措施。在减碳潜力充分释放后，对于剩余部分不可避免的碳排放，零碳工厂会采用深度脱碳行为来中和，如碳捕集、利用与封存技术。同时，通过植树造林、森林管理等碳汇措施，进一步实现碳中和。

（5）综合评定与认证。零碳工厂的创建结果需要经过第三方授权评价机构的综合评定和认证。评价工作通常依据相关标准，如《零碳工厂评价规范》（T/CECA-G 0171—2022），从多个维度对企业进行综合评价，确保零碳工厂的创建质量。

283. 零碳工厂评价的核心指标有哪些

零碳工厂评价的核心指标主要围绕基础设施、信息化管理系统、能源与资源使用、产品、环境排放、温室气体减排实施及绩效、碳抵消实施等多个方面展开。这些指标旨在全面、科学地评价工厂的零碳水平，推动企业实现绿色生产和可持续发展。以《零碳工厂评价规范》（T/CECA-G 0171—2022）举例，零碳工厂评价的要求主要包括适应国际及国内双碳发展趋势；完整的、可量化的评价框架及细则；强调持续改善及能碳信息化管理系统，宜使用智能物联 AIoT 技术。

零碳工厂应保证依法建立，建设及生产过程合规，无重大安全、环保、质量等事故，满足国家、行业和地方对工厂能源消耗限额要求；必须具备温室气体管理资源，如战略、人员等；必须具备一定系统化的环境、能源、温室气体管理基础。

零碳工厂的评价分为 8 个一级指标与 17 个二级指标，其中基本合规要求与基本管理要求的两个一级指标是基本要求，其对零碳工厂的评价拥有一票否决权，即若这两个一级指标被评为不合格，那么该工厂就失去了被评为零碳工厂的资格。

基本要求中的合规性要求是指零碳工厂应依法设立，在建设和生产过程中符合法规、政策和标准要求。近三年无重大安全、环保、质量等事故，成立不足三年的企业，成立以来无重大安全、环保、质量等事故，且零碳工厂能源消耗总量和/或强度绩效应优于国家、行业和地方能源消耗限额要求。

最高管理者承诺是指最高管理者应对利益相关方作出“零碳工厂承诺的陈述”，该陈述应包括：计划实现的零碳工厂类型（Ⅰ型或Ⅱ型）及相应时间计划；对实现零碳工厂的有效性负责；确保建立零碳工厂建设、运营的方针和目标，并确保其与组织的战略方向及所处的环境相一致；实现并保持零碳工厂的温室气体减排和/或碳抵消策略。

温室气体排放管理体系和制度是指应建立零碳工厂管理团队，负责零碳工厂的制度建设、零碳工厂实施工作，并定期向最高管理层报告零碳工厂的实现情况；应开展零碳工厂创建的中长期规划及年度目标、指标和实施方案；应加强员工能力建设，定期为员工提供零碳工厂相关的教育、培训，并对教育和培训的结果进行考评；应建立温室气体排放信息管理制度，以便明确温室气体排放数据收集、量化、报告及归档要求；应按照《环境管理体系　要求及使用指南》（GB/T 24001—2016）、《能源管理体系　要求及使用指南》（GB/T 23331—2020），建立完善的环境管理体系、能源管理体系，并经过第三方认证机构认证。

具体零碳工厂评价的一级、二级指标如表 7.7.1 所示。

表 7.7.1　零碳工厂评价指标

一级指标	二级指标
基本合规要求	依法设立，无重大事故，能源消耗总量和/或强度绩效应优于国家、行业和地方能源消耗限额要求
基本管理要求	最高管理者零碳工厂承诺，建立温室气体排放信息管理制度，通过环境管理体系 GB/T 24001、能源管理体系 GB/T 23331 认证
基础设施（10%）	建筑、照明、设备设施、计量器具和装置
能源和碳排放智能信息化管理系统（10%）	建立能源和碳排放智能信息化管理系统：数据收集、数据存档、数据纠错等
能源资源投入（10%）	能源使用：余热余压、低碳清洁能源、可再生能源；资源使用：替代或减少使用全球增温潜势高的物料、原料替代
产品（10%）	生态设计，节能、产品碳足迹、有害物质限制使用
温室气体减排措施（40%）	节能技术和措施、可再生能源使用、低碳原料、负碳技术、自主减排绩效（首个报告年度对比基准年，或后续年度比上一年度，工厂温室气体排放绝对量或强度的下降值）
碳抵消（20%）	工厂在实施自主减排的基础上，剩余温室气体排放量已实现 100%清除无须抵消或采取 100%抵消

284. 零碳工厂的创建流程是什么

零碳工厂从前期准备到后期持续改善大致可分为四个阶段，分别为准备阶段、实施阶段、评价阶段、持续改善阶段，具体展开可细化为现状摸排、制订工厂实施计划，建立内部温室气体管理体系和制度，确定温室气体排放基准线、实施温室气体减排、核算年度温室气体排放、实施温室气体清除和/或碳抵消，以及零碳工厂的评价。

其中，准备阶段与实施阶段的重点为前文提到的碳管理实施路径，即一“算”二“减”三“抵消（消除）”，其中的具体内容可展开为下述工作。

（1）一“算”

即计算工厂的温室气体排放量，可参考《标准：组织层级的温室气体排放和移除的量化和报告规范及指南》（ISO14064-1-2018）、《温室气体核算体系：企业核算与报告标准》（GHG protocol）、《企业价值链（范围 3）核算和报告标准》［*Corporate Value Chain*（*Scope* 3）*Accounting and Reporting Standard*］等标准。

范围 1 与范围 2 的排放数据相对容易收集，范围 3 的排放数据由于涉及上下游企业，其数据相对难以收集，但是范围 3 所包含的内容又与企业生产经营活动紧密相关，故其重要程度并不在范围 1 与范围 2 之下，且由于范围 3 涉及整个价值链上的公司，故其对实现整体减排目标具有重要意义。因此，企业在制定减排目标与减排措施时需综合考虑范围 1、2、3 的情况。

（2）二“减”

即减碳，制订减少碳排放量的计划。目前，企业的主要温室气体是由化石燃料燃烧以及外购能源（电力、热能等）导致的，企业可通过稳定/减少用能需求、提高生产效率以及规范管理来减少碳排放，目前可立即使用且成本最低并且对生产端影响最小的方法是提高能源的使用效率。

要判断企业对于目前碳排放方面的管理能力，企业可使用 PTAM 框架，即企业碳行动评价框架，主要内容包括表 7.7.2 中四个维度。

表 7.7.2 企业碳行动评价框架四维度

维度	碳排放现状（Performance，P）	目标和战略（Target，T）	降碳行动（Action，A）	管理机制（Management，M）
作用	用于衡量企业目前的碳排放表现，是企业基准水平的比较	用于衡量企业制定“双碳”目标的意愿与能力	关注企业为实现碳目标而采取的具体技术措施和项目	企业为支撑实施降碳行动而采取的保障性制度和措施
内容	碳排放总量、碳排放强度、能耗水平、可再生能源利用水平	综合减排目标、配套目标、战略定位	产能控制类行动、能效提升类行动、新能源技术类行动、工艺创新类行动、材料回收类行动、碳捕集、封存与利用（CCUS）技术应用、碳汇类项目	组织架构、制度建设、资金支持、创新能力、供应链能力、对外合作

减排措施的重点是能效提升，包含管理节能机会、工艺节能机会以及设备节能机会。其中，管理节能机会的议题包含减少能源浪费、改善跑冒滴漏、加强设备维护、严格设备

采购以及生产计划的制订；工艺节能机会包含的议题有改进高能耗工艺、修改高参数、提高低能效生产方式、改善过高质量的压缩空气、水。管理节能机会与工艺节能机会有很高的潜力，其投资收益很高，却很容易被企业忽视。设备节能机会包含要使设备在高效区运行、热回收、提高设备固有效率、选择适合的设备型号、减少管道损失等。设备节能计划的各项议题基本需要在节能专业顾问的帮助下才能完成。

（3）三“抵消（清除）”

碳抵消（清除）活动是企业在无法完全避免碳排放的情况下，采取的一种补偿措施，一般分为碳抵消和碳清除两种形式，其中碳清除为通过直接的技术手段（如 CCUS 技术中的“利用”部分）将大气中的二氧化碳固定并去除，从而实现真正的碳减排。然而，目前碳清除技术仍处于发展阶段，其成本和可行性仍需进一步评估。碳抵消是指通过购买碳信用额度或支持碳汇项目（如植树造林、森林保护等）来抵消企业自身无法减少的碳排放量。由此延伸出来的碳信用，又称碳权，指在经过联合国或国家认可的第三方机构认证的条件下，国家或企业以提高能源使用效率、减少污染或减少开发等方式减少碳排放，因此得到可以进入碳交易市场的碳排放计量单位。常见的碳信用如表 7.7.3 所示。

表 7.7.3　常见碳信用

<table>
<tr><th>国际或国家认可的碳信用标准</th><th>产生的碳信用</th><th>产生碳信用的条件</th></tr>
<tr><td>京都协议
清洁发展机制</td><td>Certified Emission Reductions（CERs）
核证的排减量（CER）</td><td rowspan="4">符合指定方法学；
与项目基准线相比，排放量的任何减少都是额外的，可以进行验证和评估</td></tr>
<tr><td>Gold Standard for the Global Goals</td><td>Gold Standard Voluntary Emission Reduction（VER）credit
黄金标准自愿减排（VFR）信用</td></tr>
<tr><td>Verified Carbon Standard（VCS）</td><td>Verified Carbon Units（VCUs）</td></tr>
<tr><td>中国国家温室气体自愿减排方法学</td><td>China Certified Emission Reduction（CCER）</td></tr>
</table>

第 8 章

能源法律法规

8.1 《中华人民共和国能源法》

285.《中华人民共和国能源法》的制定背景是什么

能源是国民经济的命脉，事关国计民生和国家安全。我国是世界上最大的能源生产国和消费国，但长期以来我国能源领域缺少一部基础性、统领性的法律，亟须填补这一立法空白。制定能源法，对于进一步夯实能源行业法治根基，保障国家能源安全和推动绿色低碳转型，具有十分重大和深远的意义。

在《中华人民共和国电力法》《中华人民共和国节约能源法》《中华人民共和国可再生能源法》等能源领域单行法的基础上，为了推动能源高质量发展，保障国家能源安全，促进经济社会绿色低碳转型和可持续发展，积极稳妥推进碳达峰碳中和，适应全面建设社会主义现代化国家需要，根据宪法，《中华人民共和国能源法》（以下简称能源法）于2024年11月8日经第十四届全国人民代表大会常务委员会第十二次会议表决通过，并于2025年1月1日起施行，这是中国能源转型的一个里程碑。能源法立足我国能源资源禀赋实际，适应能源发展新形势，就能源领域基础性重大问题在法律层面作出规定，是能源领域的基础性、统领性法律。

286.《中华人民共和国能源法》和《中华人民共和国节约能源法》有什么区别和联系

总体来说，《中华人民共和国能源法》侧重于全局性能源政策的宏观框架，旨在保障国家能源安全和推动能源多元化发展；而《中华人民共和国节约能源法》（以下简称节能法）则聚焦于能效提升及节能措施的实施，是实现能源战略目标的重要手段。两者之间相互协同，互为补充。

能源法与节能法的区别主要有以下几个方面。

（1）立法目的不同。能源法涵盖了能源领域各个方面，是能源领域的基础性、统领性法律，主要目的是全面保障国家能源安全，推动能源生产、流通和消费的转型，促进社会经济绿色低碳转型和可持续发展。能源法更侧重于从能源供应、结构调整、能源市场化、技术创新等方面进行全面规划。节能法侧重于通过法律手段促进能源的节约使用，核心目的是提高能源利用效率、减少能源浪费、降低能源消费对环境的压力，促进经济社会可持续发展。

(2) 适用范围不同。能源法适用范围广泛，关注国家宏观层面的能源战略部署，涉及能源规划、开发利用、市场体系、储备应急、科技创新、监督管理等多个环节，贯穿能源领域的全过程和全产业链，是一部综合性的能源领域基本法。节能法主要适用于能源节约相关领域，对政府及有关部门具体的节能管理职责、用能单位的节能义务提出要求，包括节能管理体制机制、节能管理制度、合理使用与节约能源、节能技术进步、激励措施等，其重点在于规范能源使用过程中的节约行为和节能管理措施，确保能源在各个领域得到高效利用，减少浪费。与能源法相比，节能法适用范围相对集中于能源使用中节约与合理用能的环节。

(3) 法律实施主体不同。能源法主要侧重于对国家、政府及能源主管部门及各类能源企业提出要求和指导，要求各部门协作推动能源产业的发展和结构转型。节能法主要是对政府及节能管理有关部门、用能单位以及社会各方提出要求和指导。政府及有关部门要制定政策措施推动节能工作，用能单位和社会各方要履行节能义务。

(4) 内容侧重点不同。能源法侧重战略性、宏观性，主要提供战略指导和框架性政策方向，更多关注能源政策的总体设计和大方向，如能源安全、能源储备等。能源法的实施强调能源生产、供应和消费的全链条管理，以及推动能源供给侧结构性改革。节能法侧重操作性、具体性，通过明确政府、用能单位及各方节能工作要求，推动用能单位和地方政府开展工作。通过规定具体的制度措施，促使各行各业提高能源使用效率。

能源法与节能法之间的联系主要有以下几个方面。

(1) 共同目标取向。二者均以促进经济社会可持续发展为最终目标。能源法通过保障能源安全、推动能源高质量发展和绿色低碳转型，为经济社会可持续发展提供稳定可靠的能源支持。节能法通过提高能源利用效率、减少能源浪费，降低经济社会发展对能源的过度依赖，实现能源的可持续利用。二者相辅相成，共同致力于实现经济社会与能源环境的协调发展。

(2) 互为补充。能源法中虽涉及能源利用效率提高和节约能源的相关内容，但较为宏观和原则性。节能法则提供了具体的节能管理措施、技术进步要求和激励机制等方面的详细规定，对能源法在节能方面的规定起到了细化和补充作用。

(3) 政策导向一致。能源法明确国家坚持节约优先原则，完善节约能源政策，加强节约能源管理。节能法也强调国家实施节约与开发并举、把节约放在首位的能源发展战略。两部法律共同推动国家能源政策在法律层面的贯彻实施，引导能源行业朝着高效、清洁、可持续的方向发展。

287. 我国的能源规划体系是什么

能源法第二章能源规划对各级各类能源规划的编制主体、编制依据等作出了规定，强调了规划对能源发展的引领、指导和规范作用。我国能源规划体系包括全国综合能源规划、全国分领域能源规划、区域能源规划和省、自治区、直辖市能源规划等。能源法第十八条规定，编制能源规划，应当遵循能源发展规律，坚持统筹兼顾，强化科学论证；能源规划应当明确规划期内能源发展的目标、主要任务、区域布局、重点项目、保证措施等内容。能源法第十五条至第十七条对全国综合能源规划、区域能源规划、省级能源规划、市县级能源规划的制定、评估、调整，都予以了明确要求。

288. 能源法如何推动可再生能源开发利用

能源法第三章能源开发利用明确国家支持优先开发利用可再生能源，合理开发和清洁高效利用化石能源，推进非化石能源安全可靠有序替代化石能源，提高非化石能源消费比重。

在推动可再生能源开发方面，根据能源法第二十五条至第二十七条和第三十三条规定：(1) 推进风能、太阳能开发利用，坚持集中式与分布式并举，加快风电和光伏发电基地建设，支持分布式风电和光伏发电就近开发利用，合理有序开发海上风电，积极发展光热发电；(2) 鼓励合理开发利用生物质能，因地制宜发展生物质发电、生物质能清洁供暖和生物液体燃料、生物天然气；(3) 促进海洋能规模化开发利用，因地制宜发展地热能；(4) 积极安全有序发展核电；(5) 积极有序推进氢能开发利用，促进氢能产业高质量发展。

在推动可再生能源利用方面，能源法第三十一条规定，国家加快构建新型电力系统，提升电网对可再生能源的消纳、配置和调控能力；第三十四条规定，国家通过实施可再生能源绿色电力证书等制度建立绿色能源消费促进机制。同时，能源法第二十三条规定，供电企业、售电企业、相关电力用户和使用自备电厂供电的企业等承担消纳可再生能源发电量的责任，国务院能源主管部门会同国务院有关部门制定并组织实施可再生能源在能源消费中的最低比重目标，并对最低比重目标以及可再生能源电力消纳责任的实施情况进行监测、考核。

289. 能源法如何促进节约能源和提高能源利用效率

能源法第三十四条规定，国家鼓励发展分布式能源和多能互补、多能联动综合能源服务，积极推广合同能源管理等市场化节约能源服务，提高终端能源消费清洁化、低碳化、高效化、智能化水平。第三十五条规定，能源企业、能源用户应当按照国家有关规定配备、使用能源和碳排放计量器具。能源用户应当按照安全使用规范和有关节约能源的规定合理使用能源，依法履行节约能源义务。同时，国家加强能源需求侧管理，通过完善阶梯价格、分时价格等制度，引导能源用户合理调整用能方式、时间、数量等，促进节约能源和提高能源利用效率。

290. 能源法如何推动能源科技创新

能源法第六章能源科技创新明确推动建立以国家战略科技力量为引领、企业为主体、市场为导向、产学研深度融合的能源科技创新体系。具体而言，能源法规定：(1) 鼓励和支持能源资源勘探开发、化石能源清洁高效利用、可再生能源开发利用、核能安全利用、氢能开发利用以及储能、节约能源等领域基础性、关键性和前沿性重大技术、装备及相关新材料的研究、开发、示范、推广应用和产业化发展；（2）制定完善产业、金融、政府采购等政策，鼓励、引导社会资金投入能源科技创新；（3）强调智慧能源方面的内容，鼓励和支持现代信息技术与能源领域的深度融合，进一步提升能源开发利用的数字化与智能化水平等措施推动能源科技创新。

8.2　《中华人民共和国节约能源法》

291. 《中华人民共和国节约能源法》的制定背景是什么

随着全球能源危机的日益加剧和环境保护意识的不断增强，节约能源已成为世界各国共同关注的重大问题。中国作为世界上最大的能源生产和消费国之一，面临着能源供需矛盾突出、能源利用效率不高等挑战。因此，制定一部专门的节约能源法，对于推动中国能源节约和高效利用，保障国家能源安全，促进经济社会可持续发展具有重要意义。

《中华人民共和国节约能源法》（以下简称节能法）于 1997 年 11 月 1 日第八届全国人民代表大会常务委员会第二十八次会议通过，节能减排成为我国的基本国策，为节能提供了法律保障。节能法分别在 2007 年、2016 年和 2018 年进行修订修正，进一步明确了节能执法主体和重点用能单位的节能义务，强化了节能法律责任。

292. 什么是节约能源，我国节能的基本国策是什么

节约能源（以下简称节能）是指加强用能管理，采取技术上可行、经济上合理以及环境和社会可以承受的措施，从能源生产到消费的各个环节，降低消耗、减少损失和污染物排放、制止浪费，有效、合理地利用能源。节约资源是我国的基本国策，国家实施节约与开发并举、把节约放在首位的能源发展战略，这意味着在能源利用上，既要注重开发新能源，更要强调节约能源，提高能源利用效率。

293. 固定资产投资项目节能评估和审查制度是如何规定的

节能法第十五条规定了国家实行固定资产投资项目节能评估和审查制度。不符合强制性节能标准的项目，建设单位不得开工建设；已经建成的，不得投入生产、使用。政府投资项目不符合强制性节能标准的，依法负责项目审批的机关不得批准建设。

节能法第六十八条规定了节能评估和审查制度的法律责任，若开工建设不符合强制性节能标准的项目或者将该项目投入生产、使用的，由管理节能工作的部门责令停止建设或者停止生产、使用，限期改造；不能改造或者逾期不改造的生产性项目，由管理节能工作的部门报请本级人民政府按照国务院规定的权限责令关闭。

294. 淘汰落后制度是如何规定的

节能法第十六条和第十七条规定了国家对落后的耗能过高的用能产品、设备和生产工艺实行淘汰制度，禁止使用国家明令淘汰的用能设备、生产工艺。目前，已经发布了四批《高耗能落后机电设备（产品）淘汰目录》。

节能法第七十一条规定了淘汰落后制度的法律责任，若使用国家明令淘汰的用能设备或者生产工艺的，由管理节能工作的部门责令停止使用，没收国家明令淘汰的用能设备；情节严重的，可以由管理节能工作的部门提出意见，报请本级人民政府按照国务院规定的权限责令停业整顿或者关闭。

295. 强制性能源效率标准和单位产品能耗限额标准是如何实施的

节能法第十三条和第十六条规定了国务院标准化主管部门会同国务院管理节能工作的部门和国务院有关部门制定强制性的用能产品、设备能源效率标准和生产过程中耗能高的产品的单位产品能耗限额标准。生产过程中耗能高的产品的生产单位，应当执行单位产品能耗限额标准。对超过单位产品能耗限额标准用能的生产单位，由管理节能工作的部门按照国务院规定的权限责令限期治理。

节能法第七十条和第七十二条规定了生产、进口、销售不符合强制性能源效率标准的用能产品、设备的，由市场监督管理部门责令停止生产、进口、销售，没收违法生产、进口、销售的用能产品、设备和违法所得，并处违法所得一倍以上五倍以下罚款；情节严重的，吊销营业执照。生产单位超过单位产品能耗限额标准用能，情节严重，经限期治理逾期不治理或者没有达到治理要求的，可以由管理节能工作的部门提出意见，报请本级人民政府按照国务院规定的权限责令停业整顿或者关闭。

296. 能源效率标识该如何使用，未标注能源效率标识会怎么样

节能法第十八条和第十九条规定了国家对家用电器等使用面广、耗能量大的用能产品，实行能源效率标识管理。生产者和进口商应当对列入国家能源效率标识管理产品目录的用能产品标注能源效率标识，在产品包装物上或者说明书中予以说明，并按照规定报国务院市场监督管理部门和国务院管理节能工作的部门共同授权的机构备案。禁止销售应当标注而未标注能源效率标识的产品。禁止伪造、冒用能源效率标识或者利用能源效率标识进行虚假宣传。

节能法第七十三条规定了能源效率标识制度的法律责任，应当标注能源效率标识而未

标注的，由市场监督管理部门责令改正，处三万元以上五万元以下罚款。未办理能源效率标识备案，或者使用的能源效率标识不符合规定的，由市场监督管理部门责令限期改正；逾期不改正的，处一万元以上三万元以下罚款。伪造、冒用能源效率标识或者利用能源效率标识进行虚假宣传的，由市场监督管理部门责令改正，处五万元以上十万元以下罚款；情节严重的，吊销营业执照。

297. 什么是节能产品认证标志

节能法第二十条规定了用能产品的生产者、销售者，可以根据自愿原则，按照国家有关节能产品认证的规定，向经国务院认证认可监督管理部门认可的从事节能产品认证的机构提出节能产品认证申请；经认证合格后，取得节能产品认证证书，可以在用能产品或者其包装物上使用节能产品认证标志。禁止使用伪造的节能产品认证标志或者冒用节能产品认证标志。

298. 能源计量和统计制度是如何规定的

节能法第二十七条规定了用能单位应当加强能源计量管理，按照规定配备和使用经依法检定合格的能源计量器具。同时，应当建立能源消费统计和能源利用状况分析制度，对各类能源的消费实行分类计量和统计，并确保能源消费统计数据真实、完整。

节能法第七十四条、第七十五条规定了能源计量统计制度的法律责任，若用能单位未按照规定配备、使用能源计量器具的，由市场监督管理部门责令限期改正；逾期不改正的，处一万元以上五万元以下罚款。瞒报、伪造、篡改能源统计资料或者编造虚假能源统计数据的，依照《中华人民共和国统计法》的规定处罚。

299. 可以不向员工收取电费、水费等能源使用费用吗

不可以。节能法第二十八条和第七十七条规定了能源生产经营单位不得向本单位职工无偿提供能源。任何单位不得对能源消费实行包费制。若无偿向本单位职工提供能源或者对能源消费实行包费制的，由管理节能工作的部门责令限期改正；逾期不改正的，处五万元以上二十万元以下罚款。

300. 节能法对用能单位合理使用与节约能源有什么要求

节能法第二十四条至第二十七条规定了用能单位节能的一般规定，包括加强节能管理，制定并实施节能计划和节能技术措施；建立节能目标责任制；定期开展节能教育和岗位节能培训；加强能源计量管理，建立能源消费统计和能源利用状况分析制度等规定。

另外，节能法还对工业（第二十九条至第三十三条）、建筑（第三十四条至第四十条）、交通运输（第四十一条至第四十六条）和公共机构（第四十七条至第五十一条）领域合理使用与节约能源进行了有关规定。

301. 什么是重点用能单位，重点用能单位节能有什么要求

根据节能法第五十二条的规定，下列用能单位为重点用能单位：

（1）年综合能源消费总量一万吨标准煤以上的用能单位；

（2）国务院有关部门或者省、自治区、直辖市人民政府管理节能工作的部门指定的年综合能源消费总量五千吨以上不满一万吨标准煤的用能单位。

节能法第五十三条至第五十五条规定了重点用能单位节能要求，第八十二条至第八十四条规定了重点用能单位节能的法律责任，包括以下内容：

（1）重点用能单位应当每年向管理节能工作的部门报送上年度的能源利用状况报告。能源利用状况包括能源消费情况、能源利用效率、节能目标完成情况和节能效益分析、节能措施等内容。重点用能单位未按照本法规定报送能源利用状况报告或者报告内容不实的，由管理节能工作的部门责令限期改正；逾期不改正的，处一万元以上五万元以下罚款。

（2）管理节能工作的部门应当对重点用能单位报送的能源利用状况报告进行审查。对节能管理制度不健全、节能措施不落实、能源利用效率低的重点用能单位，管理节能工作的部门应当开展现场调查，组织实施用能设备能源效率检测，责令实施能源审计，并提出书面整改要求，限期整改。重点用能单位无正当理由拒不落实整改要求或者整改没有达到要求的，由管理节能工作的部门处十万元以上三十万元以下罚款。

（3）重点用能单位应当设立能源管理岗位，在具有节能专业知识、实际经验以及中级以上技术职称的人员中聘任能源管理负责人，并报管理节能工作的部门和有关部门备案。重点用能单位未按照本法规定设立能源管理岗位，聘任能源管理负责人，并报管理节能工作的部门和有关部门备案的，由管理节能工作的部门责令改正；拒不改正的，处一万元以上三万元以下罚款。

8.3 《工业节能管理办法》

302. 《工业节能管理办法》的制定背景是什么

《工业节能管理办法》（以下简称管理办法）是在贯彻落实绿色发展理念和全面推进依法治国的时代背景下制定的。一方面，制定《管理办法》是落实绿色发展理念的必然要求。党的十八届五中全会提出了绿色发展理念，工业是我国国民经济的主体和能源消耗的

主要领域，是落实绿色发展理念的重点领域。制定管理办法，完善工业节能管理机制、措施，提高工业企业能源利用效率，加快工业绿色低碳发展和转型升级，是当前工业经济实现“稳增长、调结构、增效益”的重要举措。另一方面，制定管理办法是依法履行工业节能管理职责的迫切要求。2007 年修订的节能法对工业节能作出了原则规定。中央明确要求推进能源生产和消费革命，把节能贯穿经济社会发展全过程和各领域。工业和信息化部作为工业节能管理部门，通过制定工业节能规章制度，指导和规范新形势下工业节能工作，有利于推进工业节能领域依法行政，保障工业节能管理职责的履行。

303. 什么是工业节能

工业节能是指在工业领域贯彻节约资源和保护环境的基本国策，加强工业用能管理，采取技术上可行、经济上合理以及环境和社会可以承受的措施，在工业领域各个环节降低能源消耗，减少污染物排放，高效合理地利用能源。工业企业是工业节能主体，应当严格执行节能法律法规、规章和标准，加快节能技术进步，完善节能管理机制，提高能源利用效率，并接受工业和信息化主管部门的节能监督管理。

304. 对于一般工业企业节能有哪些规定

管理办法第二十二条至第二十八条对一般工业企业节能进行了以下规定。

（1）建立能源管理制度。工业企业应当加强节能减排工作组织领导，建立健全能源管理制度，制定并实施企业节能计划，提高能源利用效率。

（2）设置节能目标。工业企业应当设立可测量、可考核的年度节能指标，完善节能目标考核奖惩制度，明确岗位目标责任，加强激励约束。

（3）能源分级分类计量。工业企业对各类能源消耗实行分级分类计量，合理配备和使用符合国家标准的能源计量器具，提高能源计量基础能力，确保原始数据真实、准确、完整。

（4）能源统计管理。工业企业应当明确能源统计人员，建立健全能源原始记录和统计台账，加强能源数据采集管理，并按照规定报送有关统计数据和资料。

（5）淘汰落后设备（产品）。工业企业应当严格执行国家用能设备（产品）能效标准及单位产品能耗限额标准等强制性标准，禁止购买、使用和生产国家明令淘汰的用能设备（产品），不得将国家明令淘汰的用能工艺、设备（产品）转让或者租借他人使用。

（6）节能技术创新和改造。鼓励工业企业加强节能技术创新和技术改造，开展节能技术应用研究，开发节能关键技术，促进节能技术成果转化，采用高效的节能工艺、技术、设备（产品）。鼓励工业企业创建“绿色工厂”，开发应用智能微电网、分布式光伏发电、余热余压利用和绿色照明等技术，发展和使用绿色清洁低碳能源。

（7）节能宣传与培训。工业企业应当定期对员工进行节能政策法规宣传教育和岗位技术培训。

305. 管理办法规定哪些工业企业是重点用能工业企业

管理办法第二十九条规定了重点用能工业企业范围。

（1）年综合能源消费总量 1 万吨标准煤（分别折合 8000 万千瓦时用电、6800 吨柴油或者 760 万立方米天然气）以上的工业企业；

（2）省、自治区、直辖市工业和信息化主管部门确定的年综合能源消费总量五千吨标准煤（分别折合 4000 万千瓦时用电、3400 吨柴油或者 380 万立方米天然气）以上不满 1 万吨标准煤的工业企业。

306. 重点用能工业企业节能有哪些规定

管理办法规定将加强对重点用能工业企业的节能管理，第三十一条至第三十八条对重点用能工业企业节能有以下规定。

（1）形成能源管理组织体系。重点用能工业企业应当根据能源消费总量和生产场所集中程度、生产工艺复杂程度，设立能源统计、计量、技术和综合管理岗位，任用具有节能专业知识、实际工作经验及中级以上技术职称的企业高级管理人员担任能源管理负责人，形成有岗、有责、全员参与的能源管理组织体系。重点用能工业企业能源管理岗位设立和能源管理负责人任用情况应当报送有关的工业和信息化主管部门备案。

（2）开展能源审计。鼓励重点用能工业企业开展能源审计，并根据审计结果制定企业节能规划和节能技术改造方案，跟踪、落实节能改造项目的实施情况。

（3）报送能源利用状况报告。重点用能工业企业应当每年向有关的工业和信息化主管部门报送上年度的能源利用状况报告。能源利用状况报告包括能源购入、加工、转换与消费情况，单位产品能耗、主要耗能设备和工艺能耗、能源利用效率，能源管理、节能措施、节能效益分析、节能目标完成情况以及能源消费预测等内容。

（4）设置年度节能目标。重点用能工业企业不能完成年度节能目标的，由有关的工业和信息化主管部门予以通报。

（5）发布社会责任报告。重点用能工业企业应当积极履行社会责任，鼓励重点用能工业企业定期发布包含能源利用、节能管理、员工关怀等内容的企业社会责任报告。

（6）能效对标工作。重点用能工业企业应当开展能效水平对标达标活动，确立能效标杆，制定实施方案，完善节能管理，实施重大节能技术改造工程，争创能效“领跑者”。

（7）建立能源管理系统。鼓励重点用能工业企业建设能源管控中心系统，利用自动化、信息化技术，对企业能源系统的生产、输配和消耗实施动态监控和管理，改进和优化能源平衡，提高企业能源利用效率和管理水平。重点用能工业企业应当建立能源管理体系，采用先进节能管理方法与技术，完善能源利用全过程管理，促进企业节能文化建设。

307. 关于节能监察有哪些规定

管理办法规定工业和信息化部指导全国的工业节能监察工作，组织制订和实施全国工业节能监察年度工作计划。县级以上地方人民政府工业和信息化主管部门应当结合本地区实际情况，组织实施本地区工业节能监察工作。

管理办法第十九条规定了工业节能监察的内容，包括工业企业执行节能法律法规情况、强制性单位产品能耗限额及其他强制性节能标准贯彻执行情况、落后用能工艺技术设备（产品）淘汰情况、固定资产投资项目节能评估和审查意见落实情况、节能服务机构执行节能法律法规情况等开展节能监察。

管理办法第二十条规定了工业节能监察的方式，应当主要采取现场监察方式，必要时可以采取书面监察等方式。现场监察应当由两名以上节能监察人员进行，可以采取勘察、采样、拍照、录像、查阅有关文件资料和账目，约见和询问有关人员，对用能产品、设备和生产工艺的能源利用状况进行监测和分析评价等措施。

308. 管理办法规定工业企业有哪些情况将会面临惩罚

根据《管理办法》第三十九条的规定，各级工业和信息化主管部门和相关部门依据职权，对有下列情形之一的工业企业，依照《中华人民共和国节约能源法》等法律法规予以责令限期改正、责令停用相关设备、警告、罚款等，并向社会公开。

（1）用能不符合强制性能耗限额和能耗标准的；

（2）能源统计和能源计量不符合国家相关要求的；

（3）能源数据弄虚作假的；

（4）生产、使用国家明令淘汰的高耗能落后用能产品、设备和工艺的；

（5）违反节能法律、法规的其他情形。

8.4　《工业节能监察办法》

309. 《工业节能监察办法》的制定背景是什么

制定《工业节能监察办法》（以下简称监察办法）是贯彻落实节能法的需要。工业是我国能源消费的重要领域，节能法在规定适用于各领域节能管理制度的同时，还设专节规定了工业节能的相关管理措施，明确要求企业合理用能、降低能源消耗。制定监察办法是工业领域贯彻落实节能法的现实需要，有利于督促工业企业落实节能法有关法律制度，实现自身节能降耗，依法合理科学用能。

2022 年 11 月 28 日，工业和信息化部第 8 次部务会议审议通过了监察办法。2022 年 12 月 22 日，工业和信息化部公布了监察办法，自 2023 年 2 月 1 日起施行。

310. 什么是工业节能监察

工业节能监察是指工业节能监察部门依法对工业和信息化领域能源生产、使用、服务等相关企业、机构执行节能管理有关法律法规、规章以及强制性国家标准情况进行监督检查，查处违法用能，提出依法用能、合理用能建议的行为。

工业和信息化部负责全国节能监察工作，组织制订和实施全国工业节能监察年度工作计划，加强全国工业节能监察的指导和统筹协调。

县级以上地方人民政府工业和信息化主管部门或者县级以上地方人民政府确定的其他管理工业节能监察的部门负责本行政区域内工业节能监察，制订和实施本行政区域内工业节能监察年度工作计划。

工业和信息化部、县级以上地方人民政府工业和信息化主管部门、县级以上地方人民政府确定的其他管理工业节能监察的部门，统称工业节能监察部门。

311. 工业节能监察应包括哪些内容

根据监察办法第十条的规定，工业节能监察包括下列内容。

（1）执行单位产品能耗限额，用能产品、设备能源效率等强制性国家标准情况；

（2）执行落后的耗能过高的用能产品、设备和生产工艺淘汰制度情况；

（3）加强能源计量管理情况；

（4）建立能源消费统计和能源利用状况分析制度情况；

（5）建立节能目标责任制情况，加强节能管理，制定并实施节能计划和节能技术措施情况；

（6）开展节能宣传教育和岗位节能培训情况；

（7）工业节能监察意见落实情况；

（8）法律、法规、规章规定的其他需要开展工业节能监察的事项。

312. 对于重点用能企业节能监察还应包括哪些内容

根据监察办法第十一条的规定，对重点用能企业的工业节能监察还包括下列内容。

（1）完成年度工业节能目标情况；

（2）执行能源管理岗位设立和能源管理负责人聘任、培训制度情况；

（3）执行能源利用状况报告制度情况；

（4）建立和实施能源管理体系情况、测量管理体系情况；

（5）开展能源计量审查情况；

（6）法律、法规、规章规定的对重点用能企业其他需要开展工业节能监察的事项。

313. 工业节能监察采取什么方式

工业节能监察采取现场监察或者书面监察方式。鼓励采用信息化手段开展工业节能监察。

监察办法第十三条规定，实施下列工业节能监察，应当采取现场监察方式：

（1）单位产品能耗限额，用能产品、设备能源效率等强制性国家标准执行情况；

（2）落后的耗能过高的用能产品、设备和生产工艺淘汰制度执行情况；

（3）加强能源计量管理情况；

（4）建立能源消费统计制度情况；

（5）节能监察意见落实情况；

（6）重点用能企业年度工业节能目标完成情况；

（7）法律、法规、规章规定应当采取现场监察的其他事项。

监察办法第十三条、第十九条规定，实施前款规定以外事项的工业节能监察，可以采取书面监察方式。实施书面监察，发现被监察单位所报材料不完整或者存在疑问的，应当要求被监察单位补充或者书面说明；发现所报材料存在隐瞒事实、弄虚作假等行为的，应当实施现场监察。

314. 被监察单位违反相关节能法律、法规、规章将会面临哪些惩罚措施

监察办法第二十条至第二十三条规定，实施工业节能监察，发现被监察单位有违反节能管理有关法律、法规、规章以及强制性国家标准的行为，依法应当给予行政处罚的，按照《中华人民共和国节约能源法》《中华人民共和国行政处罚法》以及其他相关法律、法规、规章的规定处理。具体包括以下规定：

实施工业节能监察，发现被监察单位有违反节能管理有关法律、法规、规章以及强制性国家标准的行为，但依法可以不予行政处罚的，应当对被监察单位进行教育，责令被监察单位改正或者限期改正违法行为。

限期改正违法行为的期限一般不超过6个月。确需延长改正期限的，经被监察单位申请和工业节能监察部门或者受委托实施工业节能监察的组织批准，可以延长3个月。法律法规、规章另有规定的，从其规定。

实施工业节能监察，发现被监察单位有不合理用能行为，但未违反节能管理有关法律、法规、规章以及强制性国家标准的，应当依法向被监察单位提出合理用能的监察意见。

8.5 《重点用能单位节能管理办法》

315. 《重点用能单位节能管理办法》的制定背景是什么

重点用能单位指工业、建筑、交通、公共机构等重点领域，年综合能耗超过 5000 吨标准煤的法人单位，在全国范围内约有 2 万家。重点用能单位能源消耗和碳排放约占全国总量的 70%，是落实节能降碳政策、实施节能降碳改造和用能设备更新的重要主体。“十一五”以来，国家发展和改革委员会出台《重点用能单位节能管理办法》（国家发展改革委令 2018 年第 15 号），实施重点用能单位“百千万”行动，对相关单位建立节能管理制度、实施节能目标责任、落实节能管理措施、加强能源利用状况报告等提出明确要求。

1993 年 3 月 10 日，原国家经济贸易委员会根据《中华人民共和国节约能源法》，发布《重点用能单位节能管理办法》，自公布之日起施行。2018 年 2 月 22 日，国家发展和改革委员会对《重点用能单位节能管理办法》进行了修订并正式发布，自 2018 年 5 月 1 日起施行。

316. 重点用能单位节能管理制度相关规定有什么

《重点用能单位节能管理办法》第六条至第九条规定了对于重点用能单位节能管理制度等的相关要求，具体包括以下内容。

（1）制订节能计划。重点用能单位应当每年制订并实施节能计划和节能措施，确保完成能耗总量控制和节能目标。节能措施应当技术上可行、经济上合理。

（2）建立健全能源管理制度。重点用能单位应当建立健全能源管理制度，明确能源管理职责，制定能源利用全过程的管理要求或规范，确立淘汰落后、实施节能技术改造及奖惩等各方面管理机制，加强节能管理，减少能源损失，提高能源利用效率。

（3）建立节能目标责任制。重点用能单位应当建立节能目标责任制，根据政府管理节能工作的部门下达的能耗总量控制和节能目标任务及要求，科学评估节能潜力，合理分解目标，落实到相应层级或岗位，并定期组织内部考核。重点用能单位应当建立节能奖惩制度，将能耗总量控制和节能目标完成情况与奖惩挂钩，对节能工作中取得突出成绩的集体和个人给予表彰和奖励，对浪费能源的集体和个人给予惩罚。

(4) 建立健全能源管理体系。重点用能单位应当按照《能源管理体系要求》等相关标准的要求，建立健全能源管理体系并使之有效运行。

《重点用能单位节能管理办法》第二十六条规定了重点用能单位未落实节能管理制度等相关要求的惩罚措施，具体包括以下内容。

对节能管理制度不健全、节能措施不落实、能源利用效率低的重点用能单位，管理节能工作的部门应当开展现场调查，组织实施用能设备能源效率检测，责令实施能源审计，并提出书面整改要求，限期整改。重点用能单位无正当理由拒不落实整改要求或者整改没有达到要求的，由管理节能工作的部门处十万元以上三十万元以下罚款。

对节能考核结果为未完成等级的重点用能单位，拒不落实管理节能工作的部门要求实施能源审计、报送能源审计报告、提出整改措施并限期整改的，由管理节能工作的部门处一万元以上三万元以下罚款。

317. 能源管理岗位和部门有哪些规定和要求

《重点用能单位节能管理办法》第十条对重点用能单位能源管理岗位和部门的设立进行了规定，具体包括以下内容。

重点用能单位应当成立节能工作领导小组，负责人由单位主要领导担任。重点用能单位应当聘任具有节能专业知识、实际经验以及中级以上技术职称的人员担任能源管理负责人。重点用能单位应当明确能源管理部门，设立能源管理岗位，聘任能够满足节能工作需要的能源管理人员。能源管理人员负责贯彻执行国家有关节约能源工作的法律、法规、规章、政策和标准，加强日常节能管理，组织实施本单位内部能源审计、节能技术改造，开展能源计量和统计分析等。

若重点用能单位未按照要求设立能源管理岗位，第二十七条规定了相应惩罚措施，具体包括以下内容：

重点用能单位未按照本办法规定设立能源管理岗位，指定相应的能源管理负责人并报管理节能工作的部门和有关部门备案的，由管理节能工作的部门责令改正；拒不改正的，处一万元以上三万元以下罚款。

318. 能源计量器具配备和使用有哪些规定

《重点用能单位节能管理办法》第十一条对重点用能单位能源计量器具配备和使用要求进行了规定，具体包括以下内容。

重点用能单位应当按照《用能单位能源计量器具配备和管理通则》《重点用能单位能源计量审查规范》等有关规定，配备和使用经依法检定或校准的能源计量器具，加强能源计量数据的管理和使用，建立健全能源计量管理制度，完善能源计量体系，并接受质量技术监督部门开展的能源计量审查等监督检查。

对于重点用能单位未按照要求配备使用能源计量器具，第二十八条规定了相应的惩罚措施，具体包括以下内容：

重点用能单位未按规定配备、使用能源计量器具的，按照《中华人民共和国节约能源法》第七十四条有关规定进行处理；拒绝、阻碍能源计量监督检查的，按照《能源计量监督管理办法》相关规定进行处理。

319. 能源统计工作有哪些规定

《重点用能单位节能管理办法》第十二条对重点用能单位能源统计工作要求进行了规定，具体包括以下内容。

重点用能单位应当按照国家有关规定设置原始记录、统计台账，建立健全统计资料的审核、签署、交接、归档等管理制度。统计资料的审核、签署人员应当对其审核、签署的统计资料的真实性、准确性和完整性负责。

对于重点用能单位未按照要求进行能源统计相关工作，第二十九条规定了相应的惩罚措施，具体包括以下内容：

重点用能单位未能按规定设置原始记录、统计台账，提供不真实或者不完整的统计资料的，按照《中华人民共和国统计法》及有关规定予以处理。

320. 能源状况利用报告工作有哪些规定

《重点用能单位节能管理办法》第十三条对重点用能单位能源状况利用报告工作要求进行了规定，具体包括以下内容。

重点用能单位应当由能源管理负责人负责组织能源利用状况报告填报工作，并每年向县级以上人民政府管理节能工作的部门报送上年度的能源利用状况报告。能源利用状况报告应当包括能源消费情况、能源利用效率、能耗总量控制和节能目标完成情况、节能效益分析、节能措施等内容。

县级以上人民政府管理节能工作的部门负责对重点用能单位报送的能源利用状况报告进行审查，逐级报送审查结果，将数据质量存在问题的重点用能单位作为本年度节能监察重点对象。

若重点用能单位未按照要求报送能源利用状况报告，第三十条规定了相应的惩罚措施，具体包括以下内容：

重点用能单位未按照本办法规定报送能源利用状况报告或者报告内容不实的，由管理节能工作的部门责令限期改正；逾期不改正的，处一万元以上五万元以下罚款。

321. 能耗能效限额和能效对标有哪些规定

《重点用能单位节能管理办法》第十七条对重点用能单位执行单位产品能耗能效强制性标准要求进行了规定，具体包括以下内容。

重点用能单位应当执行单位产品能耗限额强制性国家标准和能源效率强制性国家标

准。鼓励重点用能单位制定严于国家标准、行业标准、地方标准的企业节能标准。重点用能单位应当积极开展能效对标活动，持续提升能效水平，争当本行业能效“领跑者”。鼓励各行业协会在有关部门的指导下开展本行业内能效对标活动，组织本行业重点用能单位开展能效对标，对重点用能单位能效对标活动进行跟踪指导和评估，并提供技术支持。

若重点用能单位超过单位产品能耗限额标准，第三十二条规定了相应的惩罚措施，具体包括以下内容。

重点用能单位超过单位产品能耗限额标准用能，限期治理，逾期不治理或者没有达到治理要求的，由管理节能工作的部门提请执行惩罚性电价。

322. 淘汰落后和节能改造有哪些规定

《重点用能单位节能管理办法》第十六条对重点用能单位淘汰落后以及节能改造相关工作要求进行了规定，具体包括以下内容。

重点用能单位应当优先采用《国家重点节能低碳技术推广目录》以及地方发布的相关目录中的节能技术、生产工艺和用能设备，主动淘汰落后的和国家明令禁止使用的用能产品、设备和生产工艺。

重点用能单位应当每年安排一定数量资金用于节能技术研发、节能技术改造、能源计量器具配备和节能技术培训等。鼓励重点用能单位开展产学研合作，加强节能技术研发与应用交流合作。鼓励重点用能单位积极运用先进节能技术实施节能改造。

节能改造时涉及高耗能特种设备的，应当保障特种设备的安全性能，有关特种设备安全与节能法律、法规及规章另有规定的，从其规定。

若重点用能单位未按照要求进行淘汰落后相关工作，第三十三条规定了相应的惩罚措施，具体包括以下内容。

重点用能单位不按期淘汰落后生产工艺、用能设备和产品的，由管理节能工作的部门责令停止使用，没收国家明令淘汰的用能设备，并按照《中华人民共和国循环经济促进法》有关规定处以罚款；情节严重的，由管理节能工作的部门报请本级人民政府按照国务院规定的权限责令停业整顿或者关闭。

323. 节能审查有哪些规定

《重点用能单位节能管理办法》第十八条对重点用能单位固定资产投资项目节能审查相关工作要求进行了规定，具体包括以下内容。

重点用能单位应当严格落实固定资产投资项目节能审查制度，未进行节能审查，或节能审查未通过的项目，建设单位不得开工建设，已经建成的不得投入生产、使用。

若重点用能单位未按照要求对固定资产投资项目进行节能审查，第三十四条规定了相应的惩罚措施，具体包括以下内容。

重点用能单位建设需经节能审查的固定资产投资项目存在以下情况的，依据《固定资产投资项目节能审查办法》有关规定予以处罚。

（1）未按规定进行节能审查，或节能审查未获通过，擅自开工建设或擅自投入生产、使用的；

（2）以拆分项目、提供虚假材料等不正当手段通过节能审查的；

（3）未落实节能审查意见要求的。

324. 重点用能单位节能工作不符合要求还有什么惩罚措施吗

《重点用能单位节能管理办法》第二十六条规定，对节能管理制度不健全、节能措施不落实、能源利用效率低的重点用能单位，管理节能工作的部门应当开展现场调查，组织实施用能设备能源效率检测，责令实施能源审计，并提出书面整改要求，限期整改。重点用能单位无正当理由拒不落实整改要求或者整改没有达到要求的，由管理节能工作的部门处十万元以上三十万元以下罚款。

对节能考核结果为未完成等级的重点用能单位，拒不落实管理节能工作的部门要求实施能源审计、报送能源审计报告、提出整改措施并限期整改的，由管理节能工作的部门处一万元以上三万元以下罚款。

8.6 《固定资产投资项目节能审查办法》

325. 《固定资产投资项目节能审查办法》的制定背景是什么

我国固定资产投资项目数量庞大、涉及领域广，在经济社会发展中占据重要地位，是全社会能源消费增量的主要来源之一。节能法规定，国家实行固定资产投资项目节能评估和审查制度。节能审查制度是促进固定资产投资项目科学合理利用能源、提高能源利用效率的源头性举措，也是遏制高耗能高排放低水平项目盲目发展的重要抓手。

2010 年 9 月，国家发展和改革委员会出台《固定资产投资项目节能评估和审查暂行办法》，节能审查制度正式建立并开始实施。2016 年 11 月、2023 年 3 月国家发展和改革委员会对《固定资产投资项目节能审查办法》（以下简称节能审查办法）进行修订细化。

2024 年 8 月 21 日，为了进一步优化节能审查工作，国家发展和改革委员会就《固定资产投资项目节能审查办法（征求意见稿）》（以下简称征求意见稿）再次公开征求意见，征求意见稿将碳排放评价有关要求纳入固定资产投资项目节能审查，对项目用能和碳排放情况开展综合评价，为我国建立能耗双控向碳排放双控全面转型新机制奠定基础。

326. 什么是固定资产投资项目节能审查，什么是项目节能审查意见

固定资产投资项目节能审查是指在我国境内建设的固定资产投资项目，包括新建、改建、扩建和技术改造等项目进行节能审查。节能审查是指根据节能法律法规、政策标准等，对项目能源消费、能效水平及节能措施等情况进行审查，综合评价项目用能和碳排放情况，并形成审查意见的行为。

固定资产投资项目节能审查意见是项目开工建设、竣工验收和运营管理的重要依据。政府投资项目，建设单位在报送项目可行性研究报告前，需取得节能审查机关出具的节能审查意见。企业投资项目，建设单位需在开工建设前取得节能审查机关出具的节能审查意见。未按本办法规定进行节能审查，或节能审查未通过的项目，建设单位不得开工建设，已经建成的不得投入生产、使用。

327. 什么情况下固定资产投资项目可以不单独进行节能审查

节能审查办法第九条规定，年综合能源消费量不满 1000 吨标准煤且年电力消费量不满 500 万千瓦时的固定资产投资项目（建设地点、主要生产工艺和设备未改变的改建项目按照建成投产后年综合能源消费增量计算，其他项目按照建成投产后年综合能源消费量计算，电力折算系数按当量值），涉及国家秘密的固定资产投资项目以及用能工艺简单、节能潜力小的行业（具体行业目录由国家发展改革委制定公布并适时更新）的固定资产投资项目，可不单独编制节能报告。项目应按照相关节能标准、规范建设，项目可行性研究报告或项目申请报告应对项目能源利用、节能措施和能效水平等进行分析。节能审查机关对项目不再单独进行节能审查，不再出具节能审查意见。

328. 节能报告应包括哪些内容

征求意见稿第十一条规定，需进行节能审查的固定资产投资项目，建设单位应编制节能报告。项目节能报告应包括下列内容。

（1）项目概况；

（2）分析评价依据；

（3）项目建设及运营方案节能分析和比选，包括总平面布置、生产工艺、用能工艺、用能设备和能源计量器具等方面；

（4）节能降碳措施及其技术、经济论证；

（5）项目能效水平、能源消费情况，包括单位产品能耗、单位产品化石能源消耗、单

位增加值（产值）能耗、单位增加值（产值）化石能源消耗、能源消费量、能源消费结构、化石能源消费量、可再生能源消费量和供给保障情况、原料用能消费量；有关数据与国家、地方、行业标准及国际、国内行业水平的全面比较；

（6）项目碳排放情况，包括碳排放总量、单位增加值（产值）碳排放、碳排放结构（能源活动、工业生产过程排放、调入电力热力等）；单位增加值碳排放应与国家和行业有关标准、国内外同类企业进行比较；

（7）项目实施对所在地完成节能降碳目标任务的影响分析。

建设单位应出具书面承诺，对节能报告的真实性、合法性和完整性负责，不得以拆分或合并项目等不正当手段逃避节能审查。

329. 企业未按规定对项目进行节能审查将会面临什么惩罚

征求意见稿第二十三条至第二十六条、第二十八条规定了企业未按照《节能审查办法》规定对固定资产投资项目进行节能审查的法律责任，具体包括以下内容。

（1）对未按本办法规定进行节能审查，或节能审查未获通过，擅自开工建设或擅自投入生产、使用的固定资产投资项目，由节能审查机关责令停止建设或停止生产、使用，限期整改，并对建设单位进行通报批评，视情节处 10 万元以下罚款。经节能审查机关认定完成整改的项目，节能审查机关可依据实际情况出具整改完成证明。不能整改或逾期不整改的生产性项目，由节能审查机关报请本级人民政府按照国务院规定的权限责令关闭，并依法追究有关责任人的责任。

（2）以拆分项目、提供虚假材料等不正当手段通过节能审查的固定资产投资项目，由节能审查机关撤销项目的节能审查意见；以不正当手段逃避节能审查的固定资产投资项目，由节能审查机关按程序进行节能审查。项目已开工建设或投入生产、使用的，按本办法第二十三条有关规定进行处罚。

（3）未落实节能审查意见要求的固定资产投资项目，由节能审查机关责令建设单位限期整改。不能整改或逾期不整改的，由节能审查机关按照法律法规的有关规定进行处罚。

（4）未按本办法规定进行节能审查验收或验收不合格，擅自投入生产、使用的固定资产投资项目，以及以提供虚假材料等不正当手段通过节能审查验收的固定资产投资项目，由节能审查机关责令建设单位限期整改，并处 3 万元以上 5 万元以下罚款。

（5）节能审查机关对建设单位、中介机构等的违法违规信息进行记录，将违法违规行为及其处理信息纳入全国信用信息共享平台和投资项目在线审批监管平台，在“信用中国”网站向社会公开。

8.7 《浙江省实施〈中华人民共和国节约能源法〉办法》

330.《浙江省实施〈中华人民共和国节约能源法〉办法》的制定背景是什么

为了贯彻节约资源的基本国策，推进全社会节约能源，提高能源利用效率，减少温室气体排放，保护和改善环境，促进生态文明建设和经济社会全面协调可持续发展，根据节能法和其他有关法律、行政法规的规定，结合浙江省实际情况，制定了《浙江省实施〈中华人民共和国节约能源法〉办法》（以下简称实施办法）。

1998 年 12 月 15 日，浙江省第九届人民代表大会常务委员会第九次会议通过了《实施办法》。2011 年 5 月，浙江省第十一届人民代表大会常务委员会第二十五次会议对《实施办法》进行了修订。2011 年 12 月、2014 年 5 月、2017 年 11 月以及 2021 年多次对《实施办法》进行修正。这些修正主要涉及对部分条款的删改、调整和完善，以确保《实施办法》与节能法保持一致，并更好地服务于浙江省的节能工作。

331. 固定资产投资项目节能评估和审查制度有什么相关规定

实施办法第十四条、第十五条规定实行固定资产投资项目节能评估和审查制度。具体包括以下内容。

企业投资项目应当在开工建设前通过节能审查。国家规定不单独进行节能审查的项目除外。依法应当进行节能审查的固定资产投资项目，建设单位应当向节能审查主管部门提交节能报告。节能审查主管部门应当自收到节能报告十五个工作日内，提出节能审查意见。节能报告可以由建设单位委托有关机构编制；建设单位具备条件的，也可以自行编制。节能报告的编制单位对节能报告的真实性和有效性负责。

332. 什么情况固定资产投资项目节能审查不予通过

实施办法第十八条规定，有下列情形之一的固定资产投资项目，节能审查不予通过。

（1）使用国家和省明令淘汰的用能产品、设备和生产工艺的；

（2）用能产品、设备不符合强制性能源效率标准的；

（3）单位产品能耗超过国家、行业或者地方限额标准的；

（4）不符合国家和省其他节能规定的。

333. 实施办法如何规定重点用能单位，对重点用能单位有什么要求

实施办法第三十四条规定了重点用能单位的范围，主要包括以下内容：

年综合能源消费总量五千吨标准煤以上的用能单位为重点用能单位。重点用能单位名单由省节能主管部门会同省统计部门定期向社会公布。对年综合能源消费总量一千吨以上不满五千吨标准煤的用能单位，设区的市、县（市、区）节能主管部门可以根据本地实际实施重点管理。

实施办法第三十五条至第三十七条规定了重点用能单位能源管理要求以及未达到要求的惩罚措施，主要包括以下内容：

（1）设立能源管理岗位。重点用能单位应当设定能源管理岗位，聘任能源管理负责人，并确定能源管理人员，报本级节能主管部门备案。能源管理负责人和能源管理人员应当接受节能专业培训。

（2）报送能源利用状况。重点用能单位应当按照能源消耗总量的等级划分定期向节能主管部门报送能源利用状况报告，并对报送的能源利用状况报告的真实性负责。能源利用状况报告包括能源消费情况、能源利用效率、节能目标完成情况和节能效益分析、节能措施等内容。

县级以上人民政府节能主管部门应当对重点用能单位的能源利用状况报告进行审查；对能源利用状况报告内容不实、节能管理制度不健全、节能措施不落实、能源利用效率低的重点用能单位，实施节能监察或者委托节能服务机构进行能源检测或者审计，并根据节能监察、检测或者审计的结果对用能单位提出书面整改要求，限期整改。

334. 对企业节能工作有什么相关激励措施

实施办法第四十条、第四十一条、第四十二条、第四十四条规定了节能相关激励措施。主要有以下内容：

（1）鼓励金融机构加大对节能项目的信贷投放，优先为符合条件的节能技术研究开发、节能产品生产以及节能技术改造等项目提供信贷支持；

（2）对合同能源管理、电力需求侧管理、节能自愿协议等支持节能服务产业发展的节能办法实行财税、价格等优惠政策；

（3）将合同能源管理项目纳入有关专项资金支持范围。节能服务机构采用合同能源管理方式提供节能服务的，按照国家和省有关规定，给予税收扶持和补助、奖励；

（4）对生产、使用列入国家节能技术、节能产品推广目录的技术和产品的，按照规定实行税收优惠、财政补贴等扶持政策。

同时，第四十六条规定了对能源消耗超过国家和省的单位产品能耗限额标准的用能单位，实行惩罚性价格政策；对主要耗能行业的用能单位，按照淘汰、限制、允许和鼓励实行差别电价政策。具体按照国家和省有关规定执行。

8.8　《浙江省节能审查办法》

335. 《浙江省节能审查办法》的制定背景是什么

为加强和规范节能审查工作，提高能源利用效率，根据《中华人民共和国节约能源法》、《浙江省实施〈中华人民共和国节约能源法〉办法》、《固定资产投资项目节能审查办法》（国家发展改革委令第 44 号）和《浙江省人民政府办公厅关于全面推行“区域能评+区块能耗标准”改革的指导意见》（浙政办发〔2017〕61 号）等有关规定，制定了《浙江省节能审查办法》，自 2020 年 2 月 1 日起实施。

336. 项目节能报告的内容包括什么

《浙江省节能审查办法》第五条规定，项目节能报告的内容应当包括：分析评价依据；项目建设方案的节能分析和比选，包括总平面布置、生产工艺、用能工艺、用能设备和能源计量器具等方面；选取节能效果好、技术经济可行的节能技术和管理措施；项目能源消费量、能源消费结构、能源效率等方面的分析；明确能源消费、煤炭消费减量或等量替代方案；对所在地完成能源消耗总量和强度目标、煤炭消费减量替代目标的影响等方面的分析评价等。

337. 区域节能报告的内容包括什么

《浙江省节能审查办法》第五条规定，区域节能报告的内容应当包括：区域概况；用能现状及能耗标准分析；产业定位及主要产业能耗标准；固定资产投资项目节能审查负面清单；固定资产投资项目承诺备案制度；能源双控及煤炭消费总量控制目标分析；提高能源利用效率、降低能源消费对策措施；区域先进节能设备、工艺和技术推广应用，节能奖励和能效领跑者工作机制；用能承诺、监测监察和责任追究等。

338. 节能审查流程大致是什么

《浙江省节能审查办法》第七条规定，节能审查机关应当自收到节能报告 5 个工作日内作出受理或不予受理决定；申请材料不齐全或者不符合法定形式的，应当当场或者在5个工作日内一次告知申请人需要补正的全部内容，逾期不告知的，自收到申请材料之日起即为受理。

节能审查机关受理节能报告后，应当委托有关机构进行评审，形成评审意见，作为节能审查的重要依据。项目建设单位、区域管理机构和节能报告编制单位应当根据评审意见对节能报告进行修改完善，受委托的机构应对修改情况进行复核确认。

节能审查机关应当自受理节能报告后8个工作日内出具节能审查意见，节能报告评审时间不计算在内。

339. 项目节能审查意见的内容包括什么

《浙江省节能审查办法》第八条规定，项目节能审查意见的内容应当包括能源（煤炭）消费量、应达到的能效水平、用能（用煤）等量或减量平衡方案、落实节能措施、节能方面的相关意见和建议及有效期限等。

340. 区域节能审查意见的内容包括什么

《浙江省节能审查办法》第八条规定，区域节能审查意见的内容应当包括区域地理位置、产业发展规划、能源消费总量控制目标、煤炭消费总量控制目标、单位GDP能耗控制目标、固定资产投资项目节能审查负面清单、用能（用煤）等量或减量平衡方案、落实节能措施、节能方面的相关意见和建议等。

341. 什么是固定资产投资项目分类管理

《浙江省节能审查办法》第十一条规定了根据项目不同情况，对固定资产投资项目实行分类管理，具体分类规定包括以下内容。

（1）年综合能源消费量不满1000吨标准煤（改扩建项目按照建成投产后年综合能源消费增量计算，电力折算系数按等价值，以统计部门公布上年度全省火力发电平均供电标准煤耗计算，下同），以及工艺简单、节能潜力小的行业（具体行业目录以国家发展改革委公布为准）的固定资产投资项目，应当按照相关节能标准、规范建设，不单独进行节能审查。

（2）年综合能源消费量1000吨标准煤以上的固定资产投资项目，应单独进行节能审查。其中，项目单位工业增加值能耗高于全省单位工业增加值能耗控制目标的，应当通过用能权交易方式取得用能指标，并明确项目能耗（煤炭）平衡方案。

342. 什么是固定资产投资项目分级管理

《浙江省节能审查办法》第十二条规定了固定资产投资项目节能审查实行分级负责，具体分级规定包括以下内容。

（1）国家发展改革委核报国务院审批或核准，以及国家发展改革委审批或核准的固定资产投资项目，其节能审查由省级节能主管部门负责实施。

（2）除上述第一项外的年综合能源消费量 5000 吨标准煤以上的固定资产投资项目，其节能审查由省级节能主管部门委托项目所在地设区市节能主管部门负责实施。

（3）年综合能源消费量 1000 吨标准煤以上不满 5000 吨标准煤的固定资产投资项目，由设区的市、县（市、区）节能主管部门按照权限在各自的职责范围内负责节能审查，具体权限由设区的市人民政府确定。

343. 什么情况下项目节能审查不予通过

《浙江省节能审查办法》第十六条规定了有下列情形之一的固定资产投资项目，节能审查不予通过。

（1）使用国家和省明令淘汰的用能产品、设备和生产工艺的；

（2）用能产品、设备不符合强制性能源效率标准的；

（3）单位产品能耗超过国家、行业或者地方限额标准的；

（4）能源消费、煤炭消费减量或等量替代方案未提供或不实的；

（5）不符合国家和省其他节能规定的。

344. 什么是节能审查负面清单管理

《浙江省节能审查办法》第二十条规定了区域实施固定资产投资项目节能审查负面清单管理，将达不到浙江省新增工业项目“标准地”单位能耗增加值控制性指标的项目和浙江省企业投资工业项目“标准地”负面清单中年煤炭消耗 5000 吨以上的项目列入固定资产投资项目节能审查负面清单。

省级固定资产投资项目节能审查负面清单是：国家发展改革委核报国务院审批或核准、国家发展改革委审批或核准的固定资产投资项目，以及年综合能源消费量 5000 吨标准煤以上的固定资产投资项目。各区域应当结合地方发展规划和能源“双控”要求，以省级负面清单为基础，自主建立本区域固定资产投资项目节能审查负面清单。

345. 对于节能审查负面清单外的项目如何管理

《浙江省节能审查办法》第二十条规定了节能审查负面清单外的项目实行承诺备案管理。承诺备案的项目投资主体应在项目开工前向本区域节能审查机关作出具有法律效力的书面承诺。节能审查机关应当对承诺备案的内容通过区域评估数字化管理模块依法实行公开。承诺备案应当包括以下内容：项目符合国家和地方的产业政策；项目产品单耗达到区域能耗准入标准；项目能源消费总量、煤炭消费总量、单位工业增加值能耗满足区域能源“双控”要求；项目使用的技术、工艺、设备符合国家节能技术标准。

346. 节能验收报告如何编制，主要内容包括哪些

《浙江省节能审查办法》第二十四条规定了节能验收报告应由项目建设单位或委托中介服务机构完成，主要包括以下内容。

（1）依据项目实际建成情况，测算项目年综合能源消费量（煤炭消费量）及能耗（煤炭）平衡方案是否满足节能审查要求；

（2）以节能审查意见批复时确定的项目主要能效指标或主要工序（装置）能效指标，对照项目的性能试验数据或运行数据等，验收项目的主要能效指标是否落实节能审查要求；

（3）项目建设规模、主要用能工艺以及主要用能设备、通用设备等的数量、型号、能效等是否落实节能审查意见要求；

（4）项目节能技术和管理措施是否落实节能审查意见要求；

（5）项目能源计量器具配备情况是否落实节能审查意见要求。

347. 什么情况下需要重新申请节能审查

《浙江省节能审查办法》第三十二条规定：通过节能审查的固定资产投资项目，其建设内容、产能规模、能效水平、用能方式等发生重大变化，或年综合能源消费量超过节能审查意见规定水平10%的，建设单位应当重新编制节能报告，并重新申请节能审查。

348. 什么情况下项目验收不合格

《浙江省节能审查办法》第二十五条规定建设单位节能验收存在下列情形之一的，建设单位不得提出验收合格的意见。

（1）未落实节能审查意见要求的强制性节能措施；

（2）建设单位提供虚假验收资料，存在故意隐瞒、数据作假等情况；

（3）与国家及省节能法律法规、规章标准的强制性要求不符的情况。

对于节能验收不合格的项目，建设单位不得擅自投入生产、使用，在完成整改后再次组织节能验收。

349. 建设单位的法律责任有哪些

《浙江省节能审查办法》第三十五条至第三十七条规定了建设单位的法律责任，包括建设单位的违法行为及惩罚措施，具体包括以下内容。

建设单位有下列情形之一的，由县级以上节能主管部门按照职责责令停止建设或停止生产、使用，限期改造；不能改造或逾期不改造的生产性项目，由节能主管部门报请本级人民政府按照国务院规定的权限责令关闭。

（1）固定资产投资项目未依法进行节能审查或者未通过节能审查开工建设或者投入生

产、使用的；

（2）民用建筑以外的依法需要进行节能审查的固定资产投资项目未经节能验收或者验收不合格投入生产、使用的；

（3）开工建设不符合强制性节能标准的项目或者将该项目投入生产、使用的。

项目使用国家明令淘汰的用能设备或者生产工艺的，由管理节能工作的部门责令停止使用，没收国家明令淘汰的用能设备；情节严重的，可以由管理节能工作的部门提出意见，报请本级人民政府按照国务院规定的权限责令停业整顿或者关闭。

生产单位超过单位产品能耗限额标准用能，情节严重，经限期治理逾期不治理或者没有达到治理要求的，可以由管理节能工作的部门提出意见，报请本级人民政府按照国务院规定的权限责令停业整顿或者关闭。

350. 节能报告必须委托第三方机构编制吗

《浙江省节能审查办法》第三十八条规定，节能报告可以由建设单位（区域管理机构）委托有关机构编制；建设单位（区域管理机构）具备条件的，也可以自行编制。节能报告的编制单位对节能报告的真实性和有效性负责。

建设单位（区域管理机构）、有关机构不负责任或者弄虚作假，致使节能报告严重失实的，由县级以上节能主管部门按照职责责令改正，没收违法所得，处五万元以上十万元以下罚款；有关机构及其负有责任的工作人员三年内所编制或者参与编制的节能报告不能作为节能审查的依据。

8.9 《杭州市固定资产投资项目节能审查办法》

351. 《杭州市固定资产投资项目节能审查办法》的制定背景是什么

制定《杭州市固定资产投资项目节能审查办法》一是适应经济发展形势和上位法规定的需要，二是完成碳达峰碳中和目标和能耗“双控”任务的需要，三是机构改革和职能转变的需要。现行《杭州市固定资产项目节能评估和审查管理暂行办法》制定时节能主管部门为市经信委，政府机构改革后，杭州市节能主管部门调整为市发改委，相关职责内容需要修改。

《杭州市固定资产项目节能评估和审查管理暂行办法》于2008年印发。2021年，依据《中华人民共和国节约能源法》、《固定资产投资项目节能审查办法》（国家发展改革委令第44号）、《浙江省实施〈中华人民共和国节约能源法〉办法》、《浙江省节能审查办法》，修订并发布了《杭州市固定资产投资项目节能审查办法》，自2021年10月1日起实施。

352. 杭州市节能审查分类管理如何规定

《杭州市固定资产投资项目节能审查办法》第六条规定节能审查按照项目年综合能源消费量实行分级分类管理（改扩建项目按照建成投产后年综合能源消费增量计算，电力折算系数按等价值，以统计部门公布数据为准）。

（1）国家发展改革委核报国务院审批或核准，以及国家发展改革委审批或核准的固定资产投资项目，其节能审查由省级节能主管部门负责实施。

（2）除上述第一项的年综合能源消费量5000吨标准煤及以上的项目，由杭州市节能主管部门受浙江省节能主管部门委托，负责实施节能审查。

（3）年综合能源消费量3000—5000吨标准煤的项目，由杭州市节能主管部门委托项目所在地区、县（市）节能主管部门负责实施节能审查。

（4）年综合能源消费量1000—3000吨标准煤的项目，由项目所在地区、县（市）节能主管部门负责实施节能审查。

（5）年综合能源消费量不满1000吨标准煤的项目，不单独进行节能审查，但要告知项目所在地节能主管部门，填写《固定资产投资项目用能情况表》，由项目所在地区、县（市）节能主管部门负责汇总。

353. 节能报告包括哪些内容

《杭州市固定资产投资项目节能审查办法》第七条规定节能报告应当包括下列内容：项目概况；分析评价依据；项目建设方案的节能分析和比选，包括总平面布置、生产工艺、用能工艺、用能设备和能源计量器具等方面；项目能源消费量、能源消费结构、能源利用效率等方面的分析；项目执行强制性节能标准情况；明确能耗（用煤）减量或等量替代方案；选取节能效果好、技术经济可行的节能技术和管理措施；屋顶光伏等可再生能源利用情况；对所在地完成能源消耗总量和强度目标、煤炭消费减量替代目标的影响等方面的分析评价等。

354. 节能审查流程大致为什么

《杭州市固定资产投资项目节能审查办法》第十条规定了节能主管部门应当自收到申报材料5个工作日内作出受理或不予受理决定。申请材料不齐全或者不符合法定形式的，应当场或者在5个工作日内一次性告知申请人需要补正的全部内容。逾期不告知的，自收到申请材料之日起即为受理。

节能主管部门受理申报材料后，应当委托有关机构或组织专家组进行评审，形成评审意见，作为节能审查的重要依据。项目建设单位应当根据评审意见对节能报告进行修改完善。受委托机构或专家应对修改情况进行复核确认。

节能主管部门应当自受理节能报告后 8 个工作日内出具节能审查意见，节能报告评审时间不计算在内。

355. 什么情况下节能审查不通过

《杭州市固定资产投资项目节能审查办法》第十二条规定了节能审查不予通过的项目包括以下几种情况。

（1）使用国家和省、市明令淘汰的用能产品、设备和生产工艺的；

（2）用能产品、设备不符合强制性能源效率标准的；

（3）单位产品能耗超过国家、行业或者地方限额标准的；

（4）能源消费、煤炭消费减量或等量替代方案未提供或不实的；

（5）不符合能源消费总量和强度“双控”管理要求的；

（6）不符合国家和省、市其他节能规定的。

356. 节能验收报告如何编制，主要包括什么内容

《杭州市固定资产投资项目节能审查办法》第十八条规定节能验收报告应当由项目建设单位或委托中介机构完成，主要包括以下内容。

（1）依据项目实际建成情况，测算项目年综合能源消费量（煤炭消费量）及能耗（用煤）平衡方案是否满足节能审查要求；

（2）以节能审查意见批复时确定的项目主要能效指标或主要工序（装置）能效指标，对照项目的性能试验数据或运行数据等，验收项目的主要能效指标是否落实节能审查要求；

（3）项目建设规模、主要用能工艺以及主要用能设备、通用设备等的数量、型号、能效等是否落实节能审查意见要求；

（4）项目节能技术和管理措施是否落实节能审查意见要求；

（5）项目能源计量器具配备情况是否落实节能审查意见要求。

357. 什么情况下节能验收不合格

《杭州市固定资产投资项目节能审查办法》第十九条规定了验收不合格主要包括以下几种情形。

（1）未落实节能审查意见要求的强制性节能措施；

（2）建设单位提供虚假验收资料，存在故意隐瞒、数据作假等情况；

（3）与国家及省节能法律法规、规章和标准的强制性要求不符的情况。

对于节能验收不合格的项目，建设单位不得擅自投入生产、使用，在完成整改后应当再次组织节能验收。

358. 什么情况下需要重新申请节能审查

《杭州市固定资产投资项目节能审查办法》第二十五条规定了通过节能审查的固定资产投资项目，其建设内容、产能规模、能效水平、用能方式等发生重大变化，或年综合能源消费量超过节能审查意见规定水平 10%的，建设单位应重新编制节能报告，并重新申请节能审查。

同时，第二十六条规定了不单独进行节能审查的项目，建设内容、能效水平等发生变动，年综合能源消费量超过 1000 吨标准煤的，建设单位应当申请节能审查。

第 9 章

能源政策

注意：政策文件具有时效性、区域性，各用能单位能源管理人员在实际能源管理工作中需要与主管部门对接确认本地区最新相关政策文件，以本地区最新政策文件为准。

9.1 淘汰落后设备

359. 什么是淘汰落后设备，强制性淘汰落后设备有哪些

淘汰落后设备是指对不符合有关法律法规及标准规定，严重浪费资源、污染环境、不具备安全生产条件、生产方式落后、质量低劣的高耗能落后机电设备进行淘汰的过程。根据《中华人民共和国节约能源法》国家对落后的耗能过高的用能产品、设备和生产工艺实行淘汰制度。相关部门会不定期制定并公布需要淘汰的用能产品、设备、生产工艺的目录和实施办法。

对于通用的工业用能设备，目前工业和信息化部陆续发布了四批《高耗能落后机电设备（产品）淘汰目录》，并要求各生产和使用单位抓紧落实本目录中所列设备（产品）的淘汰工作，生产单位应立即停止生产，使用单位应在规定期限内停止使用并更换高效节能设备（产品）。这四批高耗能落后机电设备（产品）淘汰目录具体如下。

（1）《高耗能落后机电设备（产品）淘汰目录（第一批）》（工节〔2009〕第67号）：共9大类272项设备（产品），包括电动机27项，电焊机和电阻炉13项，变压器和调压器4项，锅炉50项，风机15项，泵123项，压缩机33项，柴油机5项，其他设备2项。

（2）《高耗能落后机电设备（产品）淘汰目录（第二批）》（2012年第14号）：共12大类135项设备（产品），包括电动机1项，工业锅炉8项，电器61项，变压器1项，电焊机1项，机床34项，锻压设备20项，热处理设备2项，制冷设备1项，阀1项，泵2项，其他设备3项。其中，电动机包括Y系列，变压器包括SCB8系列，以CFCS为制冷剂的制冷空调等为常见的企业可能还存在的强制淘汰的落后机电设备。

（3）《高耗能落后机电设备（产品）淘汰目录（第三批）》（2014年第16号）：共2大类337项设备（产品），包括电动机300项、风机37项。其中，包括Y系列、Y2系列、Y3系列、YB系列、YB2系列电动机、Y5-47系列、W5-47系列、M7-29系列、W7-29系列、9-35系列、Y9-35系列风机为常见的企业可能还存在的强制淘汰的落后机电设备。

（4）《高耗能落后机电设备（产品）淘汰目录（第四批）》（2016年第13号）：共涉及3大类127项设备（产品），包括三相配电变压器52项、电动机58项、电弧焊机17

项。具体变压器型号包括S8系列、S9系列、SG（B）8系列；电动机型号包括JK系列、JS系列；电弧焊机型号包括NSA系列、ZX5系列、ZX6系列。

360. 为什么要淘汰落后用能设备

淘汰落后用能设备首先是企业遵守国家有关法律规定，合法合规运行，避免法律风险和处罚的必要条件。若不及时淘汰落后用能设备，企业将会面临相应的处罚，进而影响企业正常生产、申报荣誉补贴。其次，淘汰落后用能设备有助于企业进行技术和设备升级，通过引入更先进、高效的生产技术和设备，提高企业自动化、智能化水平，从而提高生产效率和产品质量。另外，淘汰落后用能设备能够提高设备能源利用效率，降低企业设备能耗，从而减少能源消耗成本，进一步降低企业生产成本，提高企业利润。除此之外，政府为了鼓励企业淘汰落后设备、进行设备更新，通常会出台一系列的政策优惠和补贴措施，企业可以通过淘汰落后设备来享受这些政策红利。

361. 使用规定强制淘汰的落后用能设备将会对企业有哪些影响

根据《中华人民共和国节约能源法》的规定，使用国家明令淘汰的用能设备或者生产工艺的，由管理节能工作的部门责令停止使用，没收国家明令淘汰的用能设备；情节严重的，可以由管理节能工作的部门提出意见，报请本级人民政府按照国务院规定的权限责令停业整顿或者关闭。另外，企业新项目若使用了规定的强制淘汰的落后用能设备，节能审查和验收将不予通过。同时，企业若被处罚，将会在“信用中国”“信用浙江”平台进行记录，而“绿色工厂”“节水型企业”等荣誉申报、相关财政补贴均要求企业未曾受到处罚，导致企业无法申报荣誉，享受政策优惠。

9.2 用能预算管理

362. 什么是用能预算管理

用能预算管理是指对能源消耗进行系统性规划和控制的一种管理方法，旨在确保能源的有效利用和节能降耗目标的实现。具体来说，用能预算管理通过对重点用能单位的能源消耗进行预算编制、执行、控制和调整，以实现能源消费的总量控制和强度控制目标。

用能预算是各级人民政府根据国家下达的能源消耗总量控制目标任务、政府发展规划、新上重大用能项目等情况对本计划期内的能源消耗总量进行的预算，其对象为重点用能单位。重点用能单位的用能预算是指根据本单位生产经营状况和整体能效水平，结合淘汰落后产能、发展节能新技术情况对本计划期内的能源消耗总量进行的预算。2022 年，浙江省能源局依托智慧能源大数据中心，率先构建碳排放预算化管理平台“节能降碳 e 本账”，用清晰可见的数据引导企业科学合理用能。2023 年 12 月 18 日，浙江省发改委发布了《浙江省用能预算管理企业名单（2024 年版）》，明确了 4125 家企业纳入用能预算化管理。

用能预算管理在促进节能降耗、优化能源资源配置、推动经济社会发展绿色转型等方面具有重要意义。通过用能预算管理，可以确保重点用能单位在规定的时间内完成能耗双控目标任务，助力实现碳达峰碳中和目标。此外，用能预算管理还通过市场机制，如用能权交易和购买绿电等方式，保障企业在节能降耗的同时实现发展。

363. 什么是用能预算分级管理

用能预算分级管理是指对年综合能耗 5000 吨（含）标准煤以上的重点行业企业用能预算管理工作，由省级节能主管部门委托设区市节能主管部门负责实施。地方在下达企业年度基准能耗前，须报经省级节能主管部门审核确认。

对年综合能耗 1000 吨（含）至 5000 吨标准煤的重点行业企业用能预算管理工作，由设区市、县（市、区）节能主管部门按照权限在各自的职责范围内负责实施，具体权限由设区市节能主管部门确定。

对年综合能耗 1000 吨标准煤以下的重点行业企业，其用能预算管理工作由所在地节能主管部门自行组织开展，实施办法由所在地自行制定。

364. 企业的年度用能预算如何确定

节能主管部门会同统计、经信等部门，综合考虑年度能耗强度降低目标任务、企业能效水平等因素，按照以下先后顺序确定企业年度基准能耗。

（1）节能主管部门已明确分解下达重点行业企业能耗总量控制和节能目标任务的，应以能耗总量控制目标核定企业年度基准能耗，并符合节能审查批复规定要求。

（2）重点行业企业（项目）符合节能审查批复规定要求的，以节能验收或节能审查批复明确的能耗总量为基础，综合考虑用能权交易、节能监察情况等因素确定其年度基准能耗。

（3）企业分期实施的项目，按实施阶段分类核算。对于已建项目的，应根据当期投产的核定产能和国家或省级公布的单位产品能源消耗限额准入值、《高耗能行业重点领域能效标杆水平和基准水平（2021 年版）》基准水平进行核算；对于新建或拟建项目，应根据当期投产的核定产能和国家或省级能耗限额先进值、《高耗能行业重点领域能效标杆水平和基准水平（2021 年版）》标杆水平进行核算。对于同时适用多种标准的，从严执行。

（4）在节能审查制度实施前已建成投产且不属于国家产能限制要求的企业（项目），

可按近 3 年实际用能的平均值核定为其年度基准能耗。

（5）对含有多种行业产能的高耗能企业，应对其主导产品按照前四种情形的要求确定其年度基准能耗。

另外，企业新增分布式光伏自发自用电量或通过绿证（绿电）交易获得的电量，不纳入企业用能总量预算考核范围。企业用能预算执行情况也会影响企业的年度用能预算核算，对超年度基准能耗的企业，酌情核减下年度用能指标。企业提供虚报、瞒报、漏报用能量也会导致下年度基准能耗降低。

365. 对超过和完成用能预算的用能单位有什么奖惩措施

对超年度基准能耗的重点行业企业，酌情核减下年度用能指标并且由节能主管部门出具整改意见书，对违法违规用能行为依法查处。若企业存在虚报、瞒报、漏报用能量的情况，对企业虚报、瞒报、漏报的用能量，节能主管部门在确定下年度基准能耗时，予以20%增量核减。另外，政府将会在价格、环保、财政、金融、投资、产业等方面增加用能预算约束力（如企业购电价格提高、停产时间增加等惩罚措施），并逐步完善节能领域信用建设，制定用能失信标准并归集相关信用信息，实施信用约束。

对完成用能预算目标任务的企业，地方政府可视情给予表彰和资金奖励。企业年度基准能耗结余指标可在本年度内进行交易，出让方单位增加值能耗应高于申购方单位增加值能耗。交易获得用能指标仅在交易当年有效。

9.3 鼓励政策

366. 通过什么渠道可以了解节能相关鼓励政策

《中华人民共和国节约能源法》《浙江省实施〈中华人民共和国节约能源法〉办法》中均规定了地方财政应安排节能专项资金，支持节能技术研究开发、节能技术和产品的示范与推广、重点节能工程的实施、节能宣传培训、信息服务和表彰奖励等。各市、区县制定的具体鼓励政策并不一致，企业首先应明确企业所属区县，在所属区县人民政府、发展和改革局和经济和信息化局等相关部门平台查找相关文件（如杭州市《关于加快推进绿色能源产业高质量发展的实施意见》等）。也可以通过直接询问有关部门工作人员、相关第三方服务公司等途径了解对企业所属区县节能相关鼓励政策。

本节以下问题以杭州市或杭州市部分区县节能相关鼓励政策为例。

367. 对于淘汰落后产能的企业有什么相关的鼓励政策

钱塘区：根据《关于实施钱塘“领飞计划”打造新时代高能级产业发展战略平台若干政策意见》中的有关规定：淘汰落后产能的企业，对其限令拆除的落后产能生产用机器设备，按照最高不超过评估净值50%进行补偿，其中对淘汰落后产能后在原址进行制造业再投资的，上限提高至评估净值的60%补偿。对于关停搬迁企业，对需要拆除的生产用机器设备及配套的辅助设施和污染治理设施设备，以及因生产设备拆除涉及必须拆除的房屋建筑物（含装修）和其他构筑物，按照最高不超过评估净值50%进行补偿。

富阳区：根据《杭州市富阳区实施产业强区主战略加快制造业高质量发展若干政策》中的有关规定：对配合淘汰关停国家、省、市、区明确的落后设备及产能项目、高耗低效工业企业，给予限令拆除的生产用淘汰机器设备评估净值50%的补助。

368. 对于节能改造项目有什么相关的鼓励政策

临平区：根据《临平区支持产业高质量发展政策的实施意见》中的有关规定：(1) 企业实施工业基本建设投资、技术改造、智能制造项目的，按其投资额给予25%的资助。对企业节能减排等绿色发展方面的投入，可按其当年实际发生额给予最高50%的资助。(2) 鼓励企业开展节能减碳、资源综合利用项目建设，推进绿色低碳产业发展。单个项目投资额100万元（含）以上，按设备实际投资额20%标准予以资助，单个企业最高不超过100万元。

富阳区：根据《杭州市富阳区实施产业强区主战略加快制造业高质量发展若干政策》中的有关规定：对单个节能项目设备投资额在30万元以上，节能率达到5%以上，按国内先进项目、省内先进项目、一般性项目，分别按设备投资额的20%、15%、10%予以补助，最高补助100万元。

萧山区：根据《关于萧山区加快建设现代化产业体系的若干政策》中的有关规定：鼓励企业绿色低碳化转型。从资金、资信、产业链上予以支持，大力推进以钢结构为重点的建筑工业化，加强建筑领域总承包管理，促进建筑业高质量发展。对列入年度区级重点节能项目计划名单并验收合格的项目，按项目设备投资额10%给予最高50万元补助。

钱塘区：根据《关于实施钱塘“领飞计划”打造新时代高能级产业发展战略平台若干政策意见》中的有关规定：当年企业投资的节能改造项目，年节能量（等价能耗）达到100吨标准煤（含）以上，按照实际投资额的10%给予补助，单个项目补助最高不超过100万元。

369. 对于合同能源管理项目有什么鼓励政策

萧山区：根据《关于萧山区加快建设现代化产业体系的若干政策》中的有关规定：鼓励企业绿色低碳化转型。从资金、资信、产业链上予以支持，大力推进以钢结构为重点的建筑工业化，加强建筑领域总承包管理，促进建筑业高质量发展。对通过区级及以上验收合格的合同能源管理项目，给予100元/吨标准煤补助。

370. 对于能源数字化系统项目有什么鼓励政策

富阳区：根据《杭州市富阳区实施产业强区主战略加快制造业高质量发展若干政策》中的有关规定：鼓励企业委托有资质的第三方机构制订《数字化转型整体解决方案》，按《数字化转型整体解决方案》推进数字化改造的，给予规划设计费用50%的补助，单个项目最高不超过10万元；对服务开展企业数字化改造技术咨询、设备制作、项目实施、维护服务等收入达到200万元以上的数字工程服务商，经认定，按收入的5%给予资助，单个企业每年资助最高不超过100万元。

371. 对于新能源（光伏、风电等）项目有什么鼓励政策

杭州市：根据《关于加快推进绿色能源产业高质量发展的实施意见》中的有关规定：(1) 支持企业增资扩产，对储能、氢能、光伏、风电、节能环保等企业实际投资总额（不含土地、厂房、旧设备等）达2000万元以上的产业项目，按实际贷款金额给予最高1%年利率的贴息补助，每家企业每年贴息不超过1000万元。(2) 推进源网荷储一体化建设。坚持集中式与分布式并举推进光伏开发利用，对符合条件的光伏项目，按实际并网容量对项目投资主体给予0.2元/瓦的一次性补助，单个项目补助不超过500万元。

钱塘区：根据《关于实施钱塘“领飞计划”打造新时代高能级产业发展战略平台若干政策意见》中的有关规定：鼓励发展新能源项目，对建设完成的新能源项目，待其发电或稳定运行满12个月后，给予最高100万元的一次性建设补贴。

372. 对于节能相关荣誉（绿色制造体系、节水型企业等）有什么鼓励政策

杭州市：根据《关于加快推进绿色能源产业高质量发展的实施意见》中的有关规定：加快低（零）碳园区和工厂建设，对验收通过的省级以上零碳园区给予200万元奖励，对获评2023—2025年度国家级、省级、市级绿色低碳工厂的，分别给予100万元、50万元、20万元奖励（进档的予以补差）。

钱塘区：根据《关于实施钱塘“领飞计划”打造新时代高能级产业发展战略平台若干政策意见》中的有关规定：(1) 对新认定的国家级、省级、市级绿色工厂，给予最高200万元奖励；对新认定的国家级、省级绿色供应链管理企业、绿色设计产品示范企业，给予最高50万元奖励。(2) 鼓励企业绿色诊断。获省级、市级节水型企业称号，分别给予最高15万元、10万元奖励，创建省级节水标杆企业，给予企业最高10万元奖励。

富阳区：根据《杭州市富阳区实施产业强区主战略加快制造业高质量发展若干政策》中的有关规定：对获得国家、省“绿色工厂”称号的企业，在投资项目资助外，分别给予

200 万元、50 万元奖励。

临平区：根据《临平区支持产业高质量发展政策的实施意见》中的有关规定：被评为国家级、省级绿色工厂的，分别给予 100 万元、50 万元奖励；被评为国家级绿色供应链管理企业的，给予 50 万元奖励；被评为国家级绿色设计产品示范名单的，给予 30 万元奖励。

萧山区：根据《关于萧山区加快建设现代化产业体系的若干政策》中的有关规定：对首次获评国家级、省级绿色低碳工厂的，分别给予一次性 100 万元、50 万元补助。

西湖区：根据《西湖区关于促进新制造业高质量发展的扶持意见（试行）》中的有关规定：鼓励绿色制造体系建设，对被评为国家级、省级、市级绿色（低碳）工厂的，分别给予最高 140 万元、70 万元、35 万元的奖励；对被评为国家级、省级绿色供应链管理企业（绿色设计产品示范企业），分别给予最高 35 万元、20 万元的奖励。

临安区：根据《〈关于制造业高质量发展引领产业兴区若干政策意见〉的解释说明》中的有关规定：获评绿色供应链管理企业示范名单的，按照国家、省级分别给予 200 万元、100 万元奖励。进档的奖励差额；首次获评绿色工厂（绿色低碳工厂）、绿色园区（绿色低碳园区）的，按照国家、省级分别给予 200 万元和 100 万元奖励。进档的奖励差额；对列入工业节能（环保）技术装备、“能效之星”、绿色设计产品等绿色技术（产品）目录的，按照国家、省级分别给予 30 万元、20 万元奖励。进档的奖励差额；对首次获得“节水型企业”给予 10 万元奖励，获得省级“节水标杆企业”的再给予 10 万元奖励。

淳安县：根据《深入实施“生态制造业计划”推进高质量发展若干政策》中的有关规定：对新评定的省级节水型企业、市级节水型企业，分别奖励 5 万元、3 万元。

第 10 章

能源标准

10.1 节能工作标准化

373. 节能工作标准化的主要意义是什么

（1）促进节能提效：节能标准通过设定能源使用的效率要求，推动能源的高效利用，减少浪费，提高整体经济社会的能源利用效率。

（2）淘汰落后产能：节能标准有助于倒逼高耗能、高排放、低水平项目的淘汰，推动产业结构优化升级，促进绿色发展。

（3）引领技术进步：节能标准的不断提升和更新，为节能技术的研发和应用提供了方向，推动了节能技术的创新和发展。

（4）强化节能管理：节能标准是政府加强节能监管的依据，也是用能单位实施节能管理的基础，有助于形成科学、系统的节能管理体系。

（5）支持可持续发展：节能标准的实施有助于减少能源消耗和污染物排放，保护环境，促进可持续发展。

374. 节能标准体系是由哪些构成的

标准是指为了在一定范围内获得最佳秩序，经协商一致制定并由公认机构批准，为各种活动或其结果提供规则、指南或特性，供共同使用和重复使用的一种文件。

标准化是指为了在某一特定领域内获得最佳秩序，对实际的或潜在的问题制定共同使用和重复使用的规定的活动。

标准是具体的文件或技术规范，标准化是制定、推广和实施标准的过程和活动。标准是条款，标准化是过程；标准是目的，标准化是工作；标准是思想，标准化是行为。

标准按照级别可分为国家标准、行业标准、地方标准、团体标准和企业标准；按效力可分为强制性标准和推荐性标准。我国节能标准体系如图 10.1.1 所示。

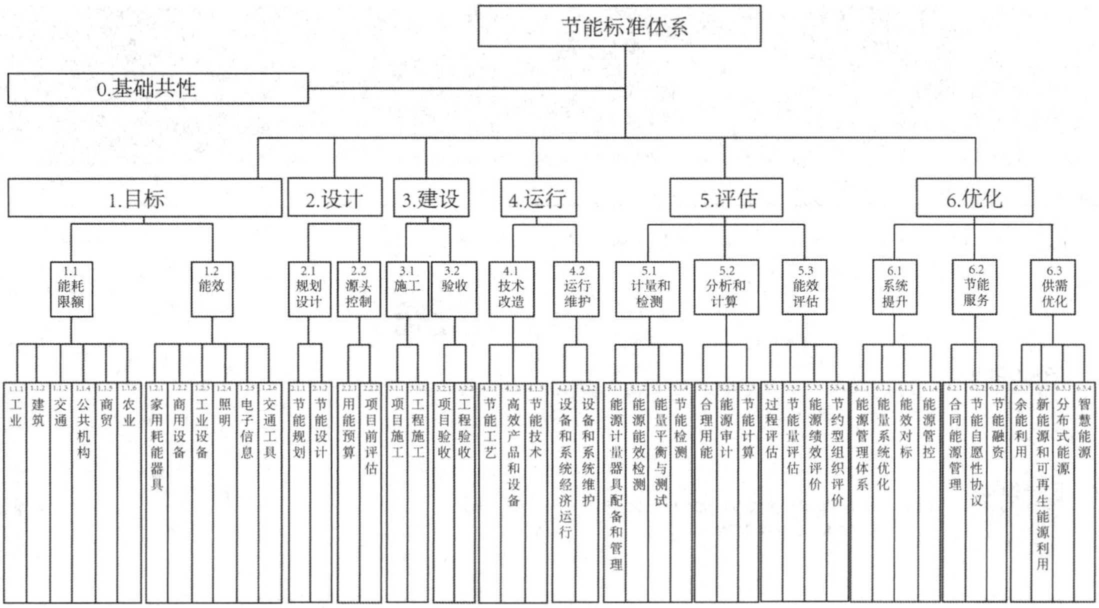

图 10. 1. 1　我国节能标准体系框架

375. 什么是强制性节能标准，什么是推荐性节能标准

强制性节能标准是指由政府或相关权威机构制定的，对产品、建筑物、工业设施等的能源使用设定的最低节能要求。这些标准通常具有法律效力，必须遵守。强制性节能标准主要有单位产品能耗限额标准、用能产品能效标准和能源计量器具配备标准（如 GB 17167—2006）。强制性节能标准旨在通过提高能源使用效率来减少能源消耗和碳排放，淘汰落后产能和生产工艺，促进行业转型升级和高质量发展。

推荐性节能标准是指由政府或行业组织发布的、旨在引导和鼓励最佳实践或良好行为的标准，例如《综合能耗计算通则》（GB/T 2589—2020）、《能源管理体系　要求及使用指南》（GB/T 23331—2020）、设备经济运行相关标准、行业标准等。推荐性节能标准虽然不具有法律强制性，但提供了一个参考框架，供相关人员或企业在决策和操作时考虑和遵循。这些标准有助于提高行业整体水平，推动技术进步，改善环境和社会效益。

376. 如何及时获取企业行业相关节能标准信息

企业可以通过“国家标准全文公开系统”网站（如图 10. 1. 2 所示，网址：https：//openstd. samr. gov. cn/bzgk/gb/）查询和了解相关节能标准信息。

图 10.1.2 “国家标准全文公开系统”网站

377. 标准编号怎么看

标准的编号由标准代号、标准发布顺序号和标准发布年代号（四位数）组成，标准编号示例如图 10.1.3 所示。

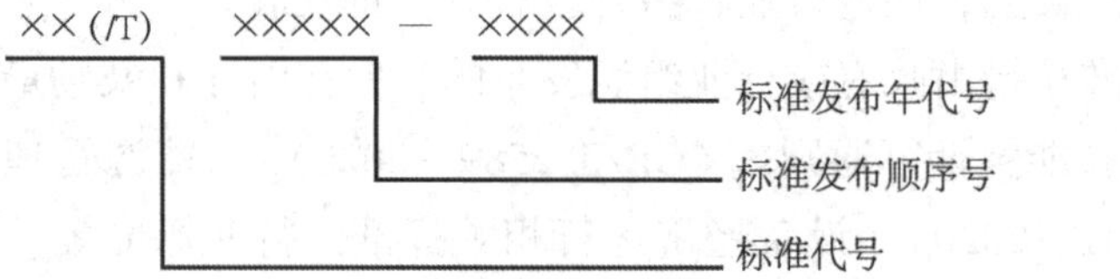

图 10.1.3 标准编号示例

标准代号由汉字拼音大写字母组成，标准代号及其含义如表 10.1.1 所示。

表 10.1.1 标准代号及其含义

国家标准：GB（/T） 例：国家强制性标准 GB 17167—2006《用能单位能源计量器具配备和管理通则》； 国家推荐性标准 GB/T 2589—2020《综合能耗计算通则》

续表

国家标准化指导性技术文件：GB/Z 例：GB/Z 44118.1—2024《电能质量技术管理　第 1 部分：总则》					
行业标准：					
序号	代号	含义	序号	代号	含义
1	BB	包装	31	MZ	民政
2	CB	船舶	32	NY	农业
3	CH	测绘	33	QB	轻工
4	CJ	城镇建设	34	QC	汽车
5	CY	新闻出版	35	QJ	航天
6	DA	档案	36	QX	气象
7	DB	地震	37	SB	商业
8	DL	电力	38	SC	水产
9	DZ	地质矿产	39	SH	石油化工
10	EJ	核工业	40	SJ	电子
11	FZ	纺织	41	SL	水利
12	GA	公共安全	42	SN	商检
13	GJB	国家军用标准	43	SY	石油天然气
14	GY	广播电影电视	44	10000 号以后	海洋石油天然气
15	HB	航空	45	TB	铁路运输
16	HG	化工	46	TD	土地管理
17	HJ	环境保护	47	TY	体育
18	HS	海关	48	WB	物资管理
19	HY	海洋	49	WH	文化
20	JB	机械	50	WJ	兵工民品
21	JC	建材	51	WM	外经贸
22	JG	建筑工业	52	WS	卫生
23	JR	金融	53	XB	稀土
24	JT	交通	54	YB	黑色冶金
25	JY	教育	55	YC	烟草
26	LB	旅游	56	YD	通信
27	LD	劳动和劳动安全	57	YS	有色冶金
28	LY	林业	58	YY	医药

续表

29	MH	民用航空	59	YZ	邮政
30	MT	煤炭			
地方标准：DB+省级行政区划代码前两位 例：DB33/T 1393—2024《产品碳足迹评价　通则》					
企业标准：Q+企业代码					

378. 如何快速掌握节能标准内容

节能标准主要包括目录、前言、引言、范围、规范性引用文件、属于与定义、要求和附录八个部分。其中“要求”部分是标准的核心，包括技术要求（对标准化领域需要协调统一的技术事项标准化）、工作要求（明确工作的范围、职责、程序等）、管理要求（明确责任部门、职责、权限、管理内容、记录、考核等）。对于“要求”部分，企业应重点关注。

不同标准的应用功能和应用场景不同。以单位产品能耗限额标准为例，在查看标准时：（1）要确定标准的适用范围，不管哪一种标准，都会在“范围”部分中进行明确。单位产品能耗限额标准中，要注意标准适用于用什么原材料（或设备）生产的某种产品。（2）注意单耗的统计范围，即理解标准规定的需要统计的能源消耗的类别及范围边界。（3）是理解单位计算的方式。（4）将计算结果与标准所规定的能耗限额等级进行对标，评判达标情况。

379. 新标准与旧标准之间执行如何衔接

按照《中华人民共和国标准化法》规定，不符合强制性标准的产品、服务，不得生产、销售、进口或者提供。《强制性国家标准管理办法》规定，新强制性国家标准实施后，原强制性国家标准同时废止。也就是说，新强制性标准实施后，意味着原强制性标准就废止了，不再是现行有效标准。同时，新发布的强制性标准都给予了一定的实施过渡期，之所以设定过渡期，既是为企业开展技术改造、顺利过渡到生产（或提供）满足新标准的产品（或服务）留出时间，也是为消化已经上市的产品留出时间。新强制性标准实施后，不符合新标准要求的产品，不能再生产、销售、进口。因此，企业需在新标准的实施过渡期内尽快通过调整生产工艺、生产设备等方式降低产品能源消耗和能源效率，达到国家新的强制性标准要求，保证企业生产的合法合规性，避免法律风险。

推荐性标准本身不带强制性要求，有新的标准也不意味着旧的标准就不能使用，在某些情况下，也可以参考使用旧标准里面的内容。

380. 企业如何利用节能标准提高企业能源利用效率

企业可以参考借鉴有关合理用能及设备经济运行类节能标准，分析企业用电、用热的合理性，以及设备是否处于经济运行状态，进一步制订技术改造、设备淘汰更新等节能措施计划，提高企业能源利用效率。

企业也可以参考借鉴有关能源审计［如《能源审计技术通则》(GB/T 17166—2019)］、能量平衡［如《企业能量平衡通则》(GB/T 3484—2009)、《用能设备能量平衡通则》(GB/T 2587—2009)］、节能监测（如《节能监测技术通则》(GB/T 15316—2009)］等相关节能标准，判断企业是否存在能源浪费现象，分析企业节能潜力，从而有针对性地制定并执行相关节能措施，提高企业能源利用效率。

381. 企业参与制定标准有什么鼓励政策

根据《中华人民共和国标准化法》《浙江省标准化条例》《浙江省标准创新贡献奖管理办法（2022 年修订）》等文件，浙江省会对在标准化活动中作出突出贡献的单位和个人进行表彰。不同地区有各自关于奖励企业参与标准制定的相关文件及政策，具体鼓励政策需要企业关注所属市、区县有关文件，或咨询相关人员了解有关政策。

以杭州市为例，根据《杭州市标准化项目资助经费管理办法》中的有关规定：对主导制定完成国际标准、国家标准、行业标准、“浙江制造”标准的单位，每项分别给予不高于 100 万元、30 万元、20 万元、20 万元的资助；参与完成国际标准制定的单位，每项给予不高于 20 万元的资助。

382. 企业如何制定和执行自己的节能降碳标准

企业节能降碳方面主要可以建立以下几个方面的标准。

（1）节能降碳管理标准：节能降碳的组织架构、职能分配、管理的基本规则、能源管理体系手册、各项节能降碳管理制度、节能降碳目标指标等。

（2）能效标准：参考国家出台的各种设备、系统的能效标准，制定企业自身设备、系统的能效标准，时时对标，确保运行过程中节能降碳。

（3）设备运行规程：为了确保达到节能降碳的目标，应制定设备的运行规则，明确开启的条件、操作步骤、控制的指标参数等。

企业制定企业标准通常包括以下工作内容：（1）需求分析。确定需要制定标准的领域和内容。（2）组建团队。组建标准制定工作组，包括技术、管理和质量等方面的专家。（3）编制草案。参考国家、行业和地方标准，编制企业标准草案。（4）审查与批准。组织内部审查，确保标准的科学性和可行性，最终由企业高层批准。（5）公示发布。在企业内部公示和发布标准，确保全员知晓，无须在节能主管部门或标准化主管部门备案。

企业执行企业标准通常包括以下工作内容：（1）宣传培训。组织培训，提高员工对标准的理解和执行能力。（2）实施监督。建立监督机制，定期检查标准的执行情况。（3）反馈改进。收集执行过程中的反馈，及时修订和完善标准。（4）评估考核。将标准执行情况纳入绩效考核，激励员工严格遵守标准。

10.2 产品能耗限额标准

383. 什么是单位产品能耗限额

单位产品能源消耗限额指企业（装置）生产单位合格产品（或加工、处理单位原料）所允许的能源消耗量。包括单位产品能源消耗限额等级、单位产品能源消耗限定值、单位产品能源消耗准入值三类指标。

其中，单位产品能源消耗限额等级分为3级，1级能耗最低。单位产品能源消耗限定值是指现有企业（装置）生产单位合格产品（或加工、处理单位原料）所允许消耗的能源量。单位产品能源消耗准入值是指新建及改扩建企业（装置）生产单位合格产品（或加工、处理单位原料）所允许消耗的能源量。

单位产品能耗限额等级根据以下原则进行分级。

（1）1级：单位产品能耗达到国际先进水平，选取本行业前5%能效先进水平或选取本行业“领跑者”的能效水平为取值原则。

（2）2级：单位产品能耗准入水平，选取本行业前20%左右能效先进水平值为取值原则。对高耗能、高排放、高污染以及产能过剩的重点行业，单位产品能耗准入值可取能源消耗限额等级的1级水平。对重点区域（如京津冀、长三角、珠三角等区域），可取能耗限额等级的1级水平。

（3）3级：单位产品能耗限定值，以淘汰一定比例现有高耗能落后产能为取值原则。对高耗能、高排放、高污染以及产能过剩行业，淘汰比例不应低于20%。

384. 现行的产品能耗限额标准有哪些

现行产品能耗限额标准目录如表10.2.1所示。能耗限额标准均为强制性国家标准，是法律法规要求必须遵守的国家标准，并且不断迭代更新。因此，企业在生产制造过程中应关注、及时查看并更新企业产品相关能耗限额标准，避免相关法律风险。

表10.2.1 现行单位产品能耗限额标准目录

序号	标准编号	标准名称	实施日期
01	GB 16780—2021	水泥单位产品能源消耗限额	2022.11.01

续表

序号	标准编号	标准名称	实施日期
02	GB 21252—2013	建筑卫生陶瓷单位产品能源消耗限额	2014.12.01
	注：2024 年 12 月 1 日起，由 GB 21252—2023《建筑卫生陶瓷和耐磨氧化铝球单位产品能源消耗限额》代替。		
03	GB 21256—2013	粗钢生产主要工序单位产品能源消耗限额	2014.10.01
04	GB 21257—2014	烧碱单位产品能源消耗限额	2015.01.01
	注：2025 年 5 月 1 日起，由 GB 21257—2024《烧碱、聚氯乙烯树脂和甲烷氯化物单位产品能源消耗限额》代替。		
05	GB 21258—2017	常规燃煤发电机组单位产品能源消耗限额	2017.12.01
06	GB 21340—2019	玻璃和铸石单位产品能源消耗限额	2020.05.01
07	GB 21341—2022	铁合金单位产品能源消耗限额	2024.01.01
08	GB 21342—2013	焦炭单位产品能源消耗限额	2014.10.01
09	GB 21343—2015	电石单位产品能源消耗限额	2016.10.01
	注：2024 年 12 月 1 日起，由 GB 21343—2023《电石、乙酸乙烯酯、聚乙烯醇、1，4-丁二醇、双氰胺和单氰胺单位产品能源消耗限额》代替。		
10	GB 21344—2015	合成氨单位产品能源消耗限额	2016.10.01
	注：2024 年 12 月 1 日起，由 GB 21344—2023《化肥行业单位产品能源消耗限额》代替。		
11	GB 21345—2015	黄磷单位产品能源消耗限额	2016.10.01
	注：2025 年 5 月 1 日起，由 GB 21345—2024《黄磷单位产品能源消耗限额》代替。		
12	GB 21346—2022	电解铝和氧化铝单位产品能源消耗限额	2024.01.01
13	GB 21347—2012	镁冶炼企业单位产品能源消耗限额	2013.10.01
	注：2024 年 10 月 1 日起，由 GB 21347—2023《工业硅和镁单位产品能源消耗限额》代替。		
14	GB 21348—2014	锡冶炼企业单位产品能源消耗限额	2015.01.01
15	GB 21349—2014	锑冶炼企业单位产品能源消耗限额	2015.01.01
注：GB 21348—2014 和 GB 21349—2014 自 2024 年 6 月 1 日起，由 GB 25323—2023《有色重金属冶炼企业单位产品能源消耗限额》代替。			
16	GB 21350—2013	铜及铜合金管材单位产品能源消耗限额	2014.08.01
	注：2024 年 6 月 1 日起，由 GB 21350—2023《铜及铜合金加工材单位产品能源消耗限额》代替。		
17	GB 21351—2014	铝合金建筑型材单位产品能源消耗限额	2015.01.01
	注：2024 年 6 月 1 日起，由 GB 21351—2023《变形铝及铝合金单位产品能源消耗限额》代替。		
18	GB 21370—2017	炭素单位产品能源消耗限额	2018.11.01

续表

<table>
<tr><th>序号</th><th>标准编号</th><th>标准名称</th><th>实施日期</th></tr>
<tr><td>19</td><td>GB 25323—2023</td><td>有色重金属冶炼企业单位产品能源消耗限额</td><td>2024. 06. 01</td></tr>
<tr><td>20</td><td>GB 25324—2022</td><td>铝用炭素单位产品能源消耗限额</td><td>2024. 01. 01</td></tr>
<tr><td rowspan="2">21</td><td>GB 25326—2010</td><td>铝及铝合金轧、拉制管、棒材单位产品能源消耗限额</td><td>2012. 03. 01</td></tr>
<tr><td colspan="3">注：2024 年 6 月 1 日起，由 GB 21351—2023《变形铝及铝合金单位产品能源消耗限额》代替。</td></tr>
<tr><td rowspan="2">22</td><td>GB 29137—2012</td><td>铜及铜合金线材单位产品能源消耗限额</td><td>2013. 10. 01</td></tr>
<tr><td colspan="3">注：2024 年 6 月 1 日起，由 GB 21350—2023《铜及铜合金加工材单位产品能源消耗限额》代替。</td></tr>
<tr><td>23</td><td>GB 29138—2012</td><td>磷酸一铵单位产品能源消耗限额</td><td>2013. 10. 01</td></tr>
<tr><td>24</td><td>GB 29139—2012</td><td>磷酸二铵单位产品能源消耗限额</td><td>2013. 10. 01</td></tr>
<tr><td colspan="4">注：GB 29138—2012 和 GB29139—2012 自 2024 年 12 月 1 日起，由 GB 21344—2023《化肥行业单位产品能源消耗限额》代替。</td></tr>
<tr><td rowspan="2">25</td><td>GB 29140—2012</td><td>纯碱单位产品能源消耗限额</td><td>2013. 10. 01</td></tr>
<tr><td colspan="3">注：2025 年 5 月 1 日起，由 GB 29140—2024《纯碱单位产品能源消耗限额》代替。</td></tr>
<tr><td>26</td><td>GB 29141—2012</td><td>工业硫酸单位产品能源消耗限额</td><td>2013. 10. 01</td></tr>
<tr><td>27</td><td>GB 29145—2012</td><td>焙烧钼精矿单位产品能源消耗限额</td><td>2013. 10. 01</td></tr>
<tr><td>28</td><td>GB 29146—2012</td><td>钼精矿单位产品能源消耗限额</td><td>2013. 10. 01</td></tr>
<tr><td colspan="4">注：GB 29141—2012、GB 29145—2012 和 GB 29146—2012 自 2024 年 12 月 1 日起，由 GB 29145—2023《钨精矿、钼精矿和焙烧钼精矿单位产品能源消耗限额》代替。</td></tr>
<tr><td>29</td><td>GB 29435—2012</td><td>稀土冶炼加工企业单位产品能源消耗限额</td><td>2013. 10. 01</td></tr>
<tr><td>30</td><td>GB 29436. 1—2012</td><td>甲醇单位产品能源消耗限额　第 1 部分：煤制甲醇</td><td>2013. 10. 01</td></tr>
<tr><td>31</td><td>GB 29436. 2—2015</td><td>甲醇单位产品能源消耗限额　第 2 部分：天然气制甲醇</td><td>2016. 07. 01</td></tr>
<tr><td>32</td><td>GB 29436. 3—2015</td><td>甲醇单位产品能源消耗限额　第 3 部分：合成氨联产甲醇</td><td>2016. 07. 01</td></tr>
<tr><td>33</td><td>GB 29436. 4—2015</td><td>甲醇单位产品能源消耗限额　第 4 部分：焦炉煤气制甲醇</td><td>2016. 07. 01</td></tr>
<tr><td colspan="4">注：GB 29436. 1—2012、GB 29436. 2—2015、GB 29436. 3—2015 和 GB 29436. 4—2015 自 2024 年 12 月 1 日起，由 GB 29436—2023《甲醇、乙二醇和二甲醚单位产品能源消耗限额》代替。</td></tr>
<tr><td>34</td><td>GB 29437—2012</td><td>工业冰醋酸单位产品能源消耗限额</td><td>2013. 10. 01</td></tr>
<tr><td>35</td><td>GB 29438—2012</td><td>聚甲醛单位产品能源消耗限额</td><td>2013. 10. 01</td></tr>
<tr><td rowspan="2">36</td><td>GB 29439—2012</td><td>硫酸钾单位产品能源消耗限额</td><td>2013. 10. 01</td></tr>
<tr><td colspan="3">注：2024 年 12 月 1 日起，由 GB 21344—2023《化肥行业单位产品能源消耗限额》代替。</td></tr>
<tr><td rowspan="2">37</td><td>GB 29440—2012</td><td>炭黑单位产品能源消耗限额</td><td>2013. 10. 01</td></tr>
<tr><td colspan="3">注：2025 年 5 月 1 日起，由 GB 29449—2024《轮胎和炭黑单位产品能源消耗限额》代替。</td></tr>
</table>

续表

序号	标准编号	标准名称	实施日期
38	GB 29441—2012	稀硝酸单位产品能源消耗限额	2013. 10. 01
39	GB 29442—2012	铜及铜合金板、带、箔材单位产品能源消耗限额	2013. 10. 01
40	GB 29443—2012	铜及铜合金棒材单位产品能源消耗限额	2013. 10. 01
注：GB 29442—2012 和 GB 29443—2012 自 2024 年 6 月 1 日起，由 GB 21350—2023《铜及铜合金加工材单位产品能源消耗限额》代替。			
41	GB 29444—2012	煤炭井工开采单位产品能源消耗限额	2013. 10. 01
42	GB 29445—2012	煤炭露天开采单位产品能源消耗限额	2013. 10. 01
43	GB 29446—2019	选煤电力消耗限额	2020. 07. 01
44	GB 29447—2022	多晶硅和锗单位产品能源消耗限额	2024. 01. 01
45	GB 29448—2022	海绵钛和钛锭单位产品能源消耗限额	2024. 01. 01
46	GB 29449—2012	轮胎单位产品能源消耗限额	2013. 10. 01
	注：2025 年 5 月 1 日起，由 GB 29449—2024《轮胎和炭黑单位产品能源消耗限额》代替。		
47	GB 29450—2012	玻璃纤维单位产品能源消耗限额	2013. 10. 01
48	GB 29994—2013	煤基活性炭单位产品能源消耗限额	2014. 11. 01
49	GB 29995—2013	兰炭单位产品能源消耗限额	2014. 11. 01
50	GB 29996—2013	水煤浆单位产品能源消耗限额	2014. 11. 01
注：GB 29994—2013、GB 29995—2013 和 GB 29996—2013 自 2025 年 5 月 1 日起，由 GB 29995—2024《煤基活性炭和兰炭单位产品能源消耗限额》代替。			
51	GB 30178—2013	煤直接液化制油单位产品能源消耗限额	2014. 12. 01
52	GB 30179—2013	煤制天然气单位产品能源消耗限额	2014. 12. 01
注：GB 30178—2013 和 GB 30179—2013 自 2025 年 5 月 1 日起，由 GB 30180—2024《煤制烯烃、煤制天然气和煤制油单位产品能源消耗限额》代替。			
53	GB 30180—2013	煤制烯烃单位产品能源消耗限额	2014. 12. 01
54	GB 30181—2013	微晶氧化铝陶瓷研磨球单位产品能源消耗限额	2014. 12. 01
	注：2024 年 12 月 1 日起，由 GB 29449—2024《轮胎和炭黑单位产品能源消耗限额》代替。		
55	GB 30182—2013	摩擦材料单位产品能源消耗限额	2014. 12. 01
56	GB 30183—2013	岩棉、矿渣棉及其制品单位产品能源消耗限额	2014. 12. 01
57	GB 30184—2013	沥青基防水卷材单位产品能源消耗限额	2014. 12. 01
58	GB 30185—2013	铝塑板单位产品能源消耗限额	2014. 12. 01
59	GB 30250—2013	乙烯装置单位产品能源消耗限额	2014. 09. 01
60	GB 30251—2013	炼油单位产品能源消耗限额	2014. 09. 01

续表

<table>
<tr><th>序号</th><th>标准编号</th><th>标准名称</th><th>实施日期</th></tr>
<tr><td colspan="4">注：GB 30250—2013 和 GB 30251—2013 自 2025 年 5 月 1 日起，由 GB 30251—2024《炼化行业单位产品能源消耗限额》代替。</td></tr>
<tr><td>61</td><td>GB 30526—2019</td><td>烧结墙体材料和泡沫玻璃单位产品能源消耗限额</td><td>2020. 05. 01</td></tr>
<tr><td rowspan="2">62</td><td>GB 30527—2014</td><td>聚氯乙烯树脂单位产品能源消耗限额</td><td>2015. 01. 01</td></tr>
<tr><td colspan="3">注：2025 年 5 月 1 日起，由 GB 21257—2024《烧碱、聚氯乙烯树脂和甲烷氯化物单位产品能源消耗限额》代替。</td></tr>
<tr><td>63</td><td>GB 30528—2014</td><td>聚乙烯醇单位产品能源消耗限额</td><td>2015. 01. 01</td></tr>
<tr><td>64</td><td>GB 30529—2014</td><td>乙酸乙烯酯单位产品能源消耗限额</td><td>2015. 01. 01</td></tr>
<tr><td colspan="4">注：GB 30528—2014 和 GB30529—2014 自 2024 年 12 月 1 日起，由 GB 21343—2023《电石、乙酸乙烯酯、聚乙烯醇、1，4-丁二醇、双氰胺和单氰胺单位产品能源消耗限额》代替。</td></tr>
<tr><td rowspan="2">65</td><td>GB 30530—2014</td><td>有机硅环体单位产品能源消耗限额</td><td>2015. 01. 01</td></tr>
<tr><td colspan="3">注：2025 年 5 月 1 日起，由 GB 30530—2024《二甲基硅氧烷单位产品能源消耗限额》代替。</td></tr>
<tr><td>66</td><td>GB 31335—2014</td><td>铁矿露天开采单位产品能源消耗限额</td><td>2016. 01. 01</td></tr>
<tr><td>67</td><td>GB 31336—2014</td><td>铁矿地下开采单位产品能源消耗限额</td><td>2016. 01. 01</td></tr>
<tr><td>68</td><td>GB 31337—2014</td><td>铁矿选矿单位产品能源消耗限额</td><td>2016. 01. 01</td></tr>
<tr><td colspan="4">注：GB 31335—2014、GB 31336—2014 和 GB 31337—2014 自 2025 年 5 月 1 日起，由 GB 31335—2024《铁矿开采和选矿单位产品能源消耗限额》代替。</td></tr>
<tr><td rowspan="2">69</td><td>GB 31338—2014</td><td>工业硅单位产品能源消耗限额</td><td>2016. 01. 01</td></tr>
<tr><td colspan="3">注：2024 年 10 月 1 日起，由 GB 21347—2023《工业硅和镁单位产品能源消耗限额》代替。</td></tr>
<tr><td rowspan="2">70</td><td>GB 31339—2014</td><td>铝及铝合金线坯及线材单位产品能源消耗限额</td><td>2016. 01. 01</td></tr>
<tr><td colspan="3">注：2024 年 6 月 1 日起，由 GB 21351—2023《变形铝及铝合金单位产品能源消耗限额》代替。</td></tr>
<tr><td rowspan="2">71</td><td>GB 31340—2014</td><td>钨精矿单位产品能源消耗限额</td><td>2016. 01. 01</td></tr>
<tr><td colspan="3">注：2024 年 12 月 1 日起，由 GB 29145—2023《钨精矿、钼精矿和焙烧钼精矿单位产品能源消耗限额》代替。</td></tr>
<tr><td>72</td><td>GB 31533—2015</td><td>精对苯二甲酸单位产品能源消耗限额</td><td>2016. 06. 01</td></tr>
<tr><td>73</td><td>GB 31534—2015</td><td>对二甲苯单位产品能源消耗限额</td><td>2016. 06. 01</td></tr>
<tr><td colspan="4">注：GB 31533—2015 和 GB 31534—2015 自 2025 年 5 月 1 日起，由 GB 30251—2024《炼化行业单位产品能源消耗限额》代替。</td></tr>
<tr><td rowspan="2">74</td><td>GB 31535—2015</td><td>二甲醚单位产品能源消耗限额</td><td>2016. 06. 01</td></tr>
<tr><td colspan="3">注：2024 年 12 月 1 日起，由 GB 29436—2023《甲醇、乙二醇和二甲醚单位产品能源消耗限额》代替。</td></tr>
</table>

续表

序号	标准编号	标准名称	实施日期
75	GB 31823—2021	码头作业单位产品能源消耗限额	2022. 11. 01
76	GB 31824—2015	1，4-丁二醇单位产品能源消耗限额	2016. 07. 01
	注：2024 年 12 月 1 日起，由 GB 21343—2023《电石、乙酸乙烯酯、聚乙烯醇、1，4-丁二醇、双氰胺和单氰胺单位产品能源消耗限额》代替。		
77	GB 31825—2015	制浆造纸单位产品能源消耗限额	2016. 07. 01
	注：2025 年 5 月 1 日起，由 GB 31825—2024《制浆造纸单位产品能源消耗限额》代替。		
78	GB 31826—2015	聚丙烯单位产品能源消耗限额	2016. 07. 01
	注：2025 年 5 月 1 日起，由 GB 30251—2024《炼化行业单位产品能源消耗限额》代替。		
79	GB 31828—2015	甲苯二异氰酸酯单位产品能源消耗限额	2016. 07. 01
80	GB 31830—2015	二苯基甲烷二异氰酸酯单位产品能源消耗限额	2016. 07. 01
注：GB 31828—2015 和 GB 31830—2015 自 2025 年 5 月 1 日起，由 GB 31830—2024《甲苯二异氰酸酯和二苯基甲烷二异氰酸酯单位产品能源消耗限额》代替。			
81	GB 32032—2015	金矿开采单位产品能源消耗限额	2016. 10. 01
82	GB 32033—2015	金矿选冶单位产品能源消耗限额	2016. 10. 01
83	GB 32034—2015	金精炼单位产品能源消耗限额	2016. 10. 01
注：GB 32032—2015、GB 32033—2015 和 GB 32034—2105 自 2025 年 5 月 1 日起，由 GB 32032—2024《金矿开采、选冶和金精炼单位产品能源消耗限额》代替。			
84	GB 32035—2015	尿素单位产品能源消耗限额	2016. 10. 01
	注：2024 年 12 月 1 日起，由 GB 21344—2023《化肥行业单位产品能源消耗限额》代替。		
85	GB 32044—2015	糖单位产品能耗限额	2016. 10. 01
86	GB 32046—2015	电工用铜线坯单位产品能源消耗限额	2016. 10. 01
	注：2024 年 6 月 1 日起，由 GB 21350—2023《铜及铜合金加工材单位产品能源消耗限额》代替。		
87	GB 32047—2015	啤酒单位产品能源消耗限额	2016. 10. 01
88	GB 32048—2015	乙二醇单位产品能源消耗限额	2016. 10. 01
	注：2024 年 12 月 1 日起，由 GB 29436—2023《甲醇、乙二醇和二甲醚单位产品能源消耗限额》代替。		
89	GB 32050—2015	电弧炉冶炼单位产品能源消耗限额	2016. 10. 01
90	GB 32051—2015	钛白粉单位产品能源消耗限额	2016. 10. 01
91	GB 32053—2015	苯乙烯单位产品能源消耗限额	2016. 10. 01
注：GB 32051—2015 和 GB 32053—2015 自 2025 年 5 月 1 日起，由 GB 32051—2024《钛白粉和氧化铁颜料单位产品能源消耗限额》代替。			

续表

序号	标准编号	标准名称	实施日期
92	GB 33654—2017	建筑石膏单位产品能源消耗限额	2018. 06. 01
93	GB 35574—2017	热电联产单位产品能源消耗限额	2019. 01. 01
94	GB 36887—2018	合成革单位产品能源消耗限额	2019. 12. 01
95	GB 36888—2018	预拌混凝土单位产品能源消耗限额	2019. 12. 01
96	GB 36889—2018	聚酯涤纶单位产品能源消耗限额	2019. 12. 01
97	GB 36890—2018	日用陶瓷单位产品能源消耗限额	2019. 12. 01
98	GB 36891—2018	莫来石单位产品能源消耗限额	2019. 12. 01
99	GB 36892—2018	刚玉单位产品能源消耗限额	2019. 12. 01
100	GB 38263—2019	水泥制品单位产品能源消耗限额	2020. 05. 01
101	GB 40877—2021	硅酸铝纤维及制品单位产品能源消耗限额	2022. 11. 01
102	GB 40878—2021	葡萄糖酸钠单位产品能源消耗限额	2022. 11. 01

385. 如何计算能耗

能耗相关指标可以分为衡量能源使用总量的综合能耗、衡量能源使用强度的单位产值综合能耗、单位产品综合能耗三种。

（1）综合能耗：$E = \sum_{i=1}^{n}(E_i \times k_i)$

式中，E 是综合能耗；n 是消耗的能源种类数；E_i 是生产和/或服务活动中实际消耗的第 i 种能源量（含耗能工质消耗的能源量）；k_i 是第 i 种能源的折标准煤系数。

（2）单位产值综合能耗：$e_g = \frac{E}{G}$

式中，e_g 是单位产值综合能耗；G 是统计报告期内产出的总产值或增加值（可比价）。

（3）单位产品综合能耗：$e_j = \frac{E_j}{M_j}$

式中，e_j 是第 j 种产品的单位产品综合能耗；E_j 是第 j 种产品的综合能耗；M_j 是第 j 种产品的合格产品产量。

对同时生产多种产品的情况，应按每种产品实际消耗的能源分别计算。在无法分辨对每种产品进行计量、计算时，可折算成标准产品统一计算，或按产量与能耗量的比例分摊计算。

386. 能耗限额标准有哪些作用

能耗限额标准可以作为开展节能监察、能效对标、节能目标责任考核、淘汰和化解落后产能、固定资产投资项目节能审查等节能制度和措施的技术依据；可以应用于配额分配、排放对标、减排考核等场景；可以应用于提升企业能源管理水平，企业通过借鉴参考能耗限额标准建立和完善能源和碳排放监测、统计、内审、考核、监督和奖惩制度，加强全过程的受控管理。

387. 对超过单位产品能耗限额标准的企业有哪些约束措施

（1）限期整改：对超过单位产品能耗限额标准用能的生产单位，由管理节能工作的部门按照国务院规定的权限责令限期治理。

（2）惩罚性电价：重点用能单位超过单位产品能耗限额标准用能，限期治理，逾期不治理或者没有达到治理要求的，由管理节能工作的部门提请执行惩罚性电价。

（3）停业整顿或关闭：生产单位超过单位产品能耗限额标准用能，情节严重，经限期治理逾期不治理或者没有达到治理要求的，可以由管理节能工作的部门提出意见，报请本级人民政府按照国务院规定的权限责令停业整顿或者关闭。

10.3 产品（设备）能源效率标准

388. 什么是用能产品（设备）能源效率标准

能源效率标准是为提高能源利用效率，减少能源消耗和环境污染，对用能产品或设备规定的最低能源效率要求。能源效率标准也是法律法规要求必须遵守的强制性国家标准，同时不断迭代更新。因此，企业在生产制造相关设备时应关注、及时查看并更新企业产品相关能耗效率标准，避免相关法律风险。同时，企业还应关注用能设备的能效水平是否符合现行能效标准，通过及时淘汰能效水平无法达到现行标准要求的落后设备，并替换为现行标准规定的高效用能设备，进一步提高企业能源利用效率。我国现行的能源效率标准如表 10.3.1 所示。

表 10.3.1 现行终端用能产品能效标准目录

序号	标准编号	标准名称	实施日期
01	GB 12021.2—2015	家用电冰箱耗电量限定值及能效等级	2016.10.01
02	GB 12021.4—2013	电动洗衣机能效水效限定值及等级	2013.10.01

续表

序号	标准编号	标准名称	实施日期
03	GB 12021.6—2017	电饭锅能效限定值及能效等级	2018.06.01
	注：2025 年 9 月 1 日起，由 GB 21456—2024《家用和类似用途厨房电器能效限定值及能效等级》代替。		
04	GB 12021.9—2021	电风扇能效限定值及能效等级	2022.11.01
05	GB 17896—2022	普通照明用气体放电灯用镇流器能效限定值及能效等级	2024.01.01
06	GB 18613—2020	电动机能效限定值及能效等级	2021.06.01
07	GB 19044—2022	普通照明用荧光灯能效限定值及能效等级	2024.01.01
08	GB 19153—2019	容积式空气压缩机能效限定值及能效等级	2020.07.01
09	GB 19573—2004	高压钠灯能效限定值及能效等级	2005.02.01
10	GB 19576—2019	单元式空气调节机能效限定值及能效等级	2020.11.01
11	GB 19577—2015	冷水机组能效限定值及能效等级	2017.01.01
	注：2025 年 2 月 1 日起，由 GB 19577—2024《热泵和冷水机组能效限定值及能效等级》代替。		
12	GB 19761—2020	通风机能效限定值及能效等级	2021.06.01
13	GB 19762—2007	清水离心泵能效限定值及节能评价值	2008.07.01
14	GB 20052—2020	电力变压器能效限定值及能效等级	2021.06.01
	注：2025 年 2 月 1 日起，由 GB 20052—2024《电力变压器能效限定值及能效等级》代替。		
15	GB 20054—2015	金属卤化物灯能效限定值及能效等级	2017.01.01
16	GB 20665—2015	家用燃气快速热水器和燃气采暖热水炉能效限定值及能效等级	2016.06.01
17	GB 20943—2013	单路输出式交流-直流和交流-交流外部电源能效限定值及节能评价值	2014.09.01
18	GB 20997—2015	轻型商用车辆燃料消耗量限值	2018.01.01
	注：2026 年 1 月 1 日起，由 GB 20997—2024《轻型商用车辆燃料消耗量限值及其评价指标》代替。		
19	GB 21454—2021	多联式空调（热泵）机组能效限定值及能效等级	2022.11.01
20	GB 21455—2019	房间空气调节器能效限定值及能效等级	2020.07.01
21	GB 21456—2014	家用电磁灶能效限定值及能效等级	2015.01.01
	注：2025 年 9 月 1 日起，由 GB 21456—2024《家用和类似用途厨房电器能效限定值及能效等级》代替。		
22	GB 21518—2022	交流接触器能效限定值及能效等级	2024.01.01
23	GB 21519—2008	储水式电热水器能效限定值及能效等级	2008.11.01
24	GB 21520—2023	显示器能效限定值及能效等级	2024.06.01

续表

序号	标准编号	标准名称	实施日期
25	GB 21521—2014	复印机、打印机和传真机能效限定值及能效等级	2015. 01. 01
26	GB 24500—2020	工业锅炉能效限定值及能效等级	2021. 06. 01
27	GB 24848—2010	石油工业用加热炉能效限定值及能效等级	2010. 12. 01
28	GB 24849—2017	家用和类似用途微波炉能效限定值及能效等级	2018. 06. 01
29	GB 24850—2020	平板电视与机顶盒能效限定值及能效等级	2021. 08. 01
30	GB 26920. 1—2011	商用制冷器具能效限定值及能效等级　第 1 部分：远置冷凝机组冷藏陈列柜	2012. 05. 01
31	GB 26920. 2—2015	商用制冷器具能效限定值和能效等级　第 2 部分：自携冷凝机组商用冷柜	2017. 01. 01
32	GB 26920. 3—2019	商用制冷器具能效限定值和能效等级　第 3 部分：制冷自动售货机	2021. 01. 01
33	GB 26969—2011	家用太阳能热水系统能效限定值及能效等级	2012. 08. 01
34	GB 28380—2012	微型计算机能效限定值及能效等级	2012. 09. 01
35	GB 28381—2012	离心鼓风机能效限定值及节能评价值	2012. 09. 01
36	GB 28736—2019	电焊机能效限定值及能效等级	2020. 07. 01
37	GB 29539—2013	吸油烟机能效限定值及能效等级	2013. 10. 01
38	GB 29540—2013	溴化锂吸收式冷水机组能效限定值及能效等级	2013. 10. 01
	注：2025 年 2 月 1 日起，由 GB 19577—2024《热泵和冷水机组能效限定值及能效等级》代替。		
39	GB 29541—2013	热泵热水机（器）能效限定值及能效等级	2013. 10. 01
40	GB 30253—2013	永磁同步电动机能效限定值及能效等级	2014. 09. 01
41	GB 30254—2013	高压三相笼型异步电动机能效限定值及能效等级	2014. 09. 01
	注：2025 年 9 月 1 日起，由 GB 30254—2024《高压三相笼型异步电动机能效限定值及能效等级》代替。		
42	GB 30255—2019	室内照明用 LED 产品能效限定值及能效等级	2020. 11. 01
43	GB 30531—2014	商用燃气灶具能效限定值及能效等级	2015. 01. 01
44	GB 30720—2014	家用燃气灶具能效限定值及能效等级	2015. 04. 01
45	GB 30721—2014	水（地）源热泵机组能效限定值及能效等级	2015. 04. 01
	注：2025 年 2 月 1 日起，由 GB 19577—2024《热泵和冷水机组能效限定值及能效等级》代替。		
46	GB 30978—2014	饮水机能效限定值及能效等级	2015. 06. 01
47	GB 31276—2014	普通照明用卤钨灯能效限定值及节能评价值	2015. 09. 01
48	GB 32028—2015	投影机能效限定值及能效等级	2016. 10. 01

续表

<table>
<tr><th>序号</th><th>标准编号</th><th>标准名称</th><th>实施日期</th></tr>
<tr><td>49</td><td>GB 32030—2022</td><td>潜水电泵能效限定值及能效等级</td><td>2024. 01. 01</td></tr>
<tr><td>50</td><td>GB 32049—2015</td><td>家用和类似用途交流换气扇能效限定值及能效等级</td><td>2016. 10. 01</td></tr>
<tr><td>51</td><td>GB 32284—2015</td><td>石油化工离心泵能效限定值及能效等级</td><td>2017. 01. 01</td></tr>
<tr><td>52</td><td>GB 32311—2015</td><td>水电解制氢系统能效限定值及能效等级</td><td>2017. 01. 01</td></tr>
<tr><td>53</td><td>GB 35971—2018</td><td>空气调节器用全封闭型电动机-压缩机能效限定值及能效等级</td><td>2019. 03. 01</td></tr>
<tr><td>54</td><td>GB 36893—2018</td><td>空气净化器能效限定值及能效等级</td><td>2019. 12. 01</td></tr>
<tr><td>55</td><td>GB 37478—2019</td><td>道路和隧道照明用 LED 灯具能效限定值及能效等级</td><td>2020. 11. 01</td></tr>
<tr><td>56</td><td>GB 37479—2019</td><td>风管送风式空调机组能效限定值及能效等级</td><td>2020. 11. 01</td></tr>
<tr><td rowspan="2">57</td><td>GB 37480—2010</td><td>低环境温度空气源热泵（冷水）机组能效限定值及能效等级</td><td>2020. 11. 01</td></tr>
<tr><td colspan="3">注：2025 年 2 月 1 日起，由 GB19577—2024《热泵和冷水机组能效限定值及能效等级》代替。</td></tr>
<tr><td>58</td><td>GB 37483—2019</td><td>污水处理用旋转曝气机能效限定值及能效等级</td><td>2020. 11. 01</td></tr>
<tr><td>59</td><td>GB 37484—2019</td><td>除尘器能效限定值及能效等级</td><td>2020. 11. 01</td></tr>
<tr><td>65</td><td>GB 37485—2019</td><td>污水处理用潜水推流式搅拌机能效限定值及能效等级</td><td>2020. 11. 01</td></tr>
<tr><td>66</td><td>GB 38383—2019</td><td>洗碗机能效水效限定值及等级</td><td>2021. 01. 01</td></tr>
<tr><td>67</td><td>GB 38448—2019</td><td>智能坐便器能效水效限定值及等级</td><td>2021. 01. 01</td></tr>
<tr><td>68</td><td>GB 38449—2019</td><td>蓄热式轧钢加热炉能效限定值及能效等级</td><td>2020. 07. 01</td></tr>
<tr><td>69</td><td>GB 38450—2019</td><td>普通照明用 LED 平板灯能效限定值及能效等级</td><td>2021. 01. 01</td></tr>
<tr><td rowspan="2">75</td><td>GB 39177—2020</td><td>电压力锅能效限定值及能效等级</td><td>2021. 08. 01</td></tr>
<tr><td colspan="3">注：2025 年 9 月 1 日起，由 GB 21456—2024《家用和类似用途厨房电器能效限定值及能效等级》代替。</td></tr>
<tr><td>71</td><td>GB 40876—2021</td><td>商用电磁灶能效限定值及能效等级</td><td>2022. 11. 01</td></tr>
<tr><td>72</td><td>GB 40879—2021</td><td>数据中心能效限定值及能效等级</td><td>2022. 11. 01</td></tr>
</table>

389. 能效限定标准有哪些应用场景

能效限定标准通常与能耗限定标准同时应用，与能耗限定标准应用场景相似，能效限定标准的应用场景主要包括：作为产品能源效率标识上的能效指标的标准依据；可以应用于企业新设备采购，对照能源效率标准，优先采购符合标准的高能效等级设备，考虑采购取得节能产品认证标志的产品，避免购买低能效等级和淘汰落后产品；作为开展节能监察、能效对标、节能目标责任考核、淘汰和化解落后产能、固定资产投资项目节能审查等节能制度和措施的技术依据；可以应用于配额分配、排放对标、减排考核等场景；可以应用于提升企业能源管理水平，企业通过借鉴参考能效限额标准建立和完善能源监测、统计、内审、考核、监督和奖惩制度，加强全过程的受控管理。

390. 除了能源效率标准，还有哪些政策规定了设备能效要求

国家层面有《重点用能产品设备能效先进水平、节能水平和准入水平（2024 年版）》，该文件中 19 种产品设备能效水平较现行强制性能效标准进一步提升，热泵热水机（器）、单元式空气调节机、空气源热泵（冷水）机组、永磁同步电动机等 4 种产品设备能效先进水平在 2022 年版基础上继续提升；《工业重点领域能效标杆水平和基准水平（2023 年版）》部分行业的能效基准水平和标杆水平取值也与正在修订的行业能耗限额标准进行了有效衔接，同时适当提高了部分重点领域的能效指标值，主要集中在煤化工、纯碱、铁合金等领域。

浙江省层面有《浙江省产业能效指南（2023 年版）》在能源效率标准外还制定了部分设备的能效要求。新建、改（扩）建固定资产投资项目的单位产品能耗应达到 2 级指标，主要用能设备应选用 2 级及以上能效指标的产品。浙江省钢铁、建材、石化、化工、有色金属等重点领域新建、改（扩）建固定资产投资项目的单位产品能耗应达到 1 级指标（国家、行业、浙江省能耗标准取最先进值）；新配置（更新）的锅炉、变压器、空压机、暖通空调、冷却塔、焊机、注塑机、电梯等应选用 1 级能效指标的产品，电动机、风机、水泵、光伏组件、光伏逆变器、电动汽车用液冷式驱动电机系统、信息通信设备等应选用 2 级及以上能效指标的产品；照明器具选用 1 级能效指标的产品。

391. 用能产品（设备）能源效率标准与节能产品认证制度、高耗能落后设备淘汰制度、能效标识制度有什么联系

强制性能效标准是这些制度施行的基础依据。节能产品认证依据能效标准给出的能效等级进行认定，通常需要达到 2 级以上能效水平的产品才符合要求。纳入淘汰落后目录的用能产品，通常都是能效达不到限定值的产品，此外还可能涉及环保、安全等问题。能效标识制度的根本依据是产品能效标准，设备的能效检测、标注的信息等方面，都需依据能效标准。